JN064175

最新「入管法」に基づく

全改訂

就労を目指す外国人の
入国手続の解説

特定技能のポイントを列挙

編 著 ｜ 佐藤 修（公益財団法人 入管協会 会長）
監 修 ｜ 公益財団法人 入管協会

KOYU 厚有出版

はじめに

　今日、日本に在留する外国人は、286万人、総人口の2.3パーセントを超えました。

　これは、永住者をはじめとして技能実習生、留学生及び就労者の増加によるものです。

　特に、日本企業等において就労するため在留資格変更が許可された留学生は3万1,000人を超え、過去最高を更新しています。在留資格別には「技術・人文知識・国際業務」がほとんどですが、「教授」「経営・管理」も多数いるほか、「高度専門職（1号）」に許可された留学生が156人もいました。

　一方、日本再興戦略の下、在留資格「介護」及び「技能実習（3号）」の創設、更には農業、建設、造船、介護、宿泊など特定産業14分野における真に人手不足が深刻な分野については、新たな在留資格として「特定技能1号・2号」が2019年度から施行されました。

　このように、日本経済の活性化を第一に外国人労働者の受入れが活発化する中で、日本において就労を目指す留学生をはじめとする外国人とその関係者から、「外国人の就労分野が多岐にわたり、在留資格も拡大されたことから、選んだ職種はどの在留資格に該当するのかわからない。」などの声が聞かれます。

　本書は、2010年5月発刊後、これまでに改正されました「出入国管理及び難民認定法（以下「入管法」という。）」及び同施行規則等を踏まえ、在留資格認定証明書交付申請等を行おうとする方々に向けて、同認定交付申請の際の留意点についてわかりやすく解説し、日本で就労を希望する外国人が該当する在留資格についてまとめています。

　「第1章　入管法等の改正」では、法務省の広報資料やホームページに掲載された資料を基に、同年7月以降の入管法等の改正内容の事項と概要について説明しました。

　また、「第2章　在留資格諸申請に関する用語等の解説」及び「第3章　就労目的別受入れ範囲等」では、出入国在留管理庁作成の「入国・在留審査要領」を基に、適宜加除筆させていただき、申請手続の際の留意点を記載しています。

　そして「第4章　外国人の入国・在留手続の流れ」では、在留資格認定証明書交付申請及び在留資格変更申請等の手続に関する留意点等について説明しています。

　どうぞ本書をご活用いただき、日本での就活や外国人の適正な就労活動に役立てられることを祈念します。

目　　　次

はじめに

第1章
出入国管理及び難民認定法等の改正

1　入管法等の改正に伴う主な改正事項

平成22（2010）年７月以降施行されました入管法等の主な改正項目は、次のとおりです。

① **平成22（2010）年７月１日から施行された事項**
　ア　在留資格「技能実習１号及び２号」の創設
　イ　在留資格「留学」と「就学」が「留学」に統合
　ウ　在留期間更新申請等に係る在留期間の特例
　エ　上陸拒否に関する特例

② **平成24（2012）年７月９日から施行された事項**
　ア　一定の外国人に対する在留カードの交付
　イ　特別永住者に対する特別永住者証明書の交付
　ウ　在留期間の上限の伸長（最長５年となる。）
　エ　みなし再入国許可の導入
　オ　外国人登録制度の廃止

③ **平成27（2015）年１月１日から施行された事項**
　ア　在留資格「留学」の受入れ範囲を、小学校・中学校等義務教育学校の前期課程まで拡充
　イ　一定のクルーズ船に乗船する外国人旅客に係る入国審査手続の円滑化

④ **平成27（2015）年４月１日から施行された事項**
　ア　高度外国人材の受入れ促進に伴う在留資格「高度専門職１号及び２号」の創設
　イ　在留資格「投資・経営」を「経営・管理」に改正
　ウ　在留資格「技術」と「人文知識・国際業務」が「技術・人文知識・国際業務」に統合

⑤ **平成28（2016）年11月１日から実施された事項**
　信頼できる短期渡航者に係る出入国手続の円滑化（特定登録者カードの交付）

⑥ **平成29（2017）年１月１日から施行された事項**
　ア　偽りその他不正の手段により上陸許可等を受けた場合の罰則の整備
　イ　在留資格取消事由の整備

⑦ **平成29（2017）年９月１日から施行された事項**
　在留資格「介護」の創設

⑧ **平成29（2017）年11月１日から施行された事項**
　ア　在留資格「技能実習（３号)」の創設
　イ　外国人の技能実習の適正な実施及び技能実習生の保護に関する法律の施行

⑨　平成31（2019）年4月1日から施行された事項

　　在留資格「特定技能（1号・2号）」の創設

2　入管法の改正事項の概要

① 　在留資格「技能実習（1号及び2号）」の創設

　　適正な研修・技能実習制度の確保及び研修生・技能実習生の保護の強化を図るため、在留資格「技能実習（1号及び2号）」が創設され、これにより雇用契約に基づく技能等修得活動は、講習期間終了後労働基準法、最低賃金法等が適用され、また、1号から2号への移行は在留資格変更手続により行うこととされました。

② 　在留資格「留学」への統合

　　留学生の安定的な在留のため、在留資格「留学」と「就学」の区分をなくし、「留学」の在留資格に統合されました。これにより、日本語教育機関を卒業し、引き続き大学に進学する外国人学生は「就学」から「留学」への在留資格変更申請をする必要がなくなりました。

③ 　在留期間更新申請等に係る在留期間の特例

　　在留期間の満了日までに在留資格の変更又は更新の申請をした場合において、申請に対する処分の決定が在留期間の満了日までになされないときは、その在留期間の満了後であっても、処分がなされる日又は在留期間満了の日から2月を経過する日のいずれか早い日まで引き続き従前の在留資格で在留できることとなりました。

④ 　上陸拒否に関する特例

　　入管法第5条に定める上陸拒否事由に該当する特定の事由については、一定条件の下で上陸審判手続を経て法務大臣による上陸特別許可を行うことなく、入国審査官において上陸許可ができる例外の規定が設けられました。

⑤ 　新たな在留管理制度

　　本制度の導入により、中長期間在留する一定の外国人を対象に「在留カード」、特別永住者には「特別永住者証明書」が交付されることになりました。また、在留管理に必要な情報の管理が正確性を増したことから、在留期間の上限を3年から5年に、再入国許可制度については、1年以内に再入国する場合の再入国許可申請手続を原則として不要とする「みなし再入国許可」が始まりました。なお、これら制度の導入に伴い外国人登録制度は廃止となりました。

⑥ 　クルーズ船の外国人旅客に係る入国審査手続の円滑化

　　法務大臣が指定するクルーズ船の外国人乗客を対象として、簡易な手続で上陸を認める新たな上陸の特例である「船舶観光上陸許可」が創設されました。

⑦ 　在留資格「高度専門職1号及び2号」の創設

　　高度外国人材のための新たな在留資格として「高度専門職1号及び2号」が創設され、これまでの高度外国人材と同様の優遇措置を実施するとともに、1号の在留期間は5年、2号は在留期限の定めなしとなったほか、

活動の制限を大幅に緩和すること等を内容とする制度が導入されました。

⑧　在留資格「投資・経営」から「経営・管理」への改正

企業の経営・管理活動に従事する外国人の受入れ促進を図るため、外資系企業における経営・管理活動に限られている「投資・経営」に、日系企業における同活動を加え、名称も「経営・管理」に改正されました。

⑨　在留資格「技術」と「人文知識・国際業務」の統合

専門的、技術的分野における外国人の受入れに関する企業等のニーズに柔軟に対応するため、業務に要する知識等の区分（文系又は理系）に基づく在留資格の区分を廃止し、包括的な在留資格「技術・人文知識・国際業務」となりました。

⑩　信頼できる短期渡航者に係る出入国手続の円滑化

「短期滞在」の在留資格で頻繁に来日し、かつ退去強制歴がないことなどの要件を満たす一定の国籍を有する外国人に「特定登録者カード」が交付されることになり、このカードを利用することによって、審査ブースで対面審査を受けずに、迅速に上陸許可が受けられることになりました。

⑪　在留資格取消事由の拡充

現行の活動を継続して３月以上行わないで在留しているなどの場合に加え、現に活動を行っておらず、かつ、他の活動を行い又は行おうとして在留している場合も取消事由に該当することとなりました。

⑫　在留資格「介護」の創設

介護福祉士の国家資格を取得した外国人留学生について、介護福祉士養成学校卒業後における国内での就労活動ができるようになりました。その後の改正により、介護の実務経験者のうち実務者研修を受講後、介護福祉士の国家資格を取得した外国人についても同様の就労活動ができることとなりました。

⑬　技能実習制度の改革

「外国人の技能実習の適正な実施及び技能実習生の保護に関する法律」の施行に伴い、在留資格「技能実習」に係る技能実習計画の認定及び監理団体の許可等については、新たに設立された「外国人技能実習機構」を通じて行うこととなるなど、技能実習の適正化と技能実習生の保護に関する改善が一層図られることになりました。

なお、本制度により、入管法に定める在留資格「技能実習」に３号が追加されました。

⑭　在留資格「特定技能（１号・２号）」の創設

人手不足の深刻な分野（農業・漁業、介護、建設業、造船・船用工業等の14分野）において就労する外国人のための在留資格として、一定の知識・経験を要する業務に従事する「特定技能（１号）」と熟練した技能を要する業務に従事する「特定技能（２号）」が創設されました。

【在留カード（見本)】

表面　　　　　　　　　　　　　　　　　　　　　裏面

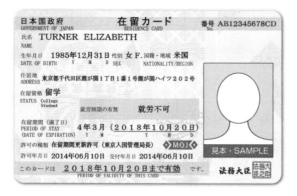

（注）　在留カード及び特別永住者証
　　　明書の発行権者は、平成31年
　　　4月1日から出入国在留管理庁
　　　長官になっています。

在留期間更新許可申請・在留資格変更許可申請をしたときに、
これらの申請中であることが記載される欄です。
※申請後、更新又は変更の許可がされた時は、新しい在留
　カードが交付されます

【特別永住者証明書（見本)】

表面　　　　　　　　　　　　　　　　　　　　　裏面

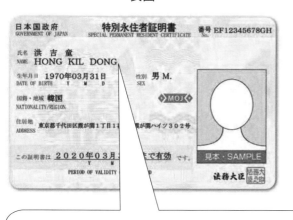

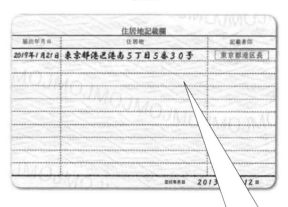

※氏名については、アルファベット表記を原則としていますが、漢字
　（正字）表記を併記することができます。その場合、漢字表記に変更
　が生じた場合にも変更届出が必要となりますのでご注意ください。
※外国人登録証明書に記載された「通称名」については、特別永住者
　証明書には記載されません

住居地を変更したときに、
変更後の新しい住居地が
記載される欄です。

第2章
在留資格諸申請に関する用語等の解説

1　機関との契約

　入管法においては、在留資格「高度専門職」、「研究」、「技術・人文知識・国際業務」、「介護」及び「技能」などの在留資格については、「(外国人本人と) 本邦の公私の機関との契約に基づいて」行われる活動であることが求められています。次の点にご留意ください。

（1）機関
　「本邦の公私の機関」には、国、地方公共団体、独立行政法人、会社、公益法人等の法人などがあります。また、日本に事務所、事業所等を有する外国の国、地方公共団体（地方政府を含む。）、外国の法人等も含まれます。更に個人であっても日本に事務所、事業所等を有する場合は含まれます。

（2）契約
　「契約」には、雇用契約のほか、委任、委託、嘱託等も含まれますが、特定の機関（複数でも差し支えありません。）との継続的なものでなければなりません。特定の機関との継続的契約でない場合は、個人事業主として「経営・管理」に該当する場合があります。

　なお、「契約」の当事者となり得るのは、自然人や法人格を有する団体に限られることから、たとえ形式上は株式会社の支店等の長が契約書に署名していたとしても、同支店等の長が当該法人（株式会社）の代表（又は代理）をしている場合には、法人が契約の当事者となります（個人経営の場合は当該経営者が契約当事者となります。）。契約に基づく活動は、日本において適法に行われるものであること及び在留活動が継続して行われることが必要です。

　労働契約の締結に当たっては、使用者は、労働者に対して賃金、労働時間その他の労働条件を書面で明示しなければならないこととされており、労働契約には、雇用契約のほか、委任契約や請負も含まれます。

　また、「(外国人本人と) 本邦の公私の機関との契約」を証明する資料として、外国の公私の機関と日本の公私の機関が外形上の契約当事者となっている契約書の中に、次の①～⑥までの事項が確認されたときは、「外国人本人と日本の公私の機関との間に労働契約が成立しているもの」と認められ、「本邦の公私の機関との契約に基づいて活動を行う」という要件を満たすものとして取り扱われます。

　なお、「本邦の公私の機関との契約に基づいて活動を行う」ことが法文上の要件となっていない場合において、日本の公私の機関との契約関係があるか否かを判断するに当たっては、上記と同様に取り扱われることになります。

①　日本に入国する者としてその外国人が特定されていること

②　その外国人の使用者たる日本の公私の機関が特定されていること

③　日本の公私の機関がその外国人と「労働契約を締結する」旨明示されていること

④　その外国人の労働条件として、労働基準法施行規則第5条第1項第1号から第4号に定める事項が明示されていること

⑤　日本の公私の機関が日本の労働基準法を遵守する旨明示されていること

⑥　日本の公私の機関がその外国人に対し賃金を直接支払う旨明示されていること

(参考)　(注) 法とは労働基準法をいいます。
(1)　労働基準法第15条第1項
　　使用者は、労働契約の締結に際し、労働者に対して賃金、労働時間その他の労働条件を明示しなければならない。この場合においては、賃金、労働時間に関する事項その他の厚生労働省令で定める事項については、厚生労働省令で定める方法により明示しなければならない。
(2)　労働基準法施行規則第5条
　　使用者が法第15条第1項前段の規定により労働者に対して明示しなければならない労働条件は、次に掲げるものとする。ただし、第1号の2に掲げる事項については期間の定めのある労働契約であって当該労働契約の期間の満了後に当該労働契約を更新する場合があるものの締結の場合に限り、第4号の2から第11号までに掲げる事項については使用者がこれらに関する定めをしない場合においては、この限りではない。
　1　労働契約の期間に関する事項
　1の2　期間の定めのある労働契約を更新する場合の基準に関する事項
　1の3　就業の場所及び従事すべき業務に関する事項
　2　始業及び終業の時刻、所定労働時間を超える労働の有無、休憩時間、休日、休暇並びに労働者を二組以上に分けて就業させる場合における就業時転換に関する事項
　3　賃金（退職手当及び第5号に規定する賃金を除く。以下この号において同じ。）の決定、計算及び支払の方法、賃金の締切り及び支払の時期並びに昇給に関する事項
　4　退職に関する事項（解雇の自由を含む。）
　4の2～11　（略）
(3)　法第15条第1項後段の厚生労働省令で定める事項は、前項第1号から第4号までに掲げる事項（昇給に関する事項を除く。）とする。
(4)　法第15条第1項後段の厚生労働省令で定める方法は、労働者に対する前項に規定する事項が明らかとなる書面の交付とする。

（3）報酬

　在留資格「経営・管理」、「医療」、「研究」、「教育」、「技術・人文知識・国際業務」、「企業内転勤」、「介護」、「興行」及び技能等に係る上陸許可基準において、「日本人が従事する場合に受ける報酬と同等額以上の報酬を受けること」の旨の規定があり、また、「興行」においては、月額20万円以上の報酬を要件とする規定があります。次の点に留意してください。

①　報酬の月額は、賞与等を含め1年間従事した場合に受ける報酬の総額の12分の1で計算します。

②　報酬とは、「一定の役務の給付の対価として与えられる反対給付」をいい、通勤手当、扶養手当、住宅手当等の実費弁償の性格を有するもの（課税対象となるものを除きます。）は含まれません。

③　「日本人が従事する場合に受ける報酬と同等額以上の報酬を受けること」については、報酬額を基準として一律に判断することは適切ではありません。個々の企業の賃金体系を基礎に日本人と同等額以上であるか、また、他の企業の同種の職種の賃金を参考にして日本人と同等額以上であるか、について判断することになります。なお、この場合、外国人が大卒であればその企業の日本人大卒者の賃金を、専門職又は研究職であればその企業の日本人同職者の賃金を参考にします。

(注1)　社会保険制度において「報酬」というときは、労務の対価として受ける賃金、給料、俸給、手当又は賞与及びこれに準ずべきもの（臨時に受けるもの及び3月を超える期間ごとに受けるものを除く。）をいいます（健康保険法第3条第5項、厚生年金保険法第3条第1項第3号、船員保険法第2条第4項）。

(注2)　労働基準法第11条における「賃金」の定義は、「この法律で賃金とは、賃金、給料、手当、賞与その他名称の如何を問わず、労働の対償として使用者が労働者に支払うすべてのものをいう。」とし、「労働の対償」とは、「使用者が使用従属関係がある労働者に対して、その報酬として支払うもの」をいいます。したがって、退職金、結婚祝金、見舞金、現物給付としての住宅・食事等、制服・作業衣、旅費等については、その実質が見舞金、

恩恵的、福利厚生的なものは、賃金には含まれません。ただし、労働協約、就業規則、労働契約等で支給条件が明らかなものは、賃金とみなされます。

（4）雇用の形態
　使用者と労働者との間で締結される契約の形態については、直接雇用のほかに「出向」、「派遣」及び「請負」の形態がありますが、次の理由から、「出向」のうちの「在籍出向」、「派遣」及び「請負」の形態で業務に従事している労働者は、業務に従事している事業所の常勤の職員とはなりません。

①　出向
　労働者が自己の使用者を離れて第三者の下で就労する労働形態を「出向」といいます。
　出向には、①労働契約上の契約当事者たる地位（従業員としての地位）を出向元会社に残す場合の「在籍出向」と、②労働契約上の契約当事者たる地位（従業員としての地位）を出向先会社に移す場合の「移籍出向」があります。
　出向の主な目的は、関連企業間の人事交流や業務提携、従業員の研修、余剰人員問題処理のための人員調整等様々な理由によるもので、多くの場合、2から3年の出向期間が明示又は黙示によって定められています。また、出向後の待遇に変化がないような措置が執られることにより、労働者の包括的又は個別的な同意を得て行われています。
　（注1）「在籍出向」を単に「出向」という場合がありますが、ここでは「移籍出向」と区別するため「在籍出向」
　　　　　としました。
　（注2）「移籍出向」を「転籍」又は「転属」ともいいます。
　（注3）労働者が出向する場合の元の雇用先企業を「出向元」、出向により新たに勤務することとなる企業を「出向先」
　　　　　としました。
　ア　在籍出向

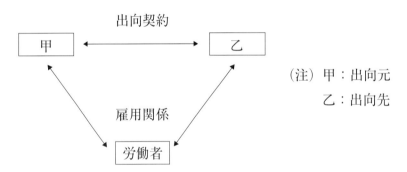

　出向労働者は、甲、乙双方と労働契約関係がありますが、契約上の権利義務を重視するものではなく、単一である労働契約が内容的に二つに割れて、それぞれの契約に属していることになります。
　労働契約内容の分担は、契約の内容により様々ですが、退職や解雇に関する事項については、基本的には出向元が労働契約の当事者となることにかわりはありません。このため、乙の下で働く甲からの在籍出向の労働者を乙の「常勤の職員」とすることはできません。

イ　移籍出向

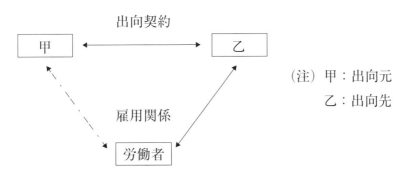

　　出向元との労働契約を解消して出向先との間に労働契約を成立させるものであり、従業員としての地位が出向先に移転し、一般的に復帰は予定されていないことから、労働者の合意はあくまでも当該労働者による個別的な同意がある場合のみ認められます。したがって、当該労働者は、出向先乙との間に一般的、包括的な労働契約関係をもつこととなるため、これを乙の「常勤の職員」となることができます。

② **派遣**

　　派遣元の事業主が労働者との雇用契約を維持したままで派遣先の事業主の指揮命令下で労働させるもので、派遣先の事業主と労働者との間に雇用関係が存在しないものをいいます。この場合、労働者は、乙との間に一切の雇用関係を有していないため、その労働者を乙の「常勤の職員」とすることはできません。

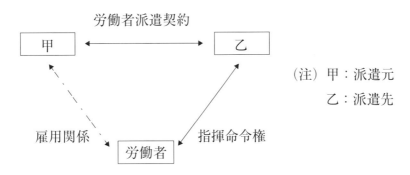

③ **請負**

　　請負については、労働者派遣の場合よりもさらに乙と労働者との契約関係は希薄になることから、その労働者を乙の「常勤の職員」とすることはできません。

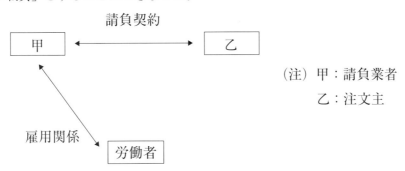

（注）企業間の1年以上継続した請負契約に基づき、工事の一部又は全部を請け負った企業に6か月以上継続的にフルタイムで雇用される場合、この者について、注文主の常勤職員とみる場合があります。これは、建設業・造船業に多く見られる請負契約の重層的な産業構造等の特殊性によるものです。

（5）収入を伴う事業を運営する活動又は報酬を受ける活動

① 　役務提供が国内で行われ、その対価として給付を受けている場合は、対価を支給する機関が国内にあるか否か、また、国内で支給するか否かにかかわらず、報酬を受ける活動となります。ただし、国外で行われる主たる業務に関連して、従たる業務に従事する活動を短期間国内で行う場合、（例えば、日本へ輸出販売した機械の設置、メンテナンスなどのアフターサービスを行うために短期間滞在する場合、国内で行われる関連会社間の会議等のために短期間滞在する場合など）、国外の機関が支給する対価は、これには該当しません。

② 　「収入を伴う事業を運営する活動」についての解釈も、上記①と同様であり、金銭の授受を伴う事業活動の運営を国内において行っている場合は、これに該当します。ただし、国外で従事する業務が主たる活動である者が、特別な事情により国内で従たる活動に短期間従事する場合（例えば、国内に子会社のある外資系企業の親会社の取締役が、当該子会社の無報酬の代表取締役を兼ねている場合において、主として当該親会社に勤務しているが、大きな商談の締結のために国内に短期間滞在する場合など）については、これに該当しません。

（注）上記①又は②の「短期間」については、単に１回の滞在期間が短期間であっても、中長期的にみて国内に滞在する期間の割合が相当程度ある場合には該当しないことになります。

２　常勤の職員

　在留資格「経営・管理」、「興行」及び「留学」に係る上陸許可基準には、「常勤の職員」に関する要件が定められています。常勤の職員か否かは、次の観点から判断されます。

（１）職務内容等一般的事項
　勤務が、休日その他勤務を要しない日を除き、一定の勤務時間の下に毎日所定の時間中、常時その職務に従事しなければならないものであること。また、職務に応じた給与等が設定されていることなどとなっています。

（２）勤務時間等待遇からみた場合
常勤の職員とは、パートタイマーと対比し、次の点に留意して判断することになります。
① 　労働日数が週５日以上、かつ、年間217日以上であって、かつ、週労働時間が30時間以上の者（労働基準法第39条、同法施行規則第24条の３）。

（注）法定労働時間は、１日当たり８時間であり、１週当たり40時間と設定されていること（労働基準法第32条）

② 　入社日を起算日として、６か月間継続して勤務し、全労働日の８割以上出勤した職員に対し、10日以上の年次有給休暇が与えられること（労働基準法第39条）。

３　学歴

　在留資格「研究」、「教育」、及び「技術・人文知識・国際業務」に係る上陸許可基準及び特定活動（第37号関係）においては、学歴について、「大学を卒業し」「これと同等以上の教育を受け」又は「本邦の専修学校の専門課程を修了（当該修了に関し法務大臣が告示をもって定める要件に該当する場合に限る。）」のいずれかを求める規定

があります。その取扱い等については、次の点に留意してください。

（1）「大学を卒業し」とは

「大学を卒業し」とは、学士又は短期大学士（学士（専門職）又は短期大学士（専門職）を含む。）以上の学位を取得した者をいいます。

（2）「これと同等以上の教育を受け」とは

「これと同等以上の教育を受け」とは、次の者が該当します。

① 大学の専攻科・大学院の入学に関し、大学卒業者と同等であるとして入学資格が付与される機関及び短期大学卒業と同等である高等専門学校の卒業者が該当します。

（注1）学校教育法施行規則第155条第1項により、大学（短期大学を除く。以下この項において同じ。）の専攻科又は大学院への入学に関し大学を卒業した者と同等以上の学力があると認められる者は、次の各号のいずれかに該当するものです。ただし、キ及びクについては、大学院への入学に係るものに限ります。

ア　学校教育法第104条第4項の規定により学士の学位を授与された者

イ　外国において、学校教育における16年（医学を履修する博士課程、歯学を履修する博士課程、薬学を履修する博士課程（当該課程に係る研究科の基礎となる学部の修業年限が6年であるものに限る。以下同じ。）又は獣医学を履修する博士課程への入学については、18年）の課程を修了した者

ウ　外国の学校が行う通信教育における授業科目を日本において履修することにより当該外国の学校教育における16年（医学を履修する博士課程、歯学を履修する博士課程、薬学を履修する博士課程又は獣医学を履修する博士課程への入学については、18年）の課程を修了した者

エ　日本において、外国の大学の課程（その修了者が当該外国の学校教育における16年（医学を履修する博士課程、歯学を履修する博士課程、薬学を履修する博士課程又は獣医学を履修する博士課程への入学については、18年）の課程を修了したとされるものに限る。）を有するものとして当該外国の学校教育制度において位置付けられた教育施設であって、文部科学大臣が別に指定するものの当該課程を修了した者

オ　外国の大学その他の外国の学校（その教育研究活動等の総合的な状況について、当該外国の政府又は関係機関の認証を受けた者による評価を受けたもの又はこれに準ずるものとして文部科学大臣が別に指定するものに限る。）において、修業年限が3年（医学を履修する博士課程、歯学を履修する博士課程、薬学を履修する博士課程又は獣医学を履修する博士課程への入学については、5年）以上である課程を修了すること（当該外国の学校が行う通信教育における授業科目を我が国において履修することにより当該課程を修了すること及び当該外国の学校教育制度において位置付けられた教育施設であって上記エの指定を受けたものにおいて課程を修了することを含む。）により、学士の学位に相当する学位を授与された者

カ　専修学校の専門課程（修業年限が4年以上であることその他文部科学大臣が定める基準を満たす者に限る。）で文部科学大臣が別に指定するものを文部科学大臣が定める日以降に修了した者

キ　文部科学大臣が指定した者

ク　学校教育法第102条第2項の規定により大学院に入学した者であって、当該者をその後に入学させる大学院において、大学院における教育を受けるにふさわしい学力があると認めたもの

ケ　大学院において、個別の入学資格審査により、大学を卒業した者と同等以上の学力があると認められた者で、22歳（医学を履修する博士課程、歯学を履修する博士課程、薬学を履修する博士課程又は獣医学を履修する博士課程への入学については、24歳）に達したもの

（注2）学校教育法施行規則第155条第2項により、短期大学の専攻科への入学に関し短期大学を卒業した者と同等以上の学力があると認められた者は、次のいずれかに該当するものです。

ア　高等専門学校を卒業した者（修業年限を２年とする短期大学の専攻科への入学に限られます。）

イ　専修学校の専門課程を修了した者のうち学校教育法第132条の規定により大学に編入学することができるもの（修業年限を３年とする短期大学の専攻科への入学については、修業年限を３年以上とする専修学校の専門課程を修了した者に限られます。）

ウ　外国において、学校教育における14年（修業年限を３年とする短期大学の専攻科への入学については、15年）の課程を修了した者

エ　外国の学校が行う通信教育における授業科目を日本において履修することにより当該外国の学校教育における14年（修業年限を３年とする短期大学の専攻科への入学については、15年）の課程を修了した者

オ　日本において、外国の短期大学の課程（その修了者が当該外国の学校教育における14年（修業年限を３年とする短期大学の専攻科への入学については、15年）の課程を修了したとされるものに限られます。）を有するものとして当該外国の学校教育制度において位置付けられた教育施設であって、文部科学大臣が別に指定するものの当該課程を修了した者

カ　その他短期大学の専攻科において、短期大学を卒業した者と同等以上の学力があると認められたもの

②　当該機関の教員が教員職俸給表（一）（一般の職員の給与に関する法律別表第六）の適用を受ける機関及び設備及びカリキュラム編成において大学と同等と認められる機関（水産大学校、海技大学校（分校を除く。）、航海訓練所、航空大学校、海上保安大学校、海上保安学校、気象大学校、防衛大学校、防衛医科大学校、職業能力開発総合大学校、職業能力開発大学校、航空保安大学校、職業能力開発短期大学校、国立海上技術短期大学校（専修科に限る。）、国立看護大学校、並びに学校教育法施行規則第155条第１項第４号に基づき、文部科学大臣が告示により指定する外国の教育機関及びこれに相当する外国の教育機関の卒業者が該当します。

（注）大学に準ずる機関については、独立行政法人化等に伴う名称変更等に注意してください。

（３）文部科学省編『諸外国の学校教育』に示す該当者

　文部科学省編「諸外国の学校教育」において、高等教育機関として位置づけられている機関を卒業した者は、「大学を卒業し又はこれと同等以上の教育を受けた」者に該当するものとして取り扱われます。

（４）学校教育法第102条第２項に基づく大学院への入学（いわゆる飛び入学）

　学校教育法第102条第２項に基づき大学院への入学（いわゆる飛び入学）が認められた者は、「大学を卒業し又はこれと同等以上の教育を受け」た者に該当する者として取り扱われます。

（参考）中国の教育機関卒業者の取扱い

①　大学院、大学（又は学院、うち本科・専科を含む。）、専科学校、短期職業大学を卒業した者及び学位を与えることができる成人教育機関を卒業して学位を取得した者は、「大学を卒業し又はこれと同等以上の教育を受け」た者に該当するものとして取り扱われます。

（注）「大学を卒業した者」とは、大学、専科学校又は短期職業大学のみが該当します。

②　在留資格「研究」の上陸許可基準中の「大学（短期大学を除く。）」を卒業し若しくはこれと同等以上の教育を受けたことに該当するか否かの判断に当たっては、４年又は５年制の本科を卒業した者及び学位を与えることができる成人教育機関で４年以上のコースを卒業し学位を取得した者のみが該当する者として取り扱われます。

（５）専門士及び高度専門士

　専門士及び高度専門士とは、次の要件に該当することが必要です。

①　「本邦の専修学校」とは、日本に所在しているものをいいます。

② 「(当該修了に関し、法務大臣が告示をもって定める要件に該当する場合に限る。)」とは、次のアまたはイのいずれかに該当する場合です。

　ア　次のいずれにも該当すること

　（ア）日本において専修学校の専門課程の教育を受けたこと（したがって、外国において通信教育等により日本の専修学校の専門課程の教育を受けた場合は本要件に該当しないことになります。）

　（イ）専修学校の専門課程の修了者に対する専門士及び高度専門士の称号の付与に関する規程（平成6年6月21日文部省告示第84号。以下「専門士等に係る規程」という。）に規定する専門士と称することができること

　イ　専門士等に係る規程に規定する高度専門士と称することができること

　（注1）専門士及び高度専門士とは、所定の要件（一定の修業年限（専門士にあっては2年以上、高度専門士にあっては4年以上）、一定の授業時間数（専門士にあっては1,700時間以上、高度専門士にあっては3,400時間以上）、試験等による成績評価及び卒業認定）を満たした専修学校を卒業した者に対して「専門士」又は「高度専門士」の称号が付与されることです。

　（注2）在留資格「研究」の上陸許可基準に適合するためには「高度専門士」の称号が付与されていることが必要です。

（6）従事しようとしている業務と専攻科目との関連性について

　在留資格「技術・人文知識・国際業務」においては、大学又は専修学校において専攻した科目と従事しようとする業務とが関連していることが求められています。

（7）外国の教育機関

　その国・地域における学校教育制度に照らして正規の教育機関として認定されているものであり、かつ、原則として、義務教育修了後に入学するものをいいます。

　（注）在留資格「興行」及び「技能」に係る上陸許可基準での「外国の教育機関」については、従前から、文部科学省編「諸外国の学校教育」において、義務教育を修了した後に入学する中等教育機関及び高等教育機関として位置付けられている機関を教育機関として取り扱っています。

4　実務経験

　従事しようとする業務に関する実務経験は、職業活動として従事した期間をいい、教育機関（夜間学部を除く。）に所属している間にアルバイト的に従事した期間は含みません。なお、上陸許可基準において、教育機関において従事しようとする業務に係る科目を専攻した期間を含むとする規定があるものについては、当該期間を含むことになります。

5　雇用状況の悪化に伴う外国人の在留に関する取扱い

　雇用先の倒産・業務縮小等により、自己の都合によらない理由で解雇・雇止め又は待機（以下「解雇等」といいます。）を通知され、経済的に困難な状況に置かれている「技術・人文知識・国際業務」等の就労資格を有する外国人については、次のとおり取り扱われます。

（1）雇用先企業から解雇又は雇止めの通知を受けた者

① 日本で就労活動の継続を希望する場合

ア　就職活動中の者の場合

　就職活動中の者については、現に有する在留資格のまま、在留期限まで在留が認められます。

イ　就職活動中の生活費を補う目的でアルバイト活動を行う場合

　当該外国人から就職活動中の生活費を補う目的のアルバイト活動のため資格外活動許可申請があった場合においては、当該外国人が雇用先企業の都合により解雇又は雇止めされたものであることを証する文書の提出を求めるとともに、ハローワークが交付するハローワークカード等により同活動中であることが確認でき、かつ、一定の要件にも適合するものと認められたときは、1週について28時間の範囲内で包括的な資格外活動許可が認められることになっています。なお、当該許可の期限は、「許可の日から90日又は現に有する在留期間の満了日のいずれか一方で、先に到来する日」となります。

　　（注）解雇されたことを証明する文書については、雇用先企業から入手することが困難な場合には、当該外国人において任意の様式による申立書を作成することになります。また、ハローワークカード等を所持しない場合も同様です。

ウ　在留期限の到来後も継続して就職活動を行う目的で在留を希望する場合

　上記アにより在留期限到来前から就職活動を行っていることが確認され、在留状況に問題がない等の場合には、在留資格「特定活動（6月）」への在留資格変更が許可されます。

　なお、「特定活動」への在留資格変更を受けた後、更に就職活動の継続を理由に在留期間更新申請があった場合には、原則として認められないことになっています。

エ　在留資格の変更許可を受けた外国人が必要経費等を補う目的のアルバイト活動を行う場合

　「特定活動」への在留資格の変更許可を受けた外国人から、継続して就職活動を行う間の必要経費等を補う目的のアルバイト活動に係る資格外活動許可申請があった場合においては、一定の要件への適合並びに同申請に係る活動が1週28時間の範囲内であるか否かについて審査が行われ、いずれの要件にも適合すると認められたときは許可されます。

オ　在留資格変更を希望する外国人に「家族滞在」をもって在留する配偶者又は子がいる場合

　「特定活動」への在留資格変更を希望する外国人について、在留資格「家族滞在」をもって在留する配偶者又は子がいる場合は、当該配偶者等についても同時に「特定活動」への在留資格変更許可申請を行うことになります。

② 帰国準備のため在留を希望する場合

　帰国準備のための在留を希望する外国人は、雇用先企業から退職証明書等当該外国人が雇用先企業の都合により解雇又は雇止めされた者である旨の証明書が提出された場合は、「短期滞在」の在留資格が許可されます。

（2）雇用先企業から待機を命ぜられた外国人

① 日本で待機を希望する外国人について

ア　待機中の外国人の場合

　待機中の外国人については、現に有する在留資格のまま、在留期限まで在留が認められます。

イ　待機期間中の生活費を補う目的のアルバイト活動を行う場合

　アの外国人から待機期間中の生活費を補う目的のアルバイト活動に係る資格外活動許可の申請があった場合においては、雇用先企業の都合により待機となった旨の説明書及び復職・職務内容等が決定している旨の説明書の提出及び復職後の職務内容が明らかに資格該当性がないと判断される場合、並びに待機期間満了日

が資格外活動申請日から90日を超える場合を除き、一定の要件に適合するものと認められた場合には、1週28時間の範囲内で包括的な資格外活動が許可されます。

なお、当該資格外活動許可の期限は、待機満了日又は現に有する在留期限の満了日のいずれか一方で、先に到来する日となります。

ウ　在留資格変更が許可される場合

待機期間満了日が当該資格外活動許可申請の日から90日を超える場合にあっては、待機期間の通算が180日以内で、かつ、資格外活動等在留状況に問題がない場合は、現に有する在留資格から「特定活動」への在留資格変更が許可されます。

この場合、在留期間は待機期間の残余の期間に応じて月単位で決定されることになります。

② **待機期間中に在留期限が到来する場合について**

ア　在留期限が到来した時点で、雇用先企業から残りの待機期間が1か月を超えない説明がなされた場合は、在留期間更新申請が受理され、当該外国人の復職が確認された場合には在留期間更新許可の許否が判断されます。

イ　在留期限が到来した時点で、残りの待機期間が1か月を超えることが予定される場合には、待機期間の通算が180日以内で、かつ、資格外活動等在留状況に問題がない場合には、現に有する在留資格から「特定活動」への在留資格変更が許可されます。

ウ　「特定活動」への在留資格の変更を希望する外国人について、在留資格「家庭滞在」をもって在留する配偶者及び子がいる場合には、当該配偶者等についても同時に在留資格変更申請を行うことになります。

6　その他

（1）APEC人材養成パートナーシップ

① **概要**

APEC地域の持続的成長を図る上で人材養成が極めて重要であるとの観点から、人材養成協力の一つとして、高等教育と高等教育終了後に、実務経験を修得するための一定年限の就職を組み合わせた人材養成計画（APEC Partnership for Education）を実施するものです。

② **APEC加盟国（地域）**

ブルネイ、シンガポール、マレーシア、インドネシア、タイ、フィリピン、オーストラリア、ニュージーランド、アメリカ、カナダ、中国、韓国、香港、台湾、メキシコ、パプアニューギニア、チリ、ロシア、ペルー、ベトナム、日本（2019年2月現在21か国・地域）

③ **対象者**

APEC加盟国（地域）の国籍を有する留学生で、日本の大学等（大学、大学院、短大及び高等専門学校）を卒業（修了）後、実務修得を目的として2～3年間就職を希望する者で本計画の対象となっているものです。

（注）3年を超えて就職しようとする者及びAPEC加盟国（地域）以外の国籍を有する者は本計画の対象外です。

④ **滞在期間等**

原則として3年を超える在留は認められません。

なお、在留資格変更の許可される在留資格は、「法律・会計業務」、「医療」、「研究」、「技術・人文知識・国際業務」のいずれかとなっています。

（2）ITS（International Technology Services）制度による入国者の取扱い

① 経緯及び制度の目的

　英国産業貿易省が推進する「プライオリティー・ジャパン」キャンペーンの一環として、英国企業で働く技術者80名を日本に派遣し、生産管理等に関する知識を修得し、日英間の絆を強化することを目的として創設され、日本企業が英国人技術者を受け入れています。

　同制度は、当初「EJS（Engineers to Japan Scheme）」として創設され、その後「IBIS（International Business and Industrial Secondments）」に、更に1997年1月、現在の名称である「ITS」に変更されました。

② 対象者

　英国技術連盟において、工学の分野で修士号を取得した後、数年、企業での経験を積んだ技術者が選抜されています。

③ 活動内容等

　英国企業に所属する技術者を日本企業又は企業等の研究所若しくは事業所等に6か月から1年間の予定で派遣し、研修並びに研究プロジェクト等での実習を通じて生産管理等に関する知識を習得するものです。

④ 滞在費等

　英国政府及び派遣企業が日本での滞在費等をすべて負担することになっています。

⑤ 在留資格について

　ア　ITS研修者は、所属企業の身分を離れることなく、日本企業等に赴任して専門的業務に従事しつつ会社経営の実習を行うものであり、その研修プログラムは日本において就労活動に従事することを前提としているものです。したがって、これらの者の日本での活動は、「研修」よりもむしろ社命による転勤であることから日本企業等において業務に従事する活動として取り扱われます。

　イ　一方、これらの者の身分は本国企業に所属しているところから長期出張業務に当たり、また、英国政府及び派遣企業から年額約1,400万円を収入として受けています。また、これらの者と日本受入企業の間で、本研修プログラムの下で行う業務についての契約を行うことは可能であり、当該契約が締結されている場合は、在留資格「技術・人文知識・国際業務」に係る活動に従事する者として取り扱われます。更に、これらの者が日本で勤務する企業がその所属する本国企業との間に資本関係を有する場合は、「企業内転勤」として取り扱われる場合もあります。

⑥ その他

　在留資格認定証明書交付申請に当たっては、本人の大学の卒業証明書の提出は必要ありません。

（3）EU研修生の取扱い

① 概要

　ア　EU研修生は、EU諸国内の企業に所属する外国人がEU本部との契約により所属企業の身分を離れることなく、EU本部から月額2,500ユーロの手当を受けて日本に派遣されるものです。

イ　日本での活動は、6か月間駐日欧州委員会代表部で日本語等を学びながらセミナー参加などの活動を行った後、3か月間日本の企業において経営等の実習を受けるもので、これらの活動を終了した者は、所属企業の日本支店、駐在員事務所等で引き続き企業の幹部として就労する者、他の外資系企業等に就職する者又は帰国して元の所属企業に戻る者とに分かれます。

ウ　EU研修生は、全て大学卒業者であって、これらの者が日本の企業で行う活動は日本の会社経営、行動科学等に係る相当高度な知識を要する業務について実習を受けるものです。

エ　これらの者は、日本企業とは何らの契約もなく、また、当該企業から手当等を含め金銭の受領はありません。

オ　EU研修生は、年間約30人が来日していますが、その約半数が配偶者を同伴して来日しています。これらの配偶者は、当該EU研修生の在留が継続している限り同居して生活しています。

② **在留資格について**

ア　EU研修生の日本での活動は、「研修」というよりもむしろ社命による「企業内転勤」又は「経営・管理」の活動を行う前段階として行う研修として業務に従事する活動になります。

イ　一方、研修のみを受けて帰国する者についても、身分が本国の企業に所属していることから長期出張業務に当たりますが、駐日欧州委員会から受ける月額2,500ユーロは、日本における収入といえ、「研修」の在留資格には該当しません。

　したがって、「研修として行う業務」についての契約が締結されれば、駐日欧州委員会代表部との契約に基づいて研修として行う「技術・人文知識・国際業務」に係る業務に従事するものとして取り扱われることとなります。

ウ　また、現に在留中のEU研修生が、本邦にある支店等に勤務するとして在留資格変更等の申請があった場合は、「企業内転勤」又は「経営・管理」の在留資格が決定されます。

③ **その他**

　在留資格認定証明書交付申請に当たっては、本人の大学の卒業証明書の提出は必要ありません。

（4）日米地位協定上の米軍基地内の施設における一般外国人の就労について

①　日米地位協定上の米軍基地内の施設は、入管法別表第一の「本邦において行うことができる活動」に掲げる「本邦の公私の機関」に該当します。

②　一般外国人が同協定上の米軍基地内のPX（売店）等の施設で働くことを理由に申請した場合には、上記①の活動を行うものとして、在留資格該当性及び基準適合性の審査を受けることになります。

（5）UBI FRANCE（フランス企業振興会）の研修制度

① **概要**

　フランスの製品、技術等の広報、フランス企業と海外企業との提携の援助等ビジネス交流の促進が主な事業内容ですが、その中に将来、フランス企業に貢献する若い人材を海外企業で研修させるプログラムがあります。

　これはフランスの貿易に関するネットワークの枠組みの中で、フランス企業に貢献する人材として兵役免除志願者を海外に派遣し、6～24か月の間、海外の企業で働くことにより専門的なトレーニングを行う制度で、UBI FRANCEから役務の対価として邦貨換算36～38万円及び受入れ企業から手当（10万円）が支給されます。

　なお、2001年10月からCFFE－ACTIM（フランス技術・企業国際振興事業団）からUBI FRANCEへと名

称変更されています。

　また、CFFE - ACTIM時代は兵役免除志願者を対象として同研修制度を行っていましたが、2001年夏、兵役制度が廃止され本プログラムの対象者（基本的に大学卒以上）は一般に公開されています。

②　在留資格について

　従事する活動に応じて、「技術・人文知識・国際業務」等の在留資格が許可されます。

③　その他

　本プログラム終了後、引続き日本での就労（転職を含む。）をフランス政府は認めています。

　なお、本制度の詳細については、在京フランス大使館経済部（Tel03 - 3435 - 7455、ただし仏・英語可能）に照会可能です。

（6）語学指導等を行う外国青年招致事業「JETプログラム」に係る外国人の取扱い

①　概要

ア　本事業は、外国語教育の充実を図るとともに、地域レベルでの国際交流の進展を図ることを通じて、日本と諸外国との相互理解を増進し、日本の国際化の促進に資することを目的として、自治省（現総務省）、文部科学省、外務省と地方公共団体で構成する国際化推進自治体協議会で計画され、その後、法務省が外国青年の入国・在留に関する協力を行うことで参画し、1987年8月から実施されています。

イ　現在、（財）自治体国際化協会（CLAIR）及び上記3省からなる国際化推進連合協議会を設置し、外国青年の募集、選考等を行っています。

ウ　同計画の対象者が大学卒業後間もない外国人であり、通常日本の教員免許を有していないため、大部分の者は、「教員以外の職」について、高校等の教員の補助者等として語学指導等の教育をする活動に従事しています。

エ　在留資格「教育」に係る上陸許可基準に定める「これら以外の教育機関において教員以外の職について教育をする活動」とは、上記「JETプログラム」に基づき、教員の補助者として語学指導等の教育を行う活動を念頭に置いています。

②　在留資格について

ア　語学指導等に従事する外国青年（ALT）・・・「教育」

イ　国際交流活動に従事する外国青年（CIR）・・・「技術・人文知識・国際業務」

ウ　スポーツ国際交流に従事する外国青年（SEA）・・・「技能」

第3章
就労目的別受入れ範囲等

1 在留資格に該当する具体的な職業等

在留資格	主な職業
教授	大学教授等
芸術	作曲家、画家、著述家等
宗教	外国の宗教団体から派遣される宣教師等
報道	外国の報道機関の記者、カメラマン
高度専門職	ポイント制による高度人材
経営・管理	企業等の経営者、管理者
法律・会計業務	弁護士、公認会計士等
医療	医師、歯科医師、看護師等
研究	政府関係機関や私企業等の研究者
教育	中学校、高等学校等の語学教師等
技術・人文知識・国際業務	機械工学等の技術者、通訳、デザイナー、私企業の語学教師、マーケティング業務従事者等
企業内転勤	外国の事業所からの転勤者（経営又は管理に従事する者を除く）
介護	介護福祉士
興行	俳優、歌手、ダンサー、サーカス団員、ファッションモデル、プロスポーツ選手等
技能	外国料理の調理師、スポーツ指導者、航空機の操縦者、貴金属等の加工職人等
特定技能（1・2号）	特定産業分野に属する相当程度の知識・経験を要する技能を有する技能者又は熟練した技能を有する技能者
特定活動	外交官等の家事使用人、ワーキングホリデー等

2　申請代理人

在留資格認定証明書交付申請に当たっての代理人は次の一覧表のとおりです。

法務省令で定める代理人（入管法施行規則別表第四）

在留資格	代理人
教授	本人が所属して教育を行うこととなる本邦の機関の職員
芸術	本人と契約を結んだ本邦の機関又は本人が所属して芸術上の活動を行うこととなる本邦の機関の職員
宗教	本人を派遣する外国の宗教団体の支部その他の本邦にある関係宗教団体の職員
報道	本人と契約を結んだ外国の報道機関の本邦駐在機関又は本人が所属して報道上の活動を行うこととなる本邦の機関の職員
高度専門職	本人と契約を結んだ本邦の機関の職員、本人が経営を行い又は管理に従事する事業の本邦の事業所の職員
経営・管理	本人が経営を行い又は管理に従事する事業の本邦の事業所の職員、本人が経営を行い又は管理に従事する事業の本邦の事業所を新たに設置する場合にあっては、当該本邦の事業所の設置について委託を受けている者（法人である場合にあっては、その職員）
法律・会計業務	本人が契約を結んだ本邦の機関の職員又は本人が所属して法律・会計業務を行うこととなる機関の職員
医療	本人が契約を結んだ本邦の医療機関又は本人が所属して医療業務を行うこととなる本邦の医療機関の職員
研究	本人と契約を結んだ本邦の機関の職員又は本人が転勤する本邦の事業所の職員
教育	本人が所属して教育を行うこととなる本邦の機関の職員
技術・人文知識・国際業務	本人と契約を結んだ本邦の機関の職員
企業内転勤	本人が転勤する本邦の事業所の職員
介護	本人と契約を結んだ本邦の機関の職員
興行	興行契約機関（興行契約機関がないときは、本人を招へいする本邦の機関）又は本人が所属して芸能活動を行うこととなる本邦の機関の職員
技能	本人と契約を結んだ本邦の機関の職員
特定技能	本人と特定技能雇用契約を結んだ本邦の機関の職員
特定活動	本人が所属して法務大臣が指定した活動を行うこととなる機関の職員、本人を雇用する者又は法務大臣が指定する活動に則して法務大臣が告示をもって定める者

3 就労資格別活動範囲と留意点

「在留資格」ごとに、在留資格認定証明交付申請の際の判断基準を基に、申請書提出の際に必要な内容について解説しています。

活動の範囲	入管法（以下「法」という。）別表第一に規定されている内容を記載
該当する外国人	具体的に該当する外国人を示し、申請に際して注意する点を解説
ポイント	該当する活動内容と、他の在留資格との関係と留意点を解説
受入れの基準	上陸許可基準で規定されている内容を記載

　　(注) 上陸許可基準とは、出入国管理及び難民認定法第7条第1項第2号の基準で、「出入国管理及び難民認定法第7条第1項第2号の基準を定める省令」において定められています。

受入れの基準の留意点	上陸許可基準の解釈や用語の説明とポイントを解説
申請時における留意点	在留資格認定証明書交付申請・在留期間更新許可申請の留意点を掲載
受入れ機関のカテゴリー別申請書類　申請書類	
	各種申請に必要な添付書類を受入れ機関カテゴリー別に記載
在留期間	該当する在留資格の在留期間を記載

　就労に関係する在留資格は、以下のとおり（掲載順）ですが、該当する職種の詳細は、本章「1　在留資格に該当する具体的な職業等」をご覧ください。

【自然科学又は人文科学の分野に属する技術又は知識を必要とする業務等に従事すること】
　　　　　　　　　　　　　　　　　　　　　　　　　　　⇒　技術・人文知識・国際業務

【介護福祉士として行う業務】	⇒	介　護
【熟練した技能を要する業務に従事すること】	⇒	技　能
【投資している事業の経営又は管理】	⇒	経営・管理

【日本にある事業所に期間を定めて転勤して専門的技術等を必要とする業務に従事すること】
　　　　　　　　　　　　　　　　　　　　　　　　　　　⇒　企業内転勤

【中学校、高等学校等における語学教育等】	⇒	教　育
【大学等における研究の指導又は教育等】	⇒	教　授
【収入を伴う研究活動】	⇒	研　究
【興行】	⇒	興　行
【医療関係の業務に従事すること】	⇒	医　療
【法律等の資格をもって業務に従事すること】	⇒	法律・会計業務
【収入を伴う芸術上の活動】	⇒	芸　術
【外国の報道機関との契約に基づく報道上の活動】	⇒	報　道
【外国の宗教団体から派遣されて行う布教活動】	⇒	宗　教
【ポイント制による高度人材】	⇒	高度専門職
【一定の知識・技能又は熟練した技能を有する業務に従事すること】	⇒	特定技能
【法務大臣が個々の外国人について特に指定する活動】	⇒	特定活動

技術・人文知識・国際業務

【活動の範囲】　本邦の公私の機関との契約に基づいて行う理学、工学その他の自然科学の分野若しくは法律学、経済学、社会学その他の人文科学の分野に属する技術若しくは知識を要する業務又は外国の文化に基盤を有する思考若しくは感受性を必要とする業務に従事する活動（入管法別表第一の一の表の教授の項、芸術の項及び報道の項の下欄に掲げる活動並びに同表第一の二の表の経営・管理の項から教育の項まで及び企業内転勤の項から興行の項までの下欄に掲げる活動を除く。）

該当する外国人	ポイント
日本の公私の機関との契約に基づいて行う①**自然科学の分野**（注1）**に属する知識を必要とする業務**に主として従事する活動、②**人文科学の分野**（いわゆる文科系の分野であり、社会科学の分野も含まれます。）（注2）**に属する知識を必要とする業務**に主として従事する活動、③**外国の文化に基盤を有する思考又は感受性を必要とする業務**に主として従事する活動が該当します。 （注1）自然科学の代表的なものは次のとおりです。 　数理科学、物理科学、化学、生物科学、人類学、地質科学、地理学、地球物理学、科学教育、統計学、情報学、核科学、基礎工学、応用物理学、機械工学、電気工学、電子工学、情報工学、土木工学、建築学、金属工学、応用化学、資源開発工学、造船学、計測・制御工学、化学工学、航空宇宙工学、原子力工学、経営工学、農学、農芸化学、林学、水産学、農業経済学、農業工学、畜産学、獣医学、蚕糸学、家政学、地域農学、農業総合科学、生理科学、病理科学、内科系科学、外科系科学、社会医学、歯科学、薬科学 （注2）人文科学の代表的なものは次のとおりです。 　語学、文学、哲学、教育学（体育学を含む。）、心理学、社会学、歴史学、地域研究、基礎法学、公法学、国際関係法学、民事法学、刑事法学、社会法学、政治学、経済理論、経済政策、国際経済、経済史、財政学・金融論、商学、経営学、会計学、経済統計学	在留資格「技術・人文知識・国際業務」に該当する活動については、以下の項目に留意してください。 1　「**自然科学の分野に属する知識を要する業務**」とは、学術上の素養を背景とする一定水準以上の業務で、左記の（注1）に示された自然科学の分野に属する技術又は知識がなければできない業務をいいます。また、「**人文科学の分野に属する知識を必要とする業務**」とは、上記と同様に左記（注2）に示された人文科学の分野に属する知識がなければできない業務をいいます。 　したがって、大学等において理科系又は文科系の科目を専攻して修得した一定の水準以上の専門的知識を必要とするものであって、単に経験を積んだことにより有している知識では足りず、学問的、体系的な知識を必要とするものとなっています。 2　「**外国の文化に基盤を有する思考又は感受性を必要とする業務**」とは、外国人特有の感性、すなわち、外国に特有な文化に根ざす一般の日本人が有しない思考方法や感受性を必要とする業務をいいます。また、「外国の文化に基盤を有する思考若しくは感受性を必要とする業務」といえるためには、外国の社会、歴史・伝統の中で培われた発想・感覚を基にした一定水準以上の専門的能力を必要とするものとなっています。 3　「本邦の公私の機関」及び「契約」の用語については、「第2章　1　機関との契約」を参照してください。 4　他の在留資格との関係 　入管法別表第1の2の表の「技術・人文知識・国際業務」の項の下欄にある括弧書きのとおり、外国人の行おうとする活動が「技術・人文知識・国際業務」に係る活動に該当する場合であっても、その活動が「教授」「芸術」「報道」「経営・管理」「法律・会計業務」「医療」「研究」「教育」「企業内転勤」、「介護」及び「興行」のいずれかに係る活動に該当する場合には、これらの在留資格が決定されることになります。 （1）教授 　日本の大学若しくはこれに準ずる機関又は高等専門学校において、研究、研究の指導又は教育をする場合は、「教授」となります。なお、外国人が契約する機関がこれらの教育機

該当する外国人	ポイント
	関以外であっても、研究等を行う場所がこれらの教育機関である場合には、「教授」の在留資格となります。

(2) 経営・管理

　企業の経営活動や管理活動は、自然科学あるいは人文科学の知識等を要する業務に従事する活動であることから、「技術・人文知識・国際業務」の活動と一部重複しますが、このように重複する場合には、「経営・管理」の在留資格が決定されることになります。また、外国人の業務内容に一部経営活動や管理活動が含まれているものの、「経営・管理」に該当しない場合には、「技術・人文知識・国際業務」が許可されることがあります。なお、企業の職員として「技術・人文知識・国際業務」で在留していた外国人が、昇進等により当該企業の経営者や管理者になったときは、直ちに「経営・管理」に変更することまでは求められておらず、現に有する「技術・人文知識・国際業務」の在留期限の満了に併せて「経営・管理」への在留資格変更申請することで差し支えない取扱いとなっています。

(3) 医療

　法律上の資格を有する者が行うこととされている医療に係る業務に従事する場合は、「医療」に該当します。なお、医療に係る業務に従事する活動のうち、法律上の資格を有しなくても行うことができる活動の中には、「技術・人文知識・国際業務」に該当することがあります。

(4) 研究

　「技術・人文知識・国際業務」は、有する技術や知識を用いて、公私の機関の業務遂行に直接資する活動であるのに対し、「研究」は、その他の技術等の研究をすることを目的とする活動である点において相違することに留意してください。

(5) 教育

　「教育」は、日本の小学校、中学校等の教育機関において語学教育その他の教育をする活動であるのに対し、「技術・人文知識・国際業務」は、教育機関以外の機関において、日本の公私の機関との契約に基づいて、自然科学若しくは人文科学の分野に属する技術又は知識を要する業務に従事する活動が該当します。

(6) 企業内転勤

　「企業内転勤」は、期間を定めて転勤し、転勤した特定の事務所においてしか活動できないことが「技術・人文知識・国際業務」と相違します。

　また、「企業内転勤」に係る上陸許可基準においては、「転勤の直前に外国にある本店、支店その他の事業所において1年以上継続して「技術・人文知識・国際業務」の業務に従事していること」と定められていますが、この基準に適合しない場合であっても、「技術・人文知識・国際業務」に係る上陸許可基準に適合する場合には、同在留資格が許可されることがあります。

該当する外国人	ポイント
	この場合、日本にある外国法人の本店、支店等と直接雇用契約を締結していないことも考えられますところ、日本の公私の機関との契約については、転勤前に外国企業に採用された時点で、その企業との間で雇用契約等を既に結んでおり、その雇用契約をもって「本邦の公私の機関との契約」があるといえることから、同一法人である外国の事業所から日本の事業への転勤の場合には新たな契約は不要となっています。 （7）介護 　介護福祉士の資格を有する者が日本の病院、介護施設等で介護業務を行う場合のほか、ケアマネジャーとしての業務に従事する場合は、在留資格「介護」に該当します。 　なお、在留資格「技術・人文知識・国際業務」では、介護施設における入浴、食事等の介護業務は行うことはできません。 （8）興行 　「興行」に係る活動には、興行活動者と一体不可分な関係のあるものもこの在留資格に該当します。自然科学若しくは人文科学の分野に属する技術又は知識を要する業務に従事するスポーツ選手のコーチ、トレーナーや録音、録画技術者等が考えられるところ、これらの者が行う活動は、「興行」に該当します。

受入れの基準（上陸許可基準）	留意点
申請人が次のいずれにも該当していること。ただし、申請人が、**外国弁護士**による法律事務の取扱いに関する特別措置法（昭和61年法律第66号）第58条の2に規定する国際仲裁事件の手続についての代理に係る業務に従事しようとする場合は、この限りでない。	上陸許可基準に適合するためには、同基準第1号から第3号までのいずれにも適合することが必要です。 （注1）外国弁護士による法律事務の取扱いに関する特別措置法（昭和61年5月23日法律第66号）（以下「外弁法」という。）に定める国際仲裁事件の手続に関する代理に係る業務に従事しようとする場合は、その業務の国際性やその業務に従事する者の円滑な受入れを図る観点から同基準第1号から第3号までの適用はありません。 （注2）「外国弁護士」とは、「外国において法律事務を行うことを職務とする者で弁護士に相当するもの」（外弁法第2条第2号）をいいます。外弁法第58条の2の「外国弁護士」には外国法事務弁護士としての承認を受けた者は含まれないことになっています。なお、外国法事務弁護士も外弁法第5条の3に基づき国際仲裁代理を行うことができることになっています。 （注3）「国際仲裁事件」とは、「国内を仲裁地とする民事に関する仲裁事件であって、当事者の全部又は一部が外国に住所又は主たる事務所若しくは本店を有する者であるものをいう。」（外弁法第2条第11号）とされています。
基準1号 　申請人が自然科学又は人文科学の分野に属する技	1　1号本文は、外国人が自然科学又は人文科学の分野に属する知識が必要とする業務に従事する場合の経歴要件について

受入れの基準（上陸許可基準）	留意点
術又は知識を必要とする業務に従事しようとする場合は、従事しようとする業務について、次のいずれかに該当し、これに必要な技術又は知識を習得していること。ただし、申請人が情報処理に関する技術又は知識を要する業務に従事しようとする場合で、法務大臣が告示をもって定める情報処理技術に関する試験に合格し又は法務大臣が告示をもって定める情報処理に関する資格を有しているときは、この限りでない。 イ　当該技術若しくは知識に関連する科目を専攻して大学を卒業し、又はこれと同等以上の教育を受けたこと。 ロ　当該技術又は知識に関連する科目を専攻して専修学校の専門課程を修了（当該修了に関し法務大臣が告示をもって定める要件に該当する場合に限る。）したこと。 ハ　10年以上の実務経験（大学、高等専門学校、高等学校、中等教育学校の後期課程又は専修学校の専門課程において当該技術又は知識に係る科目を専攻した期間を含む。）を有すること。	定めたものであり、イからハまでのいずれかに該当する必要があります。 2　一定の学歴要件を有し又は一定年数以上の実務経験を有していることにより、従事しようとする業務に必要な技術又は知識を習得していることが必要であり、次のいずれかに適合することを要します。 (1) 学歴要件 　　基準1号イ及びロは学歴要件を定めたものであり、次のいずれかに適合することが必要です。 　　イ　従事しようとする業務に必要な技術若しくは知識に関連する科目を専攻して大学を卒業し、又はこれと同等以上の教育を受けたこと 　　ロ　従事しようとする業務に必要な技術又は知識に関連する科目を専攻して日本の専修学校の専門課程を修了したこと（告示で定める要件を満たすものに限ります。） (2) 実務経験要件 　　基準1号ハは実務経験要件を定めたものであり、10年以上の実務経験を有することを要します。この年数には、大学、高等専門学校、高等学校、中等教育学校の後期課程又は専修学校の専門課程において当該技術又は知識に係る科目を専攻した期間を含むものとされています。 (3) 基準1号ただし書きは、法務大臣が告示をもって定める情報処理技術に関する試験に合格し又は法務大臣が告示をもって定める情報処理に関する資格を有しているときは、1号に適合する必要はありません。 　(注) いわゆるIT技術者の円滑な受入れを図る観点から、法務大臣が告示をもって定める情報処理技術に関する試験又は資格は、「入管法第7条第1項第2号の基準を定める省令の技術・人文知識・国際業務の在留資格に係る基準の特例を定める件」（平成13年法務省告示第549号）に定められています。 (4) 自然科学又は人文科学の分野に属する技術及び知識について 　　「自然科学又は人文科学の分野に属する技術及び知識」については、一定以上の学術上の素養を要する業務に従事すること及び大学卒業者が通常その分野で身に付ける技術や知識のレベルを有していることが必要です。この「一定以上の学術上の素養を要する業務に従事すること」については、大学にその学問が課程として設置されているかどうか、また、「大学卒業者が通常その分野で身に付ける技術や知識のレベルを有していること」について、資格試験を目安とされる場合があります。 (5) 従事しようとする業務と専攻科目との関連性について 　　「技術・人文知識・国際業務」においては、原則として、従事しようとする業務と大学又は専修学校において専攻した科目とが関連していることが必要です。

受入れの基準（上陸許可基準）	留意点
	ただし、専攻科目と従事しようとする業務が一致していることまでは必要ではなく、関連していればよいため、その判断は実際に履修した科目等を確認して行うことになります。この点、大学を卒業した者については、大学が、学術の中心として、広く知識を授けるとともに、深く専門の学芸を教授研究し、知的、道徳的及び応用的能力を展開させることを目的とし、また、その目的を実現するための教育研究を行い、その成果を広く社会に提供することにより、社会の発展に寄与するとされていることから、大学における専攻科目と従事しようとする業務の関連性については、比較的穏やかに判断されることになります。また、専門職大学及び専門職短期大学は、深く専門の学芸を教授研修し、専門性を求められる職業を担うために必要な実践的かつ応用的な能力を育成・展開させることを設置目的としており、その教育は、理論にも裏付けられた実践力の育成、特定職種の専門性に止まらない幅広い知識等の習得、分野全般への精通のほか、関連他分野への展開、生涯にわたる資質向上のための基礎の涵養を特色としていることから、大学と同様に関連性の判断については柔軟に判断して差し支えありません。なお、専修学校は、職業若しくは実際生活に必要な能力を育成し、又は教養の向上を図ることを目的としており、大学とは設置目的が異なるものです。 （6）専修学校の専門課程の修了に関する要件を定める告示について 　「入管法第7条第1項第2号の基準を定める省令の専修学校の専門課程の修了に関する要件を定める件（平成23年法務省告示第330号）」が定められており、要件に適合する者は、次のいずれかになっています。 ア　日本において専修学校の専門課程の教育を受け、「専修学校の専門課程の修了者に対する専門士及び高度専門士の称号の付与に関する規程（平成6年文部省告示第84号）第2条の規定により専門士と称することができること イ　同規程第3条の規定により高度専門士と称することができること （注）上記告示は、「研究」及び「教育」に係る上陸許可基準においても適用があり、それぞれの要件が定められています。 （7）インドにおけるDOEACC（ドアック。Department of Electronics, Accreditation of Computer Courses）制度について 　当該制度上の資格レベルA、B及びCを保有する者については、上陸許可基準における学歴要件の「当該技術若しくは知識に係る科目を専攻して大学を卒業し、又はこれと同等以上の教育を受けたこと」のうち「これと同等以上の教育を受けたこと」に含まれます。 ①　DOEACC制度の概要 　DOEACCとは、Department of Electronics（現IT省）、Accreditation of Computer Coursesの略であり、IT省により監督されている機関です。DOEACCは、大学以外の各種

受入れの基準（上陸許可基準）	留意点
	民間IT技術教育機関（Institution）のトレーニング・コースをDOEACCの基準に照らして認定するとともに、当該コースを終了した人を対象とした認定試験を年2回実施し、合格者に資格を付与しています。 （注）2011年10月10日付けで試験運営組織がDOEACC Societyから、National Institute of Electronics and Information Technology（NIELIT）に変更され、2012年12月よりNIELIT発行の合格書の使用が開始されています。 　DOEACCの資格には、次のA、B、C、Oの4種類があります。 レベルA　15学年の教育を受けている者が、1年間のDOEACC認定コースを終了し、試験に合格した場合に付与されます。 レベルB　15学年の教育を受けている者が、3年間のDOEACC認定コースを終了し、試験に合格した場合に付与されます。 レベルC　工学系大学の場合は16学年、非工学系大学の場合は17学年の教育を受けている者が、2年間のDOEACC認定コースを終了し、試験に合格した場合に付与されます。 レベルO　12学年の教育を受けている者が、1年間のDOEACC認定コースを終了し、試験に合格した場合に付与されます。 ② **DOEACCと学位の関係** 　DOEACCは、インド政府（教育資格認定委員会：インド人材資源開発省中高等教育庁長官）により、レベルOがDiploma、レベルAがAdvanced Diploma、レベルBがM.C.A（Master of Computer Application）とそれぞれ同等と認定されています。レベルCについては、対象者が少ないこともあり、認定はされていませんが、同レベルは大卒者が更に2年間教育を受けて達成するレベルとなっています。 　なお、レベルA、B及びC資格合格者は大学院への入学資格を有しています。 （DOEACC資格認定レベルの該当する学位については、下記表を参照してください。）

【参考】DOEACC資格認定レベルの該当する学位

	DOEACC認定レベル	学位（Degree）	学年（Grade）
大卒		Ph. Ds	
	C 工科系大卒 （教育12 + 4年）+（DOE 2年） 非工科系大卒 （教育12 + 3 + 2年）+（DOE 2年）	M. Tech（Master in Technology）	18〜19
		B. Tech（Bachelor in Technology）	
		M. Sc（Master in Science）	
		B. Sc（Bachelor in Science）	

B （教育12＋3年）＋（DOE 3年） 2000年9月に右相当とMHRDが認定	M.C.A （Master in Computer Application）	18
	B.C.A （Bachelor in Computer Application）	
A （教育12＋3年）＋（DOE 1年） 1995年3月に右相当とMHRDが認定	PG Diploma （Post Graduate Diploma）	16
非大卒　O （教育12年）＋（DOE 1年） 1995年3月に右相当とMHRDが認定	Diploma	13
	ITI／Certificate （Industrial Training Institute）	

受入れの基準（上陸許可基準）	留意点
基準2号 　申請人が外国の文化に基盤を有する思考又は感受性を必要とする業務に従事しようとする場合は、次のいずれにも該当していること。 イ　翻訳、通訳、語学の指導、広報、宣伝又は海外取引業務、服飾若しくは室内装飾に係るデザイン、商品開発その他これらに類似する業務に従事すること。 ロ　従事しようとする業務に関連する業務について3年以上の実務経験を有すること。ただし、大学を卒業した者が翻訳、通訳又は語学の指導に係る業務に従事する場合は、この限りでない。	2号は、外国人が外国の文化に基盤を有する思考又は感受性を必要とする業務に従事する場合の要件を定めており、イ及びロのいずれにも該当していることを必要とします。 1　イは、外国人が外国の文化に基盤を有する思考又は感受性を必要とする業務に従事するため、「技術・人文知識・国際業務」に適合する業務を翻訳、通訳、語学の指導、広報、宣伝又は海外取引業務、服飾若しくは室内装飾に係るデザイン、商品開発その他これらに類似する業務に限定しています。 2　ロは、外国人が従事しようとする業務に関連する業務について、原則として3年以上の実務経験を有することを要件として定めていますが、実務経験は、「関連する業務について」のものであれば足り、外国人が日本において従事しようとする業務そのものについての実務経験を有することまでは必要とされていません。 　また、翻訳、通訳又は語学の指導に係る業務は、外国人の母国語に係るものが通常であり、実務経験のない外国人でも行うことが可能であることから、大学を卒業していれば、実務経験は必要としないことを定めています。 3　イに列挙されています「翻訳、通訳、語学の指導、広報、宣伝又は海外取引業務、服飾若しくは室内装飾に係るデザイン、商品開発その他これらに類似する業務に従事する」場合であっても、大学等において、これらの業務に従事するのに必要な科目を専攻し、卒業したもの又は日本の専門学校を修了し、専門士の称号を得たものである場合は、1号が適用されます。
基準3号 　申請人が**日本人が従事する場合に受ける報酬と同等額以上の報酬**を受けること。	3号は、自然科学又は人文科学の分野に属する業務に従事する場合でも、外国の文化に基盤を有する思考又は感受性を必要とする業務に従事する場合でも、当該業務に日本人が従事する場合に受ける報酬と同等額以上の報酬を受けることが要件となっています。 （注）「第2章　1　（3）　報酬」を参照してください。

申請時における留意点

在留資格認定証明書交付申請時における留意点

1 申請書の入国目的又は在留資格欄が「技術・人文知識・国際業務」であることを確認します。

2 申請書の勤務先、職歴、職務上の地位及び職務内容欄の記載及び立証資料により、申請人が従事しようとする業務が「技術・人文知識・国際業務」に該当するものであることを確認します。

3 申請書の最終学歴及び専攻・専門分野又は実務経験年数欄及び立証資料により、上陸許可基準1号に適合することを確認します。なお、情報処理業務従事者であって、かつ、上陸許可基準1号ただし書きの特例告示に該当する場合には、情報処理技術者資格又は試験合格の有無欄の記載及び立証資料により、同告示に該当することを確認します。

また、国際仲裁事件の手続についての代理に係る業務に従事しようとする場合であって、上陸許可基準本文ただし書きに該当するときの提出資料は次のとおりです。

(1) 外国において弁護士としての資格を証明する文書

(2) 国際仲裁代理を外国において依頼され又は受任した旨を証明する文書

(3) 依頼主が事業を営むものである場合にはその事業内容を明らかにする資料

4 申請書の職務内容欄が上陸許可基準2号イに該当する場合は、申請書の職歴欄及び立証資料により、3年以上の実務経験を有することを確認します。なお、申請書の学歴欄及び立証資料により、申請人が大学を卒業している者で、職務内容が翻訳、通訳又は語学の指導に係る業務に従事する場合には必要ありません。

5 申請書の給与・報酬欄の記載及び立証資料により、上陸許可基準3号に適合していることを確認します。

在留期間の更新申請時における留意点

1 申請書の勤務先、職務上の地位、職務上の地位及び職務内容並びに立証資料により、「技術・人文知識・国際業務」の活動を継続することを確認します。

2 申請書の給与・報酬欄の記載から、日本人が従事する場合に受ける報酬と同等額以上であることを確認します。

3 住民税の課税（又は非課税）証明書及び総所得額の記載のある納税証明書により、収入額が契約時の金額で、かつ納税が行われていることを確認します。

受入れ機関のカテゴリー別申請書類

在留資格認定証明書交付申請の場合

【カテゴリー1】
下記に該当する機関に所属する場合
①日本の証券取引所に上場している企業
②保険業を営む相互会社
③日本又は外国の国・地方公共団体
④独立行政法人
⑤特殊法人・認可法人
⑥日本の国・地方公共団体認可の公益法人
⑦法人税法別表第1に掲げる公共法人
⑧高度専門職省令第1条第1項各号の表の特別加算の項の中欄イ又はロの対象企業（イノベーション創出企業）
⑨一定の条件を満たす企業等（注）
　（注）次のいずれかに該当する企業等が対象です。
　（1）厚生労働省が所管する「ユースエール認定制度」において、都道府県労働局長から「ユースエール認定企業」として認定を受けているもの。

1 申請書
2 **カテゴリー1に該当することを証明する次のいずれかの文書**
　① 四季報の写し又は日本の証券取引所に上場していることを証明する文書（写し）
　② 主務官庁から設立の許可を受けたことを証明する文書（写し）
　③ 左記⑧の対象企業（イノベーション創出企業）であることを証明する文書（例えば、補助金交付決定通知書の写し）
　④ 左記⑨の対象企業等であることを証明する文書（例えば、認定証等の写し）
3 専門学校を卒業し、専門士又は高度専門士の称号を付与された者については、専門士又は高度専門士の称号を付与されたことを証明する文書

（2）厚生労働省が所管する「くるみん認定制度」、「プラチナくるみん認定制度」において、都道府県労働局長から「くるみん認定企業」、「プラチナくるみん認定企業」として認定を受けているもの。 （3）厚生労働省が所管する「えるぼし認定制度」、「プラチナえるぼし認定制度（令和2年6月施行）」において、都道府県労働局長から「えるぼし認定企業」、「プラチナえるぼし認定企業」として認定を受けているもの。 （4）厚生労働省が所管する「安全衛生優良企業公表制度」において、都道府県労働局長から「安全衛生優良企業」として認定を受けているもの。 （5）厚生労働省が所管する「職業紹介優良事業者認定制度」において、指定審査認定機関から「職業紹介優良事業者」として認定を受けているもの。 （6）厚生労働省が所管する「製造請負優良適正事業者認定制度（GJ認定）」において、指定審査機関から「製造請負優良適正事業者」として認定を受けているもの。 （7）厚生労働省が所管する「優良派遣事業者認定制度」において、指定審査認定機関から「優良派遣事業者」として認定を受けているもの。 （8）経済産業省が所管する「健康経営優良法人認定制度」において、日本健康会議から「健康経営優良法人」として認定を受けているもの。 （9）経済産業省が所管する「地域未来牽引企業制度」において、経済産業大臣から「地域未来牽引企業」として選定を受けているもの。 （10）国土交通省が所管する「空港における構内の営業承認制度」において、地方航空局長又は空港事務所長から「空港管理規則上の第一類構内営業者又は第二類構内営業者」として承認を受けているもの。 （11）消費者庁が所管する「内部通報制度認証（自己適合宣言登録制度）」において、内部通報制度認証事務局から「内部通報制度認証（自己適合宣言登録制度）登録事業者」として登録を受けているもの。	
【カテゴリー2】 ①前年分の給与所得の源泉徴収票等の法定調書合計表中、給与所得の源泉徴収合計表の源泉徴収税額が1,000万円以上ある団体・個人 ②在留申請オンラインシステムの利用申出の承認を受けている機関	1　申請書 2　**カテゴリー2**に該当することを証明する次のいずれかの文書 　①　前年分の給与所得の源泉徴収票等の法定調書合計表（受付印のあるものの写し） 　②　在留申請オンラインシステムに係る利用申出の承認を受けていることを証明する文書（利用申出に係る承認のお知らせメール等） 3　専門学校を卒業し、専門士又は高度専門士の称号を付与された者については、専門士又は高度専門士の称号を付与されたことを証明する文書

【カテゴリー3】	1 申請書
前年分の給与所得の源泉徴収票等の法定調書合計表が提出された団体・個人（**カテゴリー2**を除く。）	2 **カテゴリー3**に該当することを証明する文書 　前年分の給与所得の源泉徴収票等の法定調書合計表（受付印のあるものの写し） 3 専門学校を卒業し、専門士又は高度専門士の称号を付与された者については、専門士又は高度専門士の称号を付与されたことを証明する文書 4 申請人の活動内容等を明らかにする次のいずれかの資料 　① 労働契約を締結する場合は、労働基準法第15条第1項及び同法施行規則第5条に基づき、労働者に交付される労働条件を明示する文書（雇用契約書等） 　② 日本法人である会社の役員に就任する場合は、役員報酬を定める定款の写し又は役員報酬を決議した株主総会の議事録（報酬委員会が設置されている会社にあっては同委員会の議事録）の写し 　③ 外国法人の日本支店に転勤する場合及び会社以外の団体の役員に就任する場合は、地位（担当業務）、期間及び支払われる報酬額を明らかにする所属団体の文書 5 申請人の学歴及び職歴その他経歴等を証明する文書 　① 申請に係る技術又は知識を要する業務に従事した機関及び内容並びに期間を明示した履歴書 　② 学歴又は職歴等を証明する次のいずれかの文書 　　ア 大学等の卒業証明書又はこれと同等以上の教育を受けたことを証明する文書。なお、DOEACC制度の資格保有者の場合は、DOEACC資格の認定証（レベル「A」、「B」又は「C」に限る。） 　　イ 在職証明書等で、関連する業務に従事した期間を証明する文書（大学、高等専門学校、高等学校又は専修学校の専門課程において当該技術又は知識に係る科目を専攻した期間の記載された当該学校からの証明書を含む。） 　　ウ IT技術者については、法務大臣が特例告示をもって定める「情報処理技術」に関する試験又は資格の合格証書又は資格証書 　　エ 外国の文化に基盤を有する思考又は感受性を必要とする業務に従事する場合（大学を卒業した者が翻訳・通訳又は語学の指導に従事する場合を除く。）は、関連する業務について3年以上の実務経験を証明する文書 6 登記事項証明書 7 事業内容を明らかにする次のいずれかの資料 　① 勤務先等の沿革、役員、組織、事業内容（主要取引先と取引実績を含む。）等が詳細に記載された案内書 　② その他の勤務先等の作成した上記①に準ずる文書 　（注）申請人が翻訳、通訳、語学の指導、広報、宣伝又は海外取引業務、服飾若しくは室内装飾に係るデザイン、商品開発その他これらに類似する業務に従事しようとする場合は、従事しようとする業務の内容を詳細に説明する勤務先の文書 8 直近の年度の決算文書（損益計算書、貸借対照表等）の写し

【カテゴリー4】 カテゴリー1、2、3のいずれにも該当しない団体・個人	1　申請書 2　専門学校を卒業し、専門士又は高度専門士の称号を付与された者については、専門士又は高度専門士の称号を付与されたことを証明する文書 3　申請人の活動内容等を明らかにする次のいずれかの資料 　①　労働契約を締結する場合は、労働基準法第15条第1項及び同法施行規則第5条に基づき、労働者に交付される労働条件を明示する文書（雇用契約書等） 　②　日本法人である会社の役員に就任する場合は、役員報酬を定める定款の写し又は役員報酬を決議した株主総会の議事録（報酬委員会が設置されている会社にあっては同委員会の議事録）の写し 　③　外国法人内の日本支店に転勤する場合及び会社以外の団体の役員に就任する場合は、地位（担当業務）、期間及び支払われる報酬額を明らかにする所属団体の文書 4　申請人の学歴及び職歴その他経歴等を証明する文書 　①　申請に係る技術又は知識を要する業務に従事した機関及び内容並びに期間を明示した履歴書 　②　学歴又は職歴等を証明する次のいずれかの文書 　　ア　大学等の卒業証明書又はこれと同等以上の教育を受けたことを証明する文書。なお、DOEACC制度の資格保有者の場合は、DOEACC資格の認定証（レベル「A」、「B」又は「C」に限る。） 　　イ　在職証明書等で、関連する業務に従事した期間を証明する文書（大学、高等専門学校、高等学校又は専修学校の専門課程において当該技術又は知識に係る科目を専攻した期間の記載された当該学校からの証明書を含む。） 　　ウ　IT技術者については、法務大臣が特例告示をもって定める「情報処理技術」に関する試験又は資格の合格証書又は資格証書（3の資料を提出している場合は不要） 　　エ　外国の文化に基盤を有する思考又は感受性を必要とする業務に従事する場合（大学を卒業した者が翻訳・通訳又は語学の指導に従事する場合を除く。）は、関連する業務について3年以上の実務経験を証明する文書 5　登記事項証明書 6　事業内容を明らかにする次のいずれかの資料 　①　勤務先等の沿革、役員、組織、事業内容（主要取引先との取引実績を含む。）等が詳細に記載された案内書 　②　その他の勤務先等の作成した上記①に準ずる文書 　　（注）申請人が翻訳、通訳、語学の指導、広報、宣伝又は海外取引業務、服飾若しくは室内装飾に係るデザイン、商品開発その他これらに類似する業務に従事しようとする場合は、従事しようとする業務の内容を詳細に説明する勤務先の文書 7　直近の年度の決算文書（損益計算書、貸借対照表等）の写し。新規事業の場合は事業計画書 8　前年分の職員の給与所得の源泉徴収票等の法定調書合計表を提出できない理由を明らかにする次のいずれかの資料

	① 源泉徴収の免除を受ける機関の場合 　外国法人の源泉徴収に対する免除証明書その他の源泉徴収を要しないことを明らかにする資料 ② 上記①を除く機関の場合 　ア　給与支払事務所等の開設届出書の写し 　イ　次のいずれかの文書 　　a　直近3か月分の給与所得・退職所得等の所得税徴収高計算書（領収日付印のあるものの写し） 　　b　納期の特例を受けている場合は、その承認を受けていることを明らかにする資料
在留期間更新許可申請の場合	
【カテゴリー1】	1　申請書 2　**カテゴリー1**に該当することを証明する次のいずれかの文書 　① 四季報の写し又は日本の証券取引所に上場していることを証明する文書（写し） 　② 主務官庁から設立の許可を受けたことを証明する文書（写し） 　③ イノベーション創出企業であることを証明する文書（例えば、補助金交付決定通知書の写し） 　④ 一定の条件を満たす企業等（注）であることを証明する文書（例えば、認定証等の写し） 　（注）P.32の【カテゴリー1】⑨の注を参照してください。
【カテゴリー2】	1　申請書 2　**カテゴリー2**に該当することを証明する次のいずれかの文書 　① 前年分の職員の給与所得の源泉徴収票等の法定調書合計表（受付印のあるものの写し） 　② 在留申請オンラインシステムに係る利用申出の承認を受けていることを証明する文書（利用申出に係る承認のお知らせメール等）
【カテゴリー3】	1　申請書 2　**カテゴリー3**に該当することを証明する文書 　前年分の職員の給与所得の源泉徴収票等の法定調書合計表（受付印のあるものの写し） 3　住民税の課税（又は非課税）証明書及び納税証明書（1年間の総所得及び納税状況が記載されたもの）
【カテゴリー4】	1　申請書 2　住民税の課税（又は非課税）証明書及び納税証明書（1年間の総所得及び納税状況が記載されたもの） （注）**カテゴリー1**から**カテゴリー3**までのいずれにも該当しないことについて、例えば①外国法人の源泉徴収に対する免除証明書その他の源泉徴収を要しないことを明らかにする資料、②給与支払事務所開設届出書写し、③直近3か月分の給与所得、退職所得等の所得税徴収高計算書（領収日付のあるものの写し）等の提出を求められることがあります。

在留期間	運　用
5年	次の①、②及び⑤のいずれにも該当し、かつ、③又は④のいずれかに該当するもの。 ① 申請人が入管法上の届出義務（住居地の届出、住居地変更の届出、所属機関の変更の届出等）を履行しているもの（上陸時の在留期間決定の際には適用しない。） ② 学齢期（義務教育の期間をいう。）の子を有する親にあっては、子が小学校、中学校又は義務教育学校（いわゆるインターナショナルスクール等も含む。）に通学しているもの（上陸時の在留期間決定の際には適用しない。） ③ 契約機関がカテゴリー1又はカテゴリー2に該当するもの ④ ③以外の場合は、「技術・人文知識・国際業務」の在留資格で3年の在留期間が決定されている者で、かつ、本邦において引き続き5年以上「技術・人文知識・国際業務」の在留資格に該当する活動を行っているもの ⑤ 就労予定期間が3年を超えるもの
3年	次のいずれかに該当するもの。 ① 次のいずれにも該当するもの 　a　5年の在留期間の決定の項の①及び②のいずれにも該当し、かつ、③又は④のいずれかに該当するもの 　b　就労予定期間が1年を超え3年以内であるもの ② 5年の在留期間を決定されていた者で、在留期間更新の際に次のいずれにも該当するもの 　a　5年の在留期間の決定の項の①又は②のいずれかに該当せず、かつ、③又は④のいずれかに該当するもの 　b　就労予定期間が1年を超えるもの ③ 5年、1年又は3月の項のいずれにも該当しないもの
1年	次のいずれかに該当するもの。 ① 契約機関がカテゴリー4（カテゴリー1、2又は3のいずれにも該当しない団体・個人）に該当するもの ② 3年の在留期間を決定されていた者で、在留期間更新の際に5年の在留期間の項の①又は②のいずれかに該当しないもの ③ 職務上の地位、活動実績、所属機関の活動実績等から、在留状況を1年に1度確認する必要があるもの ④ 就労予定期間が1年以下であるもの
3月	就労予定期間が3月以下であるもの

介　護

【活動の範囲】　本邦の公私の機関との契約に基づいて介護福祉士の資格を有する者が介護又は介護の指導を行う
　　　　　　　業務に従事する活動

該当する外国人	ポイント
1　介護福祉士の資格を有する者が、日本の病院、介護施設等で入浴、食事の介助等の介護業務全般を行う活動が該当し、ケアプランの作成等も含まれます。 2　活動場所は、必ずしも介護設等に限定されるものではなく、訪問介護も可能であり、介護対象者の範囲も老人介護に限らないが、要介護者本人や、その家族との契約に基づいて行う活動は、「本邦の公私の機関との契約」には該当しません。	「介護」の在留資格に該当する活動については、以下の項目に留意してください。 1　介護福祉士とは、専門的知識及び技術をもって、身体上又は精神上の障害があることにより日常生活を営むのに支障がある者につき心身の状況に応じた介護（喀痰吸引その他のその者が日常生活を営むのに必要な行為であって、医師の指示のもとに行われるもの（厚生労働省令で定めるものに限られる。））を行い、並びにその者及びその介護者に対して介護に関する指導を行うことを業務とする者をいいます。 2　「介護の指導」とは、資格を有しない者が行う食事、入浴、排泄の介助等の介護業務について指導を行うことや、要介護者に対して助言を行うことを指し、教員の立場で、生徒に対し介護の指導を行う場合はこれには該当しません。 3　他の在留資格との関係 （1）技術・人文知識・国際業務 　　大学等において修得した介護学等の知識を生かして、介護サービスの利用相談等の業務に従事する場合は、「技術・人文知識・国際業務」に該当することとなりますが、介護施設等で入浴、食事の介助等の介護業務を行う場合は該当しません。 　　なお、介護福祉士の資格を有する者がケアマネジャーとしての業務に従事する場合は、在留資格「介護」に該当します。 （2）特定活動告示22号及び29号（就学コース） 　　2国間の経済連携協定（EPA）に基づき、入国し在留する介護福祉士候補者は、日本の介護福祉士養成施設で学びながら介護福祉士国家試験への合格を目指す（介護福祉士国家試験に合格した後は、介護福祉士としての業務を行う）ことを目的とする者もいます。この者が日本の介護福祉士養成施設を卒業し、介護福祉士国家試験に合格し介護福祉士の登録をした場合、上陸許可基準に適合することとなりますが、「介護」への変更を認めるか否かは、変更を適当と認めるに足りる相当の理由があるかどうかについて個別・具体的に判断されることになります。 4　平成29年度からは介護福祉士養成施設卒業者も国家試験合格が必要となりましたが、令和8年度までの卒業者には卒業後5年間の経過措置が設けられています。すなわち、令和3年度までの卒業者は暫定的に5年間介護福祉士としての登録が認められ、卒業後5年間のうちに国家試験に合格するか又は介護福祉士としての実務経験を積むことにより、継続的に介護福祉士としての登録が認められます。

受入れの基準（上陸許可基準）	留意点
1　申請人が社会福祉及び介護福祉士法（昭和62年法律第30号）第40条第2項第5号又は社会福祉士及び介護福祉士法施行規則（昭和62年厚生省令第49号）第21条第3項に該当する場合で、入管法別表第一の二の表の技能実習の項の下欄に掲げる活動に従事していたときは、当該活動により本邦において修得、習熟又は熟達した技能等の本国への移転に努めるものと認められること。 2　日本人が従事する場合に受ける報酬と同等額以上の報酬を受けること。 （注）「第2章　1　（3）　報酬」を参照してください。	新しい経済政策パッケージ（平成29年12月8日閣議決定）における規制制度改革等の介護分野における外国人人材の受入れ拡大が図られました。これに伴う在留資格「介護」の上陸許可基準の見直しが行われ、次に掲げる者が介護福祉士として在留資格「介護」が認められることとなります。 1　養成施設ルート：介護福祉士養成施設（専門学校など）を卒業し、介護福祉士となるルート（法40条第2項1～3号） 2　実務経験ルート：「実務経験3年以上」＋「実務者研修（450時間以上かつ6月以上）」を経て、介護福祉士となるルート（これに準ずるルートを含む。）（法40条2項5号・規則21条3号） 3　福祉系高校ルート：福祉系高校を卒業し、介護福祉士となるルート（法40条2項4号・規則21条1号） 4　EPAルート：経済連携協定（EPA）により入国し、介護福祉士となるルート（規則21条2号） （注）法：社会福祉士及び介護福祉士法、規則：社会福祉士及び介護福祉士法施行規則

○社会福祉士及び介護福祉士法（昭和62年法律第30号。以下「士士法」という。）（抄）

（介護福祉士試験）

第四十条　介護福祉士試験は、介護福祉士として必要な知識及び技能について行う。

2　介護福祉士試験は、次の各号のいずれかに該当する者でなければ、受けることができない。

一　学校教育法第九十条第一項の規定により大学に入学することができる者（この号の規定により文部科学大臣及び厚生労働大臣の指定した学校が大学である場合において、当該大学が同条第二項の規定により当該大学に入学させた者を含む。）であつて、文部科学大臣及び厚生労働大臣の指定した学校又は都道府県知事の指定した養成施設において二年以上介護福祉士として必要な知識及び技能を修得したもの

二　学校教育法に基づく大学において文部科学省令・厚生労働省令で定める社会福祉に関する科目を修めて卒業した者（当該科目を修めて同法に基づく専門職大学の前期課程を修了した者を含む。）その他その者に準ずるものとして厚生労働省令で定める者であつて、文部科学大臣及び厚生労働大臣の指定した学校又は都道府県知事の指定した養成施設において一年以上介護福祉士として必要な知識及び技能を修得したもの

三　学校教育法第九十条第一項の規定により大学に入学することができる者（この号の厚生労働省令で定める学校が大学である場合において、当該大学が同条第二項の規定により当該大学に入学させた者を含む。）であつて、厚生労働省令で定める学校又は養成所を卒業した後、文部科学大臣及び厚生労働大臣の指定した学校又は都道府県知事の指定した養成施設において一年以上介護福祉士として必要な知識及び技能を修得したもの

四　学校教育法に基づく高等学校又は中等教育学校であつて文部科学大臣及び厚生労働大臣の指定したものにおいて三年以上（専攻科において二年以上必要な知識及び技能を修得する場合にあつては、二年以上）介護福祉士として必要な知識及び技能を修得した者

五　三年以上介護等の業務に従事した者であつて、文部科学大臣及び厚生労働大臣の指定した学校又は都道府県知事の指定した養成施設において六月以上介護福祉士として必要な知識及び技能を修得したもの

六　前各号に掲げる者と同等以上の知識及び技能を有すると認められる者であつて、厚生労働省令で定めるもの

3　第六条、第八条及び第九条の規定は、介護福祉士試験について準用する。

○社会福祉士及び介護福祉士法施行規則（昭和62年厚生省令第49号）（抄）

（介護福祉士試験の受験資格）

第二十一条　法第四十条第二項第六号の厚生労働省令で定めるものは、次のとおりとする。

一　学校教育法による高等学校又は中等教育学校であつて文部科学大臣及び厚生労働大臣の指定したものにおいて、社会福祉士介護福祉士学校指定規則（平成二十年／文部科学省／厚生労働省／令第二号）別表第五に定める高等学校等に係る教科目及び単位数を修めて、同法第九十条第二項の規定により大学への入学を認められた者

二　インドネシア人介護福祉士候補者（経済上の連携に関する日本国とインドネシア共和国との間の協定附属書十第一編第六節2の規定に基づき、入国及び一時的な滞在が許可されたインドネシア人をいう。）、フィリピン人介護福祉士候補者（経済上の連携に関する日本国とフィリピン共和国との間の協定附属書八第一部第六節1（b）の規定に基づき、入国及び一時的な滞在が許可されたフィリピン人をいう。）又はベトナム人介護福祉士候補者（平成二十四年四月十八日にベトナム社会主義共和国政府との間で交換が完了した看護師及び介護福祉士の入国及び一時的な滞在に関する書簡1（b）の規定に基づき、入国及び一時的な滞在が許可されたベトナム人をいう。）であつて、三年以上介護等（法第二条第二項に規定する介護等をいう。次条第四項及び第二十三条第二項において同じ。）の業務に従事した者

三　三年以上介護等の業務に従事した者であつて、次に掲げる課程のいずれかを修了した後、法第四十条第二項第五号に規定する学校又は養成施設において一月以上介護福祉士として必要な知識及び技能を修得したもの

　　イ　法附則第四条第二項に規定する喀痰かくたん吸引等研修（別表第三第一号の基本研修及び同表第二号の実地研修を除く。）の課程

　　ロ　介護保険法施行規則（平成十一年厚生省令第三十六号）第二十二条の二十三に規定する介護職員初任者研修課程

　　ハ　介護保険法施行規則の一部を改正する省令（平成十八年厚生労働省令第百六号）附則第二条の規定による廃止前の訪問介護員に関する省令（ニ及びホにおいて「旧訪問介護員省令」という。）第一条に規定する一級課程

　　ニ　旧訪問介護員省令第一条に規定する二級課程

　　ホ　旧訪問介護員省令第一条に規定する三級課程

　　ヘ　介護保険法施行規則の一部を改正する省令（平成二十四年厚生労働省令第二十五号）による改正前の介護保険法施行規則第二十二条の二十三第一項に規定する介護職員基礎研修課程

　　ト　イからヘまでに掲げる課程に準ずる課程として厚生労働大臣が認める課程

申請時における留意点
在留資格認定証明書交付申請時における留意点
1　申請書の入国目的又は希望する在留資格欄が「介護」であることを確認します。
2　申請書の稼働先の事業内容、活動内容及び職務上の地位欄が「介護」に該当することを確認します。
3　勤務先の案内書等により、勤務先が介護福祉士としての活動を必要とする施設（病院、介護施設等）であることを確認します。
4　介護施設での活動であったとしても、介護業務に従事せず、専ら掃除や洗濯のような周辺作業に従事する場合や、明らかに介護福祉士としての業務を必要としない施設で活動する場合は、認められないことになります。 （1）「法第39条第1号（第2号又は第3号）該当年月」と記載されている場合 　　平成29年3月31日以前に日本の介護福祉士養成施設を卒業し、平成29年4月1日一部改正前の士士法第39条第1号から第3号までのいずれかに該当して介護福祉士登録をした者が該当します。

（2）「改正法附則第6条の2第1項該当年月」と記載されている場合

　　平成29年4月1日以降に日本の介護福祉士養成施設を卒業し、社会福祉士法及び介護福祉士法の一部を改正する法律（平成19年法律第125号）附則第6条の2第1項の規定に基づき介護福祉士として登録した者であり、同年4月1日改正後の士士法第40条第2項第1号から第3号までのいずれかに該当するものです。

（3）「試験合格年月」と記載されている場合

　　平成29年4月1日以降、介護福祉士国家試験に合格した者であるものの、実務経験ルートによる合格者も含まれるため、他の立証資料により養成施設ルートによる合格者であることを確認します。

（4）「法第39条第4号該当年月」と記載されている場合

　　平成29年3月31日以前に、実務経験ルートにより介護福祉士国家試験に合格した者が該当するため、基準適合性は認められないこととなります。

在留期間の更新申請時における留意点

1　申請書の勤務先、職務上の地位及び職務内容並びに立証資料により、「介護」の在留資格に係る活動を継続するものであることを確認します。

2　申請書の給与・報酬欄の記載から、日本人が従事する場合に受ける報酬と同等額以上であることを確認します。

3　住民税の課税（又は非課税）証明書及び納税証明書により、収入額が契約時の金額であること及び納税が行われていることを確認します。

介護福祉士養成施設を卒業した留学生が介護福祉士の登録を受けるまでの間、介護の業務に従事する場合の留意点

　令和8年度までに介護福祉士養成施設を卒業した留学生が士士法第2条第2項に規定する介護等の業務に従事する場合は、介護福祉士登録証を受領するまでの間、「留学」から「特定活動」への在留資格の変更が許可されます。

【在留資格変更申請時の留意点】

（1）立証資料

　①　申請人の活動の内容等を明らかにする次のいずれかの資料

　　（a）労働契約を締結する場合は、労働基準法第15条第1項及び同法施行規則第5条に基づき、労働者に交付される労働条件を明示する文書の写し

　　（b）雇用以外の契約に基づいて業務に従事する場合は、業務従事に係る契約書（複数の機関との契約に基づいて業務に従事する場合は、その全ての機関との間の契約書の写し）

　②　勤務先の事業内容、設立等に係る許可又は指定を受けた年月日等が明記されている案内書

　③　本邦の介護福祉士養成施設の卒業証書の写し又は卒業証明書（又は卒業見込み証明書）

（2）決定される在留期間

　　4月

（3）指定される活動

　　本邦の公私の機関との契約に基づいて社会福祉士及び介護福祉士法（昭和62年法律第30号）第2条第2項に規定する介護等の業務に従事する活動

（4）卒業見込証明書をもって申請は受け付けられますが、卒業証書の写し又は卒業証明書の提出をもって許可されます。

留学生が在留資格「介護」への在留資格変更許可申請を行う場合の留意点

　在留資格「介護」の在留資格変更許可を受けるためには、介護福祉士登録証の写しを提出する必要がありますところ、卒業年度の翌年度の4月1日の時点において、介護福祉士登録証が交付されない場合であっても、在留資格「特定活動(内定者)」の在留資格変更許可を受け、これに合わせて資格外活動許可を受けることにより、4月1日時点において就労が可能となります。

【「留学」から「特定活動（内定者)」への在留資格変更申請について】

（1）申請方法

　　介護施設から内定を得ている留学生が（2）の資料をそろえ、自身の住居地を管轄する地方出入国在留管理局等に在留資格変更許可申請を行うことになります。なお、介護福祉士養成施設の卒業見込み証明書をもって、養成施設の卒業前に、在留資格「特定活動（内定者）」への在留資格変更許可申請をすることも可能です。

（2）必要書類

① 在留資格変更許可申請書

② パスポート及び在留カード　　提示

③ 介護福祉士養成施設の卒業証明書

※卒業後、卒業証明書を提出することを条件に、卒業見込み証明書をもって申請することも可能です。

④ 労働条件を明示する文書

⑤ 内定した介護施設からの採用内定の事実及び内定日を確認できる資料

⑥ 内定した介護施設のパンフレット・案内書

※介護施設のパンフレット・案内書等がない場合、介護施設が開設しているホームページの写しでも差し支えありません。

（3）その他

① 在留資格変更許可を受けるためには、介護福祉士養成施設の卒業証明書が必要となります。

② 許可される場合の在留期間は「4月」となります。

③ 資格外活動が許可された場合、1週につき28時間以内の就労が可能です。

【「特定活動（内定者）」から「介護」への在留資格変更申請について】

（1）申請方法

「特定活動（内定者）」の変更許可を受けた留学生が（2）の資料をそろえ、自身の住居地を管轄する地方出入国在留管理局等に、在留資格変更許可申請を行うことになります。なお、「特定活動（内定者）」の在留資格変更許可を受けた後であれば、同日に、在留資格「介護」への在留資格変更許可申請を提出することが可能です。

（2）必要書類

① 在留資格変更許可申請書

② パスポート及び在留カード　　提示

③ 介護福祉士養成施設の卒業証明書

※後日写しを提出することを条件に、申請時に提出されなくても差し支えありません。

④ 介護福祉士登録証の写し

受入れ機関のカテゴリー別申請書類

在留資格認定証明書交付申請の場合

1　申請書

2　介護福祉士登録証（写し）

3　労働基準法第15条第1項及び同法施行規則第5条に基づき、労働者に交付される労働条件を明示する文書

4　招へい機関の概要を明らかにする次のいずれかの文書

　① 勤務先等の沿革、役員、組織、事業内容が詳細に記載された案内書

　② その他の勤務先等の作成した上記①に準ずる文書

5　技術移転に係る申告書（参考様式）

※「技能実習」の在留資格をもって在留していたことがある場合のみ必要です。

在留期間の更新申請の場合

1　申請書

2　住民税の課税（又は非課税）証明書及び納税証明書（1年間の総所得及び納税状況が記載されたもの）

在留期間	運　用
5年	次の①から⑤のいずれにも該当するもの。 ①　申請人が入管法上の届出義務（住居地の届出、住居地変更の届出、所属機関の変更の届出等）を履行しているもの（上陸時の在留期間決定の際には適用しない。） ②　学齢期（義務教育の期間をいう。）の子を有する親にあっては、子が小学校、中学校又は義務教育学校（いわゆるインターナショナルスクール等も含む。）に通学しているもの（上陸時の在留期間決定の際には適用しない。） ③　「介護」の在留資格で3年の在留期間が決定されている者で、かつ、本邦において引き続き5年以上「介護」の在留資格に該当する活動を行っているもの ④　1年の在留期間の決定の項の②に該当しないもの ⑤　就労予定期間が3年を超えるもの
3年	次のいずれかに該当するもの。 ①　次のいずれにも該当するもの 　a　5年の在留期間の決定の項の①、②及び③のいずれにも該当するもの 　b　就労予定期間が1年を超え3年以内であるもの ②　5年の在留期間を決定されていた者で、在留期間更新の際に次のいずれにも該当するもの 　a　5年の在留期間の決定の項の①又は②のいずれかに該当しないもの 　b　就労予定期間が1年を超えるもの ③　5年、1年又は3月の項のいずれにも該当しないもの
1年	次のいずれかに該当するもの。 ①　3年の在留期間を決定されていた者で、在留期間更新の際に5年の在留期間の項の①又は②のいずれかに該当しないもの ②　士士法の一部を改正する法律（平成19年法律第125号）附則第6条の2の第1項の規定に基づき介護福祉士の登録をした者であって、同項にいう「5年経過日」を経過していないか、又は介護福祉士国家試験に合格していない者 ③　職務上の地位、活動実績、所属機関の活動実績等から、在留状況を1年に1度確認する必要があるもの
	④　就労予定期間が1年以下であるもの
3月	就労予定期間が3月以下であるもの

〔参考〕

1　平成29年4月1日一部改正後の士士法（抄）

第2条

2　この法律において「介護福祉士」とは、第42条第1項の登録を受け、介護福祉士の名称を用いて、専門的知識及び技術をもつて、身体上又は精神上の障害があることにより日常生活を営むのに支障がある者につき心身の状況に応じた介護（喀痰吸引その他のその者が日常生活を営むのに必要な行為であって、医師の指示の下に行われるもの（厚生労働省令で定めるものに限る。以下「喀痰吸引等」という。）を含む。）を行い、並びにその者及びその介護者に対して介護に関する指導を行うこと（以下「介護等」という。）を業とする者をいう。

第39条　介護福祉士試験に合格した者は、介護福祉士となる資格を有する。

技　　能

【活動の範囲】　本邦の公私の機関との契約に基づいて行う産業上の特殊な分野に属する熟練した技能を要する業
　　　　　　　　務に従事する活動

該当する外国人	ポイント
公私の機関との契約に基づいて行う産業上の特殊な分野に属する熟練した技能を要する業務に従事する活動を行うもので、具体的には、調理（西洋料理、中華料理等）、ソムリエ、外国特有の建築、外国に特有の製品の製造又は修理、宝石・毛皮の加工、ペルシャじゅうたんの加工、動物の調教、石油探査・地熱開発掘削、航空機操縦、スポーツの指導に係る技能を必要とする業務に従事する者等があります。	「技能」の在留資格に該当する活動については、以下の項目に留意してください。 1　「産業上の特殊な分野」として、上陸許可基準に定められているのは、外国に特有な産業分野（1号から3号まで）、日本の水準よりも外国の技能レベルが高い産業分野（4号、5号、8号及び9号）及び日本において従事する技能者が少数しか存在しない産業分野（6号及び7号）です。 2　「熟練した技能を要する」とは、自己の経験の集積によって有することとなった熟練の域にある技能を必要とすることであり、特別な技能、判断等を必要としない機械的な作業である「単純労働」と区別されます。 3　「技術・人文知識・国際業務」と「技能」の区別は、前者は一定事項について学術上の素養等の条件を含めて理論を実際に応用して処理する能力をいい、後者は一定事項について主として個人が自己の経験の集積によって有している能力を指します。 4　「契約」には、雇用、委任、委託、嘱託等が含まれますが、特定の機関（複数でも可。）との継続的なもので、国・公立の機関以外の機関との契約に基づいて業務に従事する場合は、当該機関の事業が適正に、かつ、安定性及び継続性の認められるものでなければなりません。

受入れの基準（上陸許可基準）	留意点
申請人が次のいずれかに該当し、かつ、日本人が従事する場合に受ける報酬と同等額以上の報酬を受けること。 1　料理の調理又は食品の製造に係る技能で外国において考案され日本において特殊なものを要する業務に従事する者で、次のいずれかに該当するもの（第9号に掲げる者を除く。） イ　当該技能について10年以上の実務経験（外国の教育機関において当該料理の調理又は食品の製造に係る科目を専攻した期間を含む。）を有する者 ロ　経済上の連携に関する日本国とタイ王国との間の**協定附属書7第1部A第5節1（c）**の規定の適用を受ける者	1　調理師（タイ料理人） **「協定附属書（日タイEPA附属書）7第1部A第5節1（c）」** 　タイ料理に関する専門的な技能を必要とする活動であって、入管法でその範囲が定められている「技能」の在留資格に基づくものです。ただし、当該活動に従事する者が次の要件を満たすことを条件としています。 ①　タイ料理人として「5年以上」の実務経験を有していること。（タイ労働省が発行するタイ料理人としての技能水準に関する証明書を取得するための要件を満たすために教育機関において教育を受けた期間を含む。） ②　初級以上のタイ料理人としての技能水準に関する証明書を取得していること。 ③　日本への入国及び一時的な滞在に係る申請を行った日の直前の1年の期間に、タイにおいてタイ料理人として妥当な額の報酬を受けており、又は受けていたことがあること。 　（注）この規定の適用上、「妥当な額の報酬」とは、日本当局が毎年計算するタイ国内のすべての産業における被用者の

受入れの基準（上陸許可基準）	留意点
	平均賃金額を超える額の報酬又はこれに相当するもの（現金によるものに限る。）であって、タイ情報技術通信省国家統計局が公表する労働力調査において示される入手可能な最新の統計資料に基づくものをいいます。 【ポイント】 　タイ料理人の実務経験年数については、5年以上の実務経験があればよいとされています。また、当該実務経験年数には、タイ料理人としての資格証明書取得のために教育機関において教育を受けた期間も含まれます。
2　外国に特有の建築又は土木に係る技能について10年（当該技能を要する業務に10年以上の実務経験を有する外国人の指揮監督を受けて従事する者の場合にあっては、5年）以上の実務経験（外国の教育機関において当該建築又は土木に係る科目を専攻した期間を含む。）を有する者で、当該技能を要する業務に従事するもの	2　建築技術者 「**外国に特有の建築**」 　ゴシック、ロマネスク、バロック方式又は中国方式、韓国方式などの建築・土木に関する技能など、日本にはない建築・土木に関する技能をいい、枠組壁工法や輸入石材による直接貼り付け工法なども含まれます。 【ポイント】 　枠組壁工法による輸入住宅の建設に従事することを目的とする外国人技能者については、次のいずれにも該当することが必要です。なお、この場合に提出する立証資料のうち、職歴証明については直近3年間程度のもので足ります。 （1）外国人技能者の受入れ目的が、単に建設作業に従事させるためというのではなく、日本人技能者に対する指導及び技術移転を含むことが明確になっていること。 （2）住宅建設に必要な資材（ランバー）の主たる輸入相手国の国籍を有する者又は当該国の永住資格を有する者であること。 　（注）現在、輸入住宅の原産国としては、米国、カナダが大半を占めるほか、オーストラリア、スウェーデン、フィンランドがあります。 （3）受入れ企業において輸入住宅の建設に係る具体的計画が明示されており、その計画の遂行に必要な滞在期間があらかじめ申告されていること。 （4）外国人技能者が従事する分野としては、スーパーバイザー、フレーマー、ドライウォーラー、フィニッシュ・カーペンターのいずれかに属するものであって、日本人技能者でも作業が容易であるような工程に携わるものではないこと。
3　外国に特有の製品の製造又は修理に係る技能について10年以上の実務経験（外国の教育機関において当該製品の製造又は修理に係る科目を専攻した期間を含む。）を有する者で、当該技能を要する業務に従事するもの	3　外国特有製品の製造・修理 【ポイント】 （1）ヨーロッパ特有のガラス製品、ペルシャじゅうたんなど、日本にはない製品の製造又は修理に係る技能をいいます。 （2）シューフィッター（生理学的分野から靴を研究し、治療靴を製造するもの）については、解剖学、外科学等の知識を用いて外反母趾等の疾病の予防矯正効果のある靴のデザインを考え、製作していく作業に従事するものも含まれます。

受入れの基準（上陸許可基準）	留意点
4　宝石、貴金属又は毛皮の加工に係る技能について10年以上の実務経験（外国の教育機関において当該加工に係る科目を専攻した期間を含む。）を有する者で、当該技能を要する業務に従事するもの	**4　宝石・貴金属・毛皮加工** 　宝石及び毛皮については、宝石や毛皮を用いて製品を作る過程のみならず、原石や動物から宝石や毛皮を作る過程の作業に従事するものを含みます。
5　動物の調教に係る技能について10年以上の実務経験（外国の教育機関において動物の調教に係る科目を専攻した期間を含む。）を有する者で、当該技能を要する業務に従事するもの	**5　動物の調教** 　動物の調教等について、特定の国においては教育期間中もこれに従事することが通常であることがあり、このような場合、実務経験に含まれます。
6　石油探査のための海底掘削、地熱開発のための掘削又は海底鉱物探査のための海底地質調査に係る技能について10年以上の実務経験（外国の教育機関において石油探査のための海底掘削、地熱開発のための掘削又は海底鉱物探査のための海底地質調査に係る科目を専攻した期間を含む。）を有する者で、当該技能を要する業務に従事するもの	**6　石油・地熱等掘削調査** 　地熱開発のための掘削とは、生産井（地熱発電に使用する蒸気を誘導するために掘削された井戸）及び還元井（発電に使用した蒸気及び熱水を地下に戻すために掘削された井戸）を掘削する作業をいいます。
7　航空機の操縦に係る技能について250時間以上の飛行経歴を有する者で、航空法（昭和27年法律第231号）第2条第17項に規定する**航空運送事業**の用に供する航空機に乗り組んで**操縦者としての業務に従事するもの**	**7　航空機操縦士** 「航空運送事業」 　他人の需要に応じ航空機を使用して有償で旅客又は貨物を運送する事業をいいます。（航空法第2条第18項）。 「操縦者として業務に従事する」 　機長又は副操縦士として業務に従事できる技能証明を有する者であっても、250時間以上の飛行経歴を有しない者については、「技能」に係る上陸許可基準に適合しません。また、操縦者として業務に従事するとは、定期運送用操縦士、事業用操縦士又は準定期運送用操縦士のいずれかの技能証明を有し、機長又は副操縦士として業務に従事するものをいいます。 （注1）必要とされる飛行経歴を250時間以上としているのは、副操縦士として航空運送事業に供する航空機の操縦を行うことができる資格である「事業用操縦士」及び航空機の種類ごとに限定されている「計器飛行証明」を取得するのに必要な飛行経歴が250時間以上であることによります。 （注2）「準定期運送用操縦士」は2人操縦機の副操縦士に特化した技能証明として2012年4月1日に導入されたものであり、同証明自体は、240時間以上の飛行訓練により取得することができるものです。 【ポイント】 （1）国内線外国人操縦士（パイロット）の場合で、日本の機関から報酬が支払われることなく、海外のパイロット派遣元会社から支給されているものであっても、日本の公私の機関との契約があれば本号に該当します。 （2）航空機関士としての業務は、「技能・人文知識・国際業務」に該当します。

受入れの基準（上陸許可基準）	留意点
8　スポーツの指導に係る技能について3年以上の実務経験（外国の教育機関において当該スポーツの指導に係る科目を専攻した期間及び**報酬を受けて当該スポーツに従事していた期間を含む。**）を有する者若しくはこれに**準ずるものとして法務大臣が告示をもって定める者**で、当該技能を要する業務に従事するもの又はスポーツの選手としてオリンピック大会、世界選手権大会**その他の国際的な競技会**に出場したことがある者で、当該スポーツの指導に係る技能を要する業務に従事するもの	8　スポーツ指導者 「スポーツ」 　運動競技及び身体運動であって、心身の健全な発達を図るためにされるものをいい（スポーツ振興法第2条）、一般的に競技スポーツと生涯スポーツの2種類に分けられます。在留資格「技能」における「スポーツ」には、その両方が含まれます。 「報酬を受けて当該スポーツに従事していた」 　プロスポーツの競技団体に所属し、プロスポーツ選手として報酬（賞金を含む。）を受けていた者が該当します。 「これに準ずるものとして法務大臣が告示をもって定める者」 　「入管法第7条第1項第2号の基準を定める省令の技能の在留資格に係る基準の規定に基づきスポーツの指導に係る技能について3年以上の実務経験を有する者に準ずる者を定める件（平成28年法務省告示第406号）」に定める国際スキー教師連盟（ISIA）が発行するISIAカードの交付を受けた者が該当します。 「その他国際的な協議会」 　地域又は大陸規模の総合競技会（アジア大会等）、競技別の地域又は大陸規模の競技会（アジアカップサッカー等）が該当します。ただし、2国間又は特定国間の親善競技会等は含まれません。 【ポイント】 （1）本号の対象はアマチュアスポーツの指導に限りませんが、野球、サッカーなどチームで必要とするプロスポーツの監督、コーチ等でチームと一体となり出場する、プロスポーツ選手に随伴する者については「興行」に該当します。 （2）「気功」指導の取扱い 　①　気功について 　　「気功」には、体操のように動くことを通じて気を動かし若しくは整え、あるいは、呼吸によって気を動かし若しくは整える等により肉体的鍛錬を目的とするものと、患部の治療に当たる「気功治療」の2種類があるといわれています。 　②　取扱い 　　肉体的鍛錬としての気功運動は、「生涯スポーツ」の概念に含まれると解されることから、気功の指導はスポーツの指導に係る「技能」に該当します。なお、病気治療としての「気功治療」は、スポーツの指導には当たりません。
9　ぶどう酒の品質の鑑定、評価及び保持並びにぶどう酒の提供（以下「ワイン鑑定等」。）に係る技能について5年以上の実務経験（外国の教育機関においてワイン鑑定等に係る科目を専攻した期間を含む。）を有する次のいずれかに該当する者で、当該技能を要する業務に従事するもの 　イ　ワイン鑑定等に係る技能に関する国際的な規模で開催される競技会（以下「国際ソムリエコ	9　ワイン鑑定等 「ぶどう酒の品質の鑑定、評価及び保持並びにぶどう酒の提供に係る技能」 　これらすべての技能を有するものであることを要し、従事しようとする業務については、それらのうちのいずれかの業務を行うものであればよいとされています。 「国際ソムリエコンクール」 　ソムリエコンクールに当たるものには、国際ソムリエ協会が

受入れの基準（上陸許可基準）	留意点
ンクール」。）において**優秀な成績を収めたことがある者** ロ　国際ソムリエコンクール（出場者が一国につき1名に制限されているものに限る。）に出場したことがある者 ハ　ワイン鑑定等に係る技能に関して国（外国を含む。）若しくは地方公共団体（外国の地方公共団体を含む。）又はこれらに準ずる公私の機関が認定する資格で法務大臣が告示をもって定めるものを有する者	主催する「世界最優秀ソムリエコンクール」がありますが、それ以外のコンクールについては、個別に判断されることになります。 **「優秀な成績を収めたことがある者」** 　国際ソムリエコンクールにおいて入賞以上の賞を獲得した者を指します。 **【ポイント】** 　ソムリエは、テイスティングのみならず、ワイン選定、仕入れ、保管、販売、管理等ワインに係る幅広い業務を行うものであることから、申請人と契約する日本の公私の機関において、これらの内容の飲食関連事業を行っているか否かが判断されます。 　また、小規模の事業所であってもソムリエを必要とする事業を行う事業所があれば良いとされており、事業所の規模のみをもっては判断されません。飲食店舗にあっては、ソムリエ以外に食器洗い、給仕、会計等それぞれの業務について専従の従業員が確保されていることが必要です。

申請時における留意点

在留資格認定証明書交付申請時における留意点

1　申請書の入国目的又は在留資格欄が「技能」であることを確認します。
2　申請書の勤務先、職務上の地位、職務内容及び派遣先等（契約期間から勤務先に派遣される場合）の欄の記載及び立証資料（従事する業務の内容を証明する所属機関の文書）により、「技能」に該当する活動を行うものであることを確認します。
3　申請書の職歴、実務経験年数の欄の記載により、原則として10年以上の実務経験を有することを確認します。
4　申請書の給与・報酬欄の記載及び立証資料により、日本人が従事する場合に受ける報酬と同等額以上であることを確認します。
5　立証資料（勤務先等の沿革、役員、組織、事業内容（主要取引先と取引実績を含む。）が記載された案内書その他これらの事項が記載された文書又は登記事項証明書）、直近の年度の決算文書により、勤務先に申請人の技能を要する業務があることを確認します。
6　**【基準1号（調理師）の場合】**日タイEPAの適用を受けるタイ料理人以外の場合（基準1号ロを除く。）は、次の立証資料により申請人が日本において従事しようとする業務に係る技能について10年以上の実務経験を有することを確認します。
　①　所属していた機関からの在職証明書（所属機関の名称、所在地及び電話番号が記載されているものに限る。）等で、申請に係る技能を要する業務に従事した期間を証する文書（外国の教育機関において当該業務に係る科目を専攻した期間を含む。）
　②　公的機関が発行する証明書がある場合は、当該証明書の写し（中国人の場合は戸口簿及び職業資格証明書）
7　**【基準1号（調理師）の場合】**日タイEPAの適用を受けるタイ料理人の場合（基準1号ロに該当する場合）は、次の資料により申請人が5年以上の実務経験を有し（タイ労働者が発行するタイ料理人としての技能水準に関する証明書を取得するための要件を満たすために教育機関において教育を受けた期間を含む。）、初級以上のタイ料理人としての技能水準に関する証明書の発行を受け、申請を行った日の直前の1年間に、タイにおいてタイ料理人として妥当な報酬を受けていたことを確認します。
　①　タイ料理人として5年以上の実務経験を証する文書（タイ労働省が発行するタイ料理人としての技能水準に関する証明書を取得するための要件を満たすために教育機関において教育を受けた期間を含む。）
　②　初級以上のタイ料理人としての技能水準に関する証明書

③　申請を行った日の直前の1年間に、タイにおいてタイ料理人として妥当な報酬を受けていたことを証明する文書

8 【基準2号（建築技術者）の場合】枠組壁工法による輸入住宅の建設に従事することを目的とする外国人技能者の場合（基準2号）は、立証資料により、上記【受け入れ基準のポイント】（1）から（4）までのいずれにも該当することを確認します。

9 【基準7号（航空機操縦士）の場合】申請書の職歴、実務経験年数の欄の記載により、250時間以上の飛行経歴を有することを確認します。

10 【基準8号（スポーツ指導）の場合】申請書の職歴、実務経験年数の欄の記載及び立証資料により、スポーツ指導について、3年以上の実務経験（外国の教育機関において当該スポーツの指導に係る科目を専攻した期間及び報酬を受けて当該スポーツに従事していた期間を含む。）を有すること若しくは3年以上の実務経験がない場合には法務大臣が告示で定める者であること（前記「8　スポーツ指導者」参照）又はスポーツの選手としてオリンピック大会、世界選手権大会その他の国際的な競技会に出場したことがあることを確認します。

11 【基準9号（ワイン鑑定等）の場合】申請書の職歴、実務経験年数の欄の記載及び立証資料により、ワイン鑑定等に係る技能について5年以上の実務経験（外国の教育機関においてワイン鑑定等に係る科目を専攻した期間を含む。）を有し、かつ、次のいずれかに該当することを確認します。
①　国際ソムリエコンクールにおいて優秀な成績を収めたことがあること。
②　国際ソムリエコンクール（出場者が一国につき一名に制限されているものに限る。）に出場したことがあること。
③　ワイン鑑定等に係る技能に関して国（外国を含む。）若しくは地方公共団体（外国の地方公共団体を含む。）又はこれらに準ずる公私の機関が認定する資格で法務大臣が告示をもって定めるものを有すること。

在留期間の更新申請時における留意点

1　申請書の勤務先、職務上の地位、職務内容及び派遣先等（契約機関から勤務先に派遣される場合）の欄の記載及び立証資料により、従前の活動を継続していることを確認します。
2　申請書の給与・報酬欄の記載及び立証資料により、日本人が従事する場合に受ける報酬と同等額以上であることを確認します。
3　住民税の課税（又は非課税）証明書及び納税証明書の内容により、在留資格該当性及び基準適合性について問題がないかを確認します。

受入れ機関のカテゴリー別申請書類

在留資格認定証明書交付申請の場合

☆調理師としての活動(熟練した技能を要する業務に従事する活動)を行おうとする場合

【カテゴリー1】	1　申請書
下記に該当する機関に所属する場合 ①日本の証券取引所に上場している企業 ②保険業を営む相互会社 ③日本又は外国の国・地方公共団体 ④独立行政法人 ⑤特殊法人・認可法人 ⑥日本の国・地方公共団体認可の公益法人（特例民法法人） ⑦法人税法別表第1に掲げる公共法人 ⑧高度専門職省令第1条第1項各号の表の特別加算の項の中欄イ又はロの対象企業（イノベーション創出企業）	2　**カテゴリー1に該当することを証明する**次のいずれかの文書 　①　四季報の写し又は日本の証券取引所に上場していることを証明する文書（写し） 　②　主務官庁から設立の許可を受けたことを証明する文書（写し） 　③　左記⑧の対象企業（イノベーション創出企業）であることを証明する文書（例えば、補助金交付決定通知書の写し） 　④　左記⑨の対象企業等であることを証明する文書（例えば、認定証等の写し） 3　従事する業務の内容を証明する所属機関の文書 4　申請に係る技能を要する業務に従事した機関及び内容並びに期間を明示した履歴書

⑨一定の条件を満たす企業等（注） 　（注）次のいずれかに該当する企業等が対象です。 　（1）厚生労働省が所管する「ユースエール認定 　　　制度」において、都道府県労働局長から「ユース 　　　エール認定企業」として認定を受けているもの。 　（2）厚生労働省が所管する「くるみん認定制度」、 　　　「プラチナくるみん認定制度」において、都道府 　　　県労働局長から「くるみん認定企業」、「プラチナ 　　　くるみん認定企業」として認定を受けているもの。 　（3）厚生労働省が所管する「えるぼし認定制度」、 　　　「プラチナえるぼし認定制度（令和2年6月施 　　　行）」において、都道府県労働局長から「える 　　　ぼし認定企業」、「プラチナえるぼし認定企業」 　　　として認定を受けているもの。 　（4）厚生労働省が所管する「安全衛生優良企業 　　　公表制度」において、都道府県労働局長から「安 　　　全衛生優良企業」として認定を受けているもの。 　（5）厚生労働省が所管する「職業紹介優良事業者 　　　認定制度」において、指定審査認定機関から「職 　　　業紹介優良事業者」として認定を受けているもの。 　（6）厚生労働省が所管する「製造請負優良適正 　　　事業者認定制度（GJ認定）」において、指定審 　　　査機関から「製造請負優良適正事業者」として 　　　認定を受けているもの。 　（7）厚生労働省が所管する「優良派遣事業者認 　　　定制度」において、指定審査認定機関から「優 　　　良派遣事業者」として認定を受けているもの。 　（8）経済産業省が所管する「健康経営優良法人 　　　認定制度」において、日本健康会議から「健康 　　　経営優良法人」として認定を受けているもの。 　（9）経済産業省が所管する「地域未来牽引企業 　　　制度」において、経済産業大臣から「地域未来 　　　牽引企業」として選定を受けているもの。 　（10）国土交通省が所管する「空港における構内 　　　の営業承認制度」において、地方航空局長又は 　　　空港事務所長から「空港管理規則上の第一類構 　　　内営業者又は第二類構内営業者」として承認を 　　　受けているもの。 　（11）消費者庁が所管する「内部通報制度認証（自 　　　己適合宣言登録制度）」において、内部通報制 　　　度認証事務局から「内部通報制度認証（自己適 　　　合宣言登録制度）登録事業者」として登録を受 　　　けているもの。	
【カテゴリー2】 ①前年分の職員の給与所得の源泉徴収票等の法定調 　書合計表中、給与所得の源泉徴収合計表の源泉徴 　収税額が1,000万円以上ある団体・個人	1　申請書 2　**カテゴリー2に該当することを証明する次のいずれかの文書** 　①　前年分の職員の給与所得の源泉徴収票等の法定調書合計 　　表（受付印のあるものの写し）

②在留申請オンラインシステムの利用申出の承認を受けている機関	②　在留申請オンラインシステムに係る利用申出の承認を受けていることを証明する文書（利用申出に係る承認のお知らせメール等） 3　従事する業務の内容を証明する所属機関の文書 4　申請に係る技能を要する業務に従事した機関及び内容並びに期間を明示した履歴書
【カテゴリー3】 前年分の職員の給与所得の源泉徴収票等の法定調書合計表が提出された団体・個人（**カテゴリー2**を除く。）	1　申請書 2　**カテゴリー3**に該当することを証明する文書 　　前年分の職員の給与所得の源泉徴収票等の法定調書合計表（受付印のあるものの写し） 3　従事する業務の内容を証明する所属機関の文書 4　申請に係る技能を要する業務に従事した機関及び内容並びに期間を明示した履歴書 5　申請人の職歴を証明する文書 　①　料理人(タイを除く)の場合 　　ア　所属していた機関からの在職証明書（所属機関の名称、所在地及び電話番号が記載されているものに限る。）等で、申請に係る技能を要する業務に従事した期間を証する文書（外国の教育機関において当該業務に係る科目を専攻した期間を含む。） 　　イ　公的機関が発行する証明書がある場合は、当該証明書の写し（中国料理人の場合は戸口簿及び職業資格証明書） 　②　タイ料理人の場合 　　ア　タイ料理人として5年以上の実務経験を証明する文書（タイ労働省が発行するタイ料理人としての技能水準に関する証明書を取得するための要件を満たすために教育機関において教育を受けた期間を含む。） 　　イ　初級以上のタイ料理人としての技能水準に関する証明書 　　ウ　申請を行った日の直前の1年の期間に、タイにおいてタイ料理人として妥当な報酬を受けていたことを証する文書 6　申請人の活動内容等を明らかにする次のいずれかの資料 　①　労働契約を締結する場合は、労働基準法第15条第1項及び同法施行規則第5条に基づき、労働者に交付される労働条件を明示する文書（雇用契約書等） 　②　日本法人である会社の役員に就任する場合は、役員報酬を定める定款の写し又は役員報酬を決議した株主総会の議事録（報酬委員会が設置されている会社にあっては同委員会の議事録）の写し 7　事業内容を明らかにする次のいずれかの資料 　①　勤務先等の沿革、役員、組織、事業内容（主要取引先と取引実績を含む。）等が詳細に記載された案内書 　②　その他の勤務先等の作成した上記①に準ずる文書 　③　登記事項証明書 8　直近の年度の決算文書（損益計算書、貸借対照表等）の写し

【カテゴリー４】 カテゴリー１、２、３のいずれにも該当しない団体・個人	1　申請書 2　従事する業務の内容を証明する所属機関の文書 3　申請に係る技能を要する業務に従事した機関及び内容並びに期間を明示した履歴書 4　申請人の職歴を証明する文書 　①　料理人（タイを除く）の場合 　　ア　所属していた機関からの在職証明書（所属機関の名称、所在地及び電話番号が記載されているものに限る。）等で、申請に係る技能を要する業務に従事した期間を証する文書（外国の教育機関において当該業務に係る科目を専攻した期間を含む。） 　　イ　公的機関が発行する証明書がある場合は、当該証明書の写し（中国料理人の場合は戸口簿及び職業資格証明書） 　②　タイ料理人の場合 　　ア　タイ料理人として５年以上の実務経験を証明する文書（タイ労働省が発行するタイ料理人としての技能水準に関する証明書を取得するための要件を満たすために教育機関において教育を受けた期間を含む。） 　　イ　初級以上のタイ料理人としての技能水準に関する証明書 　　ウ　申請を行った日の直前の１年の期間に、タイにおいてタイ料理人として妥当な報酬を受けていたことを証する文書 5　申請人の活動内容等を明らかにする次のいずれかの資料 　①　労働契約を締結する場合は、労働基準法第15条第１項及び同法施行規則第５条に基づき、労働者に交付される労働条件を明示する文書（雇用契約書等） 　②　日本法人である会社の役員に就任する場合は、役員報酬を定める定款の写し又は役員報酬を決議した株主総会の議事録（報酬委員会が設置されている会社にあっては同委員会の議事録）の写し 6　事業内容を明らかにする次のいずれかの資料 　①　勤務先等の沿革、役員、組織、事業内容（主要取引先と取引実績を含む。）等が詳細に記載された案内書 　②　その他の勤務先等の作成した上記①に準ずる文書 　③　登記事項証明書 7　直近の年度の決算文書（損益計算書、貸借対照表等）の写し（新規事業の場合は事業計画書） 8　前年分の職員の給与所得の源泉徴収票等の法定調書合計表を提出できない理由を明らかにする次のいずれかの資料 　①　源泉徴収の免除を受ける機関の場合 　　外国法人の源泉徴収に対する免除証明書その他の源泉徴収を要しないことを明らかにする資料 　②　上記①を除く機関の場合 　　ア　給与支払事務所等の開設届出書の写し 　　イ　次のいずれかの資料 　　　a　直近３か月分の給与所得・退職所得等の所得税徴収高計算書（領収日付印のあるものの写し） 　　　b　納期の特例を受けている場合は、その承認を受けていることを明らかにする資料

☆調理師以外の活動（産業上の特殊な分野に属する熟練した技能を要する業務に従事する活動）を行おうとする場合

【カテゴリー1】	1　申請書
下記に該当する機関に所属する場合	2　**カテゴリー1**に該当することを証明する次のいずれかの文書
①日本の証券取引所に上場している企業	①　四季報の写し又は日本の証券取引所に上場していることを証明する文書（写し）
②保険業を営む相互会社	②　主務官庁から設立の許可を受けたことを証明する文書（写し）
③日本又は外国の国・地方公共団体	③　左記⑧の対象企業（イノベーション創出企業）であることを証明する文書（例えば、補助金交付決定通知書の写し）
④独立行政法人	④　左記⑨の対象企業等であることを証明する文書（例えば、認定証等の写し）
⑤特殊法人・認可法人	3　従事する業務の内容を証明する所属機関の文書
⑥日本の国・地方公共団体認可の公益法人（特例民法法人）	4　申請に係る技能を要する業務に従事した機関及び内容並びに期間を明示した履歴書

【カテゴリー1】

下記に該当する機関に所属する場合

①日本の証券取引所に上場している企業

②保険業を営む相互会社

③日本又は外国の国・地方公共団体

④独立行政法人

⑤特殊法人・認可法人

⑥日本の国・地方公共団体認可の公益法人
　（特例民法法人）

⑦法人税法別表第1に掲げる公共法人

⑧高度専門職省令第1条第1項各号の表の特別加算
　の項の中欄イ又はロの対象企業（イノベーション
　創出企業）

⑨一定の条件を満たす企業等（注）

　（注）次のいずれかに該当する企業等が対象です。

　（1）厚生労働省が所管する「ユースエール認定
　　　制度」において、都道府県労働局長から「ユー
　　　スエール認定企業」として認定を受けているも
　　　の。

　（2）厚生労働省が所管する「くるみん認定制度」、
　　　「プラチナくるみん認定制度」において、都道
　　　府県労働局長から「くるみん認定企業」、「プラ
　　　チナくるみん認定企業」として認定を受けてい
　　　るもの。

　（3）厚生労働省が所管する「えるぼし認定制度」、
　　　「プラチナえるぼし認定制度（令和2年6月施
　　　行）」において、都道府県労働局長から「える
　　　ぼし認定企業」、「プラチナえるぼし認定企業」
　　　として認定を受けているもの。

　（4）厚生労働省が所管する「安全衛生優良企業
　　　公表制度」において、都道府県労働局長から「安
　　　全衛生優良企業」として認定を受けているもの。

　（5）厚生労働省が所管する「職業紹介優良事業
　　　者認定制度」において、指定審査認定機関から
　　　「職業紹介優良事業者」として認定を受けてい
　　　るもの。

　（6）厚生労働省が所管する「製造請負優良適正
　　　事業者認定制度（GJ認定）」において、指定審
　　　査機関から「製造請負優良適正事業者」として
　　　認定を受けているもの。

　（7）厚生労働省が所管する「優良派遣事業者認
　　　定制度」において、指定審査認定機関から「優
　　　良派遣事業者」として認定を受けているもの。

　（8）経済産業省が所管する「健康経営優良法人
　　　認定制度」において、日本健康会議から「健康
　　　経営優良法人」として認定を受けているもの。

（9）経済産業省が所管する「地域未来牽引企業制度」において、経済産業大臣から「地域未来牽引企業」として選定を受けているもの。 （10）国土交通省が所管する「空港における構内の営業承認制度」において、地方航空局長又は空港事務所長から「空港管理規則上の第一類構内営業者又は第二類構内営業者」として承認を受けているもの。 （11）消費者庁が所管する「内部通報制度認証（自己適合宣言登録制度）」において、内部通報制度認証事務局から「内部通報制度認証（自己適合宣言登録制度）登録事業者」として登録を受けているもの。	
【カテゴリー2】 ①前年分の職員の給与所得の源泉徴収票等の法定調書合計表中、給与所得の源泉徴収合計表の源泉徴収税額が1,000万円以上ある団体・個人 ②在留申請オンラインシステムの利用申出の承認を受けている機関	1　申請書 2　**カテゴリー2**に該当することを証明する文書 　①　前年分の職員の給与所得の源泉徴収票等の法定調書合計表（受付印のあるものの写し） 　②　在留申請オンラインシステムに係る利用申出の承認を受けていることを証明する文書（利用申出に係る承認のお知らせメール等） 3　従事する業務の内容を証明する所属機関の文書 4　申請に係る技能を要する業務に従事した機関及び内容並びに期間を明示した履歴書
【カテゴリー3】 前年分の職員の給与所得の源泉徴収票等の法定調書合計表が提出された団体・個人（**カテゴリー2**を除く。）	1　申請書 2　**カテゴリー3**に該当することを証明する文書 　前年分の職員の給与所得の源泉徴収票等の法定調書合計表（受付印のあるものの写し） 3　従事する業務の内容を証明する所属機関の文書 4　申請に係る技能を要する業務に従事した機関及び内容並びに期間を明示した履歴書 5　申請人の職歴を証明する文書 　①　外国特有の建築技術者、外国特有の製品技術者、動物の調教師、海底掘削・探査技術者、宝石・貴金属・毛皮加工技能者の場合 　　所属していた機関からの在職証明書（所属機関の名称、所在地及び電話番号が記載されているものに限る。）等で、申請に係る技能を要する業務に従事した期間を証明する文書（外国の教育機関において当該業務に係る科目を専攻した期間を含む。） 　②　パイロットの場合 　　250時間以上の飛行経歴を証明する所属機関の文書 　③　スポーツ指導者の場合 　ア　スポーツの指導に係る実務に従事していたことを証明する文書（外国の教育機関において当該スポーツの指導に係る科目を専攻した期間及び報酬を受けて当該スポーツに従事していた期間を含む。） 　イ　選手としてオリンピック大会、世界選手権大会その他国際的な協議会に出場したことを証明する文書

	④　ソムリエの場合 　ア　在職証明書（所属していた機関の名称、所在地及び電話番号が記載されているものに限る。）でぶどう酒の品質の鑑定、評価及び保持並びにぶどう酒の提供（以下「ワイン鑑定等」という。）についての実務経験を証明する文書（外国の教育機関においてワイン鑑定等に係る科目を専攻した期間を含む。） 　イ　次のa若しくはbの資料又はa若しくはbの資料を所持しない者はcの資料 　　a　ワイン鑑定等に係る技能に関する国際的な規模で開催される競技会（以下「国際ソムリエコンクール」という。）において優秀な成績を収めたことを証明する文書 　　b　国際ソムリエコンクールにおいて国の代表となったことを証明する文書（出場者が1国につき1名に制限されているものに限る。） 　　c　ワイン鑑定等に係る技能に関して国（外国を含む。）若しくは地方公共団体（外国の地方公共団体を含む。）又はこれらに準ずる公私の機関が認定する資格で法務大臣が告示をもって定めるものを有することを証明する文書 6　申請人の活動内容等を明らかにする次のいずれかの資料 　①　労働契約を締結する場合は、労働基準法第15条第1項及び同法施行規則第5条に基づき、労働者に交付される労働条件を明示する文書（雇用契約書等） 　②　日本法人である会社の役員に就任する場合は、役員報酬を定める定款の写し又は役員報酬を決議した株主総会の議事録（報酬委員会が設置されている会社にあっては同委員会の議事録）の写し 7　事業内容を明らかにする次のいずれかの資料 　①　勤務先等の沿革、役員、組織、事業内容（主要取引先と取引実績を含む。）等が詳細に記載された案内書 　②　その他の勤務先等の作成した上記①に準ずる文書 　③　登記事項証明書 8　直近の年度の決算文書（損益計算書、貸借対照表等）の写し
【カテゴリー4】 カテゴリー1、2、3のいずれにも該当しない団体・個人	1　申請書 2　従事する業務の内容を証明する所属機関の文書 3　申請に係る技能を要する業務に従事した機関及び内容並びに期間を明示した履歴書 4　申請人の職歴を証明する文書 　①　外国特有の建築技術者、外国特有の製品技術者、動物の調教師、海底掘削・探査技術者、宝石・貴金属・毛皮加工技能者の場合 　　　所属していた機関からの在職証明書（所属機関の名称、所在地及び電話番号が記載されているものに限る。）等で、申請に係る技能を要する業務に従事した期間を証明する文書（外国の教育機関において当該業務に係る科目を専攻した期間を含む。）

②　パイロットの場合

　　250時間以上の飛行経歴を証明する所属機関の文書

③　スポーツ指導者の場合

　ア　スポーツの指導に係る実務に従事していたことを証明する文書（外国の教育機関において当該スポーツの指導に係る科目を専攻した期間及び報酬を受けて当該スポーツに従事していた期間を含む。）

　イ　選手としてオリンピック大会、世界選手権大会その他国際的な協議会に出場したことを証明する文書

④　ソムリエの場合

　ア　在職証明書（所属していた機関の名称、所在地及び電話番号が記載されているものに限る。）でぶどう酒の品質の鑑定、評価及び保持並びにぶどう酒の提供（以下「ワイン鑑定等」という。）についての実務経験を証明する文書（外国の教育機関においてワイン鑑定等に係る科目を専攻した期間を含む。）

　イ　次のa若しくはbの資料又はa若しくはbの資料を所持しない者はcの資料

　　a　ワイン鑑定等に係る技能に関する国際的な規模で開催される競技会（以下「国際ソムリエコンクール」という。）において優秀な成績を収めたことを証明する文書

　　b　国際ソムリエコンクールにおいて国の代表となったことを証明する文書（出場者が1国につき1名に制限されているものに限る。）

　　c　ワイン鑑定等に係る技能に関して国（外国を含む。）若しくは地方公共団体（外国の地方公共団体を含む。）又はこれらに準ずる公私の機関が認定する資格で法務大臣が告示をもって定めるものを有することを証明する文書

5　申請人の活動内容等を明らかにする次のいずれかの資料

　①　労働契約を締結する場合は、労働基準法第15条第1項及び同法施行規則第5条に基づき、労働者に交付される労働条件を明示する文書（雇用契約書等）

　②　日本法人である会社の役員に就任する場合は、役員報酬を定める定款の写し又は役員報酬を決議した株主総会の議事録（報酬委員会が設置されている会社にあっては同委員会の議事録）の写し

6　事業内容を明らかにする次のいずれかの資料

　①　勤務先等の沿革、役員、組織、事業内容（主要取引先と取引実績を含む。）等が詳細に記載された案内書

　②　その他の勤務先等の作成した上記①に準ずる文書

　③　登記事項証明書

7　直近の年度の決算文書（損益計算書、貸借対照表等）の写し（新規事業の場合は事業計画書）

8　前年分の職員の給与所得の源泉徴収票等の法定調書合計表を提出できない理由を明らかにする次のいずれかの資料

	① 源泉徴収の免除を受ける機関の場合 　外国法人の源泉徴収に対する免除証明書その他の源泉徴収を要しないことを明らかにする資料 ② 上記①を除く機関の場合 　ア 給与支払事務所等の開設届出書の写し 　イ 次のいずれかの文書 　　a 直近3か月分の給与所得・退職所得等の所得税徴収高計算書（領収日付印のあるものの写し） 　　b 納期の特例を受けている場合は、その承認を受けていることを明らかにする資料
在留期間更新許可申請の場合	
【カテゴリー1】	1　申請書 2　**カテゴリー1**に該当することを証明する次のいずれかの文書 　① 四季報の写し又は日本の証券取引所に上場していることを証明する文書（写し） 　② 主務官庁から設立の許可を受けたことを証明する文書（写し） 　③ イノベーション創出企業であることを証明する文書（例えば、補助金交付決定通知書の写し） 　④ 一定の条件を満たす企業等（注）であることを証明する文書（例えば、認定証等の写し） 　（注）P.53の【カテゴリー1】⑨の注を参照してください。
【カテゴリー2】	1　申請書 2　**カテゴリー2**に該当することを証明する文書 　① 前年分の職員の給与所得の源泉徴収票等の法定調書合計表（受付印のあるものの写し） 　② 在留申請オンラインシステムに係る利用申出の承認を受けていることを証明する文書（利用申出に係る承認のお知らせメール等）
【カテゴリー3】	1　申請書 2　**カテゴリー3**に該当することを証明する文書 　前年分の職員の給与所得の源泉徴収票等の法定調書合計表（受付印のあるものの写し） 3　住民税の課税（又は非課税）証明書及び納税証明書（1年間の総所得及び納税状況が記載されたもの）
【カテゴリー4】	1　申請書 2　住民税の課税（又は非課税）証明書及び納税証明書（1年間の総所得及び納税状況が記載されたもの）

在留期間	運　　用
5年	次の①、②及び⑤のいずれにも該当し、かつ、③又は④のいずれかに該当するもの。 ① 申請人が入管法上の届出義務（住居地の届出、住居地変更の届出、所属機関の変更の届出等）を履行しているもの（上陸時の在留期間決定の際には適用しない。） ② 学齢期（義務教育の期間をいう。）の子を有する親にあっては、子が小学校、中学校又は義務教育学校（いわゆるインターナショナルスクール等も含む。）に通学しているもの（上陸時の在留期間決定の際には適用しない。） ③ 契約機関がカテゴリー1又はカテゴリー2に該当するもの ④ ③以外の場合は、「技能」の在留資格で3年の在留期間が決定されている者で、かつ、本邦において引き続き5年以上「技能」の在留資格に該当する活動を行っているもの ⑤ 就労予定期間が3年を超えるもの
3年	次のいずれかに該当するもの。 ① 次のいずれにも該当するもの 　a 5年の在留期間の決定の項の①及び②のいずれにも該当し、かつ、③又は④のいずれかに該当するもの 　b 就労予定期間が1年を超え3年以内であるもの ② 5年の在留期間を決定されていた者で、在留期間更新の際に次のいずれにも該当するもの 　a 5年の在留期間の決定の項の①又は②のいずれかに該当せず、かつ、③又は④のいずれかに該当するもの 　b 就労予定期間が1年を超えるもの ③ 5年、1年又は3月の項のいずれにも該当しないもの
1年	次のいずれかに該当するもの。 ① 契約機関がカテゴリー4（カテゴリー1、2又は3のいずれにも該当しない団体・個人）に該当するもの ② 3年の在留期間を決定されていた者で、在留期間更新の際に5年の在留期間の項の①又は②のいずれかに該当しないもの ③ 職務上の地位、活動実績、所属機関の活動実績等から、在留状況を1年に1度確認する必要があるもの ④ 就労予定期間が1年以下であるもの
3月	就労予定期間が3月以下であるもの

経営・管理

【活動の範囲】　本邦において貿易その他の事業の経営を行い又は事業の管理に従事する活動（法別表第一の二の
表の法律・会計業務の項の下欄に掲げる資格を有しなければ法律上行うことができないこととされ
ている事業の経営若しくは管理に従事する活動を除く。）

該当する外国人	ポイント
「経営・管理」に該当する活動の類型では次のとおりです。 1　日本において事業の経営を開始してその経営を行い又はその事業の管理に従事する活動 2　日本において既に営まれている事業に参画してその経営を行い又はその事業の管理に従事する活動 3　日本において事業の経営を行っている者（法人を含む。）に代わってその経営を行い又はその事業の管理に従事する活動	在留資格「経営・管理」に該当する活動については、以下の項目に留意してください。 1　**「本邦において貿易その他の事業の経営を行い」**とは、①日本において活動の基盤となる事業所等を開設し、貿易その他の事業の経営を開始して経営を行うこと、②日本において既に営まれている貿易その他の事業の経営に参画すること、③日本において貿易その他の事業の経営を開始した者又は日本におけるこれらの事業の経営を行っている者に代わってその経営を行うこと、をいいます。 2　**「当該事業の管理に従事する」**とは、①日本において経営を開始してその経営を行っている事業又は経営に参画している事業の管理に従事すること、②日本において貿易その他の事業の経営を開始した者又は日本におけるこれらの事業の経営を行っている者に代わってその事業の管理に従事すること、をいいます。 3　**事業の経営又は管理に実質的に従事する者であること** （1）事業の経営に従事する活動には、事業の運営に関する重要事項の決定、業務の執行、監査の業務等に従事する代表取締役、取締役、監査役等の役員としての活動が該当し、事業の管理に従事する活動には、事業の管理の業務に従事する部長、工場長、支店長等の管理職としての活動が該当します。 　　外国人は、これらの経営や管理の業務に実質的に参画し、又は従事するものでなければならず、実際に行う業務の内容を確認して判断されます。 （2）特に、外国人が新たに事業を開始しようとする場合は、未だ業務には参画していないため、開始しようとする事業の内容の具体性や、外国人が取得した株式や事業に投下している資金の出所等事業の開始に至る経緯全般からみて、単に名ばかりの経営者ではなく、実質的に当該事業の経営を行う者であることが必要です。また、既に営まれている事業に経営者や管理者として招へいされるような場合も同様に、比較的小規模の事業で、本人の他に事業の経営や管理に従事する者がいるときは、投資の割合や業務内容をその者と比較するなどし、実質的に経営者や管理者としての業務があることが必要です。 4　**事業の継続性があること** 　　在留期間の途中で事業が立ち行かなくなる等、活動が途切れることが想定されるような場合は、「経営・管理」に該当する活動を行うものとは認められません。したがって、外国人が経営又は管理に従事する事業が安定して営まれるものと客観的に認められることが必要です。 5　**他の在留資格との関係** （1）「技術・人文知識・国際業務」との関係 　　企業の経営活動や管理活動は、自然科学若しくは人文科学の知識等を要する業務に従事する活動であることもあり、「技術・人文知識・国際業務」の活動と一部重複します。このように重複する場合は、「経営・管理」の在留資格が優先されます。

該当する外国人	ポイント
	また、外国人の業務内容に企業の経営活動や管理活動が含まれているものの「経営・管理」の活動に該当しない場合は、「技術・人文知識・国際業務」をもって許可されることがあります。
	なお、企業の職員として「技術・人文知識・国際業務」で在留していた外国人が、昇進等によりその企業の経営者や管理者になったときは、直ちに「経営・管理」の在留資格に変更することまでは求めておらず、現に有する「技術・人文知識・国際業務」の在留期限の満了に併せて「経営・管理」に変更申請することで差し支えない取扱いとなっています。
	（2）「法律・会計業務」
	企業に雇用される弁護士、公認会計士等専門知識をもって経営又は管理に従事する者の活動も、「経営・管理」に該当しますが、弁護士、外国法事務弁護士、公認会計士、外国公認会計士等の資格を有しなければ行うことができないとされている事業の経営又は管理に従事する活動は、「法律・会計業務」が優先します。ただし、病院の経営に係る活動は、医師の資格を有する者が行う場合であっても、「医療」ではなく、「経営・管理」の活動に該当します。
	（3）「短期滞在」
	日本法人の経営者に就任し、かつ日本法人から報酬が支払われる場合、その者が当該事業の経営等に関する会議、連絡業務等で短期間来日する場合であっても、「経営・管理」に該当します。なお、その日本法人の経営者に就任していない場合や、就任していたとしても日本法人から報酬が支払われない場合には、「短期滞在」で入国し、当該会議等に参加することになります。

受入れの基準（上陸許可基準）	留意点
1号 事業を営むための事業所が本邦に存在すること。ただし、当該事業が開始されていない場合にあっては、当該事業を営むための事業として使用する施設が本邦に確保されていること。	1号は外国人が経営し又は管理に従事する事業が日本に事業所を有して営まれるものであることを要件としており、次の両方を満たしていることが必要です。 ア 経済活動が単一の経営主体のもとにおいて一定の場所すなわち一区画を占めて行われていること。 イ 財貨及びサービスの生産又は提供が、人及び設備を有して、継続的に行われていること。 （注）上記の2つの要件は、総務省が定める日本標準産業分類における事業所の定義に基づくものです。
2号 申請に係る事業の**規模**が次のいずれかに該当していること。 イ その経営又は管理に従事する者以外に本邦に居住する2人以上の**常勤職員（法別表第一の上欄の在留資格をもって在留する者を除く。）**が従事して営まれるものであること。 ロ 資本金の額又は出資の総額が500万円以上であること。 ハ イ又はロに準ずる規模であると認められるものであること。	2号は、外国人が経営又は管理に従事する事業の「規模」について定めたもので、イからハまでのいずれかに該当する必要があります。 （1）2号イは、経営又は管理に従事する外国人以外に日本に居住する常勤の職員が2人以上勤務する事業であることを要件とするものです。ただし、法別表第一の上欄の在留資格をもって在留する常勤の職員は除かれます。 （注）（4）を参照してください。 （2）2号ロは、事業が会社形態で営まれている場合を前提とする規定で、株式会社における払込済資本の額（資本金の額）又は合名会社、合資会社又は合同会社の出資の総額が500万円以上の事業であることを要件とするものです。 （3）2号のハは、イ及びロのいずれにも該当しない場合に、イ又はロに準ずる規模であることを要件とするものです。

受入れの基準(上陸許可基準)	留意点
	2号ハは、イ及びロに該当しない場合であっても、イ又はロに準ずる規模であるときは規模に係る基準を満たすこととするものです。「準ずる規模」であるためには、営まれる事業の希望が実質的にイ又はロと同視できるような規模でなければなりません。 　イに準ずる規模とは、例えば、常勤職員が1人しか従事していないような場合でも、もう一人を従事させるのに要する費用を投下して営まれているような事業の規模がこれに当たります。この場合の当該費用としては、概ね250万円程度が必要と考えられています。 　また、ロに準ずる規模とは、例えば、外国人が個人事業の形態で事業を開始しようとする場合に、500万円以上を投資して営まれているような事業の規模がこれに当たります。この場合の500万円の投資とは、当該事業を営むのに必要なものとして投下されている総額であり、次の①～③の目的で行われるものがこれに当たります。また、引き続き行われている事業の場合は500万円以上の投資が継続して行われていることが必要であり、これが確認される場合に、2号ハに適合するものとして取り扱われることになっています。 ①事業所の確保：当該事業を営むための事業所として使用する施設の確保に係る経費。 ②雇用する職員の給与等：役員報酬及び常勤・非常勤を問わず、当該事業所において雇用する職員に支払われる報酬に係る経費。 ③その他：事業所に備え付けるための事務機器購入経費及び事業所維持に係る経費。 　なお、一般的には、会社の事業資金であっても会社の借金は直ちには投資された金額とはなり得ませんが、その外国人が当該借入金について個人補償をしている等の特別の事情があれば本人の投資額と判断されることもあります。 (4)　常勤の職員は、日本に居住する者から**「法別表第一の上欄の在留資格をもって在留するものを除く」**とされているので、外国人の場合は、特別永住者又は日本人の配偶者等、永住者又は定住者等の居住資格をもって在留する外国人であることが必要です。
3号 　申請人が**事業の管理に従事しようとする場合**は、事業の経営又は管理について3年以上の経験(**大学院において経営又は管理に係る科目を専攻した期間を含む。**)を有し、かつ、**日本人が従事する場合に受ける報酬と同等額以上の報酬を受けること。**	3号は、外国人が事業の管理に従事する場合に適用される基準を定めており、次の要件に該当することが必要です。 (1)　「外国人が**事業の管理に従事する場合**」には、3年以上の事業の経営又は管理の実務経験を有すること及び日本人と同等額以上の報酬を受けて事業の管理に従事することが必要です。 (2)　3号基準の括弧書きの規定により、日本又は外国の大学院において経営又は管理に係る科目を専攻して教育を受けた期間は、「実務経験」期間に算入されます。したがって、大学院において経営に係る科目を専攻して2年間の修士課程を修了した外国人は、事業の経営又は管理について1年の実務経験があれば3号の要件に適合することになります。また、大学院において経営又は管理に係る科目を専攻して3年の教

受入れの基準(上陸許可基準)	留意点
	育を受けた外国人は、実務経験がなくても3号の要件を満たすことになります。
	(3) 3号は、外国人が「事業の管理に従事しようとする場合」に適用されるものであることから、事業の管理に従事しようとする者は、1号及び2号の要件についても適合することが必要です。
	(4)「日本人が従事する場合に受ける報酬と同等額以上の報酬」については、「第2章 1 (3) 報酬」を参照してください。

在留資格「経営・管理」の留意点

1 在留資格該当性の範囲

1 日本において適法に行われる業務であれば、その活動の業種に制限はありません。

2 申請人が経営又は管理に従事する事業は、外国人若しくは外国法人が現に投資しているもののみでなく、日本人若しくは日本法人のみが投資しているものであっても、「経営・管理」の在留資格に該当します。

3 経営又は管理に従事する者が、経営又は管理に当たる活動のみならず、その一環として行う現業に従事する活動は、「経営・管理」の活動に含まれます。ただし、主たる活動が現業に従事するものと認められる場合は、「経営・管理」の在留資格に該当しません。

4 「経営・管理」における事業は、営利を目的としないものであっても、また、外国又は外国の地方公共団体(地方政府を含む。)の機関の事業として行われるものでも差し支えないことになっています。

5 複数の者が事業の経営又は管理に従事している場合には、複数の者が事業の経営又は管理に従事することが必要とされる事業規模、業務量、売上げ、従業員数等がなければならず、これらから外国人が事業の経営又は管理の主たる活動として従事すると認められるかどうかが審査されます。

　具体的には、①事業の希望や業務量等の状況を勘案して、それぞれの外国人が事業の経営又は管理を主たる活動として行うことについて合理的な理由が認められること、②事業の経営又は管理に係る業務について、それぞれの外国人ごとに従事することとなる業務の内容が明確になっていること、③それぞれの外国人が経営又は管理に係る業務の対価として相当の報酬の支払いを受けることとなっていること等の条件が満たされている場合には、それぞれの外国人について「経営・管理」の在留資格に該当します。

6 「経営・管理」について、個人事業は登記が必要とされておらず、また株式会社等を設立する準備を行う意思があることや株式会社等の設立がほぼ確実に見込まれることが提出書類から確認できる場合には、登記事項証明書等の提出がなされないことのみをもって不利益な取扱いはなされないことになっています。

7 役員の人数については、制限はありませんが、その者が行おうとする活動が在留資格に該当しない場合、上陸許可基準に適合しない場合、又は在留状況に問題がある場合など在留資格を認める理由がないときは不利益な取扱いになります。

2 事業の所在・確保について

1 「経営・管理」については、事業が継続的に運営されることが求められています。事業所については、賃貸物件が一般的ですが、その物件の賃貸借契約について使用目的を事業用、店舗、事務所等事業の目的であることを明らかにし、賃貸借契約者についても当該法人等の名義とし、当該法人等による使用であることを明確にすることが必要です。月単位の短期間賃貸スペース等を利用したり、容易に処分可能な屋台等の施設を利用したりする場合には、合理的な特別の事情がない限り、「事業所の確保(存在)」の要件に適合しているとは認められません。なお、事業所は、実際に事業が営まれている場所であるので、住所及び電話番号等を借り受け、電話にはオペレーターが対応し、郵便物を転送するなど実際に経営又は管理を行う場所としては存在しない「バーチャル・オフィス」等と称する形態は、事業所とは認められません。

2 住居として賃借している物件の一部を使用して事業が運営されるような場合には、次の点に留意してください。

　① 住居目的以外で使用を貸主が認めていること(借主と当該法人の間で事業所として転貸借されることにつき、貸主が同意していること)

② 借主も当該法人が事業所として使用することを認めていること

③ 当該法人が事業を行う設備等を備えた事業目的占有の部屋を有していること

④ 当該物件に係る公共料金等の共用費用の支払いに関する取決めが明確になっていること

⑤ 看板類似の社会的標識を掲げていること

3 インキュベーター（経営アドバイス、企業運営に必要なビジネスサービス等への橋渡しを行う団体・組織）が支援している場合で、申請人から当該事業所に係る使用承諾書等の提出があったときは、独立行政法人日本貿易振興機構（ジェトロ）が運営する対日投資・ビジネスサポートセンター（IBSC）の提供するオフィスなどのインキュベーションオフィス等の一時的な住所又は事業所であって、起業支援を目的に一時的に事業用オフィスとして貸与されているものの確保をもって、「事業所の確保（存在）」の要件に適合しているものとして取り扱われます。

4 地方公共団体が起業支援を行う場合の取扱い

① 地方公共団体が実施する起業支援対象者として認定され、地方公共団体が所有又は指定するインキュベーション施設に入居する場合において、当該地方公共団体が事業所に係る経費（外国人の専有スペースの賃料のほか、共有スペースの利用料も含む。）を申請人に代わり負担していると認められるときは、その他の当該地方公共団体から受ける起業支援に係る経費（当該施設に駐在するコンサルタント等から起業に係る指導等を受ける場合におけるコンサルタント利用料等であって、地方公共団体が申請人に代わり負担していると認められる場合に限る。）を含め、上陸許可基準に定める事業規模について、地方公共団体が申請人に代わり負担していると認められる金額を最大で年間200万円まで考慮し、申請人が投下している金額と合わせて500万円以上となる場合は、同上陸許可基準を満たすものとして取り扱われます。

② 当該地方公共団体が事業所に係る経費（申請人の専有スペースの賃料のほか、共有スペースの利用料も含む。）を外国人に代わり負担していると認められるとき及びその他に当該地方公共団体から受ける起業支援に係る経費（当該施設に駐在するコンサルタント等から起業に係る指導等を受ける場合におけるコンサルタント利用料等であって、地方公共団体が申請人に代わり負担していると認められる場合に限る。）とは、地方公共団体による支援と同等の民間施設やコンサルタントを利用した場合の金額に比べて、申請人がインキュベーション施設やコンサルタントの利用について安価に使用できる場合をいい、その差額分については地方公共団体が申請人に代わり負担していると認められるものです。

（例）地方公共団体が指定するインキュベーション施設と同等の民間施設の賃料は月額8万円のところ、対象者は月額1万円の負担でインキュベーション施設を利用できる場合、月額7万円（年間84万円）は地方公共団体が対象者に代わって事業所の代金を負担していると認められることから、資本金の額又は出資の総額が416万円以上である場合には、「経営・管理」に係る上陸許可基準の第2号ハを満たすものとして取り扱われます。

③ この取扱いは、地方公共団体が起業支援を行う場合に限られます。なお、その支援の対象にインキュベーション施設への入居が含まれない場合には、この取扱いの対象になりません。

3 事業の継続性について

事業の継続性については、今後の事業活動が確実に行われることが見込まれなければなりません。しかし、事業活動においては様々な要因で赤字決算となり得るところ、単年度の決算状況を重視するのではなく、賃借状況等も含めて総合的に判断されることになります。

なお、債務超過が続くような場合は、資金の借入先のほか、事業の実態、本人の活動状態について審査されることになります。特に、2年以上の連続赤字の場合には、本人の活動内容について慎重に審査されることになります。

（注）決算の直近期末において欠損金がある場合

① 直近期末において債務超過となっていない場合

事業計画、資金調達等の状況により、事業の継続が見込まれる可能性を考慮し、今後1年間の事業計画書及び予想収益を示した資料を提出することになりますが、場合によっては、中小企業診断士や公認会計士等が企業評価を行った書面の提出を求められることがあります。

② 直近期末において債務超過であるが、直近期前期末では債務超過となっていない場合

債務超過となった場合、一般的には企業として信用力が低下し、事業の存続が危ぶまれている状況となっていることから、事業の継続性を認めがたいものですが、債務超過が1年以上継続していない場合に限り、1年以内に具体的な改善（債務超過の状態でなくなること）の見通しがあることを前提として事業の継続性が認められることがあります。具体的には、直近期末において債務超過であるが、直近期前期末では債務超過となっていない場合には、中小企業診断士や公認会計士等が作成した企業評価改善の見通し（1年以内に債務超過の状態でなく

なることの見通しを含む。）に関する書面（評価の根拠となる理由が記載されているものに限る。）を提出し、事業の継続性を立証する必要があります。

③　直近期末及び直近期前期末ともに債務超過である場合

　　債務超過となって１年以上経過しても債務超過が改善されなかったときは、事業の存続について厳しい財務状況が続いていること及び１年間で十分な改善がなされていないことから、増資、他の企業による救済等具体的な経営改善がある場合には、その書類を提出するなどし、事業の継続性を立証する必要があります。

④　直近期及び直近期前期において共に売上総利益がない場合

　　企業の主たる業務において売上高が売上原価を下回るということは、通常の企業活動を行っているものとは認められず、仮に営業外損益、特別損益により利益を確保したとしても、それが本来の業務から生じているものではないものと考えられます。したがって、単期に特別な事情から売上総利益がない場合があることも想定されますが、二期連続して売上総利益がないということは当該企業が主たる業務を継続的に行える能力を有しているとは認められないことになります。この場合には、増資、他の企業による救済等の具体的な予定がある場合には、その書類を提出して事業の継続性を立証する必要があります。

申請時における留意点

在留資格認定証明書交付申請時における留意点

1　事業所の経営を開始又は事業の経営を行う活動
　(1)　事業の存在・確保（上陸許可基準１号）
　　①　申請書の「勤務先」又は「事業所の状況」欄に記載することにより基準に適合することを立証します。
　　②　所属機関がカテゴリー３又はカテゴリー４の事業の場合は、事業所用施設の存在を明らかにする「不動産登記簿謄本」又は「賃貸借契約書」その他の資料により立証します。
　　（注）１号本文は、既存の貿易その他の事業に投資してその経営を行うか又は当該事業の管理に従事する場合に適用される基準であることから、その事業所について「存在すること」を要件としていますが、１号但し書きは、貿易その他の事業を「開始しようとする」場合について定めており、事業所について「事業所として使用する施設が確保されていること」をもって要件を満たしています。
　　（注）カテゴリーは、後掲「受入れ機関のカテゴリー別申請書類」参照ください（以下同じです。）。
　(2)　規模（上陸許可基準２号）
　　①　申請書の「勤務先」「活動内容」「給与・報酬」欄の記載をもって事業の規模が該当するか確認します。
　　②　所属機関がカテゴリー３又はカテゴリー４の事業の場合は、事業の規模について２人以上の常勤職員を雇用する場合は、「当該職員の賃金支払いに関する文書及び住民票、在留カード又は特別永住者証明書の写し」、資本金の額が500万円以上の場合は、「当該法人の登記事項証明書の写し」の立証資料が必要です。
2　会社を設立して事業の経営を開始しようとする場合について
　(1)　法人の登記が完了していない場合
　　　事業を開始しようとする場合であって、法人の登記が完了していないときは、「定款その他法人を設立しようとしていることを明らかにする書面の写し」により、法人の登記が予定されていることを立証する必要があります。
　(2)　事業所の確保（上陸許可基準１号）
　　　上記１の(1)を参照してください。なお、賃貸借契約の締結に至っていないときは、「事業所の概要を明らかにする資料」として、例えば、賃貸を検討している物件について説明する資料（所在地、面積、経費等が記載されたもの）により立証します。
　(3)　規模（上陸許可基準２号）
　　　上記１の(2)を参照してください。なお、法人の登記が完了していないため、「法人登記事項証明書の写し」の提出が困難なときは、「定款その他法人を設立しようとしていることを明らかにする書類の写し」により、設立に際して出資される金額を立証します。
3　事業の管理に従事する活動
　(1)　事業の存在（上陸許可基準１号）及び規模（上陸許可基準２号）については、上記１の（1）及び１の（2）を参照してください。

（2）経験及び報酬（上陸許可基準3号）

① 「事業の経営又は管理についての3年以上の経験（大学院において経営又は管理に係る科目を専攻した期間を含む。）について

　ア　申請書の「最終学歴」「専門・専攻分野」「事業の経営又は管理についての実務経験年数」「職歴」欄により立証します。

　イ　所属機関がカテゴリー3又はカテゴリー4の場合、「関連する職務に従事した機関並びに活動の内容及び期間を明示した履歴書」及び「関連する職務に従事した期間を証する文書（大学院において経営又は管理に係る科目を専攻した期間の記載された当該学校からの証明書を含む。）」の資料により立証します。

② 「日本人と同等額以上の報酬」について

　ア　申請書の「給与・報酬」「職務上の地位」欄の記載により立証します。

　イ　カテゴリー3又はカテゴリー4の場合は、「申請人の活動内容等を明らかにする次のいずれかの資料」により報酬額を立証します。

　○会社の役員に就任する場合は、役員報酬を定める定款の写し又は役員報酬を決議した株主総会の議事録（報酬委員会が設置されている会社にあっては同委員会の議事録）の写し

　○外国法人内の日本支店に転勤する場合及び会社以外の団体の役員に就任する場合は、地位（担当業務）、期間及び支払われる報酬額を明らかにする所属団体の文書

　○日本において管理者として雇用される場合は、労働基準法第15条第1項及び同法施行規則第5条に基づき、労働者に交付される労働条件を明示する文書

　（注）労働基準法第15条第1項及び同施行規則第5条については、「第2章　1　（2）　契約」の参考を参照してください。

在留期間の更新申請時における留意点

1　カテゴリー3又はカテゴリー4に該当するときは、「直近年度の決算書の写し」及び「住民税の課税（又は非課税）証明書」、またカテゴリー4については、「外国法人の源泉徴収に対する免除証明書その他源泉徴収を要しないことを明らかにする資料」により在留資格該当性及び上陸許可基準の適合性について立証することになります。

　　なお、在留期間「4月」で在留している者は、株式会社等が設立されていない段階で上陸許可された者であることから、在留期間の更新時に「登記事項証明書」の提出が求められています。なお、提出ができないときは、在留資格認定証明書交付申請時に提出された資料（事業計画書、法人を設立しようとしていることを明らかにする資料）との整合性が審査されることになります。

2　納税など各種の公的義務が履行されていないときは、その態様を勘案されて審査がなされます。

3　刑事処分を受けた者については、その犯罪及び刑事処分の内容等を勘案された審査がなされます。

4　中長期在留者からの在留期間更新許可申請時においては、就労予定期間が残り3月未満の場合であっても、中長期在留者から除外されることのないよう、原則として在留期間「1年」が決定されます。

受入れ機関のカテゴリー別申請書類

在留資格認定証明書交付申請の場合

【カテゴリー1】	1　申請書
下記に該当する機関に所属する場合 ①日本の証券取引所に上場している企業 ②保険業を営む相互会社 ③外国の国又は地方公共団体 ④日本の国・地方公共団体認可の公益法人 ⑤高度専門職省令第1条第1項各号の表の特別加算の項の中欄イ又はロの対象企業（イノベーション創出企業）	2　カテゴリー1に該当することを証明する次のいずれかの文書 　① 四季報の写し又は日本の証券取引所に上場していることを証明する文書（写し） 　② 主務官庁から設立の許可を受けたことを証明する文書（写し） 　③ 左記⑤の対象企業（イノベーション創出企業）であることを証明する文書（例えば、補助金交付決定通知書の写し） 　④ 左記⑥の対象企業等であることを証明する文書（例えば、認定証等の写し）

⑥一定の条件を満たす企業等（注）

（注）次のいずれかに該当する企業
等が対象です。

（1）厚生労働省が所管する「ユー
スエール認定制度」において、都
道府県労働局長から「ユースエー
ル認定企業」として認定を受けて
いるもの。

（2）厚生労働省が所管する「くる
みん認定制度」、「プラチナくるみ
ん認定制度」において、都道府県
労働局長から「くるみん認定企
業」、「プラチナくるみん認定企業」
として認定を受けているもの。

（3）厚生労働省が所管する「える
ぼし認定制度」、「プラチナえるぼ
し認定制度（令和2年6月施行)」
において、都道府県労働局長から
「えるぼし認定企業」、「プラチナ
えるぼし認定企業」として認定を
受けているもの。

（4）厚生労働省が所管する「安全
衛生優良企業公表制度」におい
て、都道府県労働局長から「安全
衛生優良企業」として認定を受け
ているもの。

（5）厚生労働省が所管する「職業
紹介優良事業者認定制度」におい
て、指定審査認定機関から「職業
紹介優良事業者」として認定を受
けているもの。

（6）厚生労働省が所管する「製造
請負優良適正事業者認定制度（GJ
認定)」において、指定審査機関
から「製造請負優良適正事業者」
として認定を受けているもの。

（7）厚生労働省が所管する「優良派
遣事業者認定制度」において、指
定審査認定機関から「優良派遣事
業者」として認定を受けているもの。

（8）経済産業省が所管する「健康
経営優良法人認定制度」におい
て、日本健康会議から「健康経営
優良法人」として認定を受けてい
るもの。

（9）経済産業省が所管する「地域未
来牽引企業制度」において、経済
産業大臣から「地域未来牽引企業」

として選定を受けているもの。 （10）国土交通省が所管する「空港における構内の営業承認制度」において、地方航空局長又は空港事務所長から「空港管理規則上の第一類構内営業者又は第二類構内営業者」として承認を受けているもの。 （11）消費者庁が所管する「内部通報制度認証（自己適合宣言登録制度）」において、内部通報制度認証事務局から「内部通報制度認証（自己適合宣言登録制度）登録事業者」として登録を受けているもの。	
【カテゴリー2】 ①前年分の給与所得の源泉徴収票等の法定調書合計表中、給与所得の源泉徴収合計表の源泉徴収税額が1,000万円以上ある団体・個人 ②在留申請オンラインシステムの利用申出の承認を受けている機関	1　申請書 2　**カテゴリー2**に該当することを証明する文書 ①　前年分の給与所得の源泉徴収票等の法定調書合計表（受付印のあるものの写し） ②　在留申請オンラインシステムに係る利用申出の承認を受けていることを証明する文書（利用申出に係る承認のお知らせメール等）
【カテゴリー3】 前年分の給与所得の源泉徴収票等の法定調書合計表が提出された団体・個人（**カテゴリー2**を除く。）	1　申請書 2　**カテゴリー3**に該当することを証明する文書 　前年分の給与所得の源泉徴収票等の法定調書合計表（受付印のあるものの写し） 3　申請人の活動内容等を明らかにする次のいずれかの資料 ①　日本法人である会社の役員に就任する場合は、役員報酬を定める定款の写し又は役員報酬を決議した株主総会の議事録（報酬委員会が設置されている会社にあっては同委員会の議事録）の写し ②　外国法人内の日本支店に転勤する場合及び会社以外の団体の役員に就任する場合は、地位（担当業務）、期間及び支払われる報酬額を明らかにする所属団体の文書（派遣状、異動通知書等） ③　日本において管理者として雇用される場合は、労働基準法第15条第1項及び同法施行規則第5条に基づき、労働者に交付される労働条件を明示する文書（雇用契約書等） 4　日本において管理者として雇用される場合、事業の経営又は管理について3年以上の経験（大学院において経営又は管理に係る科目を専攻した期間を含む。）を有することを証明する文書 ①　関連する職務に従事した機関並びに活動の内容及び期間を明示した履歴書 ②　関連する職務に従事した期間を証明する文書（大学院において経営又は管理に係る科目を専攻した期間の記載された当該学校からの証明書を含む。） 5　事業内容を明らかにする次のいずれかの資料 ①　当該事業を法人において行う場合には、当該法人の登記事項証明書の写し（法人の登記が完了していないときは、定款その他法人において当該事業を開始しようとしていることを明らかにする書類の写し）。 ②　勤務先等の沿革、役員、組織、事業内容（主要取引先と取引実績を含

	む。）等が詳細に記載された案内書
	③　その他の勤務先等の作成した上記②に準ずる文書
	6　事業規模を明らかにする次のいずれかの資料
	①　常勤の職員が二人以上であることを明らかにする当該職員に係る賃金支払に関する文書及び住民票その他の資料
	②　登記事項証明書（5①で提出していれば提出不要）
	③　その他事業の規模を明らかにする資料
	7　事業所用施設の存在を明らかにする次のいずれかの資料
	①　不動産登記簿謄本
	②　賃貸借契約書
	③　その他の資料
	8　事業計画書の写し
	9　直近の年度の決算文書（損益計算書、貸借対照表等）の写し
【カテゴリー4】 カテゴリー1、2、3のいずれにも該当しない団体・個人	1　申請書
	2　申請人の活動内容等を明らかにする次のいずれかの資料
	①　日本法人である会社の役員に就任する場合は、役員報酬を定める定款の写し又は役員報酬を決議した株主総会の議事録（報酬委員会が設置されている会社にあっては同委員会の議事録）の写し
	②　外国法人内の日本支店に転勤する場合及び会社以外の団体の役員に就任する場合は、地位（担当業務）、期間及び支払われる報酬額を明らかにする所属団体の文書（派遣状、異動通知書等）
	③　日本において管理者として雇用される場合は、労働基準法第15条第1項及び同法施行規則第5条に基づき、労働者に交付される労働条件を明示する文書（雇用契約書等）
	3　日本において管理者として雇用される場合、事業の経営又は管理について3年以上の経験（大学院において経営又は管理に係る科目を専攻した期間を含む。）を有することを証明する文書
	①　関連する職務に従事した機関並びに活動の内容及び期間を明示した履歴書
	②　関連する職務に従事した期間を証明する文書（大学院において経営又は管理に係る科目を専攻した期間の記載された当該学校からの証明書を含む。）
	4　事業内容を明らかにする次のいずれかの資料
	①　当該事業を法人において行う場合には、当該法人の登記事項証明書の写し（法人の登記が完了していないときは、定款その他法人において当該事業を開始しようとしていることを明らかにする書類の写し）。
	②　勤務先等の沿革、役員、組織、事業内容（主要取引先と取引実績を含む。）等が詳細に記載された案内書
	③　その他の勤務先等の作成した上記②に準ずる文書
	5　事業規模を明らかにする次のいずれかの資料
	①　常勤の職員が二人以上であることを明らかにする当該職員に係る賃金支払に関する文書及び住民票その他の資料
	②　登記事項証明書（4①で提出していれば提出不要）
	③　その他事業の規模を明らかにする資料
	6　事業所用施設の存在を明らかにする次のいずれかの資料
	①　不動産登記簿謄本
	②　賃貸借契約書

	③　その他の資料 7　事業計画書の写し 8　直近の年度の決算文書（損益計算書、貸借対照表等）の写し 9　前年分の職員の給与所得の源泉徴収票等の法定調書合計表を提出できない理由を明らかにする次のいずれかの資料 ①　源泉徴収の免除を受ける機関の場合 　外国法人の源泉徴収に対する免除証明書その他の源泉徴収を要しないことを明らかにする資料 ②　上記①を除く機関の場合 　ア　給与支払事務所等の開設届出書の写し 　イ　次のいずれかの文書 　　a　直近3か月分の給与所得・退職所得等の所得税徴収高計算書（領収日付印のあるものの写し） 　　b　納期の特例を受けている場合は、その承認を受けていることを明らかにする資料
在留期間更新許可申請の場合	
【カテゴリー1】	1　申請書 2　**カテゴリー1**に該当することを証明する次のいずれかの文書 ①　四季報の写し又は日本の証券取引所に上場していることを証明する文書（写し） ②　主務官庁から設立の許可を受けたことを証明する文書（写し） ③　イノベーション創出企業であることを証明する文書（例えば、補助金交付決定通知書の写し） ④　一定の条件を満たす企業等（注）であることを証明する文書（例えば、認定証等の写し） （注）P.66の【カテゴリー1】⑥の注を参照してください
【カテゴリー2】	1　申請書 2　**カテゴリー2**に該当することを証明する文書 ①　前年分の職員の給与所得の源泉徴収票等の法定調書合計表（受付印のあるものの写し） ②　在留申請オンラインシステムに係る利用申出の承認を受けていることを証明する文書（利用申出に係る承認のお知らせメール等）
【カテゴリー3】	1　申請書 2　**カテゴリー3**に該当することを証明する文書 　前年分の職員の給与所得の源泉徴収票等の法定調書合計表（受付印のあるものの写し） 3　直近の年度の決算文書（損益計算書、貸借対照表等）の写し 4　住民税の課税（又は非課税）証明書及び納税証明書（1年間の総所得及び納税状況が記載されたもの）
【カテゴリー4】	1　申請書 2　直近の年度の決算文書（損益計算書、貸借対照表等）の写し 3　住民税の課税（又は非課税）証明書及び納税証明書（1年間の総所得及び納税状況が記載されたもの） 4　外国法人の源泉徴収に対する免除証明書その他の源泉徴収を要しないことを明らかにする資料

在留期間	運用
5年	次の①、②及び⑤のいずれにも該当し、かつ、③又は④のいずれかに該当するもの。 ① 申請人が入管法上の届出義務（住居地の届出、住居地変更の届出、所属機関の変更の届出等）を履行しているもの（上陸時の在留期間決定の際には適用しない。） ② 学齢期（義務教育の期間をいう。）の子を有する親にあっては、子が小学校、中学校又は義務教育学校（いわゆるインターナショナルスクール等も含む。）に通学しているもの（上陸時の在留期間決定の際には適用しない。） ③ 経営する、又は管理に従事する機関がカテゴリー1又はカテゴリー2に該当するもの ④ ③以外の場合は、「経営・管理」の在留資格で3年の在留期間が決定されている者で、かつ、本邦において引き続き5年以上「経営・管理」の在留資格に該当する活動を行っているもの ⑤ 滞在予定期間が3年を超えるもの
3年	次のいずれかに該当するもの。 ① 次のいずれにも該当するもの 　a 5年の在留期間の決定の項の①及び②のいずれにも該当し、かつ、③又は④のいずれかに該当するもの 　b 滞在予定期間が1年を超え3年以内であるもの ② 5年の在留期間を決定されていた者で、在留期間更新の際に次のいずれにも該当するもの 　a 5年の在留期間の決定の項の①又は②のいずれかに該当せず、かつ、③又は④のいずれかに該当するもの 　b 滞在予定期間が1年を超えるもの ③ 5年、1年、4月又は3月の項のいずれにも該当しないもの
1年	次のいずれかに該当するもの ① 経営する、又は管理に従事する機関がカテゴリー4（カテゴリー1、2又は3のいずれにも該当しない団体・個人）に該当するもの ② 3年の在留期間を決定されていた者で、在留期間更新の際に5年の在留期間の項の①又は②のいずれかに該当しないもの ③ 職務上の地位、活動実績、所属機関の活動実績等から、在留状況を1年に1度確認する必要があるもの
6月	
4月	新たに事業を法人において行おうとするものであって、入管法施行規則別表第3の「経営・管理」の項の下欄に定める資料のうち、登記事項証明書の提出がないもの
3月	滞在予定期間が3月以下であるものであって、4月の項に該当しないもの。

企業内転勤

【活動の範囲】　本邦に本店、支店その他の事業所のある公私の機関の外国にある事業所の職員が本邦にある事業所に期間を定めて転勤して当該事業所において行う法別表第一の二の表の技術・人文知識・国際業務の項の下欄に掲げる活動

該当する外国人	ポイント
日本に本店、支店その他の事業所のある公私の機関の外国にある事業所の職員で、外国の事業所から日本にある事業所に期間を定めて転勤して、その事業所において行う「技術・人文知識・国際業務」の在留資格に対応する活動に従事するものです。	「企業内転勤」の在留資格に該当する活動については、以下の項目に留意してください。 (1)「日本に本店、支店その他の事業所のある公私の機関」には、民間企業のみならず、公社、独立行政法人及びその他の団体（JETRO、経団連等）が含まれます。また、外国の政府関係機関又は外国の地方公共団体（地方政府を含みます。）の関係機関も含まれます。 　　ただし、外国の政府関係機関の場合でその機関での活動が「外交」又は「公用」に該当するときは、その在留資格となります。 (2)「転勤」は、通常、同一会社内の異動ですが、系列企業内（財務諸表等の用語、様式及び作成方法に関する規則（昭和38年大蔵省令第56号）第8条に定める「親会社」、「子会社」及び「関連会社」をいいます。以下、「親会社」、「子会社」及び「関連会社」については、同規則の定義によります。）の出向等も「転勤」に含まれます。なお、同規則の内容については、「第2章　1　（4）雇用の形態」を参照してください。具体的には、次のとおりです。 ①　本店と支店間の異動 　　一般的には、本店（本社）から支店（支社、営業所)、又は支店から本店への異動が「企業内転勤」の対象となります。 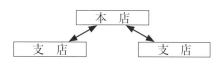 　（注）←――→は、企業内転勤にいう転勤に該当する人の異動を示すもので、以下同じです。 ②　親会社と子会社間の異動 　ア　他の会社等の財務及び営業又は事業の方針を決定する機関（意思決定機関）を支配している会社を「親会社」といい、当該他の会社等を「子会社」といいます。 　イ　親会社及び子会社又は子会社が、他の会社等の意思決定機関を支配している場合における当該他の会社等（いわゆる「孫会社」）も、その親会社の子会社とみなされます。 　ウ　これらの間の異動は、「企業内転勤」の対象となります。 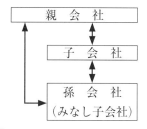

該当する外国人	ポイント
	③ 子会社間等の異動 ア 子会社の間の異動については、近年企業の分社化が進んでいる状況を考慮し、親会社と一体性を有するものとして、「企業内転勤」の対象となります。 イ 孫会社（親会社から見て）の間の異動及び子会社と孫会社の間の異動についても、孫会社が子会社とみなされていることから、「企業内転勤」の対象となります。 ウ 孫会社の子会社（親会社から見て曾孫会社）については、みなし子会社の子会社であることから、縦の位置関係の異動については「企業内転勤」に該当することとなりますが、曾孫会社間の異動は、「企業内転勤」の対象とはなりません。（ただし、親会社が各孫、曾孫会社まで一貫して100％出資している場合には、曾孫会社も子会社とみなすことができることから、曾孫会社間の異動及び孫会社と曾孫会社間の異動も「企業内転勤」の対象となります。） 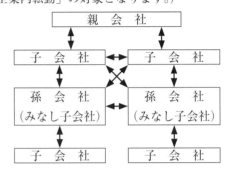 ④ 関連会社への異動 ア 「関連会社」とは、会社（当該会社が子会社を有する場合には、その子会社を含みます。）が、出資、人事、資金、技術、取引等の関係を通じて、子会社以外の他の会社等の財務及び営業又は事業の方針の決定に対して重要な影響を与えることができる場合におけるその子会社以外の他の会社等をいいます。 イ 関連会社への異動は、「企業内転勤」の対象となります。 ウ 関連会社の間の異動、及び親会社と子会社の関連会社間の異動は、「企業内転勤」の対象とはなりません。 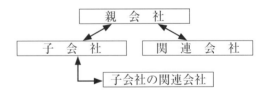

(3)「期間を定めて転勤して」とは、日本の事業所での勤務が一定期間に限られていることです。

(4) 企業内転勤者が企業の経営又は管理に従事する場合には、「企業内転勤」ではなく「経営・管理」に該当します。

(5) 同一の法人内で異動して「企業内転勤」をもって在留する場合は、改めて雇用等の契約を結ぶ必要はありません。

(6)「企業内転勤」をもって在留する者の従事できる活動は、「技術・人文知識・国際業務」に対応する活動に限られます。

(7) 日本にある事業所については、事業が適正に行われ、かつ安定的・継続的に事業を行っていると認められるものでなければなりません。

該当する外国人	ポイント
	（8）外国人が稼動する外国企業に対し、地方公共団体等（地方公共団体、独立行政法人及び第三セクター（地方公共団体の出資の比率が2分の1以上の商法・民法法人に限ります。）をいいます。）が提供した施設を事業所として使用し、外国企業の支店等開設準備を行う活動で、かつ、「企業内転勤」に該当する活動を行おうとする場合には、当該活動の拠点となる「事業所」が確保されているものとして取り扱われます。この場合、地方公共団体等の講じるべき措置や留意事項は、以下のとおりです。 ① 外国企業が日本において事業を行う拠点となる事業所の確保を支援するため、地方公共団体等が外国企業に対し、その事業の用に供する施設を提供するための必要な措置が講じられていることが必要です。 ② 当該施設を提供する機関が地方公共団体以外の機関である場合には、地方公共団体は、その機関を特定しなければなりません。 ③ 当該施設は地方公共団体等が保有している施設に限られ、単に貸与されたものを提供することでは認められません。 （9）次の①又は②に掲げる第三セクターが提供した施設を事業所として使用し、外国企業の支店等開設準備を行う活動で、かつ、「企業内転勤」に該当する活動を行う場合には、上記（8）と同様に取り扱われます。 ① 複数の地方公共団体が共同出資した第三セクターであって、次の要件をすべて満たすもの。 　ア 複数の地方公共団体による共同出資の総額が2分の1以上であること。 　イ 複数の地方公共団体の意思が統一され、共通の意思を持って常に当該第三セクターの意思決定機関を支配していること。 　ウ 当該施設の提供事業について、責任の主体が明確にされていること。 ② 地方公共団体及び独立行政法人が共同出資した第三セクターであって、次の要件をすべて満たすもの。 　ア 共同出資を行っている地方公共団体が第三セクターの意思決定機関を支配していること。 　イ 当該施設の提供事業について責任の主体が明確にされていること。

受入れの基準（上陸許可基準）	留意点
申請人が次のいずれにも該当していること。 1 申請に係る転勤の直前に外国にある本店、支店その他の事業所において法別表第1の2の表の技術・人文知識・国際業務の項の下欄に掲げる業務に従事している場合で、その期間（企業内転勤の在留資格をもって外国に当該事業所のある公私の機関の日本にある事業所において業務に従事していた期間がある場合には、その期間を合算した期間）が継続して1年以上あること。 2 日本人が従事する場合に受ける報酬と同等額以上の報酬を受けること。	「申請に係る転勤の直前に外国にある本店、支店その他の事業所において・・・継続して1年以上あること」 　「申請に係る転勤の直前に外国にある本店、支店その他の事業所において・・・継続して1年以上あること」という上陸許可基準に適合しない場合には、従事しようとする業務内容が「技術・人文知識・国際業務」にも該当し得ないときを除き、直ちに在留資格認定証明書交付申請が不利益な取扱いとされることはなく、「技術・人文知識・国際業務」の該当性及び同在留資格に係る上陸許可基準の適合性について審査されます。 「日本人が従事する場合に受ける報酬と同等額以上の報酬」 　「第2章　1　（3）報酬」の解説を参照してください。 【ポイント】 　転勤前の直前に1年以上従事していた業務は、「技術・人文知識・国際業務」に該当する業務であれば足り、転勤後日本において従事する業務と同一又は関連する業務であることまでは必要ありません。

受入れ機関のカテゴリー別申請書類	
在留資格認定証明書交付申請の場合	

【カテゴリー1】 下記に該当する機関に所属する場合 ①日本の証券取引所に上場している企業 ②保険業を営む相互会社 ③日本又は外国の国・地方公共団体 ④独立行政法人 ⑤特殊法人・認可法人 ⑥日本の国・地方公共団体認可の公益法人 ⑦法人税法別表第1に掲げる公共法人 ⑧高度専門職省令第1条第1項各号の表の特別加算の項の中欄イ又はロの対象企業（イノベーション創出企業） ⑨一定の条件を満たす企業等（注） （注）次のいずれかに該当する企業等が対象です。 （1）厚生労働省が所管する「ユースエール認定制度」において、都道府県労働局長から「ユースエール認定企業」として認定を受けているもの。 （2）厚生労働省が所管する「くるみん認定制度」、「プラチナくるみん認定制度」において、都道府県労働局長から「くるみん認定企業」、「プラチナくるみん認定企業」として認定を受けているもの。 （3）厚生労働省が所管する「えるぼし認定制度」、「プラチナえるぼし認定制度（令和2年6月施行）」において、都道府県労働局長から「えるぼし認定企業」、「プラチナえるぼし認定企業」として認定を受けているもの。 （4）厚生労働省が所管する「安全衛生優良企業公表制度」において、都道府県労働局長から「安全衛生優良企業」として認定を受けているもの。 （5）厚生労働省が所管する「職業紹介優良事業者認定制度」において、指定審査認定機関から「職業紹介優良事業者」として認定を受けているもの。	1　申請書 2　**カテゴリー1に該当することを証明する次のいずれかの文書** 　①　四季報の写し又は日本の証券取引所に上場していることを証明する文書（写し） 　②　主務官庁から設立の許可を受けたことを証明する文書（写し） 　③　左記⑧の対象企業（イノベーション創出企業）であることを証明する文書（例えば、補助金交付決定通知書の写し） 　④　左記⑨の対象企業等であることを証明する文書（例えば、認定証等の写し）

（6）厚生労働省が所管する「製造請負優良適正事業者認定制度（GJ認定）」において、指定審査機関から「製造請負優良適正事業者」として認定を受けているもの。 （7）厚生労働省が所管する「優良派遣事業者認定制度」において、指定審査認定機関から「優良派遣事業者」として認定を受けているもの。 （8）経済産業省が所管する「健康経営優良法人認定制度」において、日本健康会議から「健康経営優良法人」として認定を受けているもの。 （9）経済産業省が所管する「地域未来牽引企業制度」において、経済産業大臣から「地域未来牽引企業」として選定を受けているもの。 （10）国土交通省が所管する「空港における構内の営業承認制度」において、地方航空局長又は空港事務所長から「空港管理規則上の第一類構内営業者又は第二類構内営業者」として承認を受けているもの。 （11）消費者庁が所管する「内部通報制度認証（自己適合宣言登録制度）」において、内部通報制度認証事務局から「内部通報制度認証（自己適合宣言登録制度）登録事業者」として登録を受けているもの。	
【カテゴリー2】 ①前年分の給与所得の源泉徴収票等の法定調書合計表中、給与所得の源泉徴収合計表の源泉徴収税額が1,000万円以上ある団体・個人 ②在留申請オンラインシステムの利用申出の承認を受けている機関	1　申請書 2　**カテゴリー2**に該当することを証明する文書 　①　前年分の職員の給与所得の源泉徴収票等の法定調書合計表（受付印のあるものの写し） 　②　在留申請オンラインシステムに係る利用申出の承認を受けていることを証明する文書（利用申出に係る承認のお知らせメール等）
【カテゴリー3】 前年分の職員の給与所得の源泉徴収票等の法定調書合計表が提出された団体・個人（**カテゴリー2**を除く。）	1　申請書 2　**カテゴリー3**に該当することを証明する文書 　前年分の職員の給与所得の源泉徴収票等の法定調書合計表（受付印のあるものの写し） 3　申請人の活動内容等を明らかにする次のいずれかの資料（活動の内容、期間、地位及び報酬を含む。）

	① 法人を異にしない転勤の場合
	  ア 転勤命令書の写し
	  イ 辞令等の写し
	② 法人を異にする転勤の場合
	  労働基準法第15条第1項及び同法施行規則第5条に基づき、労働者に交付される労働条件を明示する文書（雇用契約書等）
	③ 役員等労働者に該当しない者の場合
	  ア 会社の場合は、役員報酬を定める定款の写し又は役員報酬を決議した株主総会の議事録（報酬委員会が設置されている会社にあっては同委員会の議事録）の写し
	  イ 会社以外の団体の場合は、地位（担当業務）、期間及び支払われる報酬額を明らかにする所属団体の文書
	4 転勤前に勤務していた事業所と転勤後の事業所の関係を示す次のいずれかの資料
	① 同一法人内の転勤の場合は、外国法人の支店の登記事項証明書等、当該法人が日本に事業所を有することを明らかにする資料
	② 日本法人への出向の場合は、当該日本法人と出向元の外国法人との出資関係を明らかにする資料
	③ 日本に事業所を有する外国法人への出向の場合は、当該外国法人の支店の登記事項証明書等、当該外国法人が日本に事業所を有することを明らかにする資料及び当該外国法人と出向元の法人との資本関係を明らかにする資料
	5 申請人の経歴を証明する文書
	① 関連する業務に従事した機関及び内容並びに期間を明示した履歴書
	② 過去1年間に従事した業務内容及び地位、報酬を明示した転勤の直前に勤務した外国の機関（転勤の直前1年以内に企業内転勤の在留資格をもって日本に在留していた期間がある場合には、当該期間に勤務していた日本の機関を含む。）の文書
	6 事業内容を明らかにする次のいずれかの資料
	① 勤務先等の沿革、役員、組織、事業内容（主要取引先と取引実績を含む。）等が詳細に記載された案内書
	② その他の勤務先等の作成した上記①に準ずる文書
	③ 登記事項証明書
	7 直近の年度の決算文書（損益計算書、貸借対照表等）の写し

【カテゴリー4】
カテゴリー1、2、3のいずれにも該当しない団体・個人
	1 申請書
	2 申請人の活動内容等を明らかにする次のいずれかの資料（活動の内容、期間、地位及び報酬を含む。）
	① 法人を異にしない転勤の場合
	  ア 転勤命令書の写し
	  イ 辞令等の写し
	② 法人を異にする転勤の場合
	  労働基準法第15条第1項及び同法施行規則第5条に基づき、労働者に交付される労働条件を明示する文書（雇用契約書等）
	③ 役員等労働者に該当しない者の場合
	  ア 会社の場合は、役員報酬を定める定款の写し又は役員報酬を決議した株主総会の議事録（報酬委員会が設置されている会社にあっては同委員会の議事録）の写し

	イ　会社以外の団体の場合は、地位（担当業務）、期間及び支払われる報酬額を明らかにする所属団体の文書
	3　転勤前に勤務していた事業所と転勤後の事業所の関係を示す次のいずれかの資料
	①　同一法人内の転勤の場合は、外国法人の支店の登記事項証明書等、当該法人が日本に事業所を有することを明らかにする資料
	②　日本法人への出向の場合は、当該日本法人と出向元の外国法人との出資関係を明らかにする資料
	③　日本に事業所を有する外国法人への出向の場合は、当該外国法人の支店の登記事項証明書等、当該外国法人が日本に事業所を有することを明らかにする資料及び当該外国法人と出向元の法人との資本関係を明らかにする資料
	4　申請人の経歴を証明する文書
	①　関連する業務に従事した機関及び内容並びに期間を明示した履歴書
	②　過去1年間に従事した業務内容及び地位、報酬を明示した転勤の直前に勤務した外国の機関（転勤の直前1年以内に企業内転勤の在留資格をもって日本に在留していた期間がある場合には、当該期間に勤務していた日本の機関を含む。）の文書
	5　事業内容を明らかにする次のいずれかの資料
	①　勤務先等の沿革、役員、組織、事業内容（主要取引先と取引実績を含む。）等が詳細に記載された案内書
	②　その他の勤務先等の作成した上記①に準ずる文書
	③　登記事項証明書
	6　直近の年度の決算文書（損益計算書、貸借対照表等）の写し（新規事業の場合は事業計画書）
	7　前年分の職員の給与所得の源泉徴収票等の法定調書合計表を提出できない理由を明らかにする次のいずれかの資料
	①　源泉徴収の免除を受ける機関の場合 　　外国法人の源泉徴収に対する免除証明書その他の源泉徴収を要しないことを明らかにする資料
	②　上記①を除く機関の場合 　ア　給与支払事務所等の開設届出書の写し 　イ　次のいずれかの文書 　　a　直近3か月分の給与所得・退職所得等の所得税徴収高計算書（領収日付印のあるものの写し） 　　b　納期の特例を受けている場合は、その承認を受けていることを明らかにする資料
在留期間更新許可申請の場合	
【カテゴリー1】	1　申請書 2　**カテゴリー1**に該当することを証明する次のいずれかの文書 　①　四季報の写し又は日本の証券取引所に上場していることを証明する文書（写し） 　②　主務官庁から設立の許可を受けたことを証明する文書（写し） 　③　イノベーション創出企業であることを証明する文書（例えば、補助金交付決定通知書の写し） 　④　一定の条件を満たす企業等（注）であることを証明する文書（例えば、認定証等の写し） 　　（注）P.74の【カテゴリー1】⑨の注を参照してください。

【カテゴリー2】	1 申請書 2 **カテゴリー2**に該当することを証明する文書 　① 前年分の職員の給与所得の源泉徴収票等の法定調書合計表（受付印のあるものの写し） 　② 在留申請オンラインシステムに係る利用申出の承認を受けていることを証明する文書（利用申出に係る承認のお知らせメール等）
【カテゴリー3】	1 申請書 2 **カテゴリー3**に該当することを証明する文書 　前年分の職員の給与所得の源泉徴収票等の法定調書合計表（受付印のあるものの写し） 3 住民税の課税（又は非課税）証明書及び納税証明書（1年間の総所得及び納税状況が記載されたもの）
【カテゴリー4】	1 申請書 2 住民税の課税（又は非課税）証明書及び納税証明書（1年間の総所得及び納税状況が記載されたもの） （注）**カテゴリー1**から**カテゴリー3**までのいずれにも該当しないことについて、例えば①外国法人の源泉徴収に対する免除証明書その他の源泉徴収を要しないことを明らかにする資料、②給与支払事務所開設届出書写し、③直近3か月分の給与所得、退職所得等の所得税徴収高計算書(領収日付のあるものの写し)等の提出を求められることがあります。

在留期間	運　用
5年	次の①、②及び⑤のいずれにも該当し、かつ、③又は④のいずれかに該当するもの。 ① 申請人が入管法上の届出義務（住居地の届出、住居地変更の届出、所属機関の変更の届出等）を履行しているもの（上陸時の在留期間決定の際には適用しない。） ② 学齢期（義務教育の期間をいう。）の子を有する親にあっては、子が小学校、中学校又は義務教育学校（いわゆるインターナショナルスクール等も含む。）に通学しているもの（上陸時の在留期間決定の際には適用しない。） ③ 契約機関がカテゴリー1又はカテゴリー2に該当するもの ④ ③以外の場合は、「企業内転勤」の在留資格で3年の在留期間が決定されている者で、かつ、本邦において引き続き5年以上「企業内転勤」の在留資格に該当する活動を行っているもの ⑤ 就労予定期間が3年を超えるもの
3年	次のいずれかに該当するもの。 ① 次のいずれにも該当するもの 　a 5年の在留期間の決定の項の①及び②のいずれにも該当し、かつ、③又は④のいずれかに該当するもの 　b 就労予定期間が1年を超え3年以内であるもの ② 5年の在留期間を決定されていた者で、在留期間更新の際に次のいずれにも該当するもの 　a 5年の在留期間の決定の項の①又は②のいずれかに該当せず、かつ、③又は④のいずれかに該当するもの 　b 就労予定期間が1年を超えるもの ③ 5年、1年又は3月の項のいずれにも該当しないもの
1年	次のいずれかに該当するもの。 ① 契約機関がカテゴリー4に該当するもの

	②　3年の在留期間を決定されていた者で、在留期間更新の際に5年の在留期間の項の①又は②のいずれかに該当しないもの ③　職務上の地位、活動実績、所属機関の活動実績等から、在留状況を1年に1度確認する必要があるもの ④　就労予定期間が1年以下であるもの
3月	就労予定期間が3月以下であるもの（注）

（注）中長期在留者からの在留期間更新許可申請時においては、就労予定期間が残り3月未満の場合であっても、中長期在留者から除外されることのないよう、原則として「1年」が決定されます。

教　育

【活動の範囲】　本邦の小学校、中学校、義務教育学校、高等学校、中等教育学校、特別支援学校、専修学校又は各種学校若しくは設備及び編制に関してこれに準ずる教育機関において語学教育その他の教育をする活動

該当する外国人	ポイント
日本の小学校、中学校、義務教育学校、高等学校、中等教育学校、特別支援学校、専修学校、各種学校又は設備及び編制に関して各種学校に準ずる教育機関において語学教育その他の教育をする活動が該当します。	申請にあたっては、下記の点に留意してください。 1　小学校、中学校、義務教育学校、高等学校、中等教育学校、特別支援学校において教員として教育に従事する場合は、学校教育法に基づく教員としての免許、専修学校においては専修学校設置基準に基づく資格を有していることが求められますので、上陸許可基準1号に適合することを要しません。 （参考）学校教育法の適用を受ける教育機関において教員として教育に従事する場合については、教育職員免許法（昭和24年法律第147号）等により、一定の免許、資格を有しなければ教員となることができません。他方、教育職員免許法第3条の2第2項では、教員免許を有しない者については、教育委員会への届出をもって非常勤講師に充てることが可能である旨規定されており、当該届出が受理されている者については、免許や資格を有しなくとも基準1号に適合するものとして取り扱われます。 2　「設備及び編制に関して各種学校に準ずる教育機関」とは、校地、校舎等の施設と校具・教具を合わせた設備及び学校を組織する学級数、学級を組織する児童・生徒数、学校に配置すべき職員の組織等の編制の観点から、概ね各種学校規程（昭和31年文部省令第31号）に適合する教育機関をいいます。 3　一般企業等教育機関以外の機関で教育活動をする者の活動は、「技術・人文知識・国際業務」の在留資格となります。 4　外国の大学の日本分校に採用される場合 　次の学校は学校法人の認可を受けており、同校に雇用された者については在留資格「教育」を付与されますが、それ以外の外国の大学の日本分校に雇用された者については、「技術・人文知識・国際業務」の在留資格となります。 ①ミネソタ州立大学機構秋田校（専門課程） ②サザン・イリノイ・ユニバーシティー新潟校（専門課程） ③ニューヨーク州立大学SUNY－SCCC（専門課程） ④ニューヨーク市立大学広島校（専門課程）

受入れの基準（上陸許可基準）	留意点
1　申請人が各種学校若しくは設備及び編制に関してこれに準ずる教育機関において教育をする活動に従事する場合又はこれら以外の教育機関において教員以外の職について教育をする活動に従事する場合は、次のいずれにも該当していること。	1　研究開発学校指定を受けた小・中学校に採用され英語教育等に従事する外国人 ①　文部科学大臣は、特定の小学校及び中学校を「研究開発学校」に指定し、英会話等に関する教育課程の研究開発の委嘱を行っています。

受入れの基準（上陸許可基準）	留意点
ただし、申請人が各種学校又は設備及び編制に関してこれに準ずる教育機関であって、法別表第1の1の表の外交若しくは公用の在留資格又は4の表の家族滞在の在留資格をもって在留する子女に対して、初等教育又は中等教育を外国語により施すことを目的として設立された教育機関において教育をする活動に従事する場合は、イに該当すること。 イ　次のいずれかに該当していること。 　（1）大学を卒業し、又はこれと同等以上の教育を受けたこと。 　（2）行おうとする教育に必要な技術又は知識に係る科目を専攻して日本の専修学校の専門課程を修了（当該修了に関し法務大臣が告示をもって定める要件に該当する場合に限る。）したこと。 　（3）行おうとする教育に係る免許を有していること。 ロ　外国語の教育をしようとする場合は当該外国語により12年以上の教育を受けていること。それ以外の科目の教育をしようとする場合は教育機関において当該科目の教育について5年以上従事した実務経験を有していること。 2　日本人が従事する場合に受ける報酬と同等額以上の報酬を受けること。	②　同委嘱を受けた小学校又は中学校では、英語教育の在り方等を研究開発するための外国人を雇用し、英語学習指導カリキュラムの作成協力等の補助業務を担当させています。 ③　①及び②の外国人教師については、「教育」の上陸許可基準の「又はこれら以外の教育機関において教員以外の職について教育をする活動に従事する場合」に該当します。 2　JETプログラムによる語学指導助手 　「第2章　8　（6）　JETプログラムに係る外国人の取扱い」参照してください。 3　インターナショナル・スクールの教員 ①　いわゆるインターナショナル・スクールの教員については、大学卒業若しくはこれと同程度以上の学歴又は教員免許を有していれば足ります。（上陸許可基準1イ） ②　初等教育とは、小学校及び幼稚園段階における教育をいい、幼児教育を担当する教員についても「教育」に該当します。 ③　中等教育とは、中学校及び高等学校段階における教育を指します。 ④　設備及び編制に関して「日本インターナショナル・スクール協議会」加盟校に準ずる教育機関であると判断されるところにおいて教育活動に従事しようとする者について、「教育」を付与することが適当と判断される場合は、加盟校と同様に取り扱われます。 （注）協議会加盟校は以下のとおりです。 　北海道インターナショナルスクール（札幌市） 　東北インターナショナルスクール（仙台市） 　西町インターナショナルスクール（港区） 　モンテソーリ・スクール・オブ・トウキョウ（港区） 　東京インターナショナル・スクール（港区） 　聖心インターナショナルスクール（渋谷区） 　ブリティッシュスクールイン東京（渋谷区） 　東京ユニオンチャーチプレスクール（渋谷区） 　東京韓国学校（新宿区） 　カナディアン・インターナショナル・スクール（品川区） 　セントメリーズ・インターナショナルスクール（世田谷区） 　清泉インターナショナルスクール（世田谷区） 　青葉ジャパンインターナショナルスクール（杉並区） 　ニュー・インターナショナル・スクール（豊島区） 　サンタマリアスクール（練馬区） 　K－インターナショナルスクール（江東区） 　アメリカンスクールインジャパン（調布市） 　クリスチャンアカデミーインジャパン（久留米市） 　東京インターナショナルラーニングコミュニティ（府中市） 　サンモールインターナショナル・スクール（横浜市） 　横浜インターナショナルスクール（横浜市）

受入れの基準（上陸許可基準）	留意点
	東京横浜独逸学園（横浜市） 筑波インターナショナルスクール（つくば市） 名古屋国際学園（名古屋市） 大阪インターナショナルスクール（箕面市） 京都インターナショナルスクール（京都市） 聖ミカエル国際学校（神戸市） マリストブラザーズインターナショナルスクール（神戸市） カナディアンアカデミー（神戸市） 関西クリスチャンスクール（生駒市） 広島インターナショナルスクール（広島市） 福岡インターナショナルスクール（福岡市） **「行おうとする教育に係る免許」** 　日本の免許及び外国の免許のいずれも含みます。 **「外国語の教育をしようとする場合は当該外国語により12年以上の教育を受けていること」** 　例えば、英語の教育に従事しようとする外国人の場合は、英語を使用して行われた教育を12年以上受けていることを指します。その受けた教育内容は、英語又は英語に関係ある科目の必要はありません。

申請時における留意点

在留資格認定証明書交付申請時における留意点

1　申請書の入国目的欄が「教育」であることを確認します。
2　申請書の稼働先、活動内容及び職務上の地位欄が「教育」に係る活動に該当することを確認します。
3　申請書の雇用形態欄が非常勤の場合は、申請書の給与・報酬欄及び立証資料により、金額が日本での活動に十分なものであることを確認します。その金額が日本での活動に十分とは認められない場合には、他の活動による報酬の有無等を確認します。
4　日本の小学校、中学校、義務教育学校、高等学校、中等教育学校、特別支援学校、専修学校において教員として、語学教育その他の教育をする活動に従事する場合には、申請書の給与・報酬欄及び立証資料により、上陸許可基準2号に適合することを確認します。
5　各種学校若しくは設備及び編制に関してこれに準ずる教育機関において教育をする活動に従事する場合又は日本の小学校、中学校、義務教育学校、高等学校、中等教育学校、特別支援学校、専修学校において、教育補助等の教員以外の職に就いて教育をする活動に従事する場合には、
　①　大学を卒業し又はこれと同等以上の教育を受けている場合
　　　申請書の最終学歴を確認します。
　②　行おうとする教育に必要な技術又は知識に係る科目を専攻して日本の専修学校の専門課程を修了している場合
　　ア　申請書の最終学歴、専攻・専門分野、職務上の地位欄を確認します。
　　イ　立証資料により、専門士又は高度専門士の称号を付与されていることを確認します。
　③　上記①又は②のいずれにも該当しない場合
　　　申請人の教育に係る免許の有無等が「有」であること及び立証資料により、行おうとする教育に係る免許を有していることを確認します。
　④　申請書の給与・報酬欄及び立証資料により、上陸許可基準2号に適合することを確認します。

6　日本の小学校、中学校、義務教育学校、高等学校、中等教育学校、特別支援学校若しくは専修学校又は各種学校若しくは設備及び編制に関してこれに準ずる教育機関において外国語の教育をしようとする場合又はそれ以外の科目の教育をしようとする場合

① 上記4又は5の事項を確認する。

② 申請書の職歴、外国語による教育をしようとする場合は、「当該外国語により教育を受けた期間」の欄及び立証資料により、教育をしようとする外国語により12年以上の教育を受けていること、それ以外の科目の教育をしようとする場合は、申請書の職歴、「教育しようとする科目に係る実務経験年数」の欄及び立証資料により、当該科目の教育について5年以上従事した実務経験があることを確認します。

7　インターナショナル・スクールの場合

上記5の①から③までのいずれかに該当し、かつ、同④に該当していることを確認します。

在留期間の更新申請時における留意点

1　稼働先及び活動内容に変更がない場合

① 申請書の稼働先、活動内容欄及び立証資料により、稼働先及び活動内容に変更がないことを確認します。

② 申請書の給与・報酬欄並びに住民税課税（非課税）証明書及び納税証明書により、申請人が日本で就労を予定する期間において、「教育」をもって活動するのに十分な報酬額であることを確認します。

2　稼働先又は活動内容に変更がある場合（適用される基準に変更がある場合に限る。）

① 上記4から7までの事項を確認します。

② 申請書の給与・報酬欄並びに住民税課税（非課税）証明書及び納税証明書により、申請人が日本で就労を予定する期間において、「教育」をもって活動するのに十分な報酬額であることを確認します。

受入れ機関のカテゴリー別申請書類

在留資格認定証明書交付申請の場合

【カテゴリー1】 小学校、中学校、高等学校、中等教育学校、特別支援学校に常勤で勤務する場合	1　申請書
【カテゴリー2】 カテゴリー1以外の教育機関に常勤で勤務する場合	1　申請書 2　申請人の活動内容等を明らかにする次のいずれかの資料 　① 労働契約を締結する場合は、労働基準法第15条第1項及び同法施行規則第5条に基づき、労働者に交付される労働条件を明示する文書（雇用契約書等） 　② 雇用以外の契約に基づいて業務に従事する場合は、業務従事に係る契約書（複数の機関との契約に基づいて業務に従事する場合は、そのすべての機関との間の契約書）の写し 3　申請人の履歴を証明する資料 　① 関連する職務に従事した機関並びに活動の内容及び期間を明示した履歴書 　② 学歴又は職歴等を証明する次のいずれかの文書 　　ア　大学等の卒業証明書、これと同等以上の教育を受けたことを証明する文書又は専門士若しくは高度専門士の称号を付与されたことを証明する文書 　　イ　免許証等資格を有することを証明する文書の写し 　　ウ　外国語の教育をしようとする者は、当該外国語により12年以上教育を受けたことを証明する文書 　　エ　外国語以外の科目を教育しようとする者は、当該科目の教育について5年以上従事した実務経験を証明する文書

83

	4 事業内容を明らかにする次のいずれかの資料 　① 勤務先等の沿革、役員、組織、事業内容等が詳細に記載された案内書 　② その他の勤務先等の作成した上記①に準ずる文書 　③ 登記事項証明書
【カテゴリー3】 非常勤で勤務する場合	1 申請書 2 申請人の活動内容等を明らかにする次のいずれかの資料 　① 労働契約を締結する場合は、労働基準法第15条第1項及び同法施行規則第5条に基づき、労働者に交付される労働条件を明示する文書（雇用契約書等） 　② 雇用以外の契約に基づいて業務に従事する場合は、業務従事に係る契約書（複数の期間との契約に基づいて業務に従事する場合は、そのすべての機関との間の契約書）の写し 3 申請人の履歴を証明する資料 　① 関連する職務に従事した機関並びに活動の内容及び期間を明示した履歴書 　② 学歴又は職歴等を証明する次のいずれかの文書 　　ア 大学等の卒業証明書又はこれと同等以上の教育を受けたことを証明する文書 　　イ 免許証等資格を有することを証明する文書の写し 　　ウ 外国語の教育をしようとする者は、当該外国語により12年以上教育を受けたことを証明する文書 　　エ 外国語以外の科目を教育しようとする者は、当該科目の教育について5年以上従事した実務経験を証する文書 4 事業内容を明らかにする次のいずれかの資料 　① 勤務先等の沿革、役員、組織、事業内容等が詳細に記載された案内書 　② その他の勤務先等の作成した上記①に準ずる文書 　③ 登記事項証明書 5 直近の年度の決算文書（損益計算書、貸借対照表等）の写し、新規事業の場合は事業計画書
在留期間更新許可申請の場合	
【カテゴリー1】	1 申請書
【カテゴリー2】 【カテゴリー3】	1 申請書 2 住民税の課税（又は非課税）証明書及び納税証明書（1年間の総所得及び納税状況が記載されたもの） 3 雇用以外の契約に基づいて業務に従事する場合は、業務従事に係る契約書（複数の機関との契約に基づいて業務に従事する場合は、そのすべての機関との間の契約書）の写し

在留期間	運　用
5年	次の①、②及び⑤のいずれにも該当し、かつ、③又は④のいずれかに該当するもの。 ①　申請人が入管法上の届出義務（住居地の届出、住居地変更の届出、所属機関の変更の届出等）を履行しているもの（上陸時の在留期間決定の際には適用しない。） ②　学齢期（義務教育の期間をいう。）の子を有する親にあっては、子が小学校、中学校又は義務教育学校（いわゆるインターナショナルスクール等も含む。）に通学しているもの（上陸時の在留期間決定の際には適用しない。） ③　カテゴリー1に該当するもの ④　カテゴリー2に該当する場合は、「教育」の在留資格で3年の在留期間が決定されている者で、かつ、本邦において引き続き5年以上「教育」の在留資格に該当する活動を行っているもの ⑤　就労予定期間が3年を超えるもの
3年	次のいずれかに該当するもの。 ①　次のいずれにも該当するもの 　a　5年の在留期間の決定の項の①及び②のいずれにも該当し、かつ、③又は④のいずれかに該当するもの 　b　就労予定期間が1年を超え3年以内であるもの ②　5年の在留期間を決定されていた者で、在留期間更新の際に次のいずれにも該当するもの 　a　5年の在留期間の決定の項の①又は②のいずれかに該当せず、かつ、③又は④のいずれかに該当するもの 　b　就労予定期間が1年を超えるもの ③　5年、1年又は3月の項のいずれにも該当しないもの
1年	次のいずれかに該当するもの。 ①　カテゴリー3に該当するもの ②　3年の在留期間を決定されていた者で、在留期間更新の際に5年の在留期間の項の①又は②のいずれかに該当しないもの ③　職務上の地位、活動実績、所属機関の活動実績等から、在留状況を1年に1度確認する必要があるもの ④　就労予定期間が1年以下であるもの
3月	就労予定期間が3月以下であるもの（注）

（注）中長期在留者からの在留期間更新許可申請時においては、就労予定期間が残り3月未満の場合であっても、中長期在留者から除外されることのないよう、原則として「1年」が決定されます。

教　　授

【活動の範囲】　本邦の大学若しくはこれに準ずる機関又は高等専門学校において研究、研究の指導又は教育をする活動

該当する外国人	ポイント
日本の大学若しくはこれに準ずる機関（大学共同利用機関、大学入試センター、大学評価・学位授与機構、水産大学校、海技大学校（分校を除く。）、航海訓練所、航空大学校、海上保安大学校、海上保安学校、気象大学校、防衛大学校、防衛医科大学校、職業能力開発総合大学校、職業能力開発大学校、航空保安大学校、職業能力開発短期大学校、国立海上技術短期大学校（専修科に限る。）、国立看護大学校、学校教育法施行規則第155条第1項第4号に基づき文部科学大臣が告示により指定する外国の教育機関及び国際連合大学）又は高等専門学校の学長、所長、校長、副学長、副校長、教頭、教授、准教授、講師、助手等として、研究、研究の指導又は教育をする外国人が該当します。 （参考）大学共同利用機関には、国立大学法人法第5条第2項及び国立大学法人法施行規則第1条別表第1に定める、国文学研究資料館、国立極地研究所、国立遺伝学研究所、統計数理研究所、国際日本文化研究センター、国立天文台、核融合科学研究所、国立情報学研究所、総合地球環境学研究所、分子科学研究所、基礎生物学研究所、生理学研究所、素粒子原子核研究所、物質構造科学研究所、国立民族学博物館、国立歴史民族博物館、国立国語研究所があります。	申請に当たっては、次の点に留意してください。 1　列挙された職名（「学長、校長・・・」）は例示です。 　　常勤又は非常勤にかかわらず、実質的に上記の機関において研究、研究の指導又は教育をする活動に従事することが必要です。 2　外国の大学等が日本に設置した日本分校のうち、文部科学大臣が告示により指定した学校については、大学に準ずる機関に当たります。 　（注）テンプル大学ジャパン（東京都港区）、専修学校ロシア極東大学函館校（北海道函館市）、天津中医大学中薬学院日本校（兵庫県神戸市）などがあります。 3　大学に準ずる機関に当たらない各省所管の大学校等、例えば警察大学校等で、教育に従事する場合は、その活動に応じて「技術・人文知識・国際業務」になります。 4　「教授」は、申請人が日本で「教授」の活動を行い、その活動に日本において安定した生活を送ることのできる十分な収入を得られることが必要です。 5　日本の大学又はこれに準ずる機関において研究に従事する活動は、この在留資格に該当しますが、報酬を受けない場合は「文化活動」などに該当します。 　（参考1）報酬には、大学等以外の機関から報酬を受ける場合も含まれます。 　（参考2）実費（宿泊費、交通費等滞在中に要する費用をいう。以下本節において同じ。）の範囲を超える奨学金又は同等である日本人の教育関係者の報酬を超える奨学金は、報酬とみなされます。 6　「教授」と在留資格「研究」及び「文化活動」との違いは次のとおりです。 　ア　研究は、「教授」の活動範囲である「本邦の大学若しくはこれに準ずる機関又は高等専門学校」以外の機関において報酬を受けて研究を行うものであり、 　イ　文化活動は、 　（ア）外国人本人が日本での滞在費等の費用を負担し、大学の研究所又は教授等の研究室において教授等の指導の下に学術上の研究を行ったり、 　（イ）大学の研究所若しくは教授等の研究室から又はその大学以外の機関若しくは個人から研究手当又は滞在費用等の名目の実費弁償の範囲内の手当等の支給を受けて教授等の指導の下に学術上の研究を行うものをいいます。 7　「教授」は「研究」と異なり、研究の指導等もできます。

該当する外国人	ポイント
	8　教授としての活動が非常勤であるなどの理由により、継続的に我が国に在留するに足りる十分な生活費が得られない場合で、他に日本において行おうとする活動があるときは、資格外活動許可により得られる報酬等を含めて在留資格の該当性について審査されることになりますが、その報酬等が「教授」の在留資格としての活動により得られる額より多いときは、当該他の活動の在留資格該当性（上陸基準適合性を含む。）が審査され、当該他の活動に係る在留資格が決定されることとなります。

申請時における留意点

在留資格認定証明書交付申請時における留意点

1　申請書の入国目的欄が「教授」であり、稼働先及び立証資料により活動場所が「教授」に該当するものであることを確認します。
2　申請書の給与・報酬欄の記載内容及び立証資料により、日本での就労予定期間において、活動するに十分な金額であることを確認します。

在留期間の更新申請時における留意点

1　申請書の稼働先及び立証資料により、引き続き「教授」の活動に該当するものであることを確認します。
2　申請書の給与・報酬欄の記載内容及び住民税の課税（又は非課税）証明書並びに納税証明書により、その報酬が日本での就労予定期間において、活動するに十分な金額であることを確認します。

受入れ機関のカテゴリー別申請書類

在留資格認定証明書交付申請の場合

【カテゴリー1】 大学等において常勤として勤務する場合の申請書類	1　申請書
【カテゴリー2】 大学等において非常勤として勤務する場合の申請書類	1　申請書 2　大学等又は大学等以外の機関が作成する、申請人の大学等における活動の内容、期間、地位及び報酬を証明する文書

在留期間更新許可申請の場合

【カテゴリー1】	1　申請書
【カテゴリー2】	1　申請書 2　住民税の課税（又は非課税）証明書及び納税証明書（1年間の総所得及び納税状況が記載されたもの） （注）免税対象者がいる場合は、免税証明書、その他の文書

在留期間	運　用
5年	次のいずれにも該当するもの。 ① 申請人が入管法上の届出義務（住居地の届出、住居地変更の届出、所属機関の変更の届出等）を履行しているもの（上陸時の在留期間決定の際には適用しない。） ② 学齢期（義務教育の期間をいう。）の子を有する親にあっては、子が小学校、中学校又は義務教育学校（いわゆるインターナショナルスクール等も含む。）に通学しているもの（上陸時の在留期間決定の際には適用しない。） ③ カテゴリー1に該当するもの ④ 就労予定期間が3年を超えるもの
3年	次のいずれかに該当するもの。 ① 次のいずれにも該当するもの 　a 5年の在留期間の決定の項の①、②及び③のいずれにも該当するもの 　b 就労予定期間が1年を超え3年以内であるもの ② 5年の在留期間を決定されていた者で、在留期間更新の際に次のいずれにも該当するもの 　a 5年の在留期間の決定の項の①又は②のいずれかに該当せず、かつ、③に該当するもの 　b 就労予定期間が1年を超えるもの ③ 5年、1年又は3月の項のいずれにも該当しないもの
1年	次のいずれかに該当するもの。 ① カテゴリー2に該当するもの ② 3年の在留期間を決定されていた者で、在留期間更新の際に5年の在留期間の項の①又は②のいずれかに該当しないもの ③ 職務上の地位、活動実績、所属機関の活動実績等から、在留状況を1年に1度確認する必要があるもの ④ 就労予定期間が1年以下であるもの
3月	就労予定期間が3月以下であるもの（注）

（注）中長期在留者からの在留期間更新許可申請時においては、就労予定期間が残り3月未満の場合であっても、中長期在留者から除外されることのないよう、原則として「1年」が決定されます。

研　究

【活動の範囲】　本邦の公私の機関との契約に基づいて研究を行う業務に従事する活動（「教授」に該当する活動を除く。）

該当する外国人	ポイント
日本の公私の機関との契約に基づいて研究を行う業務に従事する活動（「教授」に該当する活動を除く。）を行う外国人が該当します。	「研究」の在留資格に該当する活動については、以下の項目に留意してください。 1　専ら研究を目的とする機関以外の機関において、その機関の活動目的となっている業務の遂行のための基礎的・創造的な研究をする活動も「研究」に該当しますが、その業務の遂行に直接資するものである、例えば、研究の成果が、当該機関の売上げ等の業績に反映されるような場合は「技術・人文知識・国際業務」に該当します。 2　報酬を受けないで研究を行う場合は、「文化活動」に該当します。 3　「日中笹川医学研究者制度」により受け入れられ、研究活動に従事する者は、月額11万円（宿舎が提供される者にあっては10万円）が支給されますが、これらの者は、「文化活動」の在留資格となります。 4　日本の大学若しくはこれに準ずる機関又は高等専門学校において、報酬を受けて研究を行う場合（実費の範囲を超える額の奨学金、手当を受ける場合を含む。）は、「教授」に該当します。また、日本学術振興会等大学以外の機関から研究費等の名目で報酬を受けて大学の研究所等を使用して研究を行う場合にも、「教授」に該当します。 （参考）「日本学術振興会の諸招へい制度による外国人研究員」とは、外国人特別研究員、外国人招へい研究者（短期）、外国人招へい研究者（長期）、外国人著名研究者等があります。 5　国連地域開発センターが招へいする外国人研究員は、同センターから月額33万円の奨学金が支給されることとなっているところ、同研究員は公営住宅等に居住し、奨学金は滞在費等実費の範囲を超えるものと認められることから、「研究」に該当します。 6　日本の公私の機関（特定活動告示別表第6に掲げる要件のいずれにも該当する事業活動を行う機関であって、法務大臣が指定するものに限る。）との契約に基づいて当該機関の施設において高度の専門的知識を必要とする特定の分野に関する研究、研究の指導若しくは教育をする活動（教育については、大学若しくはこれに準ずる機関又は高等専門学校においてするものに限る。）又は当該活動と併せて当該特定の分野に関する研究、研究の指導若しくは教育と関連する事業を自ら経営する活動である場合は、「特定活動」（告示36号）に該当します。

受入れの基準（上陸許可基準）	留意点
申請人が次のいずれにも該当していること。ただし、我が国の国若しくは地方公共団体の機関、我が国の法律により直接に設立された法人若しくは我が国の特別の法律により特別の設立行為をもって設立された法人、我が国の特別の法律により設立され、かつ、その設立に関し行政官庁の認可を要する法人若しくは独立行政	「我が国の法律により直接に設立された法人若しくは我が国の特別の法律により特別の設立行為をもって設立された法人」とは特殊法人を、「我が国の特別の法律により設立され、かつ、その設立に関し行政官庁の認可を要する法人」とは認可法人をいい、主務官庁の許可を得て設立することとされている一般の公益法人は含まれません。

受入れの基準（上陸許可基準）	留意点
法人（独立行政法人通則法（平成11年法律第103号）第2条第1項に規定する独立行政法人をいう。以下同じ。）又は国、地方公共団体若しくは独立行政法人から交付された資金により運営されている法人で法務大臣が告示をもって定めるものとの契約に基づいて研究を行う業務に従事しようとする場合は、この限りでない。 1号　大学（短期大学を除く。）を卒業し若しくはこれと同等以上の教育を受け若しくは本邦の専修学校の専門課程を修了（当該修了に関し法務大臣が告示をもって定める要件に該当する場合に限る。）した後従事しようとする研究分野において修士の学位若しくは3年以上の研究の経験（大学院において研究した期間を含む。）を有し、又は従事しようとする研究分野において10年以上の研究の経験（大学において研究した期間を含む。）を有すること。ただし、本邦に本店、支店その他の事業所のある公私の機関の外国にある事業所の職員が本邦にある事業所に期間を定めて転勤して当該事業所において研究を行う業務に従事しようとする場合であって、申請に係る転勤の直前に外国にある本店、支店その他の事業所において法別表第1の2の表の研究の項の下欄に掲げる業務に従事している場合で、その期間（研究の在留資格をもって当該本邦にある事業所において業務に従事していた期間がある場合には、当該期間を合算した期間）が継続して1年以上あるときは、この限りでない。 2号　日本人が従事する場合に受ける報酬と同等額以上の**報酬**を受けること	【ポイント】 （1）文部科学省のSTAフェローシップ制度により日本の機関に受け入れられる外国人研究員は、特殊法人（科学技術振興事業団）との契約に基づいて研究を行うものに該当します。 （2）文部科学省が実施している原子力関係管理者研修に参加する者及び原子力研究交流制度に基づいて招へいされる者は、国（文部科学省）との契約に基づいて研究を行うものに該当します。 「報酬」 　報酬とは、名目にかかわらず奨学金等の名称でもかまいません。 **（注）出入国管理及び難民認定法第7条第1項第2号の基準を定める省令の研究の在留資格に係る基準の規定に基づき法人を定める件（平成25年12月4日法務省告示第453号）** 　出入国管理及び難民認定法第7条第1項第2号の基準を定める省令（平成2年法務省令第16号）の表の法別表第1の2の表の研究の項の下欄に掲げる活動の項の下欄の規定による国若しくは地方公共団体又は独立行政法人（独立行政法人通則法（平成11年法律第103号）第2条第1項に規定する独立行政法人をいう。）から交付された資金により運営されている法人は、次のとおりです。 　　名称・所在地 　　公益財団法人大阪バイオサイエンス研究所 　　　　大阪府吹田市古江台6－2－4 　　一般財団法人石炭エネルギーセンター 　　　　東京都港区西新橋3－2－1 　　公益社団法人農林水産・食品産業技術振興協会 　　　　東京都港区赤坂1－9－13

申請時における留意点

在留資格認定証明書交付申請時における留意点

1　申請書の入国目的が「研究」又は「研究（転勤）」であることを確認します。
　（注）上陸許可基準ただし書き又は第1号本文に該当する場合は、申請書「N」の様式を、基準第1号ただし書きに該当する場合は、申請書「L」の様式を使用する。
2　特殊法人、認可法人若しくは独立行政法人又は国、地方公共団体若しくは独立行政法人から交付された資金により運営されている法人で、法務大臣が告示をもって定めるものとの契約に基づいて研究を行う業務に従事しようとする場合は、申請書の勤務先欄がこれらのいずれかに該当することを確認します。
3　上記2に該当しない場合（転勤の場合を除く。）は、申請書の最終学歴、専攻・専門分野、職歴、勤務先の事業内容、実務経験年数、職務内容欄の記載及び立証資料により、次のいずれかに該当することを確認します。
　（1）大学（短期大学を除く。）を卒業し若しくはこれと同等以上の教育を受けた後に、従事しようとする研究分野において修士の学位若しくは3年以上の研究の経験（大学院において研究した期間を含む。）を有していること
　（2）従事しようとする研究分野において10年以上の研究の経験（大学において研究した期間を含む。）を有すること

4　上記2に該当しない場合（転勤の場合を除く。）で、契約した日本の公私の機関が人材派遣を営むものであって、申請人が当該機関以外の機関に派遣されて研究活動を行うものである場合は、申請書の派遣先等欄の記載内容を確認します。

5　外国の事業所から転勤して研究を行う業務に従事しようとする場合は、申請書の勤務先又は活動先、派遣元会社若しくは団体、派遣元会社又は団体と勤務先との関係、職歴、派遣・就労予定期間及び職務内容欄並びに立証資料（過去1年間に従事した業務内容及び地位、報酬を明示した転勤の直前に勤務した外国の機関の文書及び転勤前に勤務していた事業所と転勤後の事業所の関係を示す資料）により、転勤の直前に外国にある本店、支店その他の事業所において継続して1年以上（「研究」をもって日本にある当該事業所において業務に従事していた期間がある場合には、その期間を合算した期間とする。）、研究の業務に従事していること

6　上記2に該当しない場合は、申請書の給与・報酬欄の記載及び立証資料（申請人の活動の内容等を明らかにする資料）により、基準第2号の適合性について審査されることになります。

在留期間の更新申請時における留意点

1　申請書の勤務先、就労予定期間、給与・報酬、職務上の地位及び職務内容欄の記載により、研究活動を継続するものであることを確認します。

2　住民税の課税（又は非課税）証明書及び納税証明書により、申請書及び契約書に記載された収入額があること及び納税状況を確認します。

受入れ機関のカテゴリー別申請書類

在留資格認定証明書交付申請の場合

【カテゴリー1】
下記に該当する機関に所属する場合
①日本の証券取引所に上場している企業
②保険業を営む相互会社
③日本又は外国の国・地方公共団体
④独立行政法人
⑤特殊法人・認可法人
⑥日本の国・地方公共団体認可の公益法人
⑦法人税法別表第1に掲げる公共法人
⑧高度専門職省令第1条第1項各号の表の特別加算の項の中欄イ又はロの対象企業（イノベーション創出企業）
⑨一定の条件を満たす企業等（注）
（注）次のいずれかに該当する企業等が対象です。
（1）厚生労働省が所管する「ユースエール認定制度」において、都道府県労働局長から「ユースエール認定企業」として認定を受けているもの。
（2）厚生労働省が所管する「くるみん認定制度」、「プラチナくるみん認定制度」において、都道府県労働局長から「くるみん認定企業」、「プラチナくるみん認定企業」として認定を受けているもの。
（3）厚生労働省が所管する「えるぼし認定制度」、「プラチナえるぼし認定制度（令和2年6月施行）」において、都道府県労働局長から「えるぼし認定企業」、「プラチナえるぼし認定企業」として認定を受けているもの。

1　申請書
2　カテゴリー1に該当することを証明する次のいずれかの文書
　①　四季報の写し又は日本の証券取引所に上場していることを証明する文書（写し）
　②　主務官庁から設立の許可を受けたことを証明する文書（写し）
　③　左記⑧の対象企業（イノベーション創出企業）であることを証明する文書（例えば、補助金交付決定通知書の写し）
　④　左記⑨の対象企業等であることを証明する文書（例えば、認定証等の写し）

（4）厚生労働省が所管する「安全衛生優良企業公表制度」において、都道府県労働局長から「安全衛生優良企業」として認定を受けているもの。 （5）厚生労働省が所管する「職業紹介優良事業者認定制度」において、指定審査認定機関から「職業紹介優良事業者」として認定を受けているもの。 （6）厚生労働省が所管する「製造請負優良適正事業者認定制度（GJ認定）」において、指定審査機関から「製造請負優良適正事業者」として認定を受けているもの。 （7）厚生労働省が所管する「優良派遣事業者認定制度」において、指定審査認定機関から「優良派遣事業者」として認定を受けているもの。 （8）経済産業省が所管する「健康経営優良法人認定制度」において、日本健康会議から「健康経営優良法人」として認定を受けているもの。 （9）経済産業省が所管する「地域未来牽引企業制度」において、経済産業大臣から「地域未来牽引企業」として選定を受けているもの。 （10）国土交通省が所管する「空港における構内の営業承認制度」において、地方航空局長又は空港事務所長から「空港管理規則上の第一類構内営業者又は第二類構内営業者」として承認を受けているもの。 （11）消費者庁が所管する「内部通報制度認証（自己適合宣言登録制度）」において、内部通報制度認証事務局から「内部通報制度認証（自己適合宣言登録制度）登録事業者」として登録を受けているもの。	
【カテゴリー2】 ①前年分の職員の給与所得の源泉徴収票等の法定調書合計表中、給与所得の源泉徴収合計表の源泉徴収税額が1,000万円以上ある団体・個人 ②在留申請オンラインシステムの利用申出の承認を受けている機関	1　申請書 2　**カテゴリー2**に該当することを証明する文書 　①　前年分の職員の給与所得の源泉徴収票等の法定調書合計表（受付印のあるものの写し） 　②　在留申請オンラインシステムに係る利用申出の承認を受けていることを証明する文書（利用申出に係る承認のお知らせメール等）
【カテゴリー3】 前年分の職員の給与所得の源泉徴収票等の法定調書合計表が提出された団体・個人（カテゴリー2を除く。）	1　申請書 2　**カテゴリー3**に該当することを証明する文書 　前年分の職員の給与所得の源泉徴収票等の法定調書合計表（受付印のあるものの写し） 3　申請人の活動内容等を明らかにする次のいずれかの資料 　①　労働契約を締結する場合は、労働基準法第15条第1項及び同法施行規則第5条に基づき、労働者に交付される労働条件を明示する文書（雇用契約書等） 　②　日本法人である会社の役員に就任する場合は、役員報酬を定める定款の写し又は役員報酬を決議した株主総会の議

<table>
<tr>
<td></td>
<td>
事録（報酬委員会が設置されている会社にあっては同委員会の議事録）の写し
③ 外国法人の日本支店に転勤する場合及び会社以外の団体の役員に就任する場合は、地位（担当業務）、期間及び支払われる報酬額を明らかにする所属団体の文書
4 申請人の学歴及び職歴その他経歴等を証明する文書
① 関連する職務に従事した機関並びに活動の内容及び期間を明示した履歴書
② 上陸許可基準第1号の適用を受ける者の場合（日本の企業等に雇用される場合）は、次のいずれかの文書
　ア 大学等の卒業証明書、これと同等以上の教育を受けたことを証明する文書又は高度専門士の称号を付与されたことを証明する文書
　イ 研究の経験期間を証明するもの（大学院又は大学において研究した期間を含む。）
③ 上陸許可基準第1号ただし書きの適用を受ける者の場合（海外の企業等からの転勤の場合）
　ア 過去1年間に従事した業務内容及び地位、報酬を明示した転勤の直前に勤務した外国の機関（転勤の直前1年以内に研究の在留資格をもって日本に在留していた期間がある場合には、当該期間に勤務していた日本の機関を含む。）の文書
　イ 転勤前に勤務していた事業所と転勤後の事業所の関係を示す次のいずれかの資料
　　a 同一法人内の転勤の場合は、外国法人の支店の登記事項証明書等、当該法人が日本に事業所を有することを明らかにする資料
　　b 日本法人への出向の場合は、当該日本法人と出向元の外国法人との出資関係を明らかにする資料
　　c 日本に事業所を有する外国法人への出向の場合は、当該外国法人の支店の登記事項証明書等、当該外国法人が日本に事業所を有することを明らかにする資料及び当該外国法人と出向元の法人との資本関係を明らかにする資料
5 事業内容を明らかにする次のいずれかの資料
① 勤務先等の沿革、役員、組織、事業内容（主要取引先と取引実績を含む。）等が詳細に記載された案内書
② その他の勤務先等の作成した上記①に準ずる文書
③ 登記事項証明書
6 直近の年度の決算文書（損益計算書、貸借対照表等）の写し（ただし、海外の企業等からの転勤の場合に限る。）
</td>
</tr>
<tr>
<td>
【カテゴリー4】
カテゴリー1、2、3のいずれにも該当しない団体・個人
</td>
<td>
1 申請書
2 申請人の活動内容等を明らかにする次のいずれかの資料
① 労働契約を締結する場合には、労働基準法第15条第1項及び同法施行規則第5条に基づき、労働者に交付される労働条件を明示する文書（雇用契約書等）
② 日本法人である会社の役員に就任する場合は、役員報酬を定める定款の写し又は役員報酬を決議した株主総会の議
</td>
</tr>
</table>

	事録（報酬委員会が設置されている会社にあっては同委員会の議事録）の写し

③ 外国法人の日本支店に転勤する場合及び会社以外の団体の役員に就任する場合は、地位（担当業務）、期間及び支払われる報酬額を明らかにする所属団体の文書

3 申請人の学歴及び職歴その他経歴等を証明する文書

① 関連する職務に従事した機関並びに活動の内容及び期間を明示した履歴書

② 上陸許可基準第1号の適用を受ける者の場合（日本の企業等に雇用される場合）は、次のいずれかの文書

  ア 大学等の卒業証明書、これと同等以上の教育を受けたことを証明する文書又は高度専門士の称号を付与されたことを証明する文書

  イ 研究の経験期間を証明するもの（大学院又は大学において研究した期間を含む。）

③ 上陸許可基準第1号ただし書きの適用を受ける者の場合（海外の企業等からの転勤の場合）

  ア 過去1年間に従事した業務内容及び地位、報酬を明示した転勤の直前に勤務した外国の機関（転勤の直前1年以内に研究の在留資格をもって日本に在留していた期間がある場合には、当該期間に勤務していた日本の機関を含む。）の文書

  イ 転勤前に勤務していた事業所と転勤後の事業所の関係を示す次のいずれかの資料

    a 同一法人内の転勤の場合は、外国法人の支店の登記事項証明書等、当該法人が日本に事業所を有することを明らかにする資料

    b 日本法人への出向の場合は、当該日本法人と出向元の外国法人との出資関係を明らかにする資料

    c 日本に事業所を有する外国法人への出向の場合は、当該外国法人の支店の登記事項証明書等、当該外国法人が日本に事業所を有することを明らかにする資料及び当該外国法人と出向元の法人との資本関係を明らかにする資料

4 事業内容を明らかにする次のいずれかの資料

① 勤務先等の沿革、役員、組織、事業内容（主要取引先と取引実績を含む。）等が詳細に記載された案内書

② その他の勤務先等の作成した上記①に準ずる文書

③ 登記事項証明書

5 直近の年度の決算文書の写し。新規事業の場合は事業計画書

6 前年分の職員の給与所得の源泉徴収票等の法定調書合計表を提出できない理由を明らかにする次のいずれかの資料

① 源泉徴収の免除を受ける機関の場合
外国法人の源泉徴収に対する免除証明書その他の源泉徴収を要しないことを明らかにする資料

② 上記①を除く機関の場合

  ア 給与支払事務所等の開設届出書の写し

	イ　次のいずれかの資料 　　a　直近3か月分の給与所得・退職所得等の所得税徴収高計算書（領収日付印のあるものの写し） 　　b　納期の特例を受けている場合は，その承認を受けていることを明らかにする資料
在留期間更新許可申請の場合	
【カテゴリー1】	1　申請書 2　**カテゴリー1**に該当することを証明する次のいずれかの文書 　①　四季報の写し又は日本の証券取引所に上場していることを証明する文書（写し） 　②　主務官庁から設立の許可を受けたことを証明する文書（写し） 　③　イノベーション創出企業であることを証明する文書（例えば、補助金交付決定通知書の写し） 　④　一定の条件を満たす企業等（注）であることを証明する文書（例えば、認定証等の写し） 　（注）P.91の【**カテゴリー1**】⑨の注を参照してください。
【カテゴリー2】	1　申請書 2　**カテゴリー2**に該当することを証明する文書 　①　前年分の職員の給与所得の源泉徴収票等の法定調書合計表（受付印のあるものの写し） 　②　在留申請オンラインシステムに係る利用申出の承認を受けていることを証明する文書（利用申出に係る承認のお知らせメール等）
【カテゴリー3】	1　申請書 2　**カテゴリー3**に該当することを証明する文書 　　前年分の職員の給与所得の源泉徴収票等の法定調書合計表（受付印のあるものの写し） 3　住民税の課税（又は非課税）証明書及び納税証明書（1年間の総所得及び納税状況が記載されたもの）
【カテゴリー4】	1　申請書 2　住民税の課税（又は非課税）証明書及び納税証明書（1年間の総所得及び納税状況が記載されたもの） （注）**カテゴリー1**から**カテゴリー3**までのいずれも該当しないことについて、例えば①外国法人の源泉徴収に対する免除証明書その他の源泉徴収を要しないことを明らかにする資料、②給与支払事務所開設届出書写し、③直近3か月分の給与所得、退職所得等の所得税徴収高計算書（領収日付のあるものの写し）等の提出を求められることがあります。

在留期間	運　　用
5年	次の①、②及び⑤のいずれにも該当し、かつ、③又は④のいずれかに該当するもの。 ① 申請人が入管法上の届出義務（住居地の届出、住居地変更の届出、所属機関の変更の届出等）を履行しているもの（上陸時の在留期間決定の際には適用しない。） ② 学齢期（義務教育の期間をいう。）の子を有する親にあっては、子が小学校、中学校又は義務教育学校（いわゆるインターナショナルスクール等も含む。）に通学しているもの（上陸時の在留期間決定の際には適用しない。） ③ 契約機関がカテゴリー1又はカテゴリー2に該当するもの ④ ③以外の場合は、「研究」の在留資格で3年の在留期間が決定されている者で、かつ、本邦において引き続き5年以上「研究」の在留資格に該当する活動を行っているもの ⑤ 就労予定期間が3年を超えるもの
3年	次のいずれかに該当するもの。 ① 次のいずれにも該当するもの 　a 5年の在留期間の決定の項の①及び②のいずれにも該当し、かつ、③又は④のいずれかに該当するもの 　b 就労予定期間が1年を超え3年以内であるもの ② 5年の在留期間を決定されていた者で、在留期間更新の際に次のいずれにも該当するもの 　a 5年の在留期間の決定の項の①又は②のいずれかに該当せず、かつ、③又は④のいずれかに該当するもの 　b 就労予定期間が1年を超えるもの ③ 5年、1年又は3月の項のいずれにも該当しないもの
1年	次のいずれかに該当するもの。 ① 契約機関がカテゴリー4に該当するもの ② 3年の在留期間を決定されていた者で、在留期間更新の際に5年の在留期間の項の①又は②のいずれかに該当しないもの ③ 職務上の地位、活動実績、所属機関の活動実績等から、在留状況を1年に1度確認する必要があるもの ④ 就労予定期間が1年以下であるもの
3月	就労予定期間が3月以下であるもの（注）

（注）中長期在留者からの在留期間更新許可申請時においては、就労予定期間が残り3月未満の場合であっても、中長期在留者から除外されることのないよう、原則として「1年」が決定されます。

96

興　行

【活動の範囲】　演劇、演芸、演奏、スポーツ等の興行に係る活動又はその他の芸能活動（入管法別表第一の二の表の経営・管理の項の下欄に掲げる活動を除く。）

該当する外国人	ポイント
次に掲げる興行に係る活動及びその他の芸能活動を行う外国人が該当します。 1　興行の形態で行われる演劇、演芸、歌謡、舞踊、演奏、スポーツ、サーカスその他のショー等に出演する者及びこれらの興行に必要不可欠な活動を行う補助者 2　興行の形態以外の形態で行われる芸能活動（上陸許可基準で定められているものは、商品又は事業の宣伝に係る活動、放送番組（有線放送番組を含みます。）又は映画の製作に係る活動、商業用写真の撮影に係る活動、商業用のレコード、ビデオテープその他の記録媒体に録音又は録画を行う活動）に従事する者	「興行」に該当する活動については、以下の項目に留意してください。 **1　興行の形態で行われる演劇等に出演する者及び興行に必要な活動を行う者** (1)「興行」は、特定の施設において公衆に対して演劇、演奏、スポーツ、サーカスその他のショー等を見せ又は聞かせるもので、バー、キャバレー、クラブ等に出演する歌手等としての活動も該当します。 （注1）外国人芸能人が歌手、ダンサー等としての能力・資質を有して興行活動に従事するものであり、本国又は外国における芸能に係る学歴や活動実績により相応の評価を受けているものであること。 （注2）歌謡、舞踊等を一般客に公開した形で公演を実施することによりその役務の対価として報酬を受けるものであること。 (2)「興行に係る活動」には、出演者のほか、当該興行に必要不可欠な活動を行う補助者、例えば、マネージャー、演劇の照明係、サーカスの動物飼育係員、プロスポーツ選手のトレーナーとしての活動が該当します。 (3)振付師、演出家等出演をしないで興行に係る活動を行う者も、「興行」に該当します。 　振付師や演出家等の活動は、芸術上の活動であっても、「芸術」ではなく「興行」に該当します。すなわち、オーケストラの指揮者は芸術家といえますが、オーケストラの演奏会は公衆に聴かせ又は見せることを目的とするものであることから、その活動は「興行」に該当します。 (4)演劇、演芸、歌謡、舞踊又は演奏の興行に係る活動は、外国人芸能人が有する歌唱力・演技力等の能力・資質をもって、原則として不特定かつ多数の観客を対象に公演（ショー）等を行い、その役務の対価として報酬を受けるものが該当します。 　したがって、外国人芸能人の受入れに当たっては、基本的に、 ①　外国人が「興行」で認められる公演によって相応の対価が得られる程度の能力・資質を有していること ②　外国人を雇用等する機関（上陸許可基準第1号ロに規定する機関については、特に「契約機関」という。以下同じです。）が外国人芸能人に対する労務管理責任能力を有し、外国人芸能人による適正な興行活動の実施が十分に担保されるものであること。 ③　外国人芸能人が出演する施設に、舞台装置や客席が十分に備えられている等、外国人芸能人による興行活動が十分に行われ得る程度の規模・実績を有していること。また、公演に当たっての振り付け、衣装、証明等の担当者が予め決められているなど、演出的要素があること。 ④　外国人芸能人による公演日程・公演内容が、客の入りによってその時々に決まるというようなものではなく、事前に明確に定められたものであること。 が必要です。加えて、「興行」で認められる活動に「真に従事するもの」と認められる必要があります。

該当する外国人	ポイント
	具体的には次のとおりです。 ① 「客席等において客の接待に従事する行為（客の近くにはべって客と会話を交わすことのほか、舞台、客席等において客と一緒に歌い、あるいは踊るといった歓楽的雰囲気を醸し出し客をもてなす行為全般を含む。以下同じです。）や「接待以外の接客、配膳その他店舗の営業に係る雑用に従事する行為」は、「興行」に属する活動でなく、また、これらの行為が報酬を伴ったもの（公演に対する報酬として支払われる賃金にこれらの行為が報酬の対象となっている場合を含みます。以下②において同じ。）と認められる場合には、資格外活動となります。 ② 外国人芸能人として入国・在留しているにもかかわらず、実際には興行活動に従事することなく「客席等において客の接待に従事する行為」、「接待以外の接客、配膳その他店舗の営業に係る雑用に従事する行為」に従事していた場合は、それが自発的意思に基づくものか、雇用等する機関や出演施設からの求めに基づくものであるかを問わず、「興行」では認められていない活動を専ら行っていたものと判断され、これらを専ら明らかに行っていたときは、資格外活動として、退去強制及び罰則の対象となります。また、公演は行っているものの、公演の開始前、終了後又は幕間の時間帯において「客席等において客の接待に従事する行為」、「接待以外の接客、配膳その他店舗の営業に係る雑用に従事する行為」に従事していた場合にあっても、これらの行為が報酬を伴ったものと認められる場合には、資格外活動を行っていたとして、罰則の対象となるほか、在留期間の更新申請において、その更新を認められない場合があります。 ③ 風俗営業等の規制及び業務の適正化等に関する法律（昭和23年法律第122号。以下「風営法」という。）第2条第1項第1号に規定する営業を営む施設における外国人芸能人の興行活動に係る要件を規定した上陸許可基準第1号ハ（2）（ⅱ）では、「客の接待に従事するおそれがない場合」との文言が用いられているところ、この場合の「客の接待」の定義として援用されている警察庁が示した風営法の解釈基準によれば、「接待以外の接客、配膳その他店舗の営業に係る雑用に従事する行為」は、「客の接待」には含まれないことになりますが、このことをもって当該行為が容認されるものではなく、在留資格該当性の観点からすれば、芸能人が従事する活動としてふさわしいものではなく、かつ、「興行」に属する活動ではないことは当然です。 ④ 歌唱や舞踊などの公演が現に行われている最中又は開演直前・終演直後の時間帯に客から花束やチップをもらう行為や握手あるいは簡単な挨拶を交わす行為等儀礼にわたるものと認められる行為は、社会通念上、公演そのものに付随する行為と認められます。 （5）演劇、演芸、歌謡、舞踊又は演奏の興行に係る活動以外の興行に係る活動（同基準第3号）には、次のような活動が該当します。 ① 興行として行われるスポーツの試合への出場 ② 興行として行われるその他の試合、コンテスト等への出場（例えば、チェス大会、ダンス選手権等） **2 その他の芸能活動** （1）この活動には、興行の形態で行われるものではない芸能活動が広く対象になりますが、上陸許可基準4号に列挙されているものとして、①商品

該当する外国人	ポイント
	又は事業の宣伝に係る活動、②放送番組（有線放送番組を含む。）又は映画の製作に係る活動、③商業用写真の撮影に係る活動、④商業用レコード、ビデオテープその他の記録媒体に録音又は録画を行う活動があります。なお、「その他の芸能活動」にも、外国人が芸能活動を行うに当たってその存在が必要不可欠な補助者（映画や商業用写真の撮影を行うカメラマン、商業用レコードの録音技師等）の活動も含まれます。また、外国人のモデルや俳優がいない場合でも、ファッションショーにおけるデザイナーや映画監督などのように、その活動が独立して行うものであれば、「その他の芸能活動」として「興行」に該当します。 （2）外国の映画会社等から派遣された撮影隊が日本において撮影のみ行う場合も、「興行」に該当します。

受入れの基準(上陸許可基準)	留意点
1　申請人が演劇、演芸、歌謡、舞踊又は演奏（以下「演劇等」という。）の興行に係る活動に従事しようとする場合は、2に規定する場合を除き、次のいずれにも該当していること。 イ　申請人が従事しようとする活動について次のいずれかに該当していること。ただし、当該興行を行うことにより得られる報酬の額（団体で行う興行の場合にあっては当該団体が受ける総額）が一日につき500万円以上である場合は、この限りでない。 （1）削除 （2）**外国の教育機関**において**当該活動に係る科目**を2年以上の期間専攻したこと。 （3）2年以上の**外国における経験**を有すること。	**「外国の教育機関」** 　国・地域における学校教育制度において正規の教育機関とされているもので、原則として、義務教育修了後に入学するものをいいます。したがって、歌謡、舞踊等のレッスン教室や塾などで個人的に師事したといった場合は該当しません。 **「当該活動に係る科目」** 　「当該活動に係る科目」とは、活動の名称と科目の名称の異同にかかわりなく、その活動に関する能力・資質を涵養するに足る科目をいいます。 **「外国における経験」** 　「職業芸能人」として興行に係る活動に実際に従事していた経験をいい、単発的に、又は芸術若しくは芸能に関連性を有しない職業に従事しながらその余暇を利用した形で興行に係る活動を行っていた経験は含まれません。 **【ポイント】** 　過去に「興行」の在留資格等で入国した経歴又は在留資格認定証明書等の申請を行った経歴を有する者については、提出された経歴書の内容と過去の資料との離齬の有無について確認します。なお、経歴書等に疑義が認められ、その合理的理由を示すことができないときは、本国における芸能人としての活動期間の個人事業所得等の納税に係る領収書（写し）等の提出が求められます（経歴に離齬があること又は経歴が虚偽であることが明らかな場合は提出を求められることはありません。）。
ロ　申請人が次のいずれにも該当する**本邦の機関との契約**（当該機関が申請人に対して月額20万円以上の**報酬**を支払う義務を負うことが明示されているものに限る。以下この号において「興行契約」という。）に基づいて演劇等の興行に係る活動に従事しようとするものであること。ただし、主として**外国の民族料理を提供する飲食店**（風営法第2条第1項第1号に規定する営業を営む施設を除く。）を運営する機関との契約に基づいて月額20	**「本邦の機関との契約」** 　申請人と日本の機関とを当事者とする契約の存在が必要です。したがって、例えば、申請人が所属する外国の団体と日本の機関との間に契約があるだけでは、本要件に適合しません。 　なお、日本の機関が月額20万円以上の報酬を支払う義務を負うことが明示されていれば、「雇用契約」「出演契約」等、契約の名称は問われません。 **「報酬」** ①　報酬が外貨により支払われる場合は、申請する時点の外国

受入れの基準(上陸許可基準)	留意点
万円以上の報酬を受けて**当該飲食店において当該外国の民族音楽に関する歌謡、舞踊又は演奏に係る活動**に従事しようとするときは、この限りでない。 (1) 外国人の興行に係る業務について通算して3年以上の経験を有する経営者又は管理者がいること。 (2) 5名以上の職員を常勤で雇用していること。 (3) 当該機関の経営者又は常勤の職員が次のいずれにも該当しないこと。	為替レートを参考にして日本円に換算した額になります。 ② 外国人が、日本の法令上直接に負担すべき所得税及び社会保険料は報酬額に含まれます。 ③ 外国人が本来的に負担すべき食費、宿泊費その他の公演活動以外の個人的な日常生活に要する費用を報酬からいわゆる「天引き」する場合には、天引きは原則として税金、社会保険料等に限定されるという労働基準法第24条第1項の規定の趣旨に抵触していないか注意が必要です。 　したがって、雇用契約の中で「天引き」の規定がある場合には、具体的に食費等として天引きされる予定金額が別途明示されていなければなりません。また、いったん支払った報酬から別に徴収するという場合であっても、徴収される予定金額が明示されていなければなりません。いずれの場合においても、天引き又は徴収される費用（特に食費や宿泊費）については社会通念に照らして妥当な金額内であり、かつ実費の範囲内のものでなければなりません。 　このような天引き又は徴収される費用がある場合には、これら費用の根拠及び明細（実費の範囲内であることの証明を含みます。）を示し、かつ、このことについて外国人芸能人が明確に了解していることを立証することが必要です。 ④ 雇用契約により労働基準法上の労働者とされる場合には、賃金は、毎月1回以上、一定の期日を定めて支払われなければなりません。（労基法第24条第2項） ⑤ 報酬が日割りで支払われる場合や公演期間が1月に満たない場合には、月額に換算して20万円以上となる額であればいいとされています。 **「外国の民族料理を提供する飲食店」** 　外国料理を主として提供する飲食店であって、例えば、スペイン料理、中国料理、タイ料理などの分野において、基準省令の「技能」に係る上陸許可基準に規定する10年以上の実務経験を有する調理師を雇用等できる程度の店舗など、飲食店として相応の実績及び評判を有するものをいい、新規に開店する飲食店の場合には、事業所（施設）の確保状況、売上げ見込み等から判断して、営業が安定的、継続的になされることが見込まれるものでなければなりません。 **「当該飲食店において当該外国の民族音楽に関する歌謡、舞踊又は演奏に係る活動」** 　その飲食店において提供される民族料理に関連する民族音楽に係る活動をいい、この活動を行う者については、その国籍や出身地を問わず、同基準1号のイの要件に適合し、かつ当該民族音楽に係る興行活動についての資格、学歴又は経験を有していることが必要です。
① **人身取引等**を行い、唆し、又はこれを助けた者 ② **過去5年間**に法第24条第3号ノ4イからハまでに掲げるいずれかの行為を行い、唆し、又はこれを助けた者	**「人身取引等」** 　入管法第2条第7号に規定されている人身取引等に係る行為をいいます。 **「過去5年間に」** 　「過去5年間に」とは、上陸申請に対する処分時から遡って

受入れの基準(上陸許可基準)	留意点
③　過去5年間に当該機関の事業活動に関し、外国人に不正に法第3章第1節若しくは第2節の規定による証明書の交付、上陸許可の証印（法第9条第4項の規定による記録を含む。以下同じ。）若しくは許可、同章第4節の規定による上陸の許可又は法第4章第1節、第2節若しくは法第5章第3節の規定による許可を受けさせる目的で、文書若しくは図画を偽造し、若しくは変造し、虚偽の文書若しくは図画を作成し、若しくは偽造若しくは変造された文書若しくは図画若しくは虚偽の文書若しくは図画を行使し、所持し、若しくは提供し、又はこれらの行為を唆し、若しくはこれを助けた者 ④　法第74条から第74条の8までの罪又は売春防止法（昭和31年法律第118号）第6条から第13条までの罪により刑に処せられ、その執行を終わり、又は執行を受けることがなくなった日から**5年を経過しない者** ⑤　暴力団員による不当な行為の防止等に関する法律（平成3年法律第77号）第2条第6号に規定する暴力団員（以下「暴力団員」という。）又は暴力団員でなくなった日から5年を経過しない者。 （4）**過去3年間**に締結した興行契約に基づいて興行の在留資格をもって在留する外国人に対して支払義務を負う**報酬の全額を支払っている**こと。 ハ　申請に係る演劇等が行われる施設が次に掲げるいずれの要件にも適合すること。ただし、興行に係る活動に従事する興行の在留資格をもって在留する者が当該施設において申請人以外にいない場合は、（6）に適合すること。 （1）**不特定かつ多数の客を対象**として外国人の興行を行う施設であること。 （2）**風営法第2条第1項第1号に規定する営業を**営む施設である場合は、次に掲げるいずれの要件にも適合していること。	過去5年間ということです。在留資格認定証明書交付申請の審査においては、同証明書は日本に上陸しようとする外国人が上陸許可基準に適合していることを証明するものであることから、処分の時点から遡って過去5年間に不法就労関与行為の事実がある場合は、本要件を満たさず基準不適合となります。 【ポイント】 　経営者又は常勤の職員が法第73条の2に規定する不法就労に関する罪で処罰されたことを要さず、行為があったと認められる事実があれば足りるとされています。ただし、事実の認定については、判決謄本、退去強制の記録、在留諸申請又は実態調査等において提出又は収集された資料等、客観的な資料に基づいて行われます。 「**当該機関の事業活動に関し**」 　「当該機関」とは、「当該契約機関」という意味であり、同一機関における行為が対象となります。したがって他の機関において左記③の行為が確認されたという場合には、これをもって基準不適合とはなりません。 　なお、同一の機関であるか否かは実質的に判断する必要があり、単なる社名変更、本支店間の異動等実質的に事業の継続性、一体性の認められる範囲内である場合については、同一機関での行為と認められます。事実の認定については、上記【ポイント】のただし書のとおりです。 「**5年を経過しない者**」 　5年を経過していないかどうかを判断する基準については、上記「過去5年間に」と同様です。 「**過去3年間に**」 　上陸申請又は在留資格認定証明書交付申請に対する処分時から遡って過去3年間ということです。 「**報酬の全額を支払っている**」 　未払いの報酬が存在しないことをいいます。なお、支払期日に支払いがなされていなくても、処分時までに全額を支払っていればよいとされています。したがって、申請の直前に過去の未払いの報酬をまとめて支払うこと（いわば駆け込み支払）により未払いが解消されれば、「全額を支払った」ものと認められます。 「**不特定かつ多数の客を対象**」 　実質的にメンバーを限定した排他的な「会員制クラブ」などは、この要件に適合しませんが、企業が従業員やその家族又は顧客等に対するサービスとして企画するもの、例えば、企業内のレクリエーションの一環として、又は百貨店やクレジットカード会社による得意先・優待客向けサービスのために、一般的に施設において公演を実施しようとするものやホテル・旅館が宿泊客を対象としてそれらの施設において実施するものは、この要件に適合します。 「**風営法第2条第1項第1号に規定する営業を営む**」 　これに該当するか否かは、当該営業の許可を受けているか否かで形式的に判断されるものではなく、スナック、パブ等の名

受入れの基準(上陸許可基準)	留意点
	称にかかわらず、実際に客の接待をして客に飲食等をさせる営業を日常的に営んでいるものであるか否かにより実質的に判断されます。
① 専ら客の接待（風営法第2条第3項に規定する接待をいう。以下同じ。）に従事する従業員が5名以上いること。	「専ら客の接待に従事する従業員」 　「従業員」とは一般的に社交員、フロアレディ、ホステス、ホスト等と称される客の接待に専念する者をいい、キャッシャー、ウェイター、ウェイトレスなどの業務に従事する者は含みません。また、個々の従業員は常勤である必要はありませんが、出演施設が直接雇用するものであることが必要です。なお、当該従業員は、日本国籍を有するものには限られませんが、外国籍である場合は、特別永住者又は居住資格（入管法別表2の在留資格）をもって在留するものであることを要します。 「5名以上いること」 　必ずしもその施設の営業時間中に常時出演先に勤務していることを求めるものではなく、客の入店状況により自宅等において待機している者がいる場合であっても、従業員として5名以上が確保されていれば要件を満たすことになります。 【ポイント】 　ホテル・旅館の劇場、宴会場等恒常的に客の接待を行うことを予定していない施設で、コンパニオン等の社交員が客の接待に従事することがありますが、このような施設においては、客の接待をして客に飲食等をさせる営業を営むことを予定しているものではないので、5名以上の「専ら客の接待に従事する従業員」を必要としません。 「接待」 　上陸許可基準にいう「接待」の概念は、風営法上の「接待」の概念と同一であり、歓楽的雰囲気を醸し出す方法により客をもてなすことをいいます（風営法第2条第3項）。 　客席等において客の接待に従事する行為やその他接待以外の接客、配膳その他店舗の営業に係る雑用に従事する行為は、公演が行われている幕間の時間帯に行われたものであっても、法上、「興行」の在留資格に属する活動ではないことは明らかであり、これらの行為が報酬を伴ったものと認められれば、資格外活動となります。
② 興行に係る活動に従事する興行の在留資格をもって在留する者が**客の接待に従事するおそれがない**と認められること。	「客の接待に従事するおそれがない」 　次のa及びbを踏まえ、客の接待に従事する行動を行うことがあり得ないとの確証を得られた場合には、「客の接待に従事するおそれがない」と判断されます。 a　契約機関及び出演施設がともに、外国人芸能人の適正な活動を確保する意欲を有し、次の事項について誓約する旨の文書が提出されていること 　① 興行契約を締結しようとする外国人芸能人に、出演施設において、「興行」で認められた活動に該当しない客の接待に従事する活動等を一切行わせないこと。 　② 地方出入国在留管理局等による外国人芸能人の在留実態に関する調査が任意調査の形で実施された際には、その調査に対して協力すること。

受入れの基準(上陸許可基準)	留意点
	b　契約機関及び出演施設において、外国人芸能人の適正な活動が確保されるよう、次に掲げる体制がとられていること。 ①　契約機関における体制 　ア　契約機関は、外国人芸能人等が日本において適正な興行活動に従事できるように取り計らう立場にあり、かかる立場にふさわしい外国人芸能人の管理能力を有していること。外国人芸能人の管理とは、その能力・資質を確認した上で外国人芸能人と興行契約を締結し、入国後は、外国人芸能人が適正な在留活動に従事し、その在留期間内に出国するよう、外国人芸能人の公演状況を把握し、外国人芸能人を指導・監督することです。 　イ　契約機関において外国人芸能人の公演状況を常態的に把握することができること。常態的に把握するとは、次に掲げる要件がいずれも満たされていることをいいます。 　　(ア)　公演が実施されている時間中、契約機関の従業員が週2回程度以上出演施設に出向く等の方法により、外国人芸能人の公演状況等を適正に把握していること。 　　(イ)　携帯電話を持たせるとともに、出演先の責任者の連絡先を把握しておく等適当な方法により、外国人芸能人及び出演施設との密な連絡体制が確保されていること。 　　(ウ)　担当者の待機等、外国人芸能人又は外国人芸能人の行う公演活動について法令上違反となる行為が判明するなどの問題が生じた場合に、速やかに出演施設に赴いて適切な措置をとるための体制が整備されていること。 　ウ　過去において、その契約機関が興行契約を締結した外国人芸能人について、虚偽申請、客の接待への従事等の違反行為がなかったこと。過去にこれらのことが地方出入国在留管理局等の調査により公演先で確認されている場合には、再発のおそれがないよう改善措置がとられていること。 ②　出演施設における体制 　ア　出演施設は、外国人芸能人による公演が十分に行われ得るための舞台装置等が完備されており、公開興行を実施するものとして適当であると認められること。また、公演に当たっての振り付け、衣装、照明等の担当者があらかじめ決められているなど、演出的要素があることが必要です。 　イ　入場客に対し、外国人芸能人の公演内容、公演日程及び外国人芸能人がホステス等として客の接待には従事しないことについて周知する方策がとられていること。この場合、周知の方法について、例えば、出演施設の入口又は出演施設内部の見やすい場所に、前記の内容が入場客が十分認識できるような形で掲示等により表示されて

103

受入れの基準(上陸許可基準)	留意点
	おり、写真等によりそのことが確認できるような場合には、「周知する方策がとられている」と認められることになります。
（3）13平方メートル以上の**舞台**があること。	「舞台」 　出演施設等には公演が十分に行われるための舞台装置等が完備されていることが必要です。また、興行に当たっての振り付け、衣装、証明等の担当者が予め決められているなど、演出的要素が必要であり、その日程・内容も事前に明確に決められていることが必要です。 　「舞台」と認められるためには、客席との間に段差を設けることまでは必要ないものの、公演が実際に行われるところと客席とが明確に区分されていることが必要です。
（4）9平方メートル（出演者が5名を超える場合は、9平方メートルに5名を超える人数の1名につき1.6平方メートルを加えた面積）以上の**出演者用の控室**があること。	「出演者用の控室」 　「出演者用の控室」とは、例えば、ロッカー、鏡、いす等の備品を備え、出演者が着替えをしたり休憩するのにふさわしい機能を有するものをいいます。 　出演者が5名を超える場合の出演施設については、一定の要件のもと、例外的に近接する建物に控室を設置することを認められており、また、複数の部屋を控室として使用する場合には、これらの部屋の合計面積が控室の面積となります。 　これは、同一建物内に5名以上の控室が確保できない場合には、社会通念上適正な公演が実施できる範囲内において、同一建物内又は近接する建物に控室が設置できる場合には、5名以上の出演を認めることとされているものです。 　なお、追加して控室を設置する場合には、原則として控室は、出演施設と同一建物内で外部の目にとまることなく舞台との間の移動ができる場所になければならないとされています。「外部の目にとまることなく」とは、控室が隣接した建物等に追加して設置されている場合に、それに合理性があれば、一切外部の目にとまることなく移動するという物理的に不可能なことまでは、求められていません。
（5）当該施設の**従業員**の数が5名以上であること。 （6）当該施設を運営する機関の経営者又は当該施設に係る業務に従事する常勤の職員が次のいずれにも該当しないこと。 　①　人身取引等を行い、唆し、又はこれを助けた者 　②　過去5年間に法第24条第3号の4イからハまでに掲げるいずれかの行為を行い、唆し、又はこれを助けた者 　③　過去5年間に当該機関の事業活動に関し、外国人に不正に法第3章第1節若しくは第2節の規定による証明書の交付、上陸許可の証印若しくは許可、同章第4節の規定による上陸の許可又は法第4章第1節若しくは法第5章第3節の規定による許可を受けさせる目的で、文書若しくは図画を偽造し、若しくは変	「従業員」 　出演施設の営業時間中に常時5名以上勤務していることをいいます。また、当該従業員は、日本国籍を有する者には限られないが、外国籍の者の場合には、「特別永住者」又は「永住者」「日本人の配偶者等」「永住者の配偶者等」若しくは「定住者」の在留資格をもって在留する者であることを要します。なお、風営法第2条第1項第1号に規定する営業を営む施設における「専ら客の接待に従事する従業員」も、ここにいう「従業員」に含まれます。

受入れの基準(上陸許可基準)	留意点
造し、虚偽の文書若しくは図画を作成し、若しくは偽造若しくは変造された文書若しくは図画若しくは虚偽の文書若しくは図画を行使し、所持し、若しくは提供し、又はこれらの行為を唆し、若しくは助けた者 　④　法第74条から第74条の8までの罪又は売春防止法第6条から第13条までの罪により刑に処せられ、その執行を終わり、又は執行を受けることがなくなった日から5年を経過しない者 　⑤　暴力団員又は暴力団員でなくなった日から5年を経過しない者 2　申請人が演劇等の興行に係る活動に従事しようとする場合は、次のいずれかに該当していること。	「興行」の在留資格が認められるためには、外国人が「興行」の在留資格で認められる公演によって相応の対価が得られる程度の能力・資質を有していることが必要であり、また、滞在費や興行活動を行うための費用の支弁方法が確保されている必要があります。 　したがって、上陸許可基準2号に該当する者として行われた申請であっても、例えば、外国人の過去の活動歴や出入国歴からみて申請に係る興行活動を行うに足りる能力・資質を有しているとは認められない場合や、無報酬であったり報酬額が少ないにもかかわらず滞在費等の支弁方法が明らかでない場合、さらには公演スケジュールや内容が具体的でなく、かつ明確でない場合などには、同基準2号に該当する興行活動に従事するという申請内容そのものに疑義があるものとして、慎重な審査の対象とされます。
イ　我が国の国若しくは地方公共団体の機関、我が国の法律により直接に設立された法人若しくは我が国の特別の法律により**特別の設立行為をもって設立された法人**が**主催**する演劇等の興行又は学校教育法(昭和22年法律第26号)に規定する学校、専修学校若しくは各種**学校において行われる**演劇等の興行に係る活動に従事しようとするとき。	**「特別の設立行為をもって設立された法人」** 　日本放送協会、日本芸術文化振興会等のいわゆる特殊法人を指します。 **「主催する」** 　「主催する」とは、「中心となってあることを催すこと」ですが、具体的には、当該興行を主体的に企画・運営することをいいます。他の機関との共催は含まれますが、単なる「後援」や「協賛」の場合は、本規定に該当しません。 **「学校において行われる」** 　「学校において行われる」とは、場所的な意味であり、学校等が主催するものに限らず、例えば、学園祭での公演など学校が主催するものではない興行で学校施設において行われるものも含まれます。他方、学校等が主催する興行であっても、当該学校等の敷地や施設以外の場所・施設において行われる場合は、本規定に該当しません。
ロ　我が国と外国との文化交流に資する目的で国、地方公共団体又は独立行政法人の**資金援助を受けて設立**された本邦の公私の機関が主催する演劇等の興行に係る活動に従事しようとするとき。	**「資金援助を受けて設立」** 　日本と外国の文化交流に資する目的で資金援助を受けて設立されたことの立証が確実になされていれば、援助を受けた資金の額は問いません。ただし、実際に設立に要した資金の額に比して援助額が極めて少額である場合や、そもそも設立に要した資金が異常に少額であるときは、合理的理由があることが必要

受入れの基準(上陸許可基準)	留意点
	となります。また、国又は地方公共団体の資金援助を受けて設立された機関であっても、公益法人としての設立許可を受けていないいわゆる任意団体については、活動内容や活動実績から、適正な運営がなされているかについても審査されることになります。
ハ 外国の情景又は文化を主題として観光客を招致するために外国人による演劇等の興行を常時行っている**敷地面積10万平方メートル以上の施設**において当該興行に係る活動に従事しようとするとき。	**「敷地面積10万平方メートル以上の施設」** いわゆるテーマパークを指します。 施設を運営する機関に招へいされるか否かを問わず、当該施設において行われる興行に係る活動に従事しようとする場合は、本規定に該当します。
ニ **客席において飲食物を有償で提供せず、かつ、客の接待をしない施設**（営利を目的としない本邦の公私の機関が運営するもの又は**客席の定員**が100人以上であるものに限る。）において演劇等の興行に係る活動に従事しようとするとき。	**「客席において飲食物を有償で提供せず、かつ、客の接待をしない施設」** 劇場やコンサートホールなどを指します。劇場やコンサートホールでは、客席部分と区分されたロビーなどに自動販売機や売店がある場合が多いですが、客がそこで購入した飲食物を自ら客席に持ち込んで飲食することは、客席において飲食物を提供することには該当しません。他方、客席と一体性のある一角にバーカウンターを設けて飲食物を提供する場合は、客席において飲食物を提供することに当たります。また、施設への入場料と飲食料金が区別されている場合や、入場料に飲食料金が含まれている場合も、飲食物を「有償で」提供することに当たります。
	「営利を目的としない本邦の公私の機関が運営するもの」 国・地方公共団体や公益法人、学校法人、社会福祉法人、宗教法人、医療法人などが運営主体となっている施設を指します。運営主体が非営利目的の機関であることが必要であり、施設が非営利のものであっても、運営主体が営利目的の機関である場合は該当しません。
	「客席の定員」 劇場など多数の観客を集めるような建築物について、建築基準法による建築確認、消防法上の防火設備の設置基準との関係で各施設毎に定められている収容定員で客席部分に係る数値をいいます。 客席数は、原則として固定された座席の数をいいます。申請時に提出される興行を行う施設の概要を明らかにする資料に記載されている客席数は、通常、固定された座席の数であると考えられますが、施設によっては長いすや升席のような形のものもあります。この場合、建築基準法・消防法いずれの手続きにおいても、一定の計算式により利用可能な客の数を算出することとなっており、これらの合計が当該施設の客席数となります。
ホ 当該興行により得られる報酬の額（**団体で行う興行**の場合にあっては当該団体が受ける総額）が1日につき50万円以上であり、かつ、**15日を超えない期間**本邦に在留して演劇等の興行に係る活動に従事しようとするとき。	ここでいう「興行」は、飲食物の提供又は客の接待を伴う施設において、高額の報酬を受け、かつ、ごく短期間日本に滞在して行う著名な歌手等の興行（ホテルのディナーショー等）を対象としています。 **「団体で行う興行」** 2名以上の者による興行をいい、個々の外国人が受ける報酬

受入れの基準(上陸許可基準)	留意点
	の額にかかわらず、当該団体が受ける報酬の総額が1日につき50万円以上であれば足ります。 **「15日を超えない期間本邦に在留して」** 　興行を行うために日本に上陸してから出国するまでの期間、すなわち、実際の公演期間にその前後の移動や準備に要する期間を合わせた日本での滞在期間全体が15日以内であることが必要です。
3　申請人が**演劇等の興行に係る活動以外の興行に係る活動**に従事しようとする場合は、日本人が従事する場合に受ける報酬と同等額以上の報酬を受けて従事すること。	**「演劇等の興行に係る活動以外の興行に係る活動」** 　外国人が、契約（雇用）に基づき日本の公私の機関のために日本においてスポーツ選手として活動することを目的として入国・在留する場合は、次により、「興行」又は特定活動（告示6号）の該当性を判断することになります。 1　「興行」に該当するものとして取り扱われるもの 　（1）日本の公私の機関がプロ選手としてスポーツの試合を行わせるため当該外国人と契約（雇用）したこと。 　（2）当該機関がスポーツの試合を事業として行う機関であること。 2　「特定活動（告示6号）」に該当するものとして取り扱われるもの 　（1）日本の公私の機関が興行を目的とするものではなく、自社の宣伝や技術を競う目的で設けた当該機関のクラブチームの出場するスポーツの試合に参加させるために当該外国人と契約（雇用）したこと。 　（2）クラブチームの所属機関がスポーツの試合を事業として行っているものではないこと 　（3）対象となる外国人は日本の公私の機関との契約（雇用）により、当該機関のためにスポーツ選手として活動する目的で入国・在留する外国人であって、個人の資格で活動する場合（プロのゴルフ、テニス等の選手が行う活動）及び他の在留資格に該当する場合は除かれます。
4　申請人が興行に係る活動以外の芸能活動に従事しようとする場合は、申請人が**次のいずれかに該当する活動**に従事し、かつ、日本人が従事する場合に受ける報酬と同等額以上の報酬を受けること。 イ　商品又は事業の宣伝に係る活動 ロ　放送番組（有線放送番組を含む。）又は映画の製作に係る活動 ハ　商業用写真の撮影に係る活動 ニ　商業用のレコード、ビデオテープその他の記録媒体に録音又は録画を行う活動	**「次のいずれかに該当する活動」** 　2項目以上に該当しても差し支えありません。 例えば、商品又は事業の宣伝のために使う商業用写真を撮影する場合は、イとハの双方に該当することになります。

（参考）興行と不可分な関係にある活動について

1　「興行に係る活動」の考え方

　「興行」の在留資格で想定される活動には多種多様な活動形態があるが、ショーに出演する手品師のように独立して活動を行い得るものもあれば、サーカスのように、実際に公衆の目前で活動を行うピエロなどの他に、興行を裏で支える動物の飼育係員のようにスタッフ的な活動を行う者など、様々な役割を担う者の協

同作業の結実した成果として興行活動が行われる場合もあります。このような場合には、その集合体全体の活動を「興行」活動として評価することが適当であり、したがって、興行等の活動を行う以外の者も「興行」の資格該当性があるものと評価し、受け入れることにしたものと考えられます。

　具体的には、興行の形態で行われる活動については、サーカスの動物飼育係員、スポーツ選手のトレーナー等がこの従たる活動に当たります。また、興行の形態以外で行われる芸能活動については、映画や商業用写真の撮影を行うカメラマン、商業用レコードの録音技師などがこの従たる活動に当たります。なお、これらの者が独立して行う商品の宣伝や放送番組の製作等に係る活動は、主たる活動として「興行」の在留資格に該当します。

2　「興行と不可分な関係にある活動」

　「興行と不可分な関係にある活動」は、主たる活動と従たる活動との間で「必要性」と「一体性」が認められることが資格該当性を認める要件になると考えられます。

　なお、従たる活動の資格該当性は、主たる活動との間の「必要性」と「一体性」により評価すれば足り、従たる活動を単独で見た場合の活動内容（単純な活動か否か等）を問う必要はありません。

（1）「必要性」について

　　次の点を考慮することが必要です。

　ア　従たる活動がなくては主たる活動の遂行が困難であり、かつ、従たる活動を行う者の代替が困難又は代替可能であってもその代償が大きいこと

　イ　必ずしも従たる活動がなくとも主たる活動の遂行は可能であるが、従たる活動が主たる活動の遂行に多大に貢献する関係が認められること

（2）「一体性」について

　　主たる活動が従たる活動と時間的、地理的に近接して行われることが必要であるが、全く同一の時間帯、場所で活動が行われることまでを要するものではなく、主たる活動と従たる活動との関係で、社会通念上想定される範囲内での近接性が認められれば足ります。

（3）事例（プロゴルファーとキャディー）

　　プロゴルフツアーに参加するために、「興行」の在留資格で外国人プロゴルファーが本邦に入国・在留する場合、その専属キャディーの資格該当性及びプロゴルファーが出国した後にキャディーが引き続き在留を希望した場合の取扱いは次のとおりです。

　　キャディーが単にゴルフバッグを運搬し、クラブを渡すだけの作業を行うものだけでなく、技術的、精神的なアドバイスを行い、マネージャー的業務なども行っている場合には、キャディーの存在なくして「興行」活動の遂行は困難であると認められ、かつ、キャディーは余人をもって代え難いと認められることから、「必要性」が認められ、また、キャディーが通常想定される専属キャディーとしての活動を行っている場合には、「一体性」も認められます。

　　しかしながら、従たる活動は、例えば「家族滞在」が扶養者たる在留者の存在を前提として認められるもので、扶養者たる在留者が出国等により存在しなくなった場合に「家族滞在」の資格該当性が失われるのと同様に、従たる活動も主たる活動を行う者が存在しなくなった場合には「興行」の資格該当性がなくなるものと解されるので、プロゴルファーが出国した場合などにおいて、キャディーだけが日本に在留して「興行」活動を行うことは原則として認められません。ただし、このような場合であっても、新たに雇用主となる外国人プロゴルファーが現れ、当該ゴルファーの「興行」活動の遂行に当たって、「必要性」と「一体性」が認められれば、キャディーの「興行」の資格該当性は維持されるものと考えられます。

受入れ機関のカテゴリー別申請書類

在留資格認定証明書交付申請の場合

| ☆演劇、演芸、歌謡、舞踊又は演奏の興行に係る活動を行おうとする場合 | 1　申請書
2　申請人の経歴書及び活動に係る経歴を証明する文書
3　契約機関に係る次の資料
　①　登記事項証明書
　②　直近の年度の決算文書（損益計算書、貸借対照表等）の写し
　③　その他契約機関の概要を明らかにする資料
4　興行を行う施設の概要を明らかにする資料
　①　営業許可書の写し
　②　施設の図面（間取りなどが記載されているもの）
　③　施設の写真（客席、控室、外観等）
5　興行に係る契約書の写し
　（注）興行契約書のほか、契約機関と出演施設を運営する機関との出演に関する契約書等も含みます。
6　申請人の日本での具体的な活動の内容、期間、地位及び報酬を証明する文書
　（注）特に報酬を証明する文書については、報酬の支払時期及び支払い方法を明示し、また、報酬から控除される費用や報酬受領後に支払うべき費用が予定されている場合には、その額及び算定根拠を明示した文書を提出してください。
7　興行契約に基づいて演劇等の興行に係る活動を行おうとするときは、次に掲げる資料
　①　契約機関の経営者（又は管理者）及び常勤の職員（5名以上雇用していることが必要）の名簿
　②　契約機関の経営者（又は管理者）が興行に係る業務を通算して3年以上経験していることを証明する資料
　③　申立書（契約機関の経営者及び常勤の職員が上陸許可基準の「興行」1号ロ（3）に掲げる者のいずれにも該当しないことを申し立てる文書）
　④　契約機関が過去3年間に締結した興行契約に基づいて興行の在留資格をもって在留する外国人に対して支払義務を負う報酬の全額を支払っていることを証明する次のいずれかの文書
　　ア　興行契約に係る契約書の写し
　　イ　当該外国人が報酬を受けたことを証明する領収書、銀行口座への振込み記録（写し）
　　ウ　給与台帳等報酬を支払ったことを証明する会計帳票（写し）
　　エ　非居住者・外国法人の所得についての所得税徴収高計算書（納付書）等の納税関係書類
　　オ　決算書及び法人税申告書（写し）
8　出演施設を運営する機関の次に掲げる資料
　①　登記事項証明書
　②　直近の年度の決算文書（損益計算書、貸借対照表等）の写し
　③　その他運営機関の概要を明らかにする資料
　④　運営機関の経営者及び出演施設に係る業務に従事する常勤の職員（5名以上雇用していることが必要）の名簿
　⑤　申立書（運営機関の経営者及び常勤の職員が上陸許可基準の「興行」1号ハ（6）に掲げる者のいずれにも該当しないことを申し立てる文書）
9　その他参考となるべき資料
　滞在日程表・公演日程表・公演内容を知らせる広告・チラシ等 |

☆次の①～⑤のいずれかの活動を希望する場合
 	
① 我が国の国、地方公共団体の機関又は特殊法人が主催する演劇、演芸、歌謡、舞踊又は演奏（以下「演劇等」という。）の興行及び学校教育法に規定する学校、専修学校又は各種学校において行われる演劇等の興行に係る活動
 	
② 文化交流に資する目的で、国、地方公共団体又は独立行政法人の援助を受けて設立された日本の公私の機関が主催する演劇等の興行に係る活動
 	
③ 外国の情景又は文化を主題として観光客を招致するために、外国人による演劇等の興行を常時行っている敷地面積10万㎡以上の施設における興行活動
 	
④ 客席において飲食物を有償で提供せず、かつ、客の接待をしない施設（営利を目的としない日本の公私の機関が運営するもの又は客席の定員が100人以上である者に限る。）における演劇等の興行に係る活動
 	
⑤ 当該興行により得られる報酬の額（団体で行う場合は、当該団体が受ける総額）が1日につき50万円以上であり、かつ、15日を超えない期間日本に在留して行う、演劇等の興行に係る活動
	1 申請書
	2 申請人の経歴書及び活動に係る経歴を証明する文書
	3 招へい機関に係る次の資料
	  ① 登記事項証明書
	  ② 直近の年度の決算文書（損益計算書、貸借対照表等）の写し
	  ③ その他招へい機関の概要を明らかにする資料
	  ④ 従業員名簿
	4 興行を行う施設の概要を明らかにする資料
	  ① 営業許可書の写し
	  ② 施設の図面（間取りなどが記載されているもの）
	  ③ 施設の写真（客席、控室、外観等）
	5 興行に係る契約書の写し
	（注）興行契約書のほか、契約機関と出演施設を運営する機関との出演に関する契約書等も含みます。
	    招へい機関が当該興行を請け負っている際は、請負契約書の写し、興行場法施設を利用する場合には使用承諾書等の写しを提出してください。
	6 申請人の日本での具体的な活動の内容、期間、地位及び報酬を証明する文書
	（注）雇用契約書又は出演承諾書等の写し若しくはこれに準ずる文書の写しを提出してください。
	7 その他参考となるべき資料
	  滞在日程表・興行日程表・興行内容を知らせる広告・チラシ等

☆演劇、演芸、歌謡、舞踊又は演奏の興行以外の興行（スポーツ等）に係る活動を行おうとする場合	1 申請書
	2 申請人の経歴書及び活動に係る経歴を証明する文書
	3 招へい機関の概要を明らかにする次の資料
	  ① 登記事項証明書
	  ② 直近の年度の決算文書（損益計算書、貸借対照表等）の写し
	  ③ 従業員名簿
	4 興行を行う施設の概要を明らかにする資料
	  ① 営業許可書の写し
	  ② 施設の図面
	  ③ 施設の写真（客席、控室、外観等）
	  ④ 従業員名簿
	  ⑤ 登記事項証明書

	⑥　直近の年度の決算文書（損益計算書、貸借対照表等）の写し 5　招へい機関が興行を請け負っているときは、請負契約書の写し 6　次のいずれかで、申請人の日本での具体的な活動の内容、期間、地位及び報酬を証明する文書 　①　雇用契約書の写し 　②　出演承諾書等の写し 　③　①又は②に準ずる文書 7　その他参考となる資料 　滞在日程表・興行日程表・興行内容を知らせる広告・チラシ等
☆次の①～④のいずれかに該当する芸能活動を行おうとする場合 ①　商品又は事業の宣伝に係る活動 ②　放送番組（有線放送番組を含む。）又は映画の製作に係る活動 ③　商業用写真の撮影に係る活動 ④　商業用のレコード、ビデオテープその他の記録媒体に録音又は録画を行う活動	1　申請書 2　申請人の芸能活動上の実績を証明する資料 　（注）所属機関の発行する資格証明書又は経歴証明書、CDジャケット、ポスター、雑誌、新聞の切り抜き等で、芸能活動上の業績を証明するもの 3　次のいずれかで、申請人の日本での具体的な活動の内容、期間、地位及び報酬を証明する文書 　①　雇用契約書の写し 　②　出演承諾書の写し 　③　上記①又は②に準ずる文書 4　受入れ機関の概要を明らかにする資料 　①　登記事項証明書 　②　直近の年度の決算文書（損益計算書、貸借対照表等）の写し 　③　従業員名簿 　④　案内書（パンフレット等） 　⑤　上記①から④までに準ずる文書 5　その他参考となる資料 　滞在日程表・活動日程表・活動内容を知らせる広告・チラシ等

在留期間更新許可申請の場合

1　申請書
2　次のいずれかで、具体的な活動の内容及び期間を証する文書
　①　在職証明書
　②　雇用契約書の写し
　③　上記①又は②に準ずる文書
3　興行に係る契約書（興行契約書のほか、契約機関と出演施設を運営する機関との出演に関する契約書等も含む。）の写し
4　住民税の課税（又は非課税）証明書及び納税証明書（1年間の総所得及び納税状況が記載されたもの。）
　（注）非居住者扱いの場合は、上記に代わって、非居住者用の国内源泉所得に係る納税証明（非居住者・外国法人の所得についての所得税徴収高計算書、領収済通知書）及び収入を証明する文書を提出してください。
5　前回の申請時から出演施設等に変更が生じた場合は、変更後の出演施設等の概要を明らかにする資料
6　活動日程表

在留期間	運　　用
3年	1年を超えて安定的に興行活動を行うなど、興行の形態からいって「3年」の在留期間で許可することが適当と認められる場合
1年	6月を超えて興行活動を行う場合など、興行の形態からいって「1年」の在留期間で許可することが適当と認められる場合（6月を決定する場合の②に該当するものを除く。）

6月	① 活動期間が3月を超え6月以下の場合（②を除く。） ② 基準省令第1号に適合する場合（1年の期間を決定する場合を除く。）で、興行契約機関について、過去1年間に外国人芸能人の労務管理等に問題が生じておらず、十分な管理を行うことが期待されるもの（活動期間が3月を超え6月以下のものに限る。）
3月	3年、1年、6月、又は15日の在留期間を決定する場合を除くもの
15日	基準省令第2号ホに適合する場合

1 基準省令1号に適合する場合の在留期間の決定については、次のとおりです。

① 在留期間「6月」の決定について

芸能人の資格外活動、失そう者の発生、不法就労者の雇用等の問題が過去1年間に生じていない機関に興行契約により雇用等され、かつ、活動期間が3月を超える場合に「6月」が付与されます。

活動期間に係る疎明資料については、3月を超える期間の活動内容を証明する契約書等を提出するとともに、期間中に出演施設の変更等があった場合には必ず報告する必要があります。

② 在留期間「3月」の決定について

以下の場合に「3月」が付与されます。

ⅰ 活動期間が3月以内の場合

ⅱ 前期①の問題が生じたものの、「違反行為等の問題が生じた場合の興行契約機関に対する改善指示」等により改善措置が講じられたと認められる場合

ⅲ 従来興行契約の主体となったことがない機関との間で、新規に興行契約により雇用等される場合

2 次の案件については、原則として期間更新許可は認められません。

ⅰ 表の「6月」の項の「運用」の欄の②に該当するもの

ⅱ 表の「3月」の項の「運用」の欄に該当するものであって、入国の日から通算して6月を超えることとなるもの

ⅲ 表の「15日」の項の「運用」の欄に該当するもの

医　療

【活動の範囲】　医師、歯科医師その他法律上資格を有する者が行うこととされている医療に係る業務に従事する
　　　　　　　活動

該当する外国人
法律上日本の医療関係の資格を有しなければならない職業（いわゆる業務独占の資格職業）に係る在留資格であり、医師、歯科医師、薬剤師、保健師、助産師、看護師、准看護師、歯科衛生士、診療放射線技師、理学療法士、作業療法士、視能訓練士、臨床工学技士、義肢装具士、歯科技工士、あん摩マッサージ指圧師、はり師、きゅう師又は柔道整復師の資格をもってこれらの業務に従事する活動が該当します。

受入れの基準（基準省令）	留意点
1　申請人が医師、歯科医師、薬剤師、保健師、助産師、看護師、准看護師、歯科衛生士、診療放射線技師、理学療法士、作業療法士、視能訓練士、臨床工学技士又は義肢装具士としての業務に日本人が従事する場合に受ける報酬と同等額以上の報酬を受けて従事すること。 2　申請人が准看護師として業務に従事しようとする場合は、日本において准看護師の免許を受けた後4年以内の期間中に研修として業務を行うこと。 3　申請人が薬剤師、歯科衛生士、診療放射線技師、理学療法士、作業療法士、視能訓練士、臨床工学技士又は義肢装具士としての業務に従事しようとする場合は、日本の医療機関又は薬局に招へいされること。	歯科技工士、あん摩マッサージ指圧師、はり師、きゅう師、又は柔道整復師の資格をもってこれらの業務に従事する場合も「医療」の在留資格の該当性は認められますが、当該業務は、上陸許可基準において規定されていないことから、上陸許可基準には適合しないこととなります。 （注1）「臨床修練」に係る取扱いについて 　　臨床修練とは、外国において日本の医師又は歯科医師に相当する資格を持つ外国医師又は外国歯科医師が、厚生労働大臣の許可を受けて行う臨床の場における医療研修のことを指し、「医療」には該当しません。 （注2）「日英医師相互開業に関する通報」に基づく英国人医師の取扱い 1　経緯 　　昭和39年、在京英国大使館から英国人医師の大阪、神戸地区での診療を可能とするよう要請があり、日本の医師免許を付与された英国籍を有する者が日本国政府の承認した病院又は診療所において外国人を対象とした医療業務に従事する場合に認めることに合意し、口上書を交換。 　　昭和47年、在日英国人の診療に従事し得る英会話可能な医師が減少し、在京英国大使館から、特に京浜地区における英国人医師の増員についての要請が行われました。他方、日本医師免許を有する日本人医師は、英国の法令に基づき、人数の制限を受けず、かつ、英国の医師試験を要せずに英国内の病院又は許可された機関において医療に従事し得ることとなっています。 　　外務省では、英国側の要請理由を考慮し、3名の英国人医師に対する英語による医師国家試験を行う旨通報し、以後、在京英国大使館から、個別に英国人医師の増加、診療所等の開設の要請がありました。 2　取扱い 　　外務省からの「日英医師相互開業に関する通報」に基づき、日本医師免許証の交付を受けた英国人に対しては、「医療」の在留資格を付与されることになっています。

受入れの基準（基準省令）	留意点
	（参考）同様の制度はフランス及びシンガポールにも認められています。

受入れ機関のカテゴリー別申請書類	
在留資格認定証明書交付申請の場合	
【カテゴリー1】 医師・歯科医師	1　申請書 2　申請人が医師又は歯科医師の日本の資格を有することを証明する文書（免状又は証明書の写し）
【カテゴリー2】 医師・歯科医師以外の者	1　申請書 2　申請人が次のいずれかの日本の資格を有することを証明する文書（免状又は証明書の写し） ①薬剤師、②保健師、③助産師、④看護師、⑤准看護師、⑥歯科衛生士、⑦診療放射線技師、⑧理学療法士、⑨作業療法士、⑩視能訓練士、⑪臨床工学技士、⑫義肢装具士 3　勤務する機関の概要（病院、診療所等設立に許可を受けることを要する機関の場合は、当該許可を受けた年月日を明示したもの）を明らかにする資料
在留期間更新許可申請の場合	
【カテゴリー1】	1　申請書 2　住民税の課税（又は非課税）証明書及び納税証明書（1年間の総所得及び納税状況が記載されたもの）
【カテゴリー2】	1　申請書 2　住民税の課税（又は非課税）証明書及び納税証明書（1年間の総所得及び納税状況が記載されたもの） 3　従事する職務の内容及び報酬を証明する在職証明書その他の所属機関の文書

在留期間	運　用
5年	次の①、②及び⑤のいずれにも該当し、かつ、③又は④のいずれかに該当するもの。 ①　申請人が入管法上の届出義務（住居地の届出、住居地変更の届出、所属機関の変更の届出等）を履行しているもの（上陸時の在留期間決定の際には適用しない。） ②　学齢期（義務教育の期間をいう。）の子を有する親にあっては、子が小学校、中学校又は義務教育学校（いわゆるインターナショナルスクール等も含む。）に通学しているもの（上陸時の在留期間決定の際には適用しない。） ③　医師又は歯科医師であるもの ④　③以外の場合は、「医療」の在留資格で3年の在留期間が決定されている者で、かつ、日本において引き続き5年以上「医療」の在留資格に該当する活動を行っているもの ⑤　就労予定期間が3年を超えるもの
3年	次のいずれかに該当するもの。 ①　次のいずれにも該当するもの 　a　5年の在留期間の決定の項の①及び②のいずれにも該当し、かつ、③又は④のいずれかに該当するもの

	b　就労予定期間が1年を超え3年以内であるもの ②　5年の在留期間を決定されていた者で、在留期間更新の際に次のいずれにも該当するもの a　5年の在留期間の決定の項の①又は②のいずれかに該当せず、かつ、③又は④のいずれかに該当するもの b　就労予定期間が1年を超えるもの ③　5年、1年又は3月の項のいずれにも該当しないもの
1年	次のいずれかに該当するもの。 ①　3年の在留期間を決定されていた者で、在留期間更新の際に5年の在留期間の項の①又は②のいずれかに該当しないもの ②　職務上の地位、活動実績、所属機関の活動実績等から、在留状況を1年に1度確認する必要があるもの ③　就労予定期間が1年以下であるもの
3月	就労予定期間が3月以下であるもの（注2）

（注1）准看護師の場合は、免許取得後の期間が4年を超えない期間となります。
（注2）中長期在留者からの在留期間更新許可申請時においては、就労予定期間が残り3月未満の場合であっても、中長期在留者から除外されることのないよう、原則として「1年」が決定されます。

法律・会計業務

【活動の範囲】 外国法事務弁護士、外国公認会計士その他法律上資格を有する者が行うこととされている法律又は会計に係る業務に従事する活動

該当する外国人
法律上日本の法律・会計関係の資格を有しなければできない職業（いわゆる業務独占の資格職業）に係る在留資格であり、具体的には、弁護士、司法書士、土地家屋調査士、外国法事務弁護士、公認会計士、外国公認会計士、税理士、社会保険労務士、弁理士、海事代理士又は行政書士の資格をもってこれらの業務に従事する活動が該当します。 　なお、外国法事務弁護士、外国公認会計士等の資格を有する外国人が企業に雇用されて、法律学、会計学等の専門知識を用いて行う事業の経営又は管理に従事するものであるときは「経営・管理」に、その業務がこれら以外のものであるときは「技術・人文知識・国際業務」の在留資格に該当することになります。

受入れの基準（上陸許可基準）	留意点
申請人が弁護士、司法書士、土地家屋調査士、外国法事務弁護士、公認会計士、外国公認会計士、税理士、社会保険労務士、弁理士、海事代理士又は行政書士としての業務に従事すること。	「法律・会計業務」については、上陸許可基準上報酬に係る要件が定められていませんが、これは、当該在留資格の対象が法律上資格を有する職業に限られており、これらの資格を有する場合には、日本人が従事する場合に受ける報酬と同等額以上の報酬を受けることが一般的であることから、低賃金労働者の入国を排除するための報酬に係る基準を定める必要がないと考えられたことによります。

申請書類
在留資格認定証明書交付申請の場合
1　申請書 2　申請人が次のいずれかの日本の資格を有することを証明する文書（免許書又は証明書等の写し） 　①弁護士、②司法書士、③土地家屋調査士、④外国法事務弁護士、⑤公認会計士、⑥外国公認会計士、⑦税理士、⑧社会保険労務士、⑨弁理士、⑩海事代理士、⑪行政書士
在留期間更新許可申請の場合
1　申請書

在留期間	運　用
5年	次の①、②及び⑤のいずれにも該当し、かつ、③又は④のいずれかに該当するもの。 ①　申請人が入管法上の届出義務（住居地の届出、住居地変更の届出、所属機関の変更の届出等）を履行しているもの（上陸時の在留期間決定の際には適用しない。） ②　学齢期（義務教育の期間をいう。）の子を有する親にあっては、子が小学校、中学校又は義務教育学校（いわゆるインターナショナルスクール等も含む。）に通学しているもの（上陸時の在留期間決定の際には適用しない。） ③　弁護士、外国法事務弁護士、公認会計士又は外国公認会計士であるもの

	④　③以外の場合は、「法律・会計業務」の在留資格で3年の在留期間が決定されている者で、かつ、日本において引き続き5年以上「法律・会計業務」の在留資格に該当する活動を行っているもの ⑤　就労予定期間が3年を超えるもの
3年	次のいずれかに該当するもの。 ①　次のいずれにも該当するもの 　a　5年の在留期間の決定の項の①及び②のいずれにも該当し、かつ、③又は④のいずれかに該当するもの 　b　就労予定期間が1年を超え3年以内であるもの ②　5年の在留期間を決定されていた者で、在留期間更新の際に次のいずれにも該当するもの 　a　5年の在留期間の決定の項の①又は②のいずれかに該当せず、かつ、③又は④のいずれかに該当するもの 　b　就労予定期間が1年を超えるもの ③　5年、1年又は3月の項のいずれにも該当しないもの
1年	次のいずれかに該当するもの。 ①　3年の在留期間を決定されていた者で、在留期間更新の際に5年の在留期間の項の①又は②のいずれかに該当しないもの ②　職務上の地位、活動実績、所属機関の活動実績等から、在留状況を1年に1度確認する必要があるもの ③　就労予定期間が1年以下であるもの
3月	就労予定期間が3月以下であるもの（注）

（注）中長期在留者からの在留期間更新許可申請時においては、就労予定期間が残り3月未満の場合であっても、中長期在留者から除外されることのないよう、原則として「1年」が決定されます。

芸　術

【活動の範囲】　収入を伴う音楽、美術、文学その他の芸術上の活動（「興行」の活動を除く。）

該当する外国人	ポイント
次に掲げる者が行う収入を伴う芸術上の活動が該当します。ただし、芸術等を公衆に見せるなどして収入を得ることを目的とする興行の形態で行われる芸術上の活動は該当しません。 1　創作活動を行う作曲家、作詞家、画家、彫刻家、工芸家、著述家、写真家等の芸術家 2　音楽、美術、文学、写真、演劇、舞踊、映画その他の芸術上の活動について指導を行う者	1　展覧会への入選等芸術家又は芸術上の活動の指導者等として相当程度の業績があることが必要となります。 2　芸術上の活動のみにより安定した生活を営むことができると認められることが必要です。 3　芸術上の活動であっても、大学等において芸術上の研究の指導又は教育を行う活動は、「教授」に該当します。 4　外国人の行う活動が収入を伴う芸術上の活動であっても、その活動が「興行」の在留資格に定める活動に該当する場合には、「興行」の在留資格となります。例えば、興行の形態で行われるオーケストラの指揮者としての活動は、芸術上の活動であっても、「興行」に該当します。 　なお、興行に関係し、芸術に該当する活動を行う者である演出家、振付師、脚本家等が、独立して入国し活動する場合は、「芸術」に該当します。 5　収入を伴わない芸術上の活動は「文化活動」となります。

申請書類
在留資格認定証明書交付申請の場合
1　申請書 2　申請人の活動の内容等を明らかにする次のいずれかの資料 　①　公私の機関又は個人との契約に基づいて活動を行う場合は、活動の内容、期間、地位及び報酬を証明する文書 　②　公私の機関又は個人との契約に基づかないで活動を行う場合は、申請人が作成する具体的な活動の内容、期間及び行おうとする活動から生じる収入の見込み額を記載した文書 3　芸術活動上の業績を明らかにする次の①及び②の資料 　①　芸術上の活動歴を詳細に記載した履歴書 　②　次のいずれかで、芸術活動上の業績を明らかにすることができるもの 　　ア　関係団体からの推薦状 　　イ　過去の活動に関する報道 　　ウ　入賞、入選等の実績 　　エ　過去の作品等の目録 　　オ　上記ア〜エに準ずるもの
在留期間更新許可申請の場合
1　申請書 2　申請人の活動の内容等を明らかにする次のいずれかの資料 　①　公私の機関又は個人との契約に基づいて活動を行う場合は、活動の内容、期間、地位及び報酬を証明する文書 　②　公私の機関又は個人との契約に基づかないで活動を行う場合は、申請人が作成する具体的な活動の内容、期間及び行おうとする活動から生じる収入の見込み額を記載した文書（様式は適宜） 3　住民税の課税（又は非課税）証明書及び納税証明書（1年間の総所得及び納税状況が記載されたもの）

在留期間	運　　用
5年	次のいずれにも該当するもの。 ① 申請人が入管法上の届出義務（住居地の届出、住居地変更の届出等）を履行しているもの（上陸時の在留期間決定の際には適用しない。） ② 学齢期（義務教育の期間をいう。）の子を有する親にあっては、子が小学校、中学校又は義務教育学校（いわゆるインターナショナルスクール等も含む。）に通学しているもの（上陸時の在留期間決定の際には適用しない。） ③ 顕著な活動実績を有するもの又は製作等した作品が著名な賞を獲得したもの ④ 活動予定期間が3年を超えるもの
3年	次のいずれかに該当するもの。 ① 次のいずれにも該当するもの 　a　5年の在留期間の決定の項の①、②及び③のいずれにも該当するもの 　b　活動予定期間が1年を超え3年以内であるもの ② 5年の在留期間を決定されていた者で、在留期間更新の際に次のいずれにも該当するもの 　a　5年の在留期間の決定の項の①又は②のいずれかに該当しないもの 　b　活動予定期間が1年を超えるもの ③ 5年、1年又は3月の項のいずれにも該当しないもの
1年	次のいずれかに該当するもの。 ① 3年の在留期間を決定されていた者で、在留期間更新の際に5年の在留期間の項の①又は②のいずれかに該当しないもの ② 職務上の地位、活動実績、所属機関の活動実績等から、在留状況を1年に1度確認する必要があるもの ③ 活動予定期間が1年以下であるもの
3月	活動予定期間が3月以下であるもの（注）

（注）中長期在留者からの在留期間更新許可申請時においては、活動予定期間が残り3月未満の場合であっても、中長期在留者から除外されることのないよう、原則として「1年」が決定されます。

報　道

【活動の範囲】　外国の報道機関との契約に基づいて行う取材その他の報道上の活動

該当する外国人	ポイント
次に掲げる者が外国の報道機関との契約に基づいて行う取材その他の報道上の活動が該当します。 1　外国の報道機関に雇用されている者で、その報道機関から報道上の活動を行うために日本に派遣された者 2　特定の報道機関に属さず、フリーランサーとして活動する記者等で、外国の報道機関と契約を締結して当該報道機関のために報道上の活動を行う者	1　「外国の報道機関」とは、外国に本社を置く新聞社、通信社、放送局、ニュース映画会社等報道を目的とする民営・国（公）営の機関をいいます。 2　「取材その他の報道上の活動」は、社会の出来事を広く一般に知らせるために行う取材のほか、報道を行う上で必要となる撮影や編集、放送等一切の活動が含まれます。具体的には、新聞記者、雑誌記者、ルポライター、編集長、編集者、報道カメラマン、報道カメラマン助手、ラジオのアナウンサー、テレビのアナウンサー等としての活動が該当します。ただし、これらの者の行う活動であっても、報道に係る活動ではない場合、例えば、テレビの芸能番組の制作に係る活動は含まれません。 3　「報道」は、外国人が「報道」に該当する活動を行い、安定的、継続的に日本に在留する上で必要かつ十分な収入を得られることが必要です。 4　来日するスポーツ選手に同行し、短期間の取材等を行う活動は、「短期滞在」に該当します。 5　外国の報道機関から派遣されることが必要です。 　　テレビの番組制作等に係る活動については、「報道」ではなく、「興行」等他の在留資格に該当する場合があります。 6　報道上の活動であっても、外国人が日本の報道機関との契約に基づいて行う活動については、「報道」には該当しません。外国人の従事する活動が社会学、政治学、経済理論等人文科学の知識を必要とする業務に従事する活動と判断された場合には、「技術・人文知識・国際業務」に該当します。

受入れ機関のカテゴリー別申請書類	
在留資格認定証明書交付申請の場合	
【カテゴリー1】 外務省報道官から外国記者登録証を発行された者を雇用する外国の報道機関に雇用される場合	1　申請書 2　申請人を雇用する外国の報道機関が、外務省報道官から外国記者登録証を発行された社員を雇用していることを証明する文書
【カテゴリー2】 カテゴリー1に該当しない団体・個人	1　申請書 2　申請人の活動内容等を明らかにする次のいずれかの資料 ①　外国の報道機関から派遣される者の場合は、当該機関の作成した活動の内容、派遣期間、地位及び報酬を証明する文書 ②　外国の報道機関に日本で雇用されることとなる者の場合は、労働基準法第15条第1項及び同法施行規則第5条に基づき、労働者に交付される労働条件を明示する文書（雇用契約書等） ③　外国の報道機関等との雇用以外の契約に基づいて活動する者（フリーランサー）の場合は、当該契約に係る契約書。ただし、当該契約書に活動の内容、期間、地位及び報酬のいずれかが記載されていないときは、その事項を記載した当該外国の報道機関の作成した文書

	3　外国の報道機関の概要（代表者名、沿革、組織、施設、職員数、報道実績等）を明らかにする資料

在留期間更新許可申請の場合	
【カテゴリー1】	1　申請書 2　外務省報道官が発行した外国記者登録証の写し
【カテゴリー2】	1　申請書 2　外国の報道機関の作成した在職証明書（所属機関の名称、所在地及び電話番号が記載されているものに限る。）等引き続き外国の報道機関から派遣され、又は外国の報道機関に雇用され若しくは当該機関との契約により活動していることを証明する文書 3　住民税の課税（又は非課税）証明書及び納税証明書（1年間の総所得及び納税状況が記載されたもの）

在留期間	運　用
5年	次の①、②及び⑤のいずれにも該当し、かつ、③又は④のいずれかに該当するもの。 ①　申請人が入管法上の届出義務（住居地の届出、住居地変更の届出等）を履行しているもの（上陸時の在留期間決定の際には適用しない。） ②　学齢期（義務教育の期間をいう。）の子を有する親にあっては、子が小学校、中学校又は義務教育学校（いわゆるインターナショナルスクール等も含む。）に通学しているもの（上陸時の在留期間決定の際には適用しない。） ③　カテゴリー1に該当するもの ④　③以外の場合は、「報道」の在留資格で3年の在留期間が決定されている者で、かつ、本邦において引き続き5年以上「報道」の在留資格に該当する活動を行っているもの ⑤　就労予定期間が3年を超えるもの
3年	次のいずれかに該当するもの。 ①　次のいずれにも該当するもの 　a　5年の在留期間の決定の項の①及び②のいずれにも該当し、かつ、③又は④のいずれかに該当するもの 　b　就労予定期間が1年を超え3年以内であるもの ②　5年の在留期間を決定されていた者で、在留期間更新の際に次のいずれにも該当するもの 　a　5年の在留期間の決定の項の①又は②のいずれかに該当せず、かつ、③又は④のいずれかに該当するもの 　b　就労予定期間が1年を超えるもの ③　5年、1年又は3月の項のいずれにも該当しないもの
1年	次のいずれかに該当するもの。 ①　3年の在留期間を決定されていた者で、在留期間更新の際に5年の在留期間の項の①又は②のいずれかに該当しないもの ②　職務上の地位、活動実績、所属機関の活動実績等から、在留状況を1年に1度確認する必要があるもの ③　就労予定期間が1年以下であるもの
3月	就労予定期間が3月以下であるもの（注）

（注）中長期在留者からの在留期間更新許可申請時においては、就労予定期間が残り3月未満の場合であっても、中長期在留者から除外されることのないよう、原則として「1年」が決定されます。

宗　教

【活動の範囲】　外国の宗教団体により本邦に派遣された宗教家の行う布教その他の宗教上の活動

該当する外国人	ポイント
外国の宗教団体から日本に派遣された宗教家の行う布教その他の宗教上の活動が該当します。	1　外国の宗教団体に所属し、当該団体から日本に派遣され、布教、伝道等宗教上の活動を行う神官、僧侶、司教、司祭、宣教師、伝道師、牧師、神父等の宗教家が該当します。なお、外国の宗教団体に所属していない宗教家であっても、その宗教家が信奉する宗教団体から報酬を受けて派遣される場合は該当します。 （参考）外国の宗教団体とは、必ずしも特定の宗派の本部であることを要しません。日本に本部のある宗教団体に招へいされる場合であっても、申請人が国外の宗教団体（日本の宗教団体と直接の関係があるか否かは問いません。）に現に所属しており、かつ、当該団体からの派遣状又は推薦状を受けている者であれば、外国の宗教団体から派遣された者として扱われます。 2　所属する宗教団体の運営する施設の職員を兼ねる場合は、当該施設が教育、社会福祉、祭事に使用する物品の販売等、宗教活動に密接に関連し、通常宗教団体が行う事業を目的とする場合に限り、宗教上の活動と認められます。 　ただし、外国の宗教団体により日本に派遣された宗教家が幼稚園を経営するような場合には、「経営・管理」の在留資格に該当しますので、留意してください。 3　布教の傍ら、所属する宗教団体又は当該宗教団体の運営する施設以外で語学教育、医療、社会事業等の活動を行う場合であっても、これらの活動が所属宗教団体の指示に基づいて宗教活動等の一環として行われるもので、無報酬で行われた場合は、宗教上の活動と認められますが、報酬を受けて行う場合は、資格外活動の許可が必要です。 4　自ら布教その他の宗教上の活動を行わない者の活動や単なる信者としての活動、専ら修行や宗教上の教義等の研修を行う活動、あるいは専ら教会の雑役に従事するために派遣される者等の活動は、「宗教」の活動に該当しません。 5　「宗教」により入国するには、「日本に派遣されて行う」活動であることを要し、活動の財源がすべて日本にあるような「外国の宗教団体」への参加、また、宗教活動であっても、その内容が国内法令に違反し又は公共の福祉を害するものを行おうとして入国することは認められません。 6　「宗教」をもって在留する外国人が、派遣元である外国の宗教団体からの指示、又は派遣先である日本の宗教団体の指示に基づいて布教その他の宗教活動の一環として結婚式の司式を執り行うことは、この在留資格に認められている活動の範囲内とされています。 　なお、宗教団体の指示がない場合は、資格外活動を受ける必要がありますが、その外国人は、当該活動を行うことや報酬を得ることについて事前に日本の宗教団体の承認を受けている必要があります。 　語学教師として「技術・人文知識・国際業務」を有している者など、「宗教」以外の在留資格をもって在留する外国人が、結婚式の司式を執り行うことにより報酬を受けるとして資格外活動許可申請を行う場合は、当該外

該当する外国人	ポイント
	国人が結婚式の司式を執り行うことが認められる宗教上の資格を有していることを立証する必要があります。 　なお、当然のこととして、結婚式の司式を執り行う場所等が特定されている必要があります。 7　外国の宗教団体から派遣され、宗教活動を行う宗教家については、日本国内に拠点となる施設が設置されていることが必要です。この場合、ホテルの1室は当該施設とは認められません。 8　宗教活動を行うことはもとより、日本において社会生活を送ることが可能な報酬を得ることが必要です。報酬は、派遣先又は日本で活動する宗教団体のいずれから支給を受けるものであっても差し支えありません。

申請書類

在留資格認定証明書交付申請の場合

1　申請書
2　外国の宗教団体からの派遣状等の写し等派遣機関からの派遣期間、地位及び報酬を証明する文書
3　派遣機関及び受入機関の概要（宗派、沿革、代表者名、組織、施設、信者数等）を明らかにする資料
4　宗教家としての地位及び職歴を証明する文書
　（派遣機関からの証明書等で、宗教家としての地位、職歴を証明する文書。なお、2の資料に申請人の宗教家としての地位及び職歴が記載されている場合には、提出不要です。）

在留期間更新許可申請の場合

1　申請書
2　外国の宗教団体からの派遣状等の写し等派遣機関からの派遣の継続を証明する文書
3　住民税の課税（又は非課税）証明書及び納税証明書（1年間の総所得及び納税状況が記載されたもの）

在留期間	運　用
5年	次のいずれにも該当するもの。 ①　申請人が入管法上の届出義務（住居地の届出、住居地変更の届出等）を履行しているもの（上陸時の在留期間決定の際には適用しない。） ②　学齢期（義務教育の期間をいう。）の子を有する親にあっては、子が小学校、中学校又は義務教育学校（いわゆるインターナショナルスクール等も含む。）に通学しているもの（上陸時の在留期間決定の際には適用しない。） ③　「宗教」の在留資格で3年の在留期間が決定されている者で、かつ、日本において引き続き5年以上「宗教」の在留資格に該当する活動を行っているもの ④　就労予定期間が3年を超えるもの
3年	次のいずれかに該当するもの。 ①　次のいずれにも該当するもの 　a　5年の在留期間の決定の項の①、②及び③のいずれにも該当するもの 　b　就労予定期間が1年を超え3年以内であるもの ②　5年の在留期間を決定されていた者で、在留期間更新の際に次のいずれにも該当するもの 　a　5年の在留期間の決定の項の①又は②のいずれかに該当しないもの 　b　就労予定期間が1年を超えるもの ③　5年、1年又は3月の項のいずれにも該当しないもの

1年	次のいずれかに該当するもの。
	① 3年の在留期間を決定されていた者で、在留期間更新の際に5年の在留期間の項の①又は②のいずれかに該当しないもの
	② 職務上の地位、活動実績、所属機関の活動実績等から、在留状況を1年に1度確認する必要があるもの
	③ 就労予定期間が1年以下であるもの
3月	就労予定期間が3月以下であるもの（注）

（注）中長期在留者からの在留期間更新許可申請時においては、就労予定期間が残り3月未満の場合であっても、中長期在留者から除外されることのないよう、原則として「1年」が決定されます。

高度専門職

　高度人材外国人については、日本の経済社会における新たな活力の創造、国際競争力の強化等に大きく寄与する高度な知識・技術等を有する高度人材外国人の受入れを促進することとされたことを踏まえ、ポイント制を活用した出入国管理上の優遇措置を執る制度として、「高度人材上陸告示」及び「高度人材在留指針」が定められ、平成25年12月24日から運用されました。さらに、日本の学術研究や経済の発展に寄与することが見込まれる高度の専門的な能力を持つ外国人の受入れを一層促進するため、在留資格「高度専門職1号及び2号」が創設され、同27年4月1日から施行されました。

高度専門職1号

【活動の範囲】　高度の専門的な能力を有する人材として**法務省令で定める基準に適合する者**が行う次のイからハまでのいずれかに該当する活動であって、我が国の学術研究又は経済の発展に寄与することが見込まれるもの

　　イ　**法務大臣が指定する本邦の公私の機関との契約に基づいて研究、研究の指導若しくは教育をする活動又は当該活動と併せて当該活動と関連する事業を自ら経営し**若しくは当該機関以外の本邦の公私の機関との契約に基づいて研究、研究の指導若しくは教育をする活動

　　ロ　法務大臣が指定する本邦の公私の機関との契約に基づいて**自然科学若しくは人文科学の分野に属する知識若しくは技術を要する業務に従事する活動又は当該活動と併せて当該活動と関連する事業を自ら経営する活動**

　　ハ　法務大臣が指定する本邦の公私の機関において貿易その他の事業の経営を行い若しくは当該事業の管理に従事する活動又は**当該活動と併せて当該活動と関連する事業を自ら経営する活動**

該当する外国人	ポイント
1　高度専門職1号イ 　法務大臣が指定する日本の公私の機関との契約に基づいて行う研究、研究の指導若しくは教育をする活動、また、このような活動と併せて行う自ら事業を経営する活動又はその機関以外の日本の公私の機関との契約に基づいて行う研究、研究の指導、教育をする活動が該当します。 　なお、入管法改正前の高度人材ポイント制における「高度学術研究活動」と同様の活動が該当します。	1　「法務省令で定める基準」とは、法別表第1の2の表の高度専門職の項の下欄の基準を定める省令（平成26年法務省令第37号。以下「高度専門職省令」という。）に定める基準で、同省令第1条にポイント計算に係る基準が規定されています。 2　「法務大臣が指定する日本の公私の機関」とは、「高度専門職1号」を決定の際交付される指定書に記載されます。 　「高度専門職1号ロ」は、「高度専門職1号イ」と異なり、指定された契約機関以外の「本邦の公私の機関との契約に基づく活動」を含めていません。これは、「自然科学若しくは人文科学の分野に属する知識若しくは技術を要する業務」は広範囲にわたるためです。実際には、「高度専門職1号ロ」に従事する外国人は企業等に雇用されて就労することが想定され、多くの場合就業規則に兼業禁止規定が置かれているものと考えられますので、契約機関以外の機関での就労を資格外活動許可によることとしても、そのことがその外国人の活動について不合理な制約であるということにならないと考えられるからです。

該当する外国人	ポイント
	3　「研究、研究の指導若しくは教育をする活動」とは、「教授」に規定されている活動と同様の活動です。なお、「教授」は「本邦の公私の機関との契約」を前提としていないので、本項の活動範囲が限定的ですが、「教授」で在留する外国人のほとんどの場合何らかの契約が存在するのが通常であり、実質的な差異はないと考えられます。一方、「教授」「教育」と異なり、活動する場を教育機関に限定していないため、例えば、民間企業の社内研修で教育をする活動も該当します。

4　「当該活動と併せて当該活動と関連する事業を自ら経営（する活動）」とは、主たる活動の研究の成果や知識・技術を生かしてベンチャー企業を経営する等の活動が想定されています。なお、「当該活動と併せて」と規定されているため、主たる活動を行わず付帯的な活動のみを行うことは認められていません。

5　「（当該活動と併せて）当該機関以外の本邦の公私の機関との契約に基づいて研究、研究の指導若しくは教育をする活動」とは、主たる活動に係る契約機関以外の機関との契約に基づく活動を許容する趣旨です。なお、「当該活動と併せて」と規定されているため、主たる活動に係る契約機関との契約に基づく活動を行っていない場合には、それ以外の機関との契約に基づく活動を行うことを認められないことになります。 |
| 2　高度専門職1号ロ
　法務大臣が指定する日本の公私の機関との契約に基づいて行う自然科学若しくは人文科学の分野に属する知識若しくは技術を要する業務に従事する活動、また、このような活動と併せて行う自ら事業を経営する活動又はその機関以外の日本の公私の機関との契約に基づいて行う自然科学若しくは人文科学の分野に属する知識若しくは技術を要する業務に従事する活動が該当します。
　なお、入管法改正前の高度人材ポイント制における「高度専門・技術活動」と同様の活動が該当します。 | 6　「自然科学若しくは人文科学の分野に属する知識若しくは技術を要する業務に従事する活動」とは、「技術・人文知識・国際業務」の活動と同様の活動です。なお、本項は、「技術・人文知識・国際業務」に相当する活動のうち「国際業務」の部分は含まれません。これは、「国際業務」が「外国の文化に基盤を有する思考若しくは感受性を必要とする業務」であり、本項の概念には適しないことと、思考や感受性のレベルの高低をポイントで測ることは困難なことからです。また、「教授」、「芸術」、「宗教」、「報道」、「経営・管理」、「法律・会計業務」、「医療」、「教育」、「企業内転勤」及び「興行」は日本の公私の機関との契約を前提としていないので、本項に規定する活動の方が限定的ではありますが、実際にはほとんどの場合何らかの契約が存在し、実質的な差異はほとんどないものと考えられます。 |
| 3　高度専門職1号ハ
　法務大臣が指定する日本の公私の機関において行う貿易その他の事業の経営又は管理に従事する活動が該当します。
　なお、入管法改正前の高度人材ポイント制における「高度経営・管理活動」が「本邦の営利を目的とする法人若しくは法律・会計業務事務所の経営若しくは管理に従事する活動」を行うことができるとされていたのに対し、「高度専門職1号ハ」の在留資格では、「本邦の営利を目的としない機関の経営・管 | 7　「当該活動と併せて当該活動と関連する事業を自ら経営する活動」とは、主たる活動として指定された会社の役員として活動している者が、同種同業の他社の社外取締役を兼任したり、特定された会社以外に子会社を設立して経営するといった活動が想定されています。主たる経営活動との関連性が必要ですので、例えば、IT企業の役員が飲食業を経営するのは対象外となります。また、「当該活動と併せて」と想定されているため、主たる活動である指定された日本の公私の機関における経営・管理活動を行わずに付帯的な活動のみを行うことは認められないことになります。 |

該当する外国人	ポイント
理活動」も行うことができるようになりました。	8　他の在留資格との関係 　ア　「高度専門職1号」は、上陸許可基準1号により、行おうとする活動が、「教授」、「芸術」、「宗教」、「報道」のいずれかに該当すること、又は「経営・管理」、「法律・会計業務」、「医療」、「研究」、「教育」、「技術・人文知識・国際業務」、「企業内転勤」、「介護」、「興行」、「技能」のいずれかに該当し、かつ、同基準に適合することが要件とされており、これらの在留資格に相当する活動と重複します。 　イ　「高度専門職1号イ」の活動は、主に「教授」、「研究」又は「教育」に相当する活動と重複します。 　ウ　「高度専門職1号ロ」の活動は、主に「技術・人文知識・国際業務」に相当する活動と重複します。「技術・人文知識・国際業務」と同一の活動を包含しています「企業内転勤」も、活動が重複することが想定されており、「技術・人文知識・国際業務」から除かれている「教授」、「芸術」、「報道」、「経営・管理」、「法律・会計業務」、「医療」、「研究」、「教育」、「介護」又は「興行」に対応する活動を行う場合も重複します。さらに、「宗教」又は「技能」に相当する活動を行う者が自然科学・人文科学の分野に属する知識・技術を要する業務に従事する場合も重複します。 　エ　「高度専門職1号ハ」に該当する活動は、「経営・管理」に相当する活動のほか、「経営・管理」と重複することが想定されています「法律・会計業務」に相当する活動（例えば、個人事業主として法律事務所を経営する活動）及び「興行」に相当する活動（例えば、自らマネジメント会社を経営して行う芸能活動）にも重複します。

受入れの基準（上陸許可基準）	留意点
申請人が出入国管理及び難民認定法（以下「法」という。）別表第一の二の表の高度専門職の項の下欄の基準を定める省令（平成26年法務省令第37号）第1条第1項に掲げる基準に適合することのほか、次の各号のいずれにも該当すること。 1号　次のいずれかに該当すること。 イ　本邦において行おうとする活動が法別表第1の1の表の教授の項から報道の項までの下欄に掲げる活動のいずれかに該当すること。 ロ　本邦において行おうとする活動が法別表第1の2の表の経営・管理の項から技能の項までの下欄に掲げる活動のいずれかに該当し、かつ、この表の当該活動の項の下欄に掲げる基準に適合すること。	上陸許可基準に適合するためには、高度専門職省令第1条第1項に掲げる基準に適合することに加えて、次の第1号及び第2号のいずれにも適合することが必要です。 　1号は、「高度専門職1号」を取得できる外国人の要件について定めたものです。「高度専門職1号」を取得しようとする外国人は、「教授」、「芸術」、「宗教」、「報道」、「経営・管理」、「法律・会計業務」、「医療」、「研究」、「教育」、「技術・人文知識・国際業務」、「企業内転勤」、「介護」、「興行」若しくは「技能」のいずれかで在留することができる者であることが必要です。なお、「外交」「公用」及び「技能実習」が除外されているのは、これらの活動は「我が国の学術研究又は経済の発展に寄与する」（高度専門職1号本文）活動であることが想定しがたいためです。

受入れの基準（上陸許可基準）	留意点
2号　本邦において行おうとする活動が我が国の産業及び国民生活に与える影響等の観点から相当でないと認める場合でないこと。	2号は、申請人が日本において行おうとする活動が我が国の産業及び国民生活に与える影響等の観点から相当でないと認める場合は、基準に適合しないことを定めたものです。 　「**本邦において行おうとする活動が我が国の産業及び国民生活に与える影響等の観点から相当でないと認める場合**」とは、外国人の受入れによる産業界や日本人の就職、労働条件などに及ぼす影響の有無や程度、教育関係への影響、公共の安全確保に与える影響、対外関係への配慮や治安、社会秩序に与える影響等の観点から、「高度専門職」を付与することが相当でない場合をいいます。

受入れの基準（高度専門職省令）	留意点
第1条第1項本文 　出入国管理及び難民認定法（以下「法」という。）別表第1の2の表の高度専門職の項の下欄第1号の基準は、同号に掲げる活動を行う外国人が、法第三章第一節若しくは第二節の規定による上陸許可の証印若しくは許可（在留資格の決定を伴うものに限る。）、法第四章第二節の規定による許可又は法第50条第1項若しくは第61条の2の2第2項の規定による許可（以下「第一号許可等」という。）を受ける**時点**において、次の各号のいずれかに該当することとする。 **第2項** 　法第6条第2項、第20条第2項、第21条第2項若しくは第22条の2第2項（法第22条の3において準用する場合を含む。）の規定による申請又は法第49条第3項の規定による裁決の時点において前項各号のいずれかに該当する者は、当該申請又は当該裁決に係る第一号許可等を受ける時点において当該各号に該当するものとみなす。	1　「高度専門職1号」を取得するためには、ポイント計算を行う時点を規定したものです。 2　「ポイント計算を行う時点」は、上陸許可を受ける時点、上陸特別許可を受ける時点、在留資格変更許可を受ける時点、在留期間更新許可を受ける時点、在留資格取得許可を受ける時点、在留特別許可を受ける時点とされていますが、第2項により、それらの許可に係る申請や裁決の時点を基準としてポイントを計算し、それぞれポイントが70点に達している場合には、第1項で規定する各許可の時点において70点に達しているものとみなされます。 （注）在留資格認定証明書交付申請においては、在留資格認定証明書交付申請書に記載された入国予定年月日を基準としてポイント計算をすることになります。また、審査中に入国予定年月日を経過した場合や審査期間及び査証取得の期間を勘案して入国予定年月日に入国が不可能な場合は、新たな入国予定年月日を確認した上でポイント計算をすることになります（ポイント計算に影響がある場合）。
高度専門職1号イ **第1条第1項第1号** 　法別表第1の2の表の高度専門職の項の下欄第1号イに掲げる活動を行う外国人であって、次の表の上欄に掲げる項目に係る同表の中欄に掲げる基準（**年収の項にあっては、当該時点**における当該外国人の年齢が30歳未満のときは同項のイからトまで、30歳以上35歳未満のときは同項のイからヘまで、35歳以上40歳未満のときは同項のイからホまで、40歳以上のときは同項のイからハまでに掲げる基準）に応じ、同表の下欄に掲げる点数を合計したものが70点以上であること。	1　「高度専門職1号イ」を取得するためには、本号に規定するポイント計算方法により、70点以上の点数を有していることを要します。 2　「**年収の項にあっては**」の規定は、年収ポイントの計算については年齢によって適用される基準が異なることを示しています。「高度専門職1号イ」に従事する高度人材外国人は、企業等に雇用されて就労する場合が大半であると想定されますところ、我が国の企業等においては年功序列的な賃金体系が根強く残っていることから、年齢によって評価すべき賃金水準に差を設けられています。具体的な金額については、後記「年収」の項を参照してください。 3　「**当該時点**」は、上記「ポイント計算を行う時点」を参照してください。

受入れの基準（高度専門職省令）	留意点
学歴の項 イ　博士の学位を有していること。　　30点 ロ　修士の学位又は**専門職学位**（学位規則（昭和28年文部省令第9号）第5条の2に規定する専門職学位をいい、外国において授与されたこれに相当する学位を含む。以下同じ。）を有していること（**イに該当する場合を除く。**）。　　20点	1　「**専門職学位**」とは、専門職大学院を修了した者に授与されるもので、名称に「博士」「修士」の文言を含みますが、「博士」「修士」の学位とは異なります。具体的には、法科大学院の課程を修了した者に授与される「法務博士」、教職大学院の課程を修了した者に授与される「教職修士」があります。 （注1）専門職学位は、学校教育法第104条において、「文部科学大臣の定める学位」として規定され、更に学位規則第5条の2において、この「文部科学大臣の定める学位」を専門職学位と称しています。なお、アメリカでは、学位は研究学位と職業学位に分けられ、学術的な研究に従事する研究者と、ロー・スクールやメディカル・スクールなど実務に携わる専門家双方に別個の教育・学位の授与がなされています。欧米諸国で「J.D.(Juris Doctor)」や「M.D.(Doctor of Medicine)」がこれに当たります。 （注2）J.D.やM.D.といった高度専門職に係る博士は学術論文を発表することなく専ら高度専門職養成課程を修了したことのみをもって授与されるものであり、実質的に修士号相当として扱われるのが通例であることから、修士号取得者と同列に取り扱うこととされています。 2　ロの「（**イに該当する場合を除く。**）」とは、博士の学位と修士の学位の両方を有している場合は、点数は30点である（30＋20＝50点とはならない）ことを規定したものです。なお、「高度専門職1号ロ」及び「高度専門職1号ハ」における経営管理に関する専門職学位（いわゆるMBA、MOT）に係る加点は、「高度専門職1号イ」には適用されません。
ハ　大学を卒業し又はこれと同等以上の教育を受けたこと（イ又はロに該当する場合を除く。）。10点	3　ハの「**大学を卒業し又はこれと同等以上の教育を受けた**」とは、「技術・人文知識・国際業務」等における学歴に係る上陸許可基準の規定（「技術・人文知識・国際業務」第1号イ）と同義です。したがって、「大学」には大学院、短期大学を含むほか、大卒と「同等以上の教育を受けた」者には、高等専門学校の卒業者、防衛大学校等の各省所管の大学校卒業者、専修学校の専門課程卒業者（「高度専門士」に限る。）も含まれます。
ニ　複数の分野において博士若しくは修士の学位又は専門職学位を有していること。　　5点	4　ニの「**複数の分野において博士若しくは修士の学位又は専門職学位を有していること**」については、学位の組み合わせを問わず、専攻が異なれば加点となり、学位記又は学位証明書により専攻が確認できない場合は、これに加え成績証明書をもって専攻を確認することになります。
職歴の項 イ　従事する研究、研究の指導又は教育について7年以上の**実務経験**があること。　　15点 ロ　従事する研究、研究の指導又は教育について5年以上7年未満の実務経験があること。　　10点 ハ　従事する研究、研究の指導又は教育について3年以上5年未満の実務経験があること。　　5点	1　「**実務経験**」とは、「教育」等に係る上陸許可基準に規定する実務経験と同義です。実務経験には、職業活動としてその業務に従事した期間が該当し、教育機関（夜間学部を除く。）に所属している間にアルバイト的に従事した期間は含みません。 2　「職歴」のポイント評価は、「学歴又は実務経験」のいずれかの要件に適合することを求めている現行の「技術・人文知識・国際業務」に係る上陸許可基準とは考え方が異なり、職

受入れの基準（高度専門職省令）	留意点
	業経験により培った高度な能力や資質を評価するものであることから、実務経験年数に大学等で学んだ期間は算入しないこととされています。したがって、「研究」「技術・人文知識・国際業務」に係る上陸許可基準において、大学等教育機関における「研究の期間」や「専攻期間」を実務経験に含む旨規定しているのとは異なり、本項にいう「実務経験」にはこれら教育機関における研究期間・専攻期間は含まれないことになっています。
年収の項 イ　契約機関（契約の相手方である本邦の公私の機関をいう。以下同じ。）及び外国所属機関（外国の公私の機関の職員が当該機関から転勤して契約機関に受入れられる場合における当該外国の公私の機関をいう。以下この号、次号及び次条第1項第1号ロにおいて同じ。）から受ける**報酬**の年額の合計が1,000万円以上であること。　40点 ロ　契約機関及び外国所属機関から受ける報酬の年額の合計が900万円以上1,000万円未満であること。　35点 ハ　契約機関及び外国所属機関から受ける報酬の年額の合計が800万円以上900万円未満であること。　30点 ニ　契約機関及び外国所属機関から受ける報酬の年額の合計が700万円以上800万円未満であること。　25点 ホ　契約機関及び外国所属機関から受ける報酬の年額の合計が600万円以上700万円未満であること。　20点 ヘ　契約機関及び外国所属機関から受ける報酬の年額の合計が500万円以上600万円未満であること。　15点 ト　契約機関及び外国所属機関から受ける報酬の年額の合計が400万円以上500万円未満であること。　10点	1　「高度専門職1号イ・ロ」に係る年収額のポイントは、外国人の年齢別に異なります。 2　「報酬」は、上陸許可基準の「研究」「教育」に係る基準に規定する「報酬」と同義です。「一定の役務の給付の対価として与えられる反対給付」をいい、基本給のほか、勤勉手当、調整手当等が含まれます。通勤手当、扶養手当、住宅手当等の実費弁償の性格を有するもの（課税対象となるものを除く。）は含みません。なお、超過勤務手当は、一定の役務の給付の対価として与えられる反対給付ですが、申請時点においてどの程度の超過勤務が生ずるかは不確かであることから、ポイント計算の報酬には含めないこととされています。 3　「年収」は、今後1年間に所属機関から受ける報酬（外国人が外国の公私の機関から転勤して所属期間に受け入れられている場合は、その外国の公私の機関から受ける報酬を含みます。）をいいます。その報酬額に疑義がある場合には、同一企業等における同一職種の他の職員の年収額との比較や損益決算書により職員に支給された給与の総額（在留期間更新許可申請の場合は、外国人が過去に受けた報酬額）などを確認して、その金額の信憑性を判断することになります。 4　年収ポイントは、申請人の年齢が30歳未満のときは「ト　400万円以上・10点」から、30歳以上35歳未満のときは「ヘ　500万円以上・15点」から、35歳以上40歳未満のときは「ホ　600万円以上・20点」から、40歳以上のときは「ハ　800万円以上・30点」から、それぞれ得点可能となっています。これらの具体的な金額は、厚生労働省「賃金構造基本統計調査」のそれぞれの年代における「大卒・院卒以上（全産業）の平均年収額」を参考に設定されたものです。 ※「平成22年賃金構造基本統計調査」による「大卒・院卒以上（全産業）の平均年収額 　　20代　　・・・・約376万円 　　30代前半・・・・約491万円 　　30代後半・・・・約591万円 　　40代以上・・・・約750万円
年齢の項 イ　年齢が30歳未満であること。　15点 ロ　年齢が30歳以上35歳未満であること。　10点 ハ　年齢が35歳以上40歳未満であること。　5点	1　年齢によりポイントが加点されます。 2　年齢は、在留資格認定証明書交付申請書に記載された入国予定日又は在留資格変更許可等の申請時におけるものに基づいてポイント計算します。

受入れの基準（高度専門職省令）	留意点
	3　年齢が若いこと（あるいは高いこと）自体は高度人材外国人としての能力・資質を示すものではありませんが、我が国の企業では年功序列的な賃金体系が根強く残っており、若年層はなかなか高収入を得られないため年収ポイントで高得点を期待することが難しくなり、結果的に年齢が若いことが不利に働くことになるため、これを補正するために年齢に応じて点数を付与することとされたものです。
研究実績の項 イ　次の(1)から(4)までのうち2以上に該当すること。　25点	1　本項目は、他の評価項目と異なり、イにおいて、基準に掲げる(1)から(4)に複数該当すれば25点、ロにおいて、イの基準に掲げる(1)から(4)のいずれか1つに該当すれば20点を付与されることとなります。 2　「高度専門職1号ロ」の「研究実績」よりもポイントが高く、かつ、複数の事項に該当した場合に追加的な加点がされるのは、「高度専門職1号イ」に従事する外国人については、研究実績に関する評価を高めることが適当であると考えられることによるものです。 3　各研究実績については、次のとおりです。
(1)発明者として特許を受けた発明が1件以上あること。	(1)　発明者として特許を受けた発明が1件以上ある場合 　a　特許は、「特許証」の提出を求めて確認することになります。 　b　特許発明の発明者は、労働基準法第14条に規定する「専門的知識等を有する労働者」と位置付けられていることから、特許の発明1件で20点を付与されることになっています。 　c　特許法第29条第1項には、「産業上利用することができる発明をした者は、…その発明について特許を受けることができる。」と規定されています。他方、同法第33条第1項は、「特許を受ける権利は、移転することができる。」と規定し、特許を受ける権利は発明者以外の者に移転し得ます（つまり、発明者＝特許権者とは必ずしもいえません。）。しかしながら、本項目において高度人材外国人の「研究実績」として評価の対象とされているのは、特許を受ける発明をしたことであり、単に特許権を有していることではありません。したがって「発明者として特許を受けた」と規定されたものです。 　d　特許庁ホームページから、「外国広報データベース」により、外国での特許取得事実の確認が可能です。
(2)外国政府から補助金、競争的資金その他の金銭の給付を受けた研究に3回以上従事したことがあること。	(2)　外国政府から補助金、競争的資金その他の金銭の給付を受けた研究に3回以上従事したことがある場合 　a　「競争的資金」とは、「資源配分主体が広く研究開発課題等を募り、提案された課題の中から、専門家を含む複数の者による科学的・技術的な観点を中心とした評価に基づいて実施すべき課題を採択し、研究者等に配分する研究開発資金」のことをいいます（第3期科学技術基本計画（平成18年3月28日（閣議決定））。 　b　補助金、競争的資金等を受けた回数を「3回以上」とし

受入れの基準（高度専門職省令）	留意点
	たのは、研究分野によって競争的資金等を獲得する機会は異なる傾向にあり、補助金等を受けた回数（件数）が１回（件）のみでは高度人材としての「研究実績」の評価としては不十分と考えられるため、さらに一定の実績の上積みを求めることとしたものです。
（3）我が国の国の機関において利用されている学術論文データベース（学術上の論文に関する情報の集合物であって、それらの情報を電子計算機を用いて検索することができるように体系的に構成したものをいう。以下同じ。）に登録されている学術雑誌に掲載されている論文（当該外国人が責任を持って論文に関する問合せに対応可能な著者（以下「責任著者」という。）であるものに限る。）が３本以上あること。	（3）　研究論文の実績については、**我が国の国の機関において利用されている学術論文データベースに登録されている学術雑誌に掲載されている論文**（申出人が責任著者であるものに限る。）**が３本以上ある場合** a 「我が国の国の機関において利用されている学術論文データベース」とは、世界規模で研究者の学術論文に関する情報を集約し、提供している民間企業のサービスがあり、我が国の国の機関において利用されているものを指しています。 （注）学術研究論文データベースについては、オランダの「エルゼビア社」が世界最大規模の18,500誌を収録しており、本制度の実施に当たって、同社のデータベース「SciVerse Scopus（サイバース・スコーパス）」を出入国在留管理庁の担当部局、地方局及び在留審査業務を行う支局に導入済みです。同データベースが導入されない出張所においては、所属する地方局等に対し、本件ポイントに該当することの有無を照会することになります。 　なお、学術論文データベースのサービスは、学術論文が掲載されている学術雑誌の情報を収集し、当該雑誌に掲載されている論文の情報と合わせてデータベース化されています。 b 「学術論文データベースに登録されている学術雑誌」とは、前述の学術論文データベースのサービスにおいて、学術論文が掲載されている学術雑誌の情報を収集し、当該雑誌に掲載されている論文の情報と合わせてデータベース化されているものといいます。 c 論文の本数を「３本以上」としたのは、論文１本で20点を付与することとした場合、博士号取得論文のみで20点を付与されることもあり得るところ、博士論文のみでは高度人材としての「研究実績」の評価としては不十分と考えられるため、さらに一定の実績の上積みを求めることとしたものです。 d 「**責任著者**」とは、学術論文の執筆に主たる責任を有する者を意味しています。学術論文には、共同執筆者が複数存在することが少なくなく、論文の基礎となる実験の実施に参画したスタッフも「執筆者」に含まれて記載されている場合もあります。しかしながら、高度人材としての「研究実績」の評価として、当該論文への寄与度に濃淡があるこれらの「執筆者」を同列に評価しポイントを付与することは合理的でないことから、当該論文に主たる責任を有する責任著者のみをポイントの対象とすることとしたものです。サイバース・スコーパスによる検索結果画面では、「著

受入れの基準（高度専門職省令）	留意点
（4）　（1）から（3）までに該当しない研究実績で当該外国人が申し出たものであって、これらと同等の研究実績として、関係行政機関の長の意見を聴いた上で**法務大臣が認めるものがある**こと。	者」欄で最初に表示される者が責任著者（筆頭著者）です。 （4）　「**法務大臣が認めるものがある**」とは、上記（1）から（3）までの項目以外で、当該項目におけるものと同等の研究実績があると申請人がアピールする場合（上記データベースで確認できない雑誌への論文掲載、著名な賞の受賞歴等）は、関係行政機関の長の意見を聴いた上で法務大臣が個別にポイント付与の適否について判断することになります。 a　（1）から（3）までの規定により定量的に評価する実績以外に、申請人が自己の研究実績として主張するものがあった場合に、当該研究の内容に専門的知見を有する関係行政機関の長の意見を聴いた上で、当該研究実績をポイントの対象とすることを想定したものです。 b　（1）から（3）までのいずれにも該当しないものを「研究実績」として疎明資料を提出して申請があった場合は、提出資料を添付して出入国在留管理庁に照会することとされています。
ロ　イの（1）から（4）までのいずれかに該当すること（イに該当する場合を除く。）。　　20点	
特別加算の項 イ　契約機関が中小企業者（中小企業基本法（昭和38年法律第154号）第2条第1項に規定する中小企業者をいう。以下同じ。）であって、かつ、**イノベーションの創出**（科学技術・イノベーション創出の活性化に関する法律（平成20年法律第63号）第2条第5項に規定するイノベーションの創出をいう。以下同じ。）の促進に資するものとして法務大臣が告示をもって定める法律の規定に基づく認定等を受けていること又は補助金の交付その他の支援措置であってイノベーションの創出の促進に資するものとして法務大臣が告示をもって定めるものを受けていること。　20点 ロ　契約機関が、イノベーションの創出の促進に資するものとして**法務大臣が告示をもって定める法律の規定に基づく認定等を受けていること又は補助金の交付その他の支援措置であってイノベーションの創出の促進に資するものとして法務大臣が告示をもって定めるものを受けていること**（イに該当する場合を除く。）。　10点	1　イ及びロについて （1）　科学技術・イノベーション創出の活性化に関する法律第2条第5項に規定する「**イノベーションの創出**」とは、「新商品の開発又は生産、新役務の開発又は提供、商品の新たな生産又は販売の方式の導入、役務の新たな提供の方式の導入、新たな経営管理方法の導入等を通じて新たな価値を生み出し、経済社会の大きな変化を創出すること」です。 （2）　「**法務大臣が告示をもって定める法律の規定に基づく認定等**」とは、入管法別表第1の2の表の高度専門職の項の下欄の基準を定める省令第1条第1項各号の表の特別加算の項の規定に基づき法務大臣が定める法律の規定等を定める件（平成26年法務省告示第578号。以下「高度専門職特別加算告示」という。）別表第1に掲げる法律において、これらの規定に基づく認定等を受けた事業者に対し、補助金の交付、税制若しくは金融上の措置その他の事業活動の促進等に係る支援措置を講じる制度が設けられているところ、その主務大臣等による認定等をいいます。高度専門職特別加算告示別表第1に掲げる法律の規定に基づく認定等を受けているものは、これらに掲げる法律の規定に基づく認定等について、各省から通知書等の交付を受けており、これら通知書等を提出することになります。 （注）　高度専門職特別加算告示別表第1に掲げる法律は、我が国産業の活性化・振興、地域経済の活性化、新たな事業活動・事業創出の促進、国際競争力の強化等を通じて、国民経済の健全な発展に寄与すること等を目的とするものであり、これらの法律に基づく措置は、上記（1）の「イノベーションの創出」に資するものと考えられます。 （3）　「**補助金の交付その他の支援措置であってイノベーションの創出の促進に資するものとして法務大臣が告示をもって定めるもの**」とは、国の各省が所管する補助金等の事業のう

受入れの基準（高度専門職省令）	留意点
	ち、事業目的に照らし、上記(1)の「イノベーションの創出」に資すると考えられるものが列挙されたものです。高度専門職特別加算告示別表第2に掲げる国の各省が所管する補助金等の事業の対象となり補助金等を受けているものは、各省から通知書等の交付を受けており、これら通知書等を提出することになります。
	(4)　イ及びロにおける加点の対象となる認定等は同じであるものの、イに該当する場合は20点、ロに該当する場合は10点の加点となっています。これは、イは所属機関が中小企業である場合を定めており、中小企業は大企業に比べ支払っている報酬が低く、年収での加点が比較的難しいという傾向があることから、高度人材外国人が、大企業のみならずより幅広い所属機関で活躍できるようにするため、中小企業の中でもイノベーションの創出の促進が期待される一定の特性をもった企業に限定して、そこで就労している場合には、大企業よりも加点することとされたものです。
ハ　法第7条の2第1項、第20条第2項、第21条第2項若しくは第22条の2第2項（法第22条の3において準用する場合を含む。）の規定による申請、法第11条第3項若しくは第49条第3項の規定による裁決又は法第61条の2の2第2項の規定による許可の日（以下「申請等の日」という。）の属する事業年度の前事業年度（申請等の日が前事業年度経過後2月以内である場合は、前々事業年度。以下同じ。）において契約機関（中小企業者に限る。）に係る試験研究費等比率（一事業年度における**試験研究費**及び開発費（法人税法施行令（昭和40政令第97号）第14条第1項第三号に規定する開発費及び新たな事業の開始のために特別に支出する費用をいう。）の合計額の収入金額（総収入金額から固定資産又は法人税法（昭和40年法律第34号）第2条第21号に規定する有価証券の譲渡による収入金額を控除した金額をいう。）に対する割合をいう。以下同じ。）が100分の3を超えること。　5点	2　ハについて (1)　いわゆる「研究開発型中小企業」で就労する外国人に係る加点項目です。当該企業は、イノベーションの創出の促進が期待される一定の特性をもった中小企業であることから、外国人が、当該中小企業で就労している場合に、加点することとされたものです。 (2)　「**試験研究費**」とは、新たな製品の製造又は新たな技術の発明に係る試験研究のために特別に支出する費用、「開発費」とは、新たな技術若しくは新たな経営組織の採用、資源の開発、市場の開拓又は新たな事業の開始のために特別に支出する費用で、それらの試験研究や開発を行うために要する原材料費、人件費（専門的な知識をもって当該試験研究又は開発の業務に専ら従事している者に限る。）及び経費（他の者に委託して試験研究又は開発を行う場合の委託費用を含む。）です。
ニ　**従事する業務に関連する外国の資格、表彰その他の高度な専門知識、能力又は経験を有している**ことを証明するものであって、イノベーションの創出の促進に資するものとして関係行政機関の長の意見を聴いた上で法務大臣が認めるもの（この表の研究実績の項に該当するものを除く。）があること。　5点	3　ニについて (1)　ニの「**外国の資格、表彰その他の高度な専門知識、能力又は経験を有していることを証明するもの**」については、いかなる外国資格や表彰が、産業イノベーションに貢献できる能力・資質を証明するかという点については、関係行政機関において、経済界から意見を聴取するなど、企業等の受入れ機関側のニーズを踏まえて判断されたものであることが前提であり、その上で、資格であれば、「専門的・技術的分野」と評価する上で目安としている「大卒」の要件を満たした上でなければ取得できないものであったり、表彰であれば、多数の候補者の中から極めて少数しか対象とならないものであるなど、高い水準の専門性や技術力を示すものと認められる

受入れの基準（高度専門職省令）	留意点
	必要があります。
	（2）　「**従事する業務**」の関連性は、申出に係る資格・試験について、当該資格等を有する者が通常従事する業務が申請に係る活動と分野、業種、職種等が同一あるいは類似のものであるかどうか、その資格等により証明されている技術等が申請に係る活動に資するものかどうかといった観点から、提出資料に基づき判断されることになります。なお、「イノベーションの創出」については前記1（1）を参照してください。
	（3）　研究実績の項イ（4）と異なり、申出に基づくことが要件とはされておらず、具体的な対象資格等は、法務大臣が、関係行政機関の長の意見を聴いた上で、事前に認定することが原則です。新たに外国人から申出があった場合には、法務大臣が、外国人の疎明に基づき、関係行政機関の長の意見を聴いた上でポイントの認定又は不認定の判断をすることとなり、認定されたその資格等は、以後、法務大臣が事前に認定したものとして扱われます。
ホ　**本邦の大学**を卒業し又は大学院の課程を修了して**学位を授与された**こと。　　10点	4　ホについて
	（1）　「**本邦の大学**」とは、「教授」、「留学」に規定する「本邦の大学」及び「留学」に係る上陸許可基準に規定する「本邦の大学」と同義です。したがって、学校教育法上の大学及び放送大学をいい、大学の別科、専攻科、短期大学、大学院等も含まれます。他方、日本の「大学に準ずる機関」（例えば、防衛大学校、航空大学校、大学入試センター、学位授与機構等）は含まれません。
	（2）　「**学位を授与された**」とは、学校教育法第104条の規定に基づき、学位を授与されたことをいいます。同条第1項及び第3項により、大学を卒業した者には「学士」、大学院（専門職大学院を除く。）の課程を修了した者には「修士」又は「博士」、専門職大学院の課程を修了した者には文部科学大臣の定める学位（専門職学位）、短期大学を卒業した者には「短期大学士」の学位がそれぞれ授与されます。
	（3）　学校教育法第104条第4項に基づき、防衛大学校、航空大学校等を卒業した者に対して独立行政法人大学評価・学位授与機構が学位を授与する場合がありますが、上記(1)のとおり、これら「大学に準ずる機関」は本項にいう「本邦の大学」には含まれません。
	（4）　本項と「学歴」の項は並立します。したがって、日本の大学院を修了し修士の学位を授与された者の場合、「学歴」20点＋「特別加算」10点＝30点が付与されます。
へ　**日本語を専攻して外国の大学**を卒業し、又は日常的な場面で使われる日本語に加え、論理的にやや複雑な日本語を含む**幅広い場面で使われる日本語を理解する**ことができる**能力**を有していることを試験により証明されていること。　　15点	5　へについて
	（1）　「**日本語を専攻して**」とは、外国の大学において、日本語に関する学問（日本語学、日本語教育学等）に係る学部・学科、研究科等を専攻したことを指します。これらの学部・学科、研究科等が記載された卒業証明書等が必要です。
	（2）　「**外国の大学**」の「大学」には、大学院及び短期大学を含みます（前記4（1）参照）。なお、「外国の大学を卒業し」た者には、「大学に準ずる機関を卒業した者」及び「大学卒

受入れの基準（高度専門職省令）	留意点
	業者と同等以上の教育を受けた者」は含まれません。
	（3）　「専攻して」とは、「教育」、「技術・人文知識・国際業務」に係る上陸許可基準に規定する「（科目を）専攻して」と同義です。
	（4）　「**幅広い場面で使われる日本語を理解することができる能力**」とは、具体的には、独立行政法人国際交流基金と公益財団法人日本国際教育支援協会が実施する「日本語能力試験」のN1のレベルに合格する能力をいいます。なお、同試験のほか、他の日本語能力に関する試験でこれと同等の能力を有していると考えられるものとして、公益財団法人日本漢字能力検定協会が実施する「BJTビジネス日本語能力テスト」において480点以上を得点した者が対象となります。これらの試験に係る合格・成績証明書が必要です。
ト　日常的な場面で使われる日本語を理解することができるほか、論理的にやや複雑な日本語を含む幅広い場面で使われる日本語をある程度理解することができる能力を有していることを試験により証明されていること（ホ又はへに該当する場合を除く。）。　10点	6　トについて 　「**日常的な場面で使われる日本語を理解することができるほか、論理的にやや複雑な日本語を含む幅広い場面で使われる日本語をある程度理解することができる能力**」とは、具体的には、独立行政法人国際交流基金と公益財団法人日本国際教育支援協会が実施する「日本語能力試験」のN2のレベルに合格する能力です。なお、同試験のほか、他の日本語能力に関する試験でこれと同等の能力を有していると考えられるものとして、公益財団法人日本漢字能力検定協会が実施する「BJTビジネス日本語能力テスト」において400点以上を得点した者が対象となります。これらの試験に係る合格・成績証明書が必要です。 　なお、本項目には、「ホ又はへに該当する場合を除く。」とあることから、ホ「本邦の大学を卒業し又は大学院の課程を修了して学位を授与されたこと。」及びへ「日本語を専攻して外国の大学を卒業し、又は日常的な場面で使われる日本語に加え、論理的にやや複雑な日本語を含む幅広い場面で使われる日本語を理解することができる能力を有していることを試験により証明されていること。」と重複して加算することは認められないことになっています。
チ　将来において成長発展が期待される分野の先端的な事業として関係行政機関の長の意見を聴いた上で法務大臣が認める事業を担うものであること。　10点	7　チについて （1）　成長分野に高度な技術等を有する外国人を受け入れることは、我が国の成長の加速化に資することから、優秀な外国人プロジェクト従事者が高度人材と認められる可能性を高めること、及びプロジェクトに必要な人材を確保することを目的として、成長分野（IoTや再生医療等）において所管省庁が関与する先端プロジェクトに従事する人材については、加点の対象となります。 （2）　具体的な対象事業は、申請に基づいて個別に判断するものではなく、法務大臣が関係行政機関の長の意見を聴いた上で事前に認定します。また、イ及びロとは異なり、契約機関が特定のプロジェクトを実施するだけでは加算対象とならず、申請人が当該プロジェクトに実際に従事する場合に加算対象となります。

受入れの基準（高度専門職省令）	留意点
	なお、対象事業については、「事業名」及び「対象となる活動内容」等を記載したリストが法務省ホームページに掲載されるので、契約機関が対象プロジェクトを実施していることを立証する資料及び申請人が対象となる活動内容に実際に従事することを立証する資料が必要です。
リ　関係行政機関の長の意見を聴いた上で法務大臣が告示をもって定める大学を卒業し、又はその大学の大学院の課程を修了して学位を授与されたこと。　10点	8　リについて 　次の（1）（2）又は（3）のいずれかに該当する大学を卒業した者（当該大学の大学院の修了者を含む。）を特別加算の対象とするものです。該当する大学のリストについては、法務省ホームページに掲載されるので、これらのリストにより確認することになります（申請時点でリストに掲載されていれば差し支えないことになっています。）。 　なお、（1）（2）又は（3）について重複して加算することは認められませんが、ホ「本邦の大学を卒業し又は大学院の課程を修了して学位を授与されたこと。」と重複して加算することは認められています。 （1）　次に掲げる指標（いずれも直近のものに限る。）のうち2以上において上位300位まで掲げられている大学又はいずれかにランクづけされている日本の大学 　　a　クアクアレリ・シモンズ社（英国）が公表する世界大学ランキング（QS・ワールド・ユニバーシティ・ランキングス） 　　b　タイムズ社（英国）が発行するタイムズ・ハイアー・エデュケーション誌において公表される世界大学ランキング（THE・ワールド・ユニバーシティ・ランキングス） 　　c　上海交通大学（中国）が公表する世界大学学術ランキング（アカデミック・ランキング・オブ・ワールド・ユニバーシティズ） （2）　文部科学省が実施するスーパーグローバル大学創成支援事業（トップ型及びグローバル化牽引型）において、補助金の交付を受けている大学 （3）　外務省が実施するイノベーティブ・アジア事業において、パートナー校として指定を受けている大学 　　「イノベーティブ・アジア事業の実施」に関する指針（平成29年外務省告示第27号）別表に掲げるパートナー校が対象となります。
ヌ　国又は国から委託を受けた機関が実施する研修であって、法務大臣が告示をもって定めるものを修了したこと（本邦の大学又は大学院の授業を利用して行われる研修にあっては、ホに該当する場合を除く。）。　5点	9　ヌについて 　外務省が実施するイノベーティブ・アジア事業の一環として、同省から委託を受けた独立行政法人国際協力機構（以下「JICA」という。）が日本で実施する研修であって、研修期間が一年以上の者が対象となることから、JICAが発行する研修修了証明書で対象となる研修修了者であることを確認します。 　なお、日本の大学又は大学院の授業を利用して行われる研修に参加した場合は、「ホ　本邦の大学を卒業し又は大学院の課程を修了して学位を授与されたこと」と重複して加算することは認められないことになっています。 　また、本研修修了者については、日本再興戦略2016を踏

受入れの基準（高度専門職省令）	留意点
	まえ、提出書類を簡素化することとされており、申請人の学歴及び職歴その他経歴等を証明する資料は、原則として提出の必要はないこととされていますが、申請人が職歴のポイントの付与を希望する場合には、疎明資料を提出することになります。

受入れの基準（高度専門職省令）	留意点
高度専門職1号ロ **第1条第1項第2号** 　法別表第1の2の表の高度専門職の項の下欄第1号ロに掲げる活動を行う外国人であって、次の表の上欄に掲げる項目に係る同表の中欄に掲げる基準（**年収の項にあっては**、当該時点における当該外国人の年齢が30歳未満のときは同項のイからトまで、30歳以上35歳未満のときは同項のイからヘまで、35歳以上40歳未満のときは同項のイからホまで、40歳以上のときは同項のイからハまでに掲げる基準）に応じ、同表の下欄に掲げる点数を合計したものが70点以上であり、かつ、契約機関及び外国所属機関から受ける報酬の年額の合計が300万円以上であること。	1　「高度専門職1号ロ」を取得するためには、本号に規定するポイント計算方法により、70点以上の点数を有していることを要します。 2　「**年収の項にあっては**」の規定は、前記「年収」の項を参照してください。 3　「高度専門職1号ロ」については、年収が最低基準額に達しない場合は一律に点数がゼロ（不合格）になることが規定されたものです。この基準額は、厚生労働省の賃金構造統計基本調査を参考に、比較的規模の小さい企業・若年層の年収等を考慮して設定されています。 ※厚生労働省の「平成24年賃金構造統計基本調査」によれば、小企業（10～99人）における全学歴（中卒以上）の30歳未満の平均年収は約290万円（年収（決まって支給する現金給与額×12月）＋年間賞与額）となっています。
学歴の項 イ　博士の学位を有していること。　30点 ロ　経営管理に関する専門職学位を有していること（イに該当する場合を除く。）。　25点 ハ　修士の学位又は専門職学位を有していること（イ又はロに該当する場合を除く。）。　20点 ニ　**大学を卒業し又はこれと同等以上の教育を受けたこと**（イからハまでに該当する場合を除く。）。　10点 ホ　**複数の分野**において博士若しくは修士の学位又は専門職学位を有していること。　5点	1　「専門職学位」については、**高度専門職1号イ**学歴の項を参照してください。 2　「**経営管理に関する専門職学位**」とは、経営に関する専門職大学院を修了し、「経営学修士（専門職）」等の専門職学位を授与されたことをいい、いわゆるMBA・MOTがこれに該当します。また、海外において授与されたこれに相当する学位も含まれます。 3　ロの「イに該当する場合を除く。」については、**高度専門職1号イ**学歴の項を参照。また、ハ「イ又はロに該当する場合を除く。」、ニ「イからハまでに該当する場合を除く。」も同趣旨であり、例えば、大学を卒業した後、修士課程を修了して「修士」の学位を有している場合は、点数は20点です（20＋10＝30点とはなりません。）。 4　ニ「**大学を卒業し又はこれと同等以上の教育を受けた**」については、**高度専門職1号イ**学歴の項を参照してください。 5　「**複数の分野において**」については、**高度専門職1号イ**学歴の項を参照してください。
職歴の項 イ　従事する業務について10年以上の実務経験があること。　20点 ロ　従事する業務について7年以上10年未満の実務経験があること。　15点 ハ　従事する業務について5年以上7年未満の実務	本項目については、**高度専門職1号イ**職歴の項と同様です。

受入れの基準（高度専門職省令）	留意点
経験があること。　10点 ニ　従事する業務について3年以上5年未満の実務 　経験があること。　5点 **年収の項** イ　契約機関及び外国所属機関から受ける報酬の年 　額の合計が1,000万円以上であること。　40点 ロ　契約機関及び外国所属機関から受ける報酬の年 　額の合計が900万円以上1,000万円未満であるこ 　と。　35点 ハ　契約機関及び外国所属機関から受ける報酬の年 　額の合計が800万円以上900万円未満であること。 　30点 ニ　契約機関及び外国所属機関から受ける報酬の年 　額の合計が700万円以上800万円未満であること。 　25点 ホ　契約機関及び外国所属機関から受ける報酬の年 　額の合計が600万円以上700万円未満であること。 　20点 ヘ　契約機関及び外国所属機関から受ける報酬の年 　額の合計が500万円以上600万円未満であること。 　15点 ト　契約機関及び外国所属機関から受ける報酬の年 　額の合計が400万円以上500万円未満であること。 　10点	「高度専門職1号ロ」「高度専門職1号ハ」については、高度 専門職省令の規定により、300万円に満たない場合は、他の項 目の点数にかかわらず、合計点は零となります。
年齢の項 イ　年齢が30歳未満であること。　15点 ロ　年齢が30歳以上35歳未満であること。　10点 ハ　年齢が35歳以上40歳未満であること。　5点	本項目については、**高度専門職1号イ**年齢の項と同様です。
研究実績の項 　次のイからニまでのうち一以上に該当すること。 15点 イ　発明者として特許を受けた発明が1件以上ある 　こと。 ロ　外国政府から補助金、競争的資金その他の金銭 　の給付を受けた研究に3回以上従事したことがあ 　ること。 ハ　我が国の国の機関において利用されている学術 　論文データベースに登録されている学術雑誌に掲 　載されている論文（当該外国人が責任著者である 　ものに限る。）が3本以上あること。 ニ　イからハまでに該当しない研究実績で当該外国 　人が申し出たものであって、これらと同等の研究 　実績として、関係行政機関の長の意見を聴いた上 　で法務大臣が認めるものがあること。	本項目については、**高度専門職1号イ**研究実績の項と同様で す。

受入れの基準（高度専門職省令）	留意点
資格の項 イ　次の(1)から(3)までのうち一以上に該当すること。　10点 　(1) 従事する業務に関連する二以上の我が国の国家資格（資格のうち、法令において当該資格を有しない者は当該資格に係る業務若しくは行為を行い、又は当該資格に係る名称を使用することができないこととされているものをいう。以下同じ。）を有していること。 　(2) 基準省令の技術・人文知識・国際業務の項の下欄第一号ただし書の規定に基づき法務大臣が告示をもって定める情報処理技術に関する試験のうち、二以上に合格したこと。 　(3) 基準省令の技術・人文知識・国際業務の項の下欄第一号ただし書の規定に基づき法務大臣が告示をもって定める情報処理技術に関する資格のうち、二以上を有していること。 ロ　次の(1)から(3)までのうち二以上に該当すること（イに該当する場合を除く。）。　10点 　(1) 従事する業務に関連する我が国の国家資格を有していること。 　(2) 基準省令の技術・人文知識・国際業務の項の下欄第一号ただし書の規定に基づき法務大臣が告示をもって定める情報処理技術に関する試験に合格したこと。 　(3) 基準省令の技術・人文知識・国際業務の項の下欄第一号ただし書の規定に基づき法務大臣が告示をもって定める情報処理技術に関する資格を有していること。 ハ　ロの(1)から(3)までのいずれかに該当すること（イ又はロに該当する場合を除く。）。　5点	1　「資格のうち、法令において当該資格を有しない者は当該資格に係る業務若しくは行為を行い、又は当該資格に係る名称を使用することができないこととされているもの」とは、いわゆる「業務独占資格」「名称独占資格」を指しています。 2　「従事する業務」との関連性は、申出に係る資格・試験について、当該資格等を有する者が通常従事する業務が申請に係る活動と分野、業種、職種等が同一あるいは類似のものであるかどうか、当該資格等により証明されている技術等が申請に係る活動に資するものかどうかといった観点から、提出資料に基づき判断されることとなります。 3　日本の国家資格を本項目によるポイント付与の対象としたのは、資格には法的根拠を有するもののほか、民間ベースの資格も存在し、その内容は多様であるところ、当該資格が証明する知識・技術の評価の客観性や、入管局の審査における公平性を担保する観点から、資格の付与について法的根拠を有する日本の国家資格をポイント付与の対象とすることとされたものです。 4　基準省令の技術・人文知識・国際業務の在留資格に係る基準の特例を定める件（IT告示）に列挙する資格・試験を本項目によるポイント付与の対象としたのは、外国の国家資格を網羅的に把握することは不可能に近いこと、同種の資格であっても国や試験の実施機関によって評価基準、審査方法等が異なっていることなどから、外国の国家資格について画一的にポイント付与の対象とするのが適当でなく、日本の国家資格と相互認証されている資格は日本の同種の国家資格と同様の資格と認定されたものであることから、ポイント付与の対象とすることとされたものです。 5　ポイント付与の対象とする国家資格をいわゆる「業務独占資格」と「名称独占資格」に限定したのは、単に試験によって知識や技能が一定の段階以上に達していることを確認・証明されたというにとどまらず、当該資格を有しなければ当該資格に係る業務を行うことができず、あるいは、当該資格を呼称することができないものであって、他の資格と異なる法的位置付けがなされているものであることが考慮されたものです。 6　イは(1)から(3)に該当する資格・試験を同じ分野であっても2つ以上有している場合は、10点を付与するという意味であり、ロは中欄の基準に該当する異なる分野の資格・試験を2つ以上有している場合は、10点を付与するという考え方です。したがって、例えば、イについては、弁護士資格と公認会計士資格の両方を有している場合、ロについては、日本の「システムアナリスト試験」とシンガポールコンピューターソサイエティが認定する「サーティファイド・IT・プロジェクト・マネージャー」の両方に合格している場合が考えられ、その場合はそれぞれ10点が付与されます。ただし、日本の国家資格については、「従事する業務に関連する」ものであることを要します。

受入れの基準（高度専門職省令）	留意点
特別加算の項 イ　契約機関が中小企業者であって、かつ、イノベーションの創出の促進に資するものとして法務大臣が告示をもって定める法律の規定に基づく認定等を受けていること又は補助金の交付その他の支援措置であってイノベーションの創出の促進に資するものとして法務大臣が告示をもって定めるものを受けていること。　20点 ロ　契約機関がイノベーションの創出の促進に資するものとして法務大臣が告示をもって定める法律の規定に基づく認定等を受けていること又は補助金の交付その他の支援措置であってイノベーションの創出の促進に資するものとして法務大臣が告示をもって定めるものを受けていること（イに該当する場合を除く。）。　10点 ハ　申請等の日の属する事業年度の前事業年度において契約機関（中小企業者に限る。）に係る試験研究費等比率が100分の3を超えること。　5点 ニ　従事する業務に関連する外国の資格、表彰その他の高度な専門知識、能力又は経験を有していることを証明するものであって、イノベーションの創出の促進に資するものとして関係行政機関の長の意見を聴いた上で法務大臣が認めるもの（この表の研究実績及び資格の項に該当するものを除く。）があること。　5点 ホ　本邦の大学を卒業し又は大学院の課程を修了して学位を授与されたこと。　10点 ヘ　日本語を専攻して外国の大学を卒業し、又は日常的な場面で使われる日本語に加え、論理的にやや複雑な日本語を含む幅広い場面で使われる日本語を理解することができる能力を有していることを試験により証明されていること。　15点 ト　日常的な場面で使われる日本語を理解することができるほか、論理的にやや複雑な日本語を含む幅広い場面で使われる日本語をある程度理解することができる能力を有していることを試験により証明されていること（ホ又はヘに該当する場合を除く。）。　10点 チ　将来において成長発展が期待される分野の先端的な事業として関係行政機関の長の意見を聴いた上で法務大臣が認める事業を担うものであること。　10点	7　従事する業務に関連する場合でポイント付与の対象となる国家資格に当たるかどうかについては、入管局に照会することになります。 　本項目については、**高度専門職1号イ**特別加算の項と同様です。

141

受入れの基準（高度専門職省令）	留意点
リ　関係行政機関の長の意見を聴いた上で法務大臣が告示をもって定める大学を卒業し、又はその大学の大学院の課程を修了して学位を授与されたこと。　10点 ヌ　国又は国から委託を受けた機関が実施する研修であって、法務大臣が告示をもって定めるものを修了したこと（本邦の大学又は大学院の授業を利用して行われる研修にあっては、ホに該当する場合を除く。）。　5点	

受入れの基準（高度専門職省令）	留意点
高度専門職1号ハ **第1条第1項第3号** 　法別表第1の2の表の高度専門職の項の下欄第1号ハに掲げる活動を行う外国人であって、次の表の上欄に掲げる項目に係る同表の中欄に掲げる基準に応じ、同表の下欄に掲げる点数を合計したものが70点以上であり、かつ、活動機関（法別表第一の二の表の高度専門職の項の下欄第一号ハに掲げる活動を行う本邦の公私の機関をいう。以下同じ。）及び外国所属機関（外国の公私の機関の職員が当該機関から転勤して活動機関に受け入れられる場合における当該外国の公私の機関をいう。以下この号及び次条第1項第一号ハにおいて同じ。）から受ける報酬の年額の合計が300万円以上であること。	1　「高度専門職1号ハ」は、本号に規定するポイント計算方法により、70点以上の点数を有していることを要します。 2　「高度専門職1号ハ」についても「高度専門職1号ロ」と同様に、年収が最低基準額に達しない場合は一律に点数がゼロ（不合格）となります。 3　「高度専門職1号イ」のポイント計算に係る本条第1項第1号及び「高度専門職1号ロ」のポイント計算に係る本条第1項第2号とは異なり、本号における年収ポイントの計算については、年齢に応じた適用基準の区別はありません。これは、企業等の経営者・管理者については年功序列的な賃金体系が採られていることは想定されず、年齢によって高度人材として評価すべき賃金水準に差を設ける必要はないからです。また、同様の理由により、年齢が若いことが不利に働くことはないので、第1号及び第2号と異なり、本号においては「年齢」の項を設けていません。
学歴の項 イ　経営管理に関する専門職学位を有していること。　25点 ロ　博士若しくは修士の学位又は専門職学位を有していること（イに該当する場合を除く。）。　20点 ハ　**大学を卒業し又はこれと同等以上の教育を受けたこと（イ又はロに該当する場合を除く。）。10点** ニ　**複数の分野において博士若しくは修士の学位又は専門職学位を有していること。　5点**	1　「専門職学位」については、前記**高度専門職1号イ**学歴の項を参照してください。 2　「**経営管理に関する専門職学位を有していること**」については、前記**高度専門職1号ロ**学歴の項を参照してください。 3　ロの「（イに該当する場合を除く。）」及びハの「（イ又はロに該当する場合を除く。）」については、前記**高度専門職1号ロ**学歴の項を参照してください。 4　ハの「**大学を卒業し又はこれと同等以上の教育を受けた**」とは、前記**高度専門職1号イ**学歴の項と同様です。 5　ニの「**複数の分野において**」は、前記**高度専門職1号イ**学歴の項を参照してください。
職歴の項 イ　事業の経営又は管理について10年以上の実務経験があること。　25点 ロ　事業の経営又は管理について7年以上10年未満の実務経験があること。　20点 ハ　事業の経営又は管理について5年以上7年未満	1　「事業の経営又は管理」に関する「実務経験」とは、「経営・管理」に係る上陸許可基準の「事業の経営又は管理」に関する経験と同様です。ただし、本項の実務経験年数には、「大学院において経営又は管理に係る科目を専攻した期間」は含まれません。 2　「実務経験」については、前記**高度専門職1号イ**職歴の項

受入れの基準（高度専門職省令）	留意点
の実務経験があること。　15点 ニ　事業の経営又は管理について３年以上５年未満の実務経験があること。　10点 **年収の項** イ　活動機関及び外国所属機関から受ける報酬の年額の合計が3,000万円以上であること。　50点 ロ　活動機関及び外国所属機関から受ける報酬の年額の合計が2,500万円以上3,000万円未満であること。　40点 ハ　活動機関及び外国所属機関から受ける報酬の年額の合計が2,000万円以上2,500万円未満であること。30点 ニ　活動機関及び外国所属機関から受ける報酬の年額の合計が1,500万円以上2,000万円未満であること。　20点 ホ　活動機関及び外国所属機関から受ける報酬の年額の合計が**1,000万円以上**1,500万円未満であること。　10点 **地位の項** イ　活動機関の代表取締役、代表執行役又は業務を執行する社員（代表権を有する者に限る。）として当該機関の事業の経営又は管理に従事すること。　10点 ロ　活動機関の取締役、執行役又は業務を執行する社員として当該機関の事業の経営又は管理に従事すること（イに該当する場合を除く。）。　5点	を参照してください。 1　「報酬」については、前記**高度専門職１号イ**年収の項を参照してください。 2　本項目は、第１号及び第２号と異なり、年齢に応じて適用される基準に差を設けることとされてはいません。 3　ポイントが付与される年収の最低額を「1,000万円以上」としたのは、「高度専門職１号イ」及び「高度専門職１号ロ」の在留資格に係る年収ポイントの最高年数が年収「1,000万円以上」に配点されており、経営幹部として通常これらの者よりも高額の報酬を受けることが想定されることから、1,000万円から加点することとされたものです。 1　所属機関の代表取締役、代表執行役又は業務を執行する社員（代表権を有する者に限る。）として当該機関の事業の経営又は管理に従事すること 2　所属機関の取締役、執行役又は業務を執行する社員として当該機関の事業の経営又は管理に従事すること（前記１に該当する場合を除く。） （注１）ポイントを付与する対象を（代表）取締役、（代表）執行役、（代表権を有する）業務執行社員に限定しているのは、これらの地位は、会社法制上会社の経営に特別の責任・権限を負うものであることから、経営・管理活動に従事する高度人材の評価として、特に加点の対象とされているものです。 　　監査役及び会計参与については、会社法上の会社の役員ではありますが、ポイント付与の対象としていません。これらの地位にある者は、会社の業務執行を監査する権限を有していますが、会社の意思決定や業務執行そのものには関与しないこと等イノベーションの創出等が期待される高度人材外国人の活動と直接的な関連性があるとは言えないことによります。 （注２）申請人が経営・管理する会社・法人の定款の写し等により当該地位を確認します。 3　法律上資格を有しなければ行うことができないこととされている法律若しくは会計に係る業務に従事する高度人材外国人が、その業務に関する法律（いわゆる士業法）に基づき設立された法人の社員である場合は、その法人の社員はその法人の業務執行権を有することとされているので、本項目の対象となります。他方、個人事業主として当該業務を行う

受入れの基準（高度専門職省令）	留意点
	ための事業所を経営・管理する場合は、本項目に規定する地位を有しないので対象とはなりません。 (注) 弁護士法人については、弁護士法人の社員は、定款で別段の定めがある場合を除き、すべて業務を執行する権利を有し、義務を負い（弁護士法第30条の12）、弁護士法人の業務を執行する社員は各自弁護士法人を代表する（同法第30条の13第1項）が、業務を執行する社員中特に弁護士法人を代表すべき社員を定めることを妨げない（同条第2項）。したがって、弁護士法人の社員は、原則として、本項目のイに該当しますが、法人を代表する社員が別に定められている場合は、当該代表社員のみがイに該当し、その他の社員はロに該当することになります。 　弁護士法人以外についても、以下のとおり弁護士法と同様の規定が置かれていますが、海事代理士については法人設立の規定がないため、本項目の対象とはなりません。 ・司法書士法人…司法書士法第36条、第37条第1項 ・土地家屋調査士法人…土地家屋調査士法第35条、第35条の2第1項 ・監査法人（外国監査法人）…公認会計士法第34条の10の2第1項・第2項、第34条の10の3第1項・第2項 ・税理士法人…税理士法第48条の11第1項、第48条の21第1項（が準用する会社法第599条第1項・第3項） ・社会保険労務士法人…社会保険労務士法第25条の15、第25条の15の2第1項 ・特許業務法人…弁理士法第46条、第47条の2第1項 ・行政書士法人…行政書士法第13条の12第1項、第13条の13第1項 4　ロの「（イに該当する場合を除く。）」とは、例えば、代表取締役の地位にある者は同時に取締役でもあるが、点数は10点である（10＋5＝15点とはならない）ことを規定したものです。
特別加算の項 イ　活動機関が中小企業者であって、かつ、イノベーションの創出の促進に資するものとして法務大臣が告示をもって定める法律の規定に基づく認定等を受けていること又は補助金の交付その他の支援措置であってイノベーションの創出の促進に資するものとして法務大臣が告示をもって定めるものを受けていること。　20点 ロ　活動機関がイノベーションの創出の促進に資するものとして法務大臣が告示をもって定める法律の規定に基づく認定等を受けていること又は補助金の交付その他の支援措置であってイノベーションの創出の促進に資するものとして法務大臣が告	本項目のうち、イからヌまでについては、前記**高度専門職1号イ**特別加算の項と同様です。 ルについては、申請人の資本金又は出資額が1億円以上あることを立証する資料を提出することになります。

受入れの基準（高度専門職省令）	留意点
示をもって定めるものを受けていること（イに該当する場合を除く。）。　10点 ハ　申請等の日の属する事業年度の前事業年度において活動機関（中小企業者に限る。）に係る試験研究費等比率が100分の3を超えること。　5点 ニ　従事する業務に関連する外国の資格、表彰その他の高度な専門知識、能力又は経験を有していることを証明するものであって、イノベーションの創出の促進に資するものとして関係行政機関の長の意見を聴いた上で法務大臣が認めるものがあること。　5点 ホ　本邦の大学を卒業し又は大学院の課程を修了して学位を授与されたこと。　10点 ヘ　日本語を専攻して外国の大学を卒業し、又は日常的な場面で使われる日本語に加え、論理的にやや複雑な日本語を含む幅広い場面で使われる日本語を理解することができる能力を有していることを試験により証明されていること。　15点 ト　日常的な場面で使われる日本語を理解することができるほか、論理的にやや複雑な日本語を含む幅広い場面で使われる日本語をある程度理解することができる能力を有していることを試験により証明されていること（ホ又はヘに該当する場合を除く。）。　10点 チ　将来において成長発展が期待される分野の先端的な事業として関係行政機関の長の意見を聴いた上で法務大臣が認める事業を担うものであること。　10点 リ　関係行政機関の長の意見を聴いた上で法務大臣が告示をもって定める大学を卒業し、又はその大学の大学院の課程を修了して学位を授与されたこと。　10点 ヌ　国又は国から委託を受けた機関が実施する研修であって、法務大臣が告示をもって定めるものを修了したこと（本邦の大学又は大学院の授業を利用して行われる研修にあっては、ホに該当する場合を除く。）。　5点 ル　本邦の公私の機関において貿易その他の事業の経営を行う場合にあっては、当該事業に自ら一億円以上を投資していること。　5点	

在留資格認定証明書交付申請時における留意点

1 「高度専門職1号」は、別表第一の一の表の「教授」から「報道」及び別表第一の二の表の「経営・管理」から「技能」までのいずれかに該当する活動であることが前提となっています。そのため、「高度専門職1号」については、①これら各在留資格の該当性、基準適合性、②「高度専門職1号」の在留資格の該当性、高度専門職省令の基準適合性を確認します。

(注) 高度専門職省令の特例

　　平成31年3月15日に法務省関係国家戦略特別区域法第26条に規定する政令等規制事業に係る省令の特例に関する措置を定める命令（平成27年内閣府・法務省令第4号）の一部が改正され、高度専門職省令の特別加算の規定の適用に係る特例として、国家戦略特別区域高度人材外国人受入促進事業を定めた区域計画について、内閣総理大臣の認定を受けたときは、当該認定の日以後は、当該機関が契約機関又は活動機関である場合における高度専門職省令第1条第1項各号及び第2条第1項第1号の規定の適用については、これらの規定中「合計したもの」とあるのは「合計したものに、10点を加算したもの」とされました。

2 「教授」から「報道」及び「経営・管理」から「技能」までの在留資格の該当性、基準該当性の確認

① その在留資格のいずれかに該当し、かつ、上陸許可基準に定める基準に適合すると判断された場合、次の3に従い、「高度専門職1号」の在留資格の該当性、高度専門職省令の基準適合性等を確認します。

② ①以外の場合は、次の4に従います。

3 「高度専門職1号」の在留資格の該当性、高度専門職省令の基準適合性を確認

① 行おうとする活動について、「高度専門職1号イ・ロ・ハ」のいずれかに該当するかどうかを確認します。

　　(注) 原則として、申請人の申し出た活動の内容に応じて、「高度専門職1号イ・ロ・ハ」のいずれかへの該当性を確認します。なお、これら3つは、その一つに該当すれば他に該当しないというものではなく、重複して該当し得るので注意してください。

　　ア 「高度専門職1号イ・ロ・ハ」のいずれかに該当する場合は、次の②に従い、所定のポイントを計算します。

　　イ 「高度専門職1号イ・ロ・ハ」のいずれにも該当しない場合は、次の4によります。

② 前記①において、「高度専門職省令1号イ・ロ・ハ」のいずれかに該当すると確認できた場合は、上陸許可基準2号の基準適合性を確認し、適合する場合には、高度専門職省令第1条の規定に基づき、申請人のポイントを計算します。計算したポイントの合計が70点に満たない場合は、他に該当する区分があればその区分についてのポイントを計算し、他に該当する区分がなければ、次の4によります。

4 「高度専門職1号」の在留資格に該当しない場合の対応

　　別表第一の一の表の「教授」から「報道」及び別表第一の二の表の「経営・管理」から「技能」までのいずれかに該当し、かつ、上陸許可基準に定める基準に適合するかどうかを確認し、その該当する在留資格の在留資格認定証明書交付申請を行うかどうかを判断します。なお、「高度専門職1号」の在留資格認定証明書交付申請を行った後、審査の結果、「高度専門職1号」に該当しないと判断された場合は、その旨の説明とともに、他の在留資格に該当しその上陸許可基準に適合するときは、その在留資格に係る在留資格認定証明書の交付の希望を確認されます。その際、その該当する在留資格に係る在留資格認定証明書の交付を希望する旨の意思表示をすれば、その在留資格に係る在留資格認定証明書が交付されます。

　　【参考】「高度専門職1号」に該当しない場合に在留資格認定証明書の交付申請が考えられる在留資格は次のとおりです。なお、「高度専門職1号ロ」は、技術・人文知識・国際業務の活動と異なり、他の活動と重複する活動が除外されていないため、「高度専門職1号イ」や「高度専門職1号ハ」に相当する活動を行う場合も対象となり得ることに留意してください。

　　「高度専門職1号イ」

　　　(想定) 教授、研究、特定活動（告示第36号）

　　　(可能性) 教育、技術・人文知識・国際業務、企業内転勤、宗教、技能、特定活動（告示第37号）

　　「高度専門職1号ロ」

　　　(想定) 法律・会計業務、医療、技術・人文知識・国際業務、企業内転勤、特定活動（告示第37号）

　　　(可能性) 教授、芸術、報道、経営・管理、研究、教育、介護、興行、特定活動（告示第36号）

　　「高度専門職1号ハ」

（想定）経営・管理、法律・会計業務 （可能性）技術・人文知識・国際業務、興行、芸術、報道、医療、研究、特定活動（告示第36号）、 　　　　　特定活動（告示第37号）

在留期間の更新申請時における留意点

「高度専門職1号」の在留期間の更新許可申請をする場合には、高度専門職省令第1条に定めるところにより、次の点に留意します。

1　外国人が次のいずれにも該当することを確認します。
　①　現に指定されている活動を行おうとするものであること
　②　高度専門職省令第1条の規定により計算した合計点が70点以上であること
2　ポイント計算の結果合計点が70点に満たない場合は、他の在留資格への変更を検討します。他の在留資格への変更が許可できる場合において、外国人から現申請の申請内容をその在留資格への変更許可申請に変更する旨の意思表示が行われたときは、他の在留資格への変更が許可されます。

優先処理

1　高度専門職の在留資格に係る申請については、全て優先処理されることになっています。
2　処理
　①　在留資格認定証明書交付申請　　　　10日以内
　②　在留資格の変更及び在留期間の更新許可申請　　　　5日以内
（注）研究実績に係るポイント計算のために関係行政機関等に照合を要するもの及び提出資料の信ぴょう性に疑義のあるものを除きます。

受入れ機関のカテゴリー別申請書類

在留資格認定証明書交付申請・在留資格変更許可申請の場合

1　申請書
2　申請人の活動に応じた入管法施行規則別表第3に規定する在留資格の項の下欄に掲げる文書
　（注）日本において行おうとする活動に応じた在留資格の提出資料が、カテゴリーにより分かれている場合は、当該カテゴリーに応じた資料。ただし、所属する企業がカテゴリー1又は2に該当する場合は、カテゴリーを立証する資料のみとなります。
3　高度専門職ポイント計算表（参考書式）
　活動の区分（高度専門職1号イ、高度専門職1号ロ、高度専門職1号ハ）に応じ、いずれかの分野のもの　　1通
4　ポイント計算表の各項目に関する疎明資料（基本例）

在留資格更新許可申請の場合

1　申請書
2　申請人のパスポート及び在留カード　　　提示
3　申請人の活動に応じた入管法施行規則別表第3の6に規定する在留資格の項の下欄に掲げる文書
　（注）日本において行おうとする活動に応じた在留資格の提出資料が、カテゴリーにより分かれている場合は、当該カテゴリーに応じた資料。ただし、所属する企業がカテゴリー1又は2に該当する場合は、不要です。
4　ポイント計算表（参考書式）
　活動の区分（高度専門職1号イ、高度専門職1号ロ、高度専門職1号ハ）に応じ、いずれかの分野のもの　　1通
5　ポイント計算表の各項目に関する疎明資料（基本例）

ポイント計算表の各項目に関する疎明資料

ポイント計算表の各項目（学歴、職歴、年収、研究実績、資格、地位及び特別加算項目をいう。）に応じ、次の表に掲げる資料。

在留期間	5年

〔参考〕ポイント計算表の各項目に関する疎明資料（基本例）

A：高度専門職第1号イ　　B：高度専門職第1号ロ　　C：高度専門職第1号ハ

ポイント計算表の該当番号	ポイント計算表の各項目に関する疎明資料（基本例）		項目
①	該当する学歴の卒業証明書及び学位取得の証明書 （ただし、⑱を提出する場合は提出不要） ※「複数の分野において博士若しくは修士の学位又は専門職学位」の加算を希望する場合、必要に応じて成績証明書の提出を求める場合があります。		学歴 （ABC）
②	高度専門職外国人として従事しようとする業務に従事した期間及び業務の内容を明らかにする資料 （所属していた機関作成のもの）		職歴 （ABC）
③	年収（契約機関及び外国所属機関から受ける報酬の年額）を証する文書 ※年収（契約機関及び外国所属機関から受ける報酬の年額）とは、（直前までの期間を含む）過去の在留における年収ではなく、申請に係る高度専門職外国人としての活動に従事することにより受ける（予定）年収を意味します。		年収 （ABC）
④	発明者として特許を受けた発明が1件以上	そのことを証する文書（例えば、申請人の氏名が明記されている特許証の写し）	
⑤	入国前に外国政府から補助金、競争的資金その他の金銭の給付を受けた研究に3回以上従事	そのことを証する文書（例えば、申請人の氏名が明記されている交付決定書の写し）	
⑥	学術論文データベースに登載されている学術雑誌に掲載された論文が3本以上	論文のタイトル、著者氏名、掲載雑誌名、掲載巻・号、掲載ページ、出版年を記載した文書（様式自由） ※申請人が責任著者であるものに限ります。 ※「学術論文データベース」とは、世界規模で研究者の学術論文に関する情報を収集し、提供している民間企業のサービスです。具体的には、トムソン・ロイター社（本社・カナダ）やエルゼビア社（本社・オランダ）が提供している学術論文データベースなどがあります。	研究実績 （AB）
⑦	その他法務大臣が認める研究実績	そのことを証する文書	
⑧	従事しようとする業務に関連する日本の国家資格（業務独占資格又は名称独占資格）を保有、又はIT告示に定める試験に合格し若しくは資格を保有	そのことを証する文書（例えば、合格証明書の写し）	資格 （B）

⑨	活動機関が出入国管理及び難民認定法別表第一の二の表の高度専門職の項の下欄の基準を定める省令第1条第1項各号の表の特別加算の項の規定に基づき法務大臣が定める法律の規定等を定める件別表第1又は別表第2に掲げるイノベーションを促進するための支援措置を受けている	そのことを証する文書（例えば，補助金交付決定通知書の写し）	特別加算 （ABC）
⑩	活動機関が中小企業基本法に規定する中小企業者	1　主たる事業を確認できる会社のパンフレット等 2　次のいずれかの文書 （1）資本金の額又は出資の総額を証する次のいずれかの文書 　ア　法人の登記事項証明書 　イ　決算文書の写し 　ウ　資本金額，出資総額が確認可能な定款の写し （2）雇用保険，労働保険，賃金台帳の写し等従業員数を証する文書	
⑪	活動機関が国家戦略特別区域高度人材外国人受入促進事業の対象として支援を受けている企業	そのことを証する文書（例えば，国家戦略特別区域高度人材外国人受入促進事業認定企業証明書の写し）	
⑫	活動機関が中小企業基本法に規定する中小企業者で，在留資格認定証明書交付申請等の申請日の属する事業年度の前事業年度（申請日が前事業年度経過後2か月以内の場合は前々事業年度）における試験研究費及び開発費の合計金額が，総収入金額から固定資産若しくは有価証券の譲渡による収入金額を控除した金額（売上高）の3%を超える ※　活動機関が会社・事業協同組合の場合	試験研究費等が3%超であることを証する次のいずれかの文書 1　試験研究費等及び売上高等が記載された財務諸表の写し 2　売上高等が記載された公的な書類（財務諸表，確定申告書の控え等）の写し，帳簿等の写し（試験研究費にあたる個所に蛍光ペン等で目印を付与），試験研究費等の内訳をまとめた一覧表 3　税理士，公認会計士，中小企業診断士による証明書　（書式自由）	特別加算（続き） （ABC）
	活動機関が中小企業基本法に規定する中小企業者で，在留資格認定証明書交付申請等の申請日の属する年の前年1年間（申請日が1月から3月の場合は前々年）における試験研究費及び開発費の合計金額が，事業所得にかかる総収入金額の3%を超える ※　活動機関が個人事業主の場合	試験研究費等が3%超であることを証する次のいずれかの文書 1　試験研究費等及び事業所得に係る総収入金額等が記載された財務諸表の写し 2　事業所得に係る総収入金額等が記載された公的な書類（財務諸表，確定申告書の控え等）の写し，帳簿等の写し（試験研究費にあたる個所に蛍光ペン等で目印を付与），試験研究費等の内訳をまとめた一覧表 3　税理士，公認会計士，中小企業診断士による証明書（書式自由）	
⑬	従事しようとする業務に関連する外国の資格，表彰等で法務大臣が認めるものを保有	そのことを証する文書 ※企業表彰，製品表彰については，受賞に当たり申請人が積極的に関与したものに限ります。	
⑭	日本の大学を卒業又は大学院の課程を修了	該当する学歴の卒業証明書及び学位取得の証明書	

⑮	日本語専攻で外国の大学を卒業又は日本語能力試験N1合格相当	卒業証明書又は合格証明書等の写し	
	日本語能力試験N2合格相当	合格証明書等の写し	
⑯	各省が関与する成長分野の先端プロジェクトに従事	そのことを証する文書（例えば，当該事業に関する補助金交付通知書の写し及び所属機関が作成した当該プロジェクトに従事している旨の説明資料）	
⑰	以下のいずれかの大学を卒業 ① 大学格付3機関（クアクアレリ・シモンズ社（英国），タイムズ社（英国），上海交通大学（中国））の大学ランキングのうち2つ以上において300位以内の外国の大学又はいずれかにランクづけされている本邦の大学 ② 文部科学省が実施するスーパーグローバル大学創成支援事業（トップ型及びグローバル化牽引型）において，補助金の交付を受けている大学 ③ 外務省が実施するイノベーティブ・アジア事業において，「パートナー校」として指定を受けている大学	卒業した大学が，左記のいずれかに該当する大学であることを証する資料（法務省ホームページ写しの該当部分等），及び該当する大学の卒業証明書又は学位取得の証明書	特別加算（続き） （ABC）
⑱	外務省が実施するイノベーティブ・アジア事業の一環としてJICAが実施する研修を修了	JICAが発行する研修修了証明書（なお，同証明書が提出された場合は，申請人の学歴及び職歴その他の経歴等を証明する資料は，原則として提出を求めない。ただし，職歴のポイントの付与を希望する場合は，②の疎明資料が必要となる。）	
⑲	本邦において貿易その他の事業の経営を行う場合であって，当該事業に自ら一億円以上を投資	資本金又は出資額を証する資料（例えば，株主名簿）	
⑳	活動機関の代表取締役・取締役，代表執行役・執行役又は業務を執行する社員（代表権を有する場合はその旨）であることを証する文書		地位 （C）

《ポイント計算表》

	高度学術研究分野		高度専門・技術分野		高度経営・管理分野	
学歴	博士号(専門職に係る学位を除く。)取得者	30	博士号(専門職に係る学位を除く。)取得者	30	博士号又は修士号取得者(注7)	20
	修士号(専門職に係る博士を含む。)取得者	20	修士号(専門職に係る博士を含む。)取得者(注7)	20		
	大学を卒業し又はこれと同等以上の教育を受けた者(博士号又は修士号取得者を除く。)	10	大学を卒業し又はこれと同等以上の教育を受けた者(博士号又は修士号取得者を除く。)	10	大学を卒業し又はこれと同等以上の教育を受けた者(博士号又は修士号取得者を除く。)	10
	複数の分野において,博士号,修士号又は専門職学位を有している者	5	複数の分野において,博士号,修士号又は専門職学位を有している者	5	複数の分野において,博士号,修士号又は専門職学位を有している者	5
職歴(実務経験)(注1)			10年～	20	10年～	25
	7年～	15	7年～	15	7年～	20
	5年～	10	5年～	10	5年～	15
	3年～	5	3年～	5	3年～	10
年収(注2)	年齢区分に応じ,ポイントが付与される年収の下限を異なるものとする。詳細は②参照	40～10	年齢区分に応じ,ポイントが付与される年収の下限を異なるものとする。詳細は②参照	40～10	3000万円～	50
					2500万円～	40
					2000万円～	30
					1500万円～	20
					1000万円～	10
年齢	～29歳	15	～29歳	15		
	～34歳	10	～34歳	10		
	～39歳	5	～39歳	5		
ボーナス①〔研究実績〕	詳細は③参照	25～20	詳細は③参照	15		
ボーナス②〔地位〕					代表取締役,代表執行役	10
					取締役,執行役	5
ボーナス③			職務に関連する日本の国家資格の保有(1つ5点)	10		
ボーナス④	イノベーションを促進するための支援措置(法務大臣が告示で定めるもの)を受けている機関における就労(注3)	10	イノベーションを促進するための支援措置(法務大臣が告示で定めるもの)を受けている機関における就労(注3)	10	イノベーションを促進するための支援措置(法務大臣が告示で定めるもの)を受けている機関における就労(注3)	10
ボーナス⑤	試験研究費等比率が3%超の中小企業における就労	5	試験研究費等比率が3%超の中小企業における就労	5	試験研究費等比率が3%超の中小企業における就労	5
ボーナス⑥	職務に関連する外国の資格等	5	職務に関連する外国の資格等	5	職務に関連する外国の資格等	5
ボーナス⑦	本邦の高等教育機関において学位を取得	10	本邦の高等教育機関において学位を取得	10	本邦の高等教育機関において学位を取得	10
ボーナス⑧	日本語能力試験N1取得者(注4)又は外国の大学において日本語を専攻して卒業した者	15	日本語能力試験N1取得者(注4)又は外国の大学において日本語を専攻して卒業した者	15	日本語能力試験N1取得者(注4)又は外国の大学において日本語を専攻して卒業した者	15
ボーナス⑨	日本語能力試験N2取得者(注5)(ボーナス⑦又は⑧のポイントを獲得した者を除く。)	10	日本語能力試験N2取得者(注5)(ボーナス⑦又は⑧のポイントを獲得した者を除く。)	10	日本語能力試験N2取得者(注5)(ボーナス⑦又は⑧のポイントを獲得した者を除く。)	10
ボーナス⑩	成長分野における先端的事業に従事する者(法務大臣が認める事業に限る。)	10	成長分野における先端的事業に従事する者(法務大臣が認める事業に限る。)	10	成長分野における先端的事業に従事する者(法務大臣が認める事業に限る。)	10
ボーナス⑪	法務大臣が告示で定める大学を卒業した者	10	法務大臣が告示で定める大学を卒業した者	10	法務大臣が告示で定める大学を卒業した者	10
ボーナス⑫	法務大臣が告示で定める研修を修了した者(注6)	5	法務大臣が告示で定める研修を修了した者(注6)	5	法務大臣が告示で定める研修を修了した者(注6)	5
ボーナス⑬					経営する事業に1億円以上の投資を行っている者	5
合格点		70	合格点	70	合格点	70

①最低年収基準

高度専門・技術分野及び高度経営・管理分野においては,年収300万円以上であることが必要

②年収配点表

	～29歳	～34歳	～39歳	40歳～
1000万円	40	40	40	40
900万円	35	35	35	35
800万円	30	30	30	30
700万円	25	25	25	
600万円	20	20	20	
500万円	15	15	—	
400万円	10	—	—	

③研究実績

		高度学術研究分野	高度専門・技術分野
研究実績※	特許の発明　1件～	20	15
	入国前に公的機関からグラントを受けた研究に従事した実績 3件～	20	15
	研究論文の実績については,我が国の国の機関において利用されている学術論文データベースに登録されている学術雑誌に掲載されている論文(申請人が責任著者であるものに限る。) 3本～	20	15
	上記の項目以外で,上記項目におけるものと同等の研究実績があると申請人がアピールする場合(著名な賞の受賞歴等),関係行政機関の長の意見を聴いた上で法務大臣が個別にポイントの付与の適否を判断	20	15

※高度学術研究分野については,2つ以上に該当する場合には25点

(注1)従事しようとする業務に係る実務経験に限る。
(注2)※1　主たる受入機関から受ける報酬の年額
※2　海外の機関からの転勤の場合には,当該機関から受ける報酬の年額を算入
※3　賞与(ボーナス)も年収に含まれる。
(注3)就労する機関が中小企業である場合には,別途10点の加点
(注4)同等以上の能力を試験(例えば,BJTビジネス日本語能力テストにおける480点以上の得点)により認められている者も含む。
(注5)同等以上の能力を試験(例えば,BJTビジネス日本語能力テストにおける400点以上の得点)により認められている者も含む。
(注6)本邦の高等教育機関における研修については,ボーナス⑦のポイントを獲得した者を除く。
(注7)経営管理に関する専門職学位(MBA, MOT)を有している場合には,別途5点の加点

〔参考〕中小企業基本法第2条に規定する中小企業者の定義

　中小企業基本法では中小企業者の範囲と小規模企業者の定義を次の表のように規定しています。

　また、中小企業基本法の中小企業者の範囲は、個別の中小企業施策における基本的な政策対象の範囲を定めた「原則」であり、各法律や支援制度における「中小企業者」の定義と異なることがあります（下記の例をご覧ください）ので、法律の所管担当や補助金等の各窓口にご確認ください。

※中小企業基本法上においては「中小企業の定義」ではなく「中小企業者の範囲」、「小規模企業」ではなく「小規模企業者」と規定しています。

※中小企業基本法第2条第5項に規定する「商業」とは、卸売業・小売業を指します。

業　種	中小企業者（下記のいずれかを満たすこと）		小規模企業者
	資本金の額又は出資の総額	常時使用する従業員の数	常時使用する従業員の数
①製造業、建設業、運輸業　その他の業種（②〜④を除く）	3億円以下	300人以下	20人以下
②卸売業	1億円以下	100人以下	5人以下
③サービス業	5,000万円以下	100人以下	5人以下
④小売業	5,000万円以下	50人以下	5人以下

（参考）中小企業基本法第2条第1項

（中小企業者の範囲及び用語の定義）

第2条　この法律に基づいて講ずる国の施策の対象とする中小企業者は、おおむね次の各号に掲げるものとし、その範囲は、これらの施策が次条の基本理念の実現を図るため効率的に実施されるように施策ごとに定めるものとする。

　　一　資本金の額又は出資の総額が3億円以下の会社並びに常時使用する従業員の数が300人以下の会社及び個人であつて、製造業、建設業、運輸業その他の業種（次号から第4号までに掲げる業種を除く。）に属する事業を主たる事業として営むもの

　　二　資本金の額又は出資の総額が1億円以下の会社並びに常時使用する従業員の数が100人以下の会社及び個人であつて、卸売業に属する事業を主たる事業として営むもの

　　三　資本金の額又は出資の総額が5000万円以下の会社並びに常時使用する従業員の数が100人以下の会社及び個人であつて、サービス業に属する事業を主たる事業として営むもの

　　四　資本金の額又は出資の総額が5000万円以下の会社並びに常時使用する従業員の数が50人以下の会社及び個人であつて、小売業に属する事業を主たる事業として営むもの

　5　この法律において「小規模企業者」とは、おおむね常時使用する従業員の数が20人（商業又はサービス業に属する事業を主たる事業として営む者については、5人）以下の事業者をいう。

高度専門職2号

【活動の範囲】　高度専門職1号に掲げる活動を行った者であって、その在留が我が国の利益に資するものとして法務省令で定める基準に適合するものが行う次に掲げる活動

イ　本邦の公私の機関との契約に基づいて研究、研究の指導又は教育をする活動

ロ　本邦の公私の機関との契約に基づいて自然科学又は人文科学の分野に属する知識又は技術を要する業務に従事する活動

ハ　本邦の公私の機関において貿易その他の事業の経営を行い又は当該事業の管理に従事する活動

ニ　イからハまでのいずれかの活動と併せて行う入管法別表第一の一の表の教授の項から報道の項までの下欄に掲げる活動又は二の表の法律・会計業務の項、医療の項、教育の項、技術・人文知識・国際業務の項、介護の項、興行の項若しくは技能の項の下欄若しくは特定技能の項の下欄第二号に掲げる活動（イからハまでのいずれかに該当する活動を除く。）

該当する外国人	ポイント
「高度専門職1号イ」「高度専門職1号ロ」「高度専門職1号ハ」のいずれかで行うことができる活動、また、この活動と合わせて行う「教授」「芸術」「宗教」「報道」「法律・会計業務」「医療」「教育」「技術・人文知識・国際業務」「介護」「興行」「技能」又は「特定技能2号」で行うことができる活動が該当します。	1　「高度専門職2号」は、「高度専門職1号」をもって一定期間在留した者を対象に、活動制限を大幅に緩和し、在留期間を無期限とするもので、「高度専門職1号」と同様に、高度の専門的な能力を有する外国人材の受入れの促進のために設けられたものです。 2　「高度専門職2号」は、在留期間の制限がなく、活動の制限も大幅に緩和されているため、その在留資格をもって在留する外国人については、その在留期間中に複数の機関に所属し、あるいは、所属機関を変更する機会が多いと考えられ、その一々について法務大臣の指定を要するとした場合、その外国人にとって負担が大きいと考えられるとともに、「高度専門職2号」の対象となる外国人であれば、法務大臣の指定という手続を置かなくとも、日本の学術研究又は経済の発展に寄与する活動が期待できることから、「高度専門職1号」と異なり、所属機関について法務大臣の指定を要しないこととされています。

受入れの基準（変更許可基準）	留意点
出入国管理及び難民認定法第20条の2第2項の基準は、同条の申請を行った者が出入国管理及び難民認定法別表第一の二の表の高度専門職の項の下欄の基準を定める省令第2条第1項に掲げる基準に適合することのほか、その者が日本において行おうとする活動が我が国の産業及び国民生活に与える影響等の観点から相当でないと認める場合でないこととする。	1　「高度専門職2号」への変更許可をするためには、高度専門職省令の基準に適合するほか、外国人が日本において行おうとする活動が「我が国の産業及び国民生活に与える影響等の観点から相当でないと認める場合でないこと」を要することが定められています。 2　「日本において行おうとする活動が我が国の産業及び国民生活に与える影響等の観点から相当でないと認める場合」とは、高度専門職1号に係る上陸許可基準2号のポイントを参照してください。

受入れの基準（高度専門職省令）	留意点
第2条 第1項　法別表第一の二の表の高度専門職の項の下欄第2号の基準は、同号に掲げる活動を行う外国人	「高度専門職第2号」に係るポイント計算を行う時点を規定したものです。 　第1項においては、ポイント計算を行う時点について、上陸

受入れの基準（高度専門職省令）	留意点
が、法第12条第1項又は法第四章第二節の規定による当該許可（以下「第2号許可」という。）を受ける時点において、次の各号のいずれにも該当することとする。 第2項　法第6条第2項、第20条第2項又は第22条の2第2項の規定による申請の時点において前項各号のいずれにも該当する者は、当該申請に係る第2号許可を受ける時点において同項各号のいずれにも該当するものとみなす。	特別許可を受ける時点、在留資格変更許可を受ける時点、在留資格を取得する時点を規定しています。 　しかしながら、実際に許可を受ける時点がいつなのかポイント計算の時点では確定していないので、第2項により、いずれも「申請受理日」を基本として、それぞれポイントが70点に達している場合には、第1項の時点においても70点に達しているとみなされます。
第2条第1項 第一号　次のいずれかに該当すること。 イ　高度専門職の在留資格（法別表第一の二の表の高度専門職の項の下欄第一号イに係るものに限る。）をもって日本に在留していた外国人にあっては、前条第1項第一号の表の上欄に掲げる項目に係る同表の中欄に掲げる基準（**年収の項にあっては、当該時点**における当該外国人の年齢が30歳未満のときは同項のイからトまで、30歳以上35歳未満のときは同項のイからヘまで、35歳以上40歳未満のときは同項のイからホまで、40歳以上のときは同項のイからハまでに掲げる基準）に応じ、同表の下欄に掲げる点数を合計したものが70点以上であること。 ロ　高度専門職の在留資格（法別表第一の二の表の高度専門職の項の下欄第一号ロに係るものに限る。）をもって日本に在留していた外国人にあっては、前条第1項第二号の表の上欄に掲げる項目に係る同表の中欄に掲げる基準（年収の項にあっては、当該時点における当該外国人の年齢が30歳未満のときは同項のイからトまで、30歳以上35歳未満のときは同項のイからヘまで、35歳以上40歳未満のときは同項のイからホまで、40歳以上のときは同項のイからハまでに掲げる基準）に応じ、同表の下欄に掲げる点数を合計したものが70点以上であり、かつ、契約機関及び外国所属機関から受ける報酬の年額の合計が300万円以上であること。 ハ　高度専門職の在留資格（法別表第一の二の表の高度専門職の項の下欄第一号ハに係るものに限る。）をもって本邦に在留していた外国人にあっては、前条第1項第三号の表の上欄に掲げる項目に係る同表の中欄に掲げる基準に応じ、同表の下欄に掲げる点数を合計したものが70点以上であり、かつ、活動機関及び外国所属機関から受ける報酬の年額の合計が300万円以上であること。	「高度専門職2号」の在留資格に変更する場合は、「高度専門職1号イ」の在留資格をもって日本に在留していた外国人であって、かつ、「高度専門職1号イ」の在留資格をもって日本に在留していた外国人は前記**「高度専門職1号イ」**の要件、「高度専門職1号ロ」の在留資格をもって日本に在留していた外国人は前記**「高度専門職1号ロ」**の要件、「高度専門職1号ハ」の在留資格をもって日本に在留していた外国人は前記**「高度専門職1号ハ」**の要件を、それぞれ満たしていることを要します。 1　「（年収の項にあっては…）」の規定は、前記年収の項を参照してください。 2　**「当該時点」**は、前記「高度専門職省令**第1条第1項本文**」のポイント2「ポイント計算を行う時点」を参照してください。

受入れの基準（高度専門職省令）	留意点
第二号　高度専門職の在留資格（法別表第一の二の表の高度専門職の項の下欄第一号イからハまでに係るものに限る。）をもって日本に3年以上在留して同号に掲げる活動を行っていたこと。	1　「高度専門職2号」の在留資格を取得するためには、「高度専門職1号」の在留資格をもって日本に3年以上在留して、「高度専門職1号」に掲げる活動を行っていることを要します。 2　「高度専門職2号」を取得するには、基本的には、「高度専門職1号」で在留している者からの在留資格変更許可申請が想定されていますが、過去に「高度専門職1号」で3年以上在留し、その活動を行っていた者が、他の在留資格を取得した場合であっても、「高度専門職2号」への在留資格変更許可申請が排除されるものではありません。例えば、「高度専門職1号」の在留資格で5年間在留し「永住者」を取得した者が、親を呼び寄せたいとして「高度専門職2号」の在留資格への在留資格変更申請を希望することが考えられます。
第三号　**素行が善良であること。**	1　いわゆる素行善良要件を定めたものです。 2　**「素行が善良であること」**と言えるためには、法律を遵守し日常生活においても住民として社会的に非難されることのない生活を営んでいることが必要であり、具体的には、犯罪歴の有無等が勘案されます。なお、この場合に考慮される犯罪歴は、刑法犯等に限られず、刑罰法令違反が対象となります。 3　「素行が善良であること」は、「永住者」の素行善良要件(注)を参照してください。 （注）次のいずれにも該当しない者であること。 　1　日本国の法令に違反して、懲役、禁錮又は罰金に処せられたことがある者。ただし、刑の消滅（刑法第34条の2）の適用を受けた者等については、これに該当しないものとして扱われます。 　2　少年法による保護処分が継続中の者。 　3　日常生活又は社会生活において、違法行為又は風紀を乱す行為を繰り返し行う等素行善良と認められない特段の事情がある者。
第四号　**当該外国人の在留が日本国の利益に合すると認められること。**	**「当該外国人の在留が日本国の利益に合すると認められること」**は、いわゆる国益要件を定めたものであり、「永住者」の国益要件を参照してください。ただし、永住者とは異なり、長期間にわたり我が国社会の構成員として居住していると認められることは必要ありません。

申請時における留意点
申請時における留意点
「高度専門職1号」をもって日本に在留していた外国人から「高度専門職2号」への変更許可申請に当たっては、次の点に留意してください。

（1）　外国人が行おうとする活動が「高度専門職2号」に該当し、高度専門職省令第2条各号に適合することを確認します。
（2）　現に有する「高度専門職1号」で、ポイント計算の合計点が70点に達しているものの、高度専門職省令第2条第2号から第4号までのいずれかを満たさない場合は、在留資格の更新申請を検討します。
（3）　現に有する「高度専門職1号」で、ポイント計算の合計点が70点に満たない場合は、他の在留資格への変更を検討します。

優先処理

1　高度専門職の在留資格に係る申請については、全て優先処理されることになっています。
2　高度専門職2号に係る申請については、2か月以内
　（注）　研究実績に係るポイント計算のために関係行政機関等に照合を要するもの及び提出資料の信ぴょう性に疑義のあるものを除きます。

受入れ機関のカテゴリー別申請書類

1　申請書
2　提出資料がカテゴリーにより分かれている場合は、所属機関がいずれかのカテゴリーに該当することを証明する文書
3　申請人の活動に応じた入管法施行規則別表第3に規定する在留資格の項の下欄に掲げる文書
　　所属する企業がカテゴリー1又は2に該当する場合、以下の4及び5を提出資料とし、その他の資料の提出は原則不要です。
4　直近（過去5年分）の申請人の所得及び納税状況を証明する資料
（1）住民税の納付状況を証明する資料
　ア　直近5年分の住民税の課税（又は非課税）証明書及び納税証明書（1年間の総所得及び納税状況が記載されたもの）　各1通
　（注1）お住まいの市区町村から発行されるものです。
　（注2）上記については、1年間の総所得及び納税状況（税金を納めているかどうか）の両方が記載されている証明書であれば、いずれか一方でかまいません。
　（注3）市区町村において，直近5年分の証明書が発行されない場合は、発行される最長期間分について提出してください。
　（注4）また、上記の証明書が、入国後間もない場合や転居等により、市区町村から発行されない場合は、最寄りの地方出入国在留管理官署にお問い合わせください。
　イ　直近5年間において住民税を適正な時期に納めていることを証明する資料（通帳の写し、領収証書等）
　　（注）直近5年間において、住民税が特別徴収（給与から天引き）されていない期間がある方は、当該期間分について提出してください。
（2）国税の納付状況を証明する資料
　　源泉所得税及び復興特別所得税、申告所得税及び復興特別所得税、消費税及び地方消費税、相続税、贈与税に係る納税証明書
　（注1）住所地を管轄する税務署から発行されるものです。税務署の所在地や請求方法など、詳しくは国税庁ホームページを御確認ください。
　（注2）納税証明書は、証明を受けようとする税目について、証明日現在において未納がないことを証明するものですので、対象期間の指定は不要です。
　（注3）上記の税目全てに係る納税証明書を提出してください。
（3）その他　次のいずれかで、所得を証明するもの
　a　預貯金通帳の写し　適宜
　b　上記aに準ずるもの　適宜
5　申請人の公的年金及び公的医療保険の保険料の納付状況を証明する資料
　（注）過去2年間に加入した公的年金制度及び公的医療保険制度に応じ、次のうち該当する資料を提出してください

（複数の公的年金制度及び公的医療保険制度に加入していた場合は、それぞれの制度に係る資料が必要です。）。

（１）直近（過去２年間）の公的年金の保険料の納付状況を証明する資料

　　次のア～ウのうち、ア又はイの資料及びウの資料を提出してください。

ア　「ねんきん定期便」（全期間の年金記録情報が表示されているもの）

　（注１）日本年金機構から封書でねんきん定期便が送付されている方（35、45、59歳の誕生月）は、同封されている書類のうち〈目次〉において、『○ねんきん定期便（必ずご確認ください)』欄の枠内に記載されている全ての書類を提出してください。

　（注２）毎年送付されるハガキ形式のねんきん定期便もありますが、全ての期間が確認できないため提出書類としては御使用いただけません。

　（注３）「ねんきん定期便」（全期間の年金記録情報が表示されているもの）は、日本年金機構の以下の問合せ先へ御連絡いただくことにより交付申請を行うことができます。交付申請の際は、『全期間分（封書）を交付希望』とお伝えください（申請から交付までに２か月程度を要します。）。

　　【問合せ先電話番号】

　　ねんきん定期便・ねんきんネット専用番号：0570-058-555（ナビダイヤル）

　　050で始まる電話でかける場合：03-6700-1144

イ　ねんきんネットの「各月の年金記録」の印刷画面

　（注１）「ねんきんネット」は日本語のみ対応しており、外国語には対応していませんのでその旨御留意ください。

　（注２）日本年金機構のホームページ（以下のURLを参照）から、ねんきんネットに登録することができます。なお、登録手続には最大５営業日程度かかる場合があります。

　　https://www.nenkin.go.jp/n_net/index.html

　（注３）申請時の直近２年間において、国民年金の被保険者であった期間がある方は、「各月の年金記録」の中にある、「国民年金の年金記録（各月の納付状況)」の印刷画面も併せて提出してください。

ウ　国民年金保険料領収証書（写し）

　（注１）直近２年間において国民年金に加入していた期間がある方は、当該期間分の領収証書（写し）を全て提出してください。提出が困難な方は、その理由を記載した理由書を提出してください。

　（注２）直近２年間の全ての期間において国民年金に加入していた方で、直近２年間（24月分）の国民年金保険料領収証書（写し）を提出できる場合は、上記ア又はイの資料を提出していただく必要はありません。

（２）直近（過去２年間）の公的医療保険の保険料の納付状況を証明する資料

ア　国民健康保険被保険者証（写し）

　（注）現在、国民健康保険に加入している方は提出してください。

イ　健康保険被保険者証（写し）

　（注）現在、健康保険に加入している方は提出してください。

ウ　国民健康保険料（税）納付証明書

　（注）直近２年間において、国民健康保険に加入していた期間がある方は、当該期間分について提出してください。

エ　国民健康保険料（税）領収証書（写し）

　（注）直近２年間において、国民健康保険に加入していた期間がある方は、当該期間分の領収証書（写し）を全て提出してください。提出が困難な方は、その理由を記載した理由書を提出してください。

（３）申請される方が申請時に社会保険適用事業所の事業主である場合

　　申請時に、社会保険適用事業所の事業主である方は、上記の「公的年金の保険料の納付状況を証明する資料」及び「公的医療保険の保険料の納付状況を証明する資料」に加え、直近２年間のうち当該事業所で事業主である期間について、事業所における公的年金及び公的医療保険の保険料に係る次の資料ア及びイのいずれかを提出してください。

　（注）健康保険組合管掌の適用事業所であって、アの保険料領収証書（写し）の提供が困難である場合は、日本年金機構が発行するイの社会保険料納入証明書又は社会保険料納入確認（申請）書に加え、管轄の健康保険組合が発行する健康保険組合管掌健康保険料の納付状況を証明する書類を提出してください。

ア　健康保険・厚生年金保険料領収証書（写し）

（注）申請される方（事業主）が保管されている直近2年間のうち事業主である期間における、全ての期間の領収証書（写し）を提出してください。全ての期間について領収証書（写し）が提出できない方は、下記イを提出してください。

　イ　社会保険料納入証明書又は社会保険料納入確認（申請）書（いずれも未納の有無を証明・確認する場合）
　（注1）申請書の様式や申請方法等は日本年金機構ホームページを御参照ください。

　　社会保険料納入証明書については、以下のURLから、「1．社会保険料納入証明書」の申請様式「社会保険料納入証明申請書」により、出力区分「一括用のみ」及び証明範囲区分「延滞金含む」を選択して申請してください。

　　また、「社会保険料納入確認（申請）書」については、以下のURLから、「2．社会保険料納入確認書」のうち、申請様式「社会保険料納入確認（申請）書（未納の有無を確認する場合）」により申請してください。
　　https://www.nenkin.go.jp/service/kounen/jigyonushi/sonota/20140311.html

　（注2）日本年金機構ホームページトップ画面右上の「サイトマップ」＞「年金について（しくみや手続き全般）」＞「厚生年金保険」欄の「事業主向け情報」＞「事業主向け情報（その他）」＞「納入証明書・納入確認書」からアクセスできます。

6　ポイント計算表（参考書式）
　　行おうとする活動に応じ、いずれかの分野のものを1通

7　ポイント計算表の各項目に関する疎明資料（基本例）
　（注）P.148〜P.150を参照してください。ポイントの合計が70点以上あることを確認できる資料を提出すれば足ります。該当する項目全ての疎明資料を提出する必要はありません。

在留期間	無期限

特定技能

　在留資格「特定技能」は、中小・小規模事業者をはじめとした深刻化する人手不足に対応するため、生産性向上や国内人材の確保のための取組を行ってもなお人材を確保することが困難な状況にある産業上の分野において、一定の専門性・技能を有し即戦力となる外国人を受け入れるために設けられました。

特定技能1号

【活動の範囲】　法務大臣が指定する本邦の公私の機関との雇用に関する契約（入管法第2条の5第1項から第4項までの規定に適合するものに限る。特定技能2号において同じ。）に基づいて行う特定産業分野（人材を確保することが困難な状況にあるため外国人により不足する人材の確保を図るべき産業上の分野として法務省令で定めるものをいう。特定技能2号において同じ。）であって法務大臣が指定するものに属する法務省令で定める相当程度の知識又は経験を必要とする技能を要する業務に従事する活動

特定技能2号

【活動の範囲】　法務大臣が指定する本邦の公私の機関との雇用に関する契約に基づいて行う特定産業分野であって法務大臣が指定するものに属する法務省令で定める熟練した技能を要する業務に従事する活動

該当する外国人	ポイント
特定技能1号 　本邦の公私の機関との雇用に関する契約に基づいて行う**特定産業分野**（人材を確保することが困難な状況にあるため外国人により不足する人材の確保を図るべき産業上の分野として法務省令で定めるものをいう。）であって相当程度の知識又は経験を必要とする技能を要する業務に従事する活動。	1　「特定技能1号」で在留する外国人（以下「1号特定技能外国人」という。）が従事する活動は、本邦の公私の機関（特定技能所属機関）との間の雇用に関する契約（特定技能雇用契約。法第2条の5第1項から第4項までの規定に適合するものに限る。）に基づくものでなければなりません。 2　1号特定技能外国人が従事する活動は、特定産業分野に属する業務であって、相当程度の知識又は経験を必要とする技能を要する業務でなければなりません。 3　特定産業分野における相当程度の知識又は経験を要する技能とは、当該特定産業分野に係る分野別運用方針及び分野別運用要領で定める水準を満たすものをいいます。これは、相当期間の実務経験等を要する技能をいい、特段の育成・訓練を受けることなく直ちに一定程度の業務を遂行できる水準のものとされています。 4　当該技能水準は、分野別運用方針において定める当該特定産業分野の業務区分に対応する試験等により確認することとされています。 5　1号特定技能外国人に対しては、ある程度日常会話ができ、生活に支障がない程度の能力を有することを基本とし、特定産業分野ごとに業務上必要な日本語能力が求められます。 6　当該日本語能力は、分野所管行政機関が定める試験等により確認することとされています。

該当する外国人	ポイント
特定技能2号 本邦の公私の機関との雇用に関する契約に基づいて行う特定産業分野であって熟練した技能を要する業務に従事する活動。	「特定産業分野」 特定技能1号に係る産業上の分野は、次のとおりです。 ①介護分野　②ビルクリーニング分野　③素形材産業分野 ④産業機械製造業分野　⑤電気・電子情報関連産業分野 ⑥建設分野　⑦造船・舶用工業分野　⑧自動車整備分野 ⑨航空分野　⑩宿泊分野　⑪農業分野　⑫漁業分野 ⑬飲食料品製造業分野　⑭外食業分野 1　「特定技能2号」で在留する外国人（以下「2号特定技能外国人」という。）が従事する活動は、本邦の公私の機関（特定技能所属機関）との間の雇用に関する契約（特定技能雇用契約。法第2条の5第1項から第4項までの規定に適合するものに限る。）に基づくものでなければなりません。 2　2号特定技能外国人が従事する活動は、特定産業分野に属する業務であって、熟練した技能を要する業務でなければなりません。 3　特定産業分野における熟練した技能とは、当該特定産業分野における長年の実務経験等により身に付けた熟達した技能で、当該特定産業分野に係る分野別運用方針及び分野別運用要領で定める水準を満たすものをいいます。現行の専門的・技術的分野の在留資格を有する外国人と同等又はそれ以上の高い専門性・技能を要する技能であって、例えば自らの判断により高度に専門的・技術的な業務を遂行でき、又は監督者として業務を統括し、熟練した技能で業務を遂行できる水準のものとされています。 4　当該技能水準は、分野別運用方針において定める当該特定産業分野の業務区分に対応する試験等により確認することとされています。 5　「特定技能2号」は、「特定技能1号」よりも高い技能水準を持つ者に対して付与される在留資格ですが、当該技能水準を有していることの判断は、試験の合格等によって行われることとなります。よって、「特定技能1号」を経れば自動的に「特定技能2号」に移行できるものではなく、他方、試験の合格等により「特定技能2号」で定める技能水準を有していると認められる者であれば、「特定技能1号」を経なくても「特定技能2号」の在留資格を取得することができます。

受入れの基準（上陸許可基準）	留意点
特定技能1号 　申請人に係る特定技能雇用契約が法第2条の5第1項及び第2項の規定に適合すること及び特定技能雇用契約の相手方となる本邦の公私の機関が同条第3項及び第4項の規定に適合すること並びに申請人に係る一号特定技能外国人支援計画が同条第6項及び第7項の規定に適合することのほか、申請人が次のいずれにも該当していること。 一　申請人が次のいずれにも該当していること。ただし、申請人が外国人の技能実習の適正な実施及び技能実習生の保護に関する法律（平成28年法律第89号）第2条第2項第二号に規定する第二号企業単独型技能実習又は同条第4項第二号に規定する第二号団体監理型技能実習のいずれかを良好に修了している者であり、かつ、当該修了している	1　年齢 　日本の労働法制上、法定時間外労働や休日労働等の規制がなく就労が可能となるのは18歳以上であることから、特定技能外国人についても18歳以上としたものです。 ①　外国人が18歳未満であっても、在留資格認定証明書交付申請を行うことは可能ですが、日本に上陸する時点においては、18歳以上でなければなりません。 ②　学歴については、特に基準は設けられてはいません。 2　健康状態 　特定技能に係る活動を安定的かつ継続的に行うことを確保する観点等から、当該外国人の健康状態が良好であることを求めるものです。 ①　新たに日本に入国する場合（在留資格認定証明書交付申請を行う場合）には、申請の日から遡って3か月以内に、日本で行おうとする活動を支障なく行うことができる健

受入れの基準（上陸許可基準）	留意点
技能実習において修得した技能が、従事しようとする業務において要する技能と関連性が認められる場合にあっては、ハ及びニに該当することを要しない。 イ　18歳以上であること。 ロ　**健康状態**が良好であること。	康状態にあることについて、医師の診断を受けなければなりません。 ②　技能実習生や留学生などで在留中の者が、「特定技能」へ変更しようとする場合（在留資格変更許可申請を行う場合）には、申請の日から遡って1年以内に、日本の医療機関で医師の診断を受けていれば、その診断書を提出して差し支えありません。 ③　様式は健康診断個人票（参考様式第1－3号）となります。参考様式と異なる様式のものを提出する場合、参考様式に掲げる項目を欠いているときは、その項目について追加で受診した上で健康診断書を提出するよう求められます。
ハ　従事しようとする業務に必要な**相当程度の知識又は経験を必要とする技能**を有していることが試験その他の評価方法により証明されていること。	3　技能水準 　従事しようとする業務に必要な**「相当程度の知識又は経験を必要とする技能」**を有していることが試験その他の評価方法により証明されていることが求められます。 ①　試験その他の評価方法は、特定産業分野に係る分野別運用方針及び分野別運用要領で定められています。 ②　技能実習2号を良好に修了し、従事しようとする業務と技能実習2号の職種・作業に関連性が認められる場合には、技能水準について試験その他の評価方法による証明は要しないこととされています。 　「技能実習2号を良好に修了している」とは、技能実習を2年10か月以上修了し、技能実習2号の技能実習計画における目標である技能検定3級若しくはこれに相当する技能実習評価試験の実技試験に合格していること、又は、技能検定3級若しくはこれに相当する技能実習評価試験の実技試験に合格していないものの、特定技能外国人が技能実習を行っていた実習実施者（旧技能実習制度における実習実施機関を含む。）が当該外国人の実習中の出勤状況や技能等の修得状況、生活態度等を記載した評価に関する書面により、技能実習2号を良好に修了したと認められることをいいます。 　なお、複数の職種・作業を組み合わせた技能実習に従事した者が、従たる職種・作業に係る技能実習について、技能検定3級又はこれに相当する技能実習評価試験の実技試験に合格した場合には、当該従たる職種・作業に係る技能実習を2年10か月以上修了していなかった場合（例：技能実習2号から複数の職種・作業を組み合わせた技能実習を行った場合）でも、主たる職種・作業の技能実習で2年10か月以上修了しているときは、本要件に適合するものとして扱われます。 ③　技能実習2号を修了した者には、技能実習法施行前の技能実習2号を修了した技能実習生や、在留資格「技能実習」が創設される前の「特定活動（技能実習）」をもって在留していた技能実習生（「研修」及び「特定活動」で在留した期間が2年10か月以上の者に限る。）も含まれます。

受入れの基準（上陸許可基準）	留意点
ニ　本邦での生活に必要な**日本語能力**及び従事しようとする業務に必要な日本語能力を有していることが試験その他の評価方法により証明されていること。	**4　日本語能力** 「ある程度の日常会話ができ、生活に支障がない程度の能力を有することを基本とし、業務上必要な日本語能力」を有していることが試験その他の評価方法により証明されていることが求められます。 ①　試験その他の評価方法は、特定産業分野に係る分野別運用方針及び分野別運用要領で定められています。 ②　技能実習2号を良好に修了している場合は、原則として、修了した技能実習の職種・作業の種類にかかわらず、日本語能力水準について試験その他の評価方法による証明は要しないこととされています。ただし、介護分野において証明を求めることとしている介護日本語評価試験の合格については、当該試験が介護業務に従事する上で支障のない程度の水準の日本語能力を有していることを確認するものであることから、介護職種・介護作業の技能実習2号を良好に修了した者を除き、試験免除されないことに留意願います。 ③　技能実習2号を修了した者には、技能実習法施行前の技能実習2号を修了した技能実習生や、在留資格「技能実習」が創設される前の「特定活動（技能実習）」をもって在留していた技能実習生（「研修」及び「特定活動」で在留した期間が2年10か月以上の者に限る。）も含まれます。
ホ　**退去強制令書の円滑な執行に協力**するとして法務大臣が告示で定める外国政府又は地域（出入国管理及び難民認定法施行令（平成10年政令第178号）第1条に定める地域をいう。以下同じ。）の権限ある機関の発行した旅券を所持していること。	**5　退去強制令書の円滑な執行への協力** 入管法における退去強制令書が発付されて送還されるべき外国人について、自国民の引取り義務を履行しない等、退去強制令書の円滑な執行に協力しない国・地域の外国人の受入れは認められません。 退去強制令書の円滑な執行に協力しない国・地域とは、告示で定める次の国・地域をいいます ・イラン・イスラム共和国（平成31年4月1日時点）。
ヘ　特定技能（法別表第一の二の表の特定技能の項の下欄第一号に係るものに限る。）の在留資格をもって本邦に在留したことがある者にあっては、当該在留資格をもって在留した期間が**通算して5年**に達していないこと。	**6　通算在留期間** 「特定技能1号」で在留できる期間が通算で5年以内であることが求められます。 ①　「**通算**」とは、特定産業分野を問わず、在留資格「特定技能1号」で本邦に在留した期間で、過去に在留資格「特定技能1号」で在留していた期間も含まれます。 ②　次の場合は通算在留期間に含まれます。 ・失業中や育児休暇及び産前産後休暇等による休暇期間 ・労災による休暇期間 ・再入国許可による出国（みなし再入国許可による出国を含む。）による出国期間 ・「特定技能1号」を有する者が行った在留期間更新許可申請・在留資格変更許可申請中（転職を行うためのものに限る。）の特例期間 ・平成31年4月の施行時の特例措置として「特定技能1号」への移行準備のために就労活動を認める「特定活動」で在留していた期間

受入れの基準（上陸許可基準）	留意点
二　申請人又はその配偶者、直系若しくは同居の親族その他申請人と社会生活において密接な関係を有する者が、特定技能雇用契約に基づく申請人の本邦における活動に関連して、**保証金の徴収その他名目のいかんを問わず、金銭その他の財産を管理されず**、かつ、特定技能雇用契約の不履行について違約金を定める契約その他の**不当に金銭その他の財産の移転を予定する契約**が締結されておらず、かつ、締結されないことが見込まれること。	③　残余の特定技能雇用契約期間や在留期限にかかわらず、「特定技能1号」での通算在留期間が5年に達した時点で、以後の在留は認められないことに留意してください。 7　保証金の徴収・違約金契約等 　特定技能外国人又はその親族等が、保証金の徴収や財産の管理又は違約金契約を締結させられているなどの場合には、特定技能の適正な活動を阻害するおそれがあることから、これら保証金の徴収等がないことを求めるものです。 ①　「**保証金の徴収その他名目のいかんを問わず、金銭その他の財産を管理されず**」については、特定技能所属機関や登録支援機関のほか、職業紹介事業者などの特定技能雇用契約に基づく特定技能外国人の日本における活動に関与する仲介事業者のみならず，本国及び日本の仲介事業者（ブローカー）等を含め、幅広く規制の対象とするものです（このため，本規定は特段主語を規定していません。）。 　「保証金」や「違約金」とは、名目のいかんを問わず、実質的に財産の管理に当たる行為の全てを含み、「金銭その他の財産」とは、金銭だけでなく、有価証券、土地、家屋、物品等の金銭的な価値のあるものをいいます。 ②　「**不当に金銭その他の財産の移転を予定する契約**」とは、特定技能所属機関から失踪するなど労働契約の不履行に係る違約金を定める契約のほか、地方出入国在留管理局や労働基準監督署などの関係行政機関において法令違反に係る相談をすること、休日に許可を得ずに外出すること、若しくは作業時間中にトイレ等で離席すること等を禁じて、その違約金を定める契約又は商品若しくはサービスの対価として不当に高額な料金の徴収を予定する契約などが該当します。
三　申請人が特定技能雇用契約の申込みの取次ぎ又は外国における法別表第一の二の表の特定技能の項の下欄第一号に掲げる活動の準備に関して外国の機関に費用を支払っている場合にあっては、その額及び内訳を十分に理解して当該機関との間で合意していること。 四　申請人が国籍又は住所を有する国又は地域において、申請人が本邦で行う活動に関連して当該国又は地域において**遵守すべき手続**が定められている場合にあっては、当該手続を経ていること。 五　食費、居住費その他名目のいかんを問わず申請人が定期に負担する費用について、当該申請人が、当該費用の対価として供与される食事、住居その他の利益の内容を十分に理解した上で合意しており、かつ、当該費用の額が実費に相当する額その他の適正な額であり、当該費用の明細書その他の書面が提示されること。 六　前各号に掲げるもののほか、法務大臣が告示で定める特定の産業上の分野に係るものにあっては、	8　費用負担の合意 　外国人が入国前及び在留中に負担する費用について、その意に反して徴収されることを防止するために、当該外国人が負担する費用の額及び内訳を十分に理解して合意していることを求めるものです。当該外国人が不当に高額な費用を支払い、多額の借金を抱えて来日するといったことがないよう設けられたものです。 ①　費用の徴収は、各国の法制に従って適法に行われることが前提となり、旅券の取得等に要した費用など社会通念上、特定技能外国人が負担することに合理的な理由が認められるものについては、外国の機関に費用を徴収されます。したがって、特定技能所属機関が，職業紹介事業者や外国の機関の関与を経て雇用する場合は、当該特定技能外国人が外国の機関から徴収された費用の額及びその内訳について、十分に理解し合意を得た上で，当該費用が徴収されていることを確認することが必要です。 ②　特定技能外国人が定期に負担する費用のうち食費については、提供される食事、食材等の提供内容に応じて、実費に相当する額その他の適正な額でなければなりません。

受入れの基準（上陸許可基準）	留意点
当該産業上の分野を所管する関係行政機関の長が、法務大臣と協議の上、当該産業上の**分野に特有の事情に鑑みて告示で定める基準**に適合すること。	③　特定技能外国人が定期的に負担する費用のうち居住費については、自己所有物件の場合、借上物件の場合に応じて、合理的な費用でなければなりません。 ④　特定技能外国人が定期的に負担する費用のうち水道・光熱費については、実際に要した費用を当該宿泊施設で特定技能外国人と同居している者（特定技能所属機関やその家族を含む。）の人数で除した額以内の額でなければなりません。 9　本国において**遵守すべき手続** 　　特定技能外国人が特定技能に係る活動を行うに当たり、海外に渡航して労働を行う場合の当該本国での許可等、本国において必要な手続を遵守していることが求められます。 10　**分野に特有の事情に鑑みて定められた基準** 　　特定産業分野ごとの特有の事情に鑑みて個別に定める基準に適合していることが求められます。
特定技能2号 　申請人に係る特定技能雇用契約が法第2条の5第1項及び第2項の規定に適合すること及び特定技能雇用契約の相手方となる本邦の公私の機関が同条第3項（第二号を除く。）及び第4項の規定に適合することのほか、申請人が次のいずれにも該当していること。 一　申請人が次のいずれにも該当していること。 　イ　18歳以上であること。 　ロ　**健康状態**が良好であること。	1　年齢 　　日本の労働法制上、法定時間外労働や休日労働等の規制なく就労が可能となるのは18歳以上であることから、特定技能外国人についても18歳以上としたものです。 ①　外国人が18歳未満であっても、在留資格認定証明書交付申請を行うことは可能ですが、日本に上陸する時点においては、18歳以上でなければなりません。 ②　学歴については、特に基準は設けられてはいません。 2　**健康状態** 　　特定技能に係る活動を安定的かつ継続的に行うことを確保する観点等から、当該外国人の健康状態が良好であることが求められます。 ①　新たに日本に入国する場合（在留資格認定証明書交付申請を行う場合）には、申請の日から遡って3か月以内に、日本で行おうとする活動を支障なく行うことができる健康状態にあることについて、医師の診断を受けなければなりません。 ②　技能実習生や留学生などで在留中の者が、「特定技能」へ変更しようとする場合（在留資格変更許可申請を行う場合）には、申請の日から遡って1年以内に、日本の医療機関で医師の診断を受けていれば、その診断書を提出して差し支えありません。 ③　様式は健康診断個人票（参考様式第1－3号）となります。参考様式と異なる様式のものを提出する場合、参考様式に掲げる項目を欠いているときは、その項目について追加で受診した上で健康診断書を提出するよう求められます。
ハ　従事しようとする業務に必要な**熟練した技能**を有していることが試験その他の評価方法により証明されていること。	3　技能水準 　　従事しようとする業務に必要な「**熟練した技能**」を有していることが、試験その他の評価方法により証明されていることが求められます。 ①　試験その他の評価方法は、特定産業分野に係る分野別運

受入れの基準（上陸許可基準）	留意点
	用方針及び分野別運用要領で定められています。 ②　分野によっては、技能試験による評価方法に加えて、実務経験等の要件を付加的に求めているものもあります。
二　退去強制令書の円滑な執行に協力するとして法務大臣が告示で定める外国政府又は地域の権限ある機関の発行した旅券を所持していること。	4　退去強制令書の円滑な執行への協力 　入管法における退去強制令書が発付されて送還されるべき外国人について、自国民の引取り義務を履行しない等、退去強制令書の円滑な執行に協力しない国・地域の外国人の受入れは認められません。 　退去強制令書の円滑な執行に協力しない国・地域とは、告示で定める次の国・地域をいいます ・イラン・イスラム共和国（平成31年4月1日時点）。
二　申請人又はその配偶者、直系若しくは同居の親族その他申請人と社会生活において密接な関係を有する者が、特定技能雇用契約に基づく申請人の本邦における活動に関連して、**保証金の徴収その他名目のいかんを問わず、金銭その他の財産を管理されず**、かつ、特定技能雇用契約の不履行について違約金を定める契約その他の**不当に金銭その他の財産の移転を予定する契約**が締結されておらず、かつ、締結されないことが見込まれること。	5　保証金の徴収・違約金契約等 　特定技能外国人又はその親族等が、保証金の徴収や財産の管理又は違約金契約を締結させられているなどの場合には、特定技能の適正な活動を阻害するおそれがあることから、これら保証金の徴収等がないことが求められます。 ①　**「保証金の徴収その他名目のいかんを問わず、金銭その他の財産を管理されず」**については、特定技能所属機関や登録支援機関のほか、職業紹介事業者などの特定技能雇用契約に基づく特定技能外国人の日本における活動に関与する仲介事業者のみならず，本国及び日本の仲介事業者（ブローカー）等を含め、幅広く規制の対象とするものです（このため，本規定は特段主語を規定していません。）。 　「保証金」や「違約金」とは、名目のいかんを問わず、実質的に財産の管理に当たる行為の全てを含み、「金銭その他の財産」とは、金銭だけでなく、有価証券、土地、家屋、物品等の金銭的な価値のあるものをいいます。 ②　**「不当に金銭その他の財産の移転を予定する契約」**とは、特定技能所属機関から失踪するなど労働契約の不履行に係る違約金を定める契約のほか、地方出入国在留管理局や労働基準監督署などの関係行政機関において法令違反に係る相談をすること、休日に許可を得ずに外出すること、若しくは作業時間中にトイレ等で離席すること等を禁じて、その違約金を定める契約又は商品若しくはサービスの対価として不当に高額な料金の徴収を予定する契約などが該当します。
三　申請人が特定技能雇用契約の申込みの取次ぎ又は外国における法別表第一の二の表の特定技能の項の下欄第二号に掲げる活動の準備に関して外国の機関に費用を支払っている場合にあっては、その額及び内訳を十分に理解して当該機関との間で合意していること。 四　申請人が国籍又は住所を有する国又は地域において、申請人が本邦で行う活動に関連して当該国又は地域において**遵守すべき手続**が定められている場合にあっては、当該手続を経ていること。 五　食費、居住費その他名目のいかんを問わず申請	6　費用負担の合意 　外国人が入国前及び在留中に負担する費用について、その意に反して徴収されることを防止するために、当該外国人が負担する費用の額及び内訳を十分に理解して合意していることが求められます。当該外国人が不当に高額な費用を支払い、多額の借金を抱えて来日するといったことがないよう設けられたものです。 ①　費用の徴収は、各国の法制に従って適法に行われることが前提となり、旅券の取得等に要した費用など社会通念上、特定技能外国人が負担することに合理的な理由が認められるものについては、外国の機関に費用を徴収されま

受入れの基準（上陸許可基準）	留意点
人が定期に負担する費用について、当該申請人が、当該費用の対価として供与される食事、住居その他の利益の内容を十分に理解した上で合意しており、かつ、当該費用の額が実費に相当する額その他の適正な額であり、当該費用の明細書その他の書面が提示されること。	す。したがって、特定技能所属機関が，職業紹介事業者や外国の機関の関与を経て雇用する場合は、当該特定技能外国人が外国の機関から徴収された費用の額及びその内訳について、十分に理解し合意を得た上で，当該費用が徴収されていることを確認することが必要です。 ② 特定技能外国人が定期に負担する費用のうち食費については、提供される食事、食材等の提供内容に応じて、実費に相当する額その他の適正な額でなければなりません。 ③ 特定技能外国人が定期に負担する費用のうち居住費については、自己所有物件の場合、借上物件の場合に応じて、合理的な費用でなければなりません。 ④ 特定技能外国人が定期に負担する費用のうち水道・光熱費については、実際に要した費用を当該宿泊施設で特定技能外国人と同居している者（特定技能所属機関やその家族を含む。）の人数で除した額以内の額でなければなりません。 7 本国において遵守すべき手続 　特定技能外国人が特定技能に係る活動を行うに当たり、海外に渡航して労働を行う場合の当該本国での許可等、本国において必要な手続を遵守していることが求められます。
六 技能実習の在留資格をもって本邦に在留していたことがある者にあっては、当該在留資格に基づく活動により本邦において修得、習熟又は熟達した技能等の本国への移転に努めるものと認められること。	8 技能実習により修得等した技能等の本国への移転 　技能実習の活動に従事していた者が「特定技能2号」の許可を受けようとする場合には、技能実習において修得等した技能等を本国へ移転することに努めるものと認められることが求められます。 ① 「努めるものと認められること」とは、日本で修得等した技能等の本国への移転に努めることが見込まれることを指し、実際に本国への移転を行い成果を挙げることまでを求められるものではありません。 ② 「技能実習の在留資格をもって本邦に在留していたことがある者」には、「技能実習」の在留資格が施行された平成22年7月前の「特定活動」（技能実習）をもって在留していた者も含まれます。
七 前各号に掲げるもののほか、法務大臣が告示で定める特定の産業上の分野に係るものにあっては、当該産業上の分野を所管する関係行政機関の長が、法務大臣と協議の上、当該産業上の分野に特有の事情に鑑みて告示で定める基準に適合すること。	③ 申請人が内容を十分に理解して技術移転に係る申告書（参考様式第1-10号に）に署名していることが求められます。 9 分野に特有の事情に鑑みて定められた基準 　特定産業分野ごとの特有の事情に鑑みて個別に定める基準に適合していることが求められます。

在留資格「特定技能」の留意点

1 本邦の公私の機関との雇用に関する契約（特定技能雇用契約等）

　入管法第2条の5に定める本邦の公私の機関との雇用に関する契約（特定技能雇用契約等）は次のとおりです。

第2の5　別表第一の二の表の特定技能の項の下欄第一号又は第二号に掲げる活動を行おうとする外国人が本邦の公私の機関と締結する雇用に関する契約（以下「特定技能雇用契約」という。）は、次に掲げる事項が適切に定められているものとして法務省令で定める基準に適合するものでなければならない。

一　特定技能雇用契約に基づいて当該外国人が行う当該活動の内容及びこれに対する報酬その他の雇用関係に関する事項

二　前号に掲げるもののほか、特定技能雇用契約の期間が満了した外国人の出国を確保するための措置その他当該外国人の適正な在留に資するために必要な事項

2　前項の法務省令で定める基準には、外国人であることを理由として、報酬の決定、教育訓練の実施、福利厚生施設の利用その他の待遇について、差別的取扱いをしてはならないことを含むものとする。

3　特定技能雇用契約の相手方となる本邦の公私の機関は、次に掲げる事項が確保されるものとして法務省令で定める基準に適合するものでなければならない。

一　前二項の規定に適合する特定技能雇用契約（第19条の19第二号において「適合特定技能雇用契約」という。）の適正な履行

二　第6項及び第7項の規定に適合する第6項に規定する一号特定技能外国人支援計画（以下「適合一号特定技能外国人支援計画」という。）の適正な実施

4　前項の法務省令で定める基準には、同項の本邦の公私の機関（当該機関が法人である場合においては、その役員を含む。）が、特定技能雇用契約の締結の日前5年以内に出入国又は労働に関する法令に関し不正又は著しく不当な行為をしていないことを含むものとする。

2　特定産業分野

特定技能1号に係る産業上の分野は、次のとおりです。

①介護分野　　②ビルクリーニング分野　　③素形材産業分野　　④産業機械製造業分野

⑤電気・電子情報関連産業分野　　⑥建設分野　　⑦造船・舶用工業分野　　⑧自動車整備分野

⑨航空分野　　⑩宿泊分野　　⑪農業分野　　⑫漁業分野　　⑬飲食料品製造業分野

⑭外食業分野

3　受入れ機関に関する基準①　特定技能雇用契約が満たすべき基準

入管法第2条の5第1項第一号に定める特定技能雇用契約が満たすべき基準は次のとおりです。

〈法第2条の5第1項、第2項、特定技能基準省令第1条〉

①　労働基準法その他の労働に関する法令の規定に適合していること

②　分野省令で定める技能を要する業務に従事させるものであること

③　所定労働時間が、特定技能所属機関に雇用される通常の労働者の所定労働時間と同等であること

④　報酬額が日本人が従事する場合の額と同等以上であること

⑤　外国人であることを理由として、報酬の決定、教育訓練の実施、福利厚生施設の利用その他の待遇について、差別的な取扱いをしていないこと

⑥　一時帰国を希望した場合には、休暇を取得させるものとしていること

⑦　労働者派遣等の対象とする場合は、派遣先や派遣期間が定められていること

⑧　外国人が帰国旅費を負担できないときは、特定技能所属機関が負担するとともに契約終了後の出国が円滑になされるよう必要な措置を講ずることとしていること

⑨　特定技能所属機関が外国人の健康の状況その他の生活の状況を把握するために必要な措置を講ずることとしていること

⑨　特定の産業上の分野に特有の基準に適合すること（※分野所管省庁の定める告示で規定）

4　受入れ機関に関する基準②　受入れ機関自体が満たすべき基準（特定技能雇用契約の適正な履行確保）

特定技能雇用契約の相手方となる日本の公私の機関（特定技能所属機関）が満たすべき基準は次のとおりです。

〈法第2条の5第3項、第4項、特定技能基準省令第2条第1項〉

①　労働、社会保険及び租税に関する法令を遵守していること

②　1年以内に特定技能外国人と同種の業務に従事する労働者を非自発的に離職させていないこと

③　1年以内に特定技能所属機関の責めに帰すべき事由により行方不明者を発生させていないこと

④　欠格事由（5年以内に出入国・労働法令違反がないこと等）(注)に該当しないこと

⑤　特定技能外国人の活動内容に係る文書を作成し、雇用契約終了日から1年以上備えて置くこと

⑥　外国人等が保証金の徴収等をされていることを特定技能所属機関が認識して雇用契約を締結していないこと

⑦ 特定技能所属機関が違約金を定める契約等を締結していないこと

⑧ 一号特定技能外国人支援に要する費用を、直接又は間接に外国人に負担させないこと

⑨ 労働者派遣の場合は、派遣元が当該特定産業分野に係る業務を行っている者などで、適当と認められる者であるほか、派遣先が①〜④の基準に適合すること

⑩ 労働者災害補償保険に係る保険関係の成立の届出等の措置を講じていること

⑪ 特定技能雇用契約を継続して履行する体制が適切に整備されていること

⑫ 特定技能雇用契約に基づく報酬を預貯金口座への振込等により支払うこと

⑬ 特定の産業上の分野に特有の基準に適合すること（※分野所管省庁の定める告示で規定）

（注）欠格事由とは、下記のとおりです。

1 禁錮以上の刑に処せられ、その執行を終わり、又は執行を受けることがなくなった日から起算して5年を経過しない者

2 次に掲げる規定又はこれらの規定に基づく命令の規定により、罰金の刑に処せられ、その執行を終わり、又は執行を受けることがなくなった日から起算して5年を経過しない者

① 労働基準法第117条（船員職業安定法第89条第1項又は労働者派遣法第44条第1項の規定により適用される場合を含む。）、第118条第1項（労働基準法第6条及び第56条の規定に係る部分に限る。）、第119条（同法第16条、第17条、第18条第1項及び第37条の規定に係る部分に限る。）及び第120条（同法第18条第7項及び第23条から第27条までの規定に係る部分に限る。）の規定並びにこれらの規定に係る同法第121条の規定

② 船員法第129条（同法第85条第1項の規定に係る部分に限る。）、第130条（同法第33、第34条第1項、第35条、第45条及び第66条（同法第88条の2の2第4項及び第5項並びに第88条の3第4項において準用する場合を含む。）の規定に係る部分に限る。）及び第131条（第一号（同法第53条第1項及び第2項、第54条、第56条並びに第58条第1項の規定に係る部分に限る。）及び第三号に係る部分に限る。）の規定並びにこれらの規定に係る同法第135条第1項の規定（これらの規定が船員職業安定法第92条第1項の規定により適用される場合を含む。）

③ 職業安定法第63条、第64条、第65条（第一号を除く。）及び第66条の規定並びにこれらの規定に係る同法第67条の規定

④ 船員職業安定法第111条から第115条までの規定

⑤ 法第71条の3、第71条の4、第73条の2、第73条の4から第74条の6の3まで、第74条の8及び第76条の2の規定

⑥ 最低賃金法第40条の規定及び同条の規定に係る同法第42条の規定

⑦ 労働施策の総合的な推進並びに労働者の雇用の安定及び職業生活の充実等に関する法律第40条第1項（第二号に係る部分に限る。）の規定及び当該規定に係る同条第2項の規定

⑧ 建設労働者の雇用の改善等に関する法律第49条、第50条及び第51条（第二号及び第三号を除く。）の規定並びにこれらの規定に係る同法第52条の規定

⑨ 賃金の支払の確保等に関する法律第18条の規定及び同条の規定に係る同法第20条の規定

⑩ 労働者派遣法第58条から第62条までの規定

⑪ 港湾労働法第48条、第49条（第一号を除く。）及び第51条（第二号及び第三号に係る部分に限る。）の規定並びにこれらの規定に係る同法第52条の規定

⑫ 中小企業における労働力の確保及び良好な雇用の機会の創出のための雇用管理の改善の促進に関する法律第19条、第20条及び第21条（第三号を除く。）の規定並びにこれらの規定に係る同法第22条の規定

⑬ 育児休業、介護休業等育児又は家族介護を行う労働者の福祉に関する法律第62条から第65条までの規定

⑭ 林業労働力の確保の促進に関する法律第32条、第33条及び第34条（第三号を除く。）の規定並びにこれらの規定に係る同法第35条の規定

⑮ 外国人の技能実習の適正な実施及び技能実習生の保護に関する法律（以下「技能実習法」という。）第108条、第109条、第110条（同法第44条の規定に係る部分に限る。）、第111条（第一号を除く。）及び第112条（第一号（同法第35条第1項の規定に係る部分に限る。）及び第六号から第十一号までに係る部分に限る。）の規定並びにこれらの規定に係る同法第113条の規定

⑯ 労働者派遣法第44条第4項の規定により適用される労働基準法第118条、第119条及び第121条の規定、船員職業安定法第89条第7項の規定により適用される船員法第129条から第131条までの規定並びに労働者派遣法第45条第7項の規定により適用される労働安全衛生法第119条及び第122条の規定

3　暴力団員による不当な行為の防止等に関する法律の規定（同法第50条（第二号に係る部分に限る。）及び第52条の規定を除く。）により、又は刑法第204条、第206条、第208条、第208条の2、第222条若しくは第247条の罪若しくは暴力行為等処罰に関する法律の罪を犯したことにより、罰金の刑に処せられ、その執行を終わり又は執行を受けることがなくなった日から起算して5年を経過しない者

4　健康保険法第208条、第213条の2若しくは第214条第1項、船員保険法第156条、第159条若しくは第160条第1項、労働者災害補償保険法第51条前段若しくは第54条第1項（同法第51条前段の規定に係る部分に限る。）、厚生年金保険法第102条、第103条の2若しくは第104条第1項（同法第102条又は第103条の2の規定に係る部分に限る。）、労働保険の保険料の徴収等に関する法律第46条前段若しくは第48条第1項（同法第46条前段の規定に係る部分に限る。）又は雇用保険法第83条若しくは第86条（同法第83条の規定に係る部分に限る。）の規定により、罰金の刑に処せられ、その執行を終わり、又は執行を受けることがなくなった日から起算して5年を経過しない者

5　精神の機能の障害により特定技能雇用契約の履行を適正に行うに当たっての必要な認知、判断及び意思疎通を適切に行うことができない者

6　破産手続開始の決定を受けて復権を得ない者

7　技能実習法第16条第1項の規定により実習認定を取り消され、当該取消しの日から起算して5年を経過しない者

8　技能実習法第16条第1項の規定により実習認定を取り消された者が法人である場合（同項第三号の規定により実習認定を取り消された場合については、当該法人が2又は4に規定する者に該当することとなったことによる場合に限る。）において、当該取消しの処分を受ける原因となった事項が発生した当時現に当該法人の役員（業務を執行する社員、取締役、執行役又はこれらに準ずる者をいい、相談役、顧問その他いかなる名称を有する者であるかを問わず、法人に対し業務を執行する社員、取締役、執行役又はこれらに準ずる者と同等以上の支配力を有するものと認められる者を含む。12において同じ。）であった者で、当該取消しの日から起算して5年を経過しないもの

9　特定技能雇用契約の締結の日前5年以内又はその締結の日以後に、次に掲げる行為その他の出入国又は労働に関する法令に関し不正又は著しく不当な行為をした者

①　外国人に対して暴行し、脅迫し又は監禁する行為

②　外国人の旅券又は在留カードを取り上げる行為

③　外国人に支給する手当又は報酬の一部又は全部を支払わない行為

④　外国人の外出その他私生活の自由を不当に制限する行為

⑤　①から④までに掲げるもののほか、外国人の人権を著しく侵害する行為

⑥　外国人に係る出入国又は労働に関する法令に関して行われた不正又は著しく不当な行為に関する事実を隠蔽する目的又はその事業活動に関し外国人に法第三章第一節若しくは第二節の規定による証明書の交付、上陸許可の証印若しくは許可、同章第四節の規定による上陸の許可若しくは法第四章第一節若しくは第二節若しくは第五章第三節の規定による許可を受けさせる目的で、偽造若しくは変造された文書若しくは図画若しくは虚偽の文書若しくは図画を行使し、又は提供する行為

⑦　特定技能雇用契約に基づく当該外国人の本邦における活動に関連して、保証金の徴収若しくは財産の管理又は当該特定技能雇用契約の不履行に係る違約金を定める契約その他不当に金銭その他の財産の移転を予定する契約を締結する行為

⑧　外国人若しくはその配偶者、直系若しくは同居の親族その他当該外国人と社会生活において密接な関係を有する者との間で、特定技能雇用契約に基づく当該外国人の本邦における活動に関連して、保証金の徴収その他名目のいかんを問わず金銭その他の財産の管理をする者若しくは当該特定技能雇用契約の不履行について違約金を定める契約その他の不当に金銭その他の財産の移転を予定する契約を締結した者又はこれらの行為をしようとする者からの紹介を受けて、当該外国人と当該特定技能雇用契約を締結する行為

⑨　法第19条の18の規定による届出をせず、又は虚偽の届出をする行為

⑩　法第19条の20第1項の規定による報告若しくは帳簿書類の提出若しくは提示をせず、若しくは虚偽の報告若しくは虚偽の帳簿書類の提出若しくは提示をし、又は同項の規定による質問に対して答弁をせず、若しくは虚偽の答弁をし、若しくは同項の規定による検査を拒み、妨げ、若しくは忌避する行為

⑪　法第19条の21第1項の規定による処分に違反する行為

10　暴力団員による不当な行為の防止等に関する法律第2条第六号に規定する暴力団員（以下「暴力団員」という。）又は暴力団員でなくなった日から5年を経過しない者（以下「暴力団員等」という。）

11　営業に関し成年者と同一の行為能力を有しない未成年者であって、その法定代理人が1から10まで又は12のいず

れかに該当するもの

12　法人であって、その役員のうちに１から11までのいずれかに該当する者があるもの

13　暴力団員等がその事業活動を支配する者

5　受入れ機関に関する基準③　受入れ機関自体が満たすべき基準（支援計画の適正な実施の確保）

法第２条の５第３項の基準のうち一号特定技能外国人支援計画の適正な実施の確保に係るものは、次のとおりです。

〈法第２条の５　第３項、特定技能基準省令第２条第２項〉

※ 登録支援機関に支援を全部委託する場合には満たすものとみなされます。

1　以下のいずれかに該当すること

　①　過去２年間に中長期在留者（就労資格のみ。）の受入れ又は管理を適正に行った実績があり、かつ、役員又は職員の中から、支援責任者及び支援担当者（事業所ごとに１名以上。以下同じ。）を選任していること（ただし、支援責任者は支援担当者を兼ねることができる。以下同じ。）

　②　役員又は職員で過去２年間に中長期在留者（就労資格のみ。）の生活相談等に従事した経験を有するものの中から、支援責任者及び支援担当者を選任していること

　③　①又は②と同程度に支援業務を適正に実施することができる者で、役員又は職員の中から、支援責任者及び支援担当者を選任していること

2　外国人が十分理解できる言語で支援を実施することができる体制を有していること

3　一号特定技能外国人支援の状況に係る文書を作成し、雇用契約終了日から１年以上備えて置くこと

4　支援責任者及び支援担当者が，支援計画の中立な実施を行うことができ、かつ、欠格事由に該当しないこと

5　５年以内に適合一号特定技能外国人支援計画に基づく支援を怠ったことがないこと

6　支援責任者又は支援担当者が、外国人及びその監督をする立場にある者と定期的な面談を実施することができる体制を有していること

7　特定の産業上の分野に特有の基準に適合すること（※分野所管省庁の定める告示で規定）

6　支援計画に関する基準　支援計画が満たすべき基準

一号特定技能外国人支援計画が満たすべき基準は次のとおりです。

〈法第２条の５第６項、第７項、第８項、特定技能基準省令第３条、第４条〉

1　支援計画に①～⑤を記載しなければならないこと。

　①　次に掲げる事項を含む職業生活上、日常生活上又は社会生活上の支援の内容

　　ア　入国前に、留意すべき事項に関する情報の提供を実施すること

　　イ　出入国しようとする飛行場等において外国人の送迎をすること

　　ウ　賃貸借契約の保証人となることその他の適切な住居の確保に係る支援、預貯金口座の開設及び携帯電話の利用に関する契約その他の生活に必要な契約に係る支援をすること

　　エ　入国後に、次に掲げる事項に関する情報の提供を実施すること

　　　・日本での生活一般に関する事項

　　　・国又は地方公共団体に対する届出その他の手続

　　　・相談又は苦情の対応者の連絡先及び国又は地方公共団体の機関の連絡先

　　　・理解できる言語により医療を受けることができる医療機関に関する事項

　　　・防災及び防犯に関する事項並びに急病その他の緊急時における対応に必要な事項

　　　・法令違反を知ったときの対応方法、法的保護に必要な事項

　　オ　当該外国人が届出その他の手続を履行するに当たり、同行その他の支援をすること

　　カ　生活に必要な日本語を学習する機会を提供すること。

　　キ　相談・苦情対応、助言、指導等を講じること

　　ク　当該外国人と日本人との交流の促進に係る支援をすること。

　　ケ　外国人の責めに帰すべき事由によらないで雇用契約を解除される場合において、新しい就職先で活動を行うことができるようにするための支援をすること

　　コ　支援責任者又は支援担当者が外国人及びその監督をする立場にある者と定期的な面談を実施し、労働関係法令違反等の問題の発生を知ったときは、その旨を関係行政機関に通報すること

　②　登録支援機関に支援を全部委託する場合は、委託契約の内容等

③　登録支援機関以外に委託する場合は、委託先や委託契約の内容
④　支援責任者及び支援担当者の氏名及び役職名
⑤　特定の産業上の分野に特有の事情に鑑みて分野所管省庁が告示で定める事項
2　支援計画は、日本語及び外国人が十分理解できる言語により作成し、当該外国人にその写しを交付しなければならないこと
3　支援の内容が、外国人の適正な在留に資するものであって、かつ、特定技能所属機関等において適切に実施することができるものであること
4　上記1のアの情報の提供の実施は、対面又はテレビ電話装置等により実施されること
5　上記1のア・エ・キ・コの情報の提供の実施及び相談・苦情対応等の支援が、外国人が十分理解できる言語で実施されること
6　一号特定技能外国人支援の一部を他者に委託する場合は、委託の範囲が明示されていること
7　特定の産業上の分野に特有の基準に適合すること（※分野所管省庁の定める告示で規定）

7　入管法第2条の5第5項に定める登録支援機関について

　一号特定技能外国人を受け入れる特定技能所属機関（特定技能雇用契約の相手方となる本邦の公私の機関）が契約により、委託できる登録支援機関は次のとおりです。
〈法第19条の23、第19条の24、法第19条の26、施行令第5条、施行規則第19条の20、第19条の21〉
1　登録支援機関の登録について
①　契約により委託を受けて適合一号特定技能外国人支援計画の全部を実施する業務を行う者は、出入国在留管理庁長官の登録を受けることができることになっています。
②　その登録は5年ごとに更新を受けることができることになっています。
2　登録支援機関の登録を受けるための申請について
①　法第19条の24第1項の申請は、法定の様式による申請書を出入国在留管理庁長官（地方出入国在留管理局）に提出しなければならない。
②　法第19条の24第1項第三号の法務省令で定める事項は、次のとおりとする。
　ア　支援業務を開始する予定年月日
　イ　特定技能外国人からの相談に応じる体制の概要
③　法第19条の24第2項（法第19条の27第3項において準用する場合を含む。）の法務省令で定める書類は、次のとおりとする。
　ア　申請者が法人の場合にあっては申請者の登記事項証明書及び定款又は寄附行為並びにその役員の住民票の写し（営業に関し成年者と同一の行為能力を有しない未成年者である役員については、当該役員及びその法定代理人の住民票の写し（法定代理人が法人である場合は、当該法人の登記事項証明書及び定款又は寄附行為並びにその役員の住民票の写し）、法人でない場合にあっては申請者の住民票の写し
　イ　申請者の概要書
　ウ　法第19条の26第1項各号（登録支援機関の欠格事由）のいずれにも該当しないことを誓約する書面
　エ　支援業務の実施に関する責任者（以下「支援責任者」という。）の履歴書並びに就任承諾書及び支援業務に係る誓約書の写し
　オ　支援業務の担当者（以下「支援担当者」という。）の履歴書並びに就任承諾書及び支援業務に係る誓約書の写し
　カ　その他必要な書類
3　登録支援機関の登録拒否事由
（注）次に掲げる登録拒否事由に該当しなければ，法人のみならず個人であっても登録が認められます。
①　法第19条の26第1項第五号の法務省令で定める者は、精神の機能の障害により支援業務を適正に行うに当たっての必要な認知、判断及び意思疎通を適切に行うことができない者とする。
②　法第19条の26第1項第十四号の法務省令で定める者は、次のいずれかに該当する者とする。
　ア　過去1年間に、登録支援機関になろうとする者において、その者の責めに帰すべき事由により外国人の行方不明者を発生させている者
　イ　登録支援機関になろうとする者において、役員又は職員の中から、支援責任者及び支援業務を行う事務所ごとに一名以上の支援担当者（支援責任者が兼ねることができる。）が選任されていない者
　ウ　次のいずれにも該当しない者

(ｱ)　過去2年間に法別表第一の一の表、二の表及び五の表の上欄の在留資格（収入を伴う事業を運営する活動又は報酬を受ける活動を行うことができる在留資格に限る。(ｳ)において同じ。）をもって在留する中長期在留者の受入れ又は管理を適正に行った実績がある者であること

　　(ｲ)　過去2年間に報酬を得る目的で業として日本に在留する外国人に関する各種の相談業務に従事した経験を有する者であること

　　(ｳ)　選任された支援責任者及び支援担当者が、過去5年間に2年以上法別表第一の一の表、二の表及び五の表の上欄の在留資格をもって在留する中長期在留者の生活相談業務に従事した一定の経験を有する者であること

　　(ｴ)　上記(ｱ)から(ｳ)の者と同程度に支援業務を適正に実施することができる者として認められたもの

　エ　情報提供及び相談対応に関し次のいずれかに該当する者

　　(ｱ)　適合一号特定技能外国人支援計画に基づき情報提供すべき事項について、特定技能外国人が十分に理解することができる言語により適切に情報提供する体制を有していない者

　　(ｲ)　特定技能外国人からの相談に係る対応について、担当の職員を確保し、特定技能外国人が十分に理解することができる言語により適切に対応する体制を有していない者

　　(ｳ)　支援責任者又は支援担当者が特定技能外国人及びその監督をする立場にある者と定期的な面談を実施することができる体制を有していない者

　オ　支援業務の実施状況に係る文書を作成し、特定技能雇用契約の終了日から1年以上備えて置くこととしていない者

　カ　支援責任者又は支援担当者が次のいずれか（支援担当者にあっては(ｱ)に限る。）に該当する者

　　(ｱ)　法第19条の26第1項第一号から第十一号までのいずれかに該当する者

　　(ｲ)　特定技能所属機関の役員の配偶者、2親等内の親族その他特定技能所属機関の役員と社会生活において密接な関係を有する者であるにもかかわらず、当該特定技能所属機関から委託を受けた支援業務に係る支援責任者となろうとする者

　　(ｳ)　過去5年間に特定技能所属機関の役員又は職員であった者であるにもかかわらず、当該特定技能所属機関から委託を受けた支援業務に係る支援責任者となろうとする者

　キ　一号特定技能外国人支援に要する費用について、直接又は間接に当該外国人に負担させることとしている者

　ク　特定技能雇用契約を締結するに当たり、特定技能所属機関に対し、支援業務に要する費用の額及びその内訳を示すこととしていない者

8　在留資格「特定技能」に係る特例措置について

　2019年4月1日から施行される「特定技能（1号・2号）」の在留資格に変更予定の「技能実習2号」修了者（建設特例・造船特例による「特定活動」で在留中の外国人）については、「特定技能1号」への変更準備に必要な期間の在留資格が許可されます。

（1）　対象者

　　現に「技能実習2号」、「技能実習3号」、「特定活動」（外国人建設就労者又は造船就労者として活動している者）のいずれかにより在留中の技能実習生等のうち、2019年9月末までに在留期間が満了する方

（2）　許可される在留資格：「特定活動」（就労可）、在留期間：4月（原則として更新不可）

（3）　許可要件（以下のいずれも満たすことが必要）

①従前と同じ事業者で就労するために「特定技能1号」へ変更予定であること

②従前と同じ事業者で従前の在留資格で従事した業務と同種の業務に従事する雇用契約が締結されていること

③従前の在留資格で在留中の報酬と同等額以上の報酬を受けること

④登録支援機関となる予定の機関の登録が未了であるなど、「特定技能1号」への移行に時間を要することに理由があること

⑤「技能実習2号」で1年10か月以上在留し、かつ、修得した技能の職種・作業が「特定技能1号」で従事する特定産業分野の業務区分の技能試験・日本語能力試験の合格免除に対応するものであること

⑥受入れ機関が、労働、社会保険及び租税に関する法令を遵守していること

⑦受入れ機関が、欠格事由（前科、暴力団関係、不正行為等）に該当しないこと

⑧受入れ機関又は支援委託予定先が、外国人が十分理解できる言語で支援を実施できること

9　複数の特定産業分野の業務に従事する場合の取扱い

　特定技能外国人が、複数の特定産業分野の技能水準及び日本語能力水準を満たした上で、特定技能所属機関において、対応する複数の特定産業分野の業務を行わせるための各基準に適合するときは、法務大臣が当該複数の特定産業分野の業務を指定することで、特定技能外国人は当該複数の特定産業分野の業務に従事する活動を行うことが可能となります。

（注）在留諸申請における各申請書の所属機関作成用1の「2　特定技能雇用契約（2）従事すべき業務の内容」欄を3つ設けていることから、複数の特定産業分野の業務に従事させることとする場合には、主に従事することとなる特定産業分野の業務について記載欄の最上段に「主たる分野」と記載した上で当該特定産業分野名を記載し、それ以外の特定産業分野の活動を2段目以降に「従たる分野」と記載した上で当該特定産業分野名を記載してください。

申請書類

在留資格認定証明書交付申請の場合

1　申請書　1通
2　「特定技能外国人の在留諸申請に係る提出書類一覧・確認表」を確認の上、必要な書類を提出してください。特定技能1号と特定技能2号のそれぞれについて、特定技能所属機関が法人の場合と個人の場合、個人の場合は更に健康保険・厚生年金保険の適用事務所である場合とない場合に分けられているほか、特定技能1号の農業分野及び漁業分野については派遣雇用が認められていますので、派遣雇用の場合の提出書類・確認表も別に設けられています。該当するものを選択してください。
　　（注）「運用要領・各種様式等」のページから各種様式をダウンロードすることができます。
3　申請人名簿
　　申請取次者を介して複数の申請人について同時申請する場合のみ必要です。

在留資格変更許可申請（すでに日本に在留している外国人が、特定技能への移行を希望）の場合
在留期間更新許可申請（特定技能として在留中で、在留期間の更新を行う外国人）の場合

1　申請書　1通
2　申請人のパスポート及び在留カード　提示
3　「特定技能外国人の在留諸申請に係る提出書類一覧・確認表」を確認の上、必要な書類を提出してください。特定技能1号と特定技能2号のそれぞれについて、特定技能所属機関が法人の場合と個人の場合、個人の場合は更に健康保険・厚生年金保険の適用事務所である場合とない場合に分けられているほか、特定技能1号の農業分野及び漁業分野については派遣雇用が認められていますので、派遣雇用の場合の提出書類・確認表も別に設けられています。該当するものを選択してください。
　　（注）「運用要領・各種様式等」のページから各種様式をダウンロードすることができます。
4　申請人名簿
　　申請取次者を介して複数の申請人について同時申請する場合のみ必要です。

在留期間

1　特定技能1号

　特定技能雇用契約の期間が1年以上であり、かつ、「特定技能1号」での通算在留期間が4年以内の者については、「1年」の在留期間が決定され、「特定技能1号」での通算在留期間が4年を超えている者からの在留諸申請については、「1年」、「6月」及び「4月」のうち、通算5年の残余の雇用期間を下回らないものの中で最短の在留期間が決定されます。

2 特定技能2号

在留期間	運　用
3年	次のいずれにも該当するもの。 ① 申請人が入管法上の届出義務（住居地の届出、住居地変更の届出、所属機関の変更の届出等）を履行しているもの（上陸時の在留期間決定の際には適用しない。） ② 学齢期（義務教育の期間をいう。）の子を有する親にあっては、子が小学校、中学校又は義務教育学校（いわゆるインターナショナルスクール等も含む。）に通学しているもの（上陸時の在留期間決定の際には適用しない。） ③ 「特定技能2号」の在留資格で本邦において引き続き3年以上「特定技能2号」の在留資格に該当する活動を行っているもの ④ 就労予定期間が1年を超えているもの
1年	3年又は6月のいずれにも該当しないもの。
6月	次のいずれかに該当するもの。 ① 申請人が入管法上の届出義務（住居地の届出、住居地変更の届出、所属機関の変更の届出等）を履行していないもの（上陸時の在留期間決定の際には適用しない。） ② 職務上の地位、活動実績、特定技能所属機関の受入れ状況等から、在留状況を6月に1回確認する必要があるもの ③ 就労予定期間が6月以下であるもの

〔参考〕「特定技能（1号）」の在留資格認定証明書交付申請に係る提出書類一覧

①特定技能所属機関が法人である場合（直接雇用）

番号	必要な書類	書式	提出の要否	留意事項	提出確認欄 ○をつける。	過去に提出した日又は申請番号	官用欄	
1	特定技能外国人の在留諸申請に係る提出書類一覧・確認表	本表	○	申請前に本表にて提出書類をご確認ください。	有	無	有	無
	申請する特定技能外国人の名簿	法務省HPに掲載	△	同一の特定技能所属機関に所属する複数の特定技能外国人について同時に申請する場合に必要です。	有	無	有	無
	返信用封筒	－	○	・定形封筒に宛先を明記の上、404円分の切手（簡易書留用）を貼付したものが必要	有	無	有	無
2	在留資格認定証明書交付申請書	（省令様式）別記第6号の3様式	○	・申請人の写真（縦4cm×横3cm）の裏面に申請人の氏名を記載して申請書の写真欄に貼付 ・申請前3か月以内に正面から撮影された無帽、無背景で鮮明なもの。	有	無	有	無
3	特定技能外国人の報酬に関する説明書	参考様式第1-4号	○		有	無	有	無
4	特定技能雇用契約書の写し	参考様式第1-5号	○	・申請人が十分に理解できる言語での記載も必要	有	無	有	無
5	雇用条件書の写し	参考様式第1-6号	○	・申請人が十分に理解できる言語での記載も必要	有	無	有	無
6	事前ガイダンスの確認書	参考様式第1-7号	○	・申請人が十分に理解できる言語での記載も必要	有	無	有	無
7	支払費用の同意書及び費用明細書	参考様式第1-8号	○	・申請人が十分に理解できる言語での記載も必要	有	無	有	無
8	徴収費用の説明書	参考様式第1-9号	○		有	無	有	無
9	特定技能外国人の履歴書	参考様式第1-1号	○		有	無	有	無

番号			必要な書類	書式	提出の要否	留意事項	提出確認欄			官用欄	
							○をつける	過去に提出した日又は申請番号			
10	試験等により証明する場合	技能水準	技能試験の合格証明書の写し又は合格を証明する資料	－	○		有	無		有	無
			その他の評価方法により技能水準を満たすことを証明する資料	－	○	・申請人のものが必要 ・4ページ以降の各分野ごとに求められる書類のものが必要 ・合格証明書等については発行後3か月を超える場合であっても，当該証明書等の有効期限内であれば差し支えありません。	有	無		有	無
		日本語水準	日本語試験の合格証明書写し又は合格したことを証明する資料	－	○		有	無		有	無
			その他評価方法により日本語水準を満たすことを証明する資料	－	○		有	無		有	無
	技能実習2号を良好に修了した者であることを証明する場合		技能検定3級又はこれに相当する技能実習評価試験の実技試験に合格したことを証明する資料	－	○	・申請人のものが必要 ・4ページ以降の各分野ごとに求められる書類のものが必要 ・合格証明書等については発行後3か月を超える場合であっても，当該証明書等の有効期限内であれば差し支えありません。	有	無		有	無
			技能実習生に関する評価調書	参考様式第1－2号	○	・申請人のものが必要 ・技能検定3級等の実技試験に合格していない場合に提出が必要 ※当該外国人が過去に実習を行っていた実習実施者から評価調書の提出を受けることができないなど，技能実習2号を良好に修了したことの証明ができない場合には，評価調書を提出することができないことの経緯を説明する理由書のほか，評価調書に代わる文書の提出が必要	有	無		有	無
11			健康診断個人票	参考様式第1－3号	○	・別の様式での提出でも差し支えないが参考様式にある受診項目が記載されたものに限る。 ・外国で受診した場合は日本語訳も必要	有	無		有	無
12			通算在留期間に係る誓約書	参考様式第1－24号	○	・「特定技能1号」の通算在留期間が4年を超えた後の申請において提出が必要	有	無		有	無
13			特定技能所属機関概要書	参考様式第1－11号	△(注2)		有	無		有	無
14			登記事項証明書	－	△(注2)		有	無		有	無
15			役員の住民票の写し（業務執行に関与する役員）	－	△(注2)	・マイナンバーの記載がないもの ・本籍地の記載があるもの ・特定技能外国人の受入れに関する業務の執行に直接的に関与しない役員に関しては、住民票の写しに代えて、誓約書（特定技能外国人の受入れに関する業務の執行に直接的に関与しない旨と法令に定められている欠格事由に該当する者でない旨について特定技能所属機関が確認し、誓約したもの。）の提出でも可） ・特定技能所属機関の役員のものが必要	有	無		有	無
			特定技能所属機関の役員に関する誓約書（業務執行に関与しない役員）	参考様式第1－23号	△(注2)	・住民票の写しの提出を省略する役員がいる場合に提出が必要	有	無		有	無
16			決算文書の写し（損益計算表及び貸借対照表）（直近2年分）	－	△(注3)	・特定技能所属機関が，申請人を技能実習生として受け入れていた実習実施者である場合で，過去1年以内に技能実習法の「改善命令」を受けていない場合には省略が可能。 ・直近期末において債務超過がある場合には「中小企業診断士，公認会計士等の企業評価を行う能力を有すると認められる公的資格を有する第三者が改善の見通しについて評価を行った書面」の提出が必要	有	無		有	無
			法人税の確定申告書の控えの写し（直近2年分）	－	△(注3)		有	無		有	無

175

番号	必要な書類	書式	提出の要否	留意事項	提出確認欄 ○をつける.	過去に提出した日又は申請番号	官用欄
17	・労働保険料等納付証明書（未納なし証明）	－	△ (注6)	・申請時に特定技能所属機関が特定技能外国人を受け入れておらず、かつ、労働保険の適用事業所の場合に提出が必要 ・特定技能所属機関が従前労働者を雇用していない場合は提出が不要 ・労働保険の適用事業所でない場合には、労災保険に代わる民間保険の加入を証明する資料が必要	有　無		有　無
17	・領収証書の写し（直近1年分） ・労働保険概算・増加概算・確定保険料申告書（事業主控）の写し（領収証書に対応する分） ＊労働保険事務組合に事務委託している事業場は、事務組合が発行した「労働保険料領収書」の写し（直近1年分）及び労働保険料等納入通知書の写し（領収書に対応する分）	－	△ (注2)	・申請時に特定技能所属機関が特定技能外国人を受け入れており、かつ、労働保険の適用事業所の場合に提出が必要 ・労働保険の適用事業所でない場合には、労災保険に代わる民間保険の加入を証明する資料が必要	有　無		有　無
18	雇用の経緯に係る説明書	参考様式第1－16号	○	・雇用契約の成立をあっせんする者がある場合に は、「職業紹介事業所に関する「人材サービス総合サイト」（厚生労働省職業安定局ホームページ）の画面を印刷したもの」の提出が必要	有　無		有　無
19	・社会保険料納入状況照会回答票 ・健康保険・厚生年金保険料領収証書の写し（在留諸申請の日の属する月の前々月までの24か月分全て） ＊いずれかを提出 ＊健康保険・厚生年金保険料の納付から社会保険料納入状況照会回答票への納付記録の反映までに時間を要することから、反映前に提出する場合は、社会保険料納入状況照会回答票に加え、該当する月の健康保険・厚生年金保険料領収証書の写しも提出してください。	－	△ (注5)	・特定技能所属機関が健康保険・厚生年金保険の適用事業所の場合に提出が必要 ・社会保険料の納付について納付や換価の猶予を受けている場合には「納付の猶予許可通知書」又は「換価の猶予許可通知書」の写しが必要	有　無		有　無
20	税目を源泉所得税及び復興特別所得税、法人税、消費税及び地方消費税とする納税証明書 ＊税務署発行の納税証明書（その3）	－	△ (注2)	・換価の猶予、納税の猶予又は納付受託を受けているときには、これらの適用がある旨の記載がある納税証明書及び未納がある項目について、税務署発行の未納額のみの納税証明書（その1）	有　無		有　無
21	（地方税） 税目を法人住民税とする納税証明書（前年度） ＊市町村発行の納税証明書	－	△ (注2)	納税緩和措置（換価の猶予、納税の猶予又は納付受託）の適用を受けていることが納税証明書に記載されていない場合には、これらに係る通知書の写しの提出が必要	有　無		有　無
22	1号特定技能外国人支援計画書	参考様式第1－17号	○		有　無		有　無
23 委託する場合	支援委託契約書の写し	参考様式第1－18号	○	・1号特定技能外国人支援計画の全部の実施を登録支援機関に委託する場合のみ提出が必要	有　無		有　無
23 委託しない場合	支援責任者の就任承諾書及び誓約書	参考様式第1－19号	△ (注2)	・登録支援機関に委託せずに1号特定技能外国人支援を行う場合のみ提出が必要	有　無		有　無
23 委託しない場合	支援責任者の履歴書	参考様式第1－20号	△ (注2)	・登録支援機関に委託せずに1号特定技能外国人支援を行う場合のみ提出が必要	有　無		有　無
23 委託しない場合	支援担当者の就任承諾書及び誓約書	参考様式第1－21号	△ (注2)	・登録支援機関に委託せずに1号特定技能外国人支援を行う場合のみ提出が必要	有　無		有　無
23 委託しない場合	支援担当者の履歴書	参考様式第1－22号	△ (注2)	・登録支援機関に委託せずに1号特定技能外国人支援を行う場合のみ提出が必要	有　無		有　無
24	二国間取決めにおいて「遵守すべき手続」に係る書類	－	○	・カンボジア国籍の方は、カンボジア労働職業訓練省（MoLVT）が発行する証明書が必要 ・そのほかの国籍の方で、二国間取決めにおいて「遵守すべき手続」が定まった場合には随時法務省HPで公開予定	有　無		有　無
25	特定技能外国人受入れに関する運用要領（別冊（分野別））に記載された確認対象の書類（誓約書等）	－	○	・次ページ以降の各分野ごとに求められる書類が必要	有　無		有　無

就労を希望する分野について必要な書類を確認の上，提出してください

番号		必要な書類	書式	提出の要否	留意事項	提出確認欄 ○をつける。	提出確認欄 無	過去に提出した日又は申請番号	官用欄 有	官用欄 無
1	試験	○介護技能評価試験の合格証明書の写し ○介護日本語評価試験の合格証明書の写し ○日本語能力を証するものとして次のいずれか ・国際交流基金日本語基礎テストの合格証明書（判定結果通知書）の写し ・日本語能力試験（N4以上）の合格証明書の写し	－	○		有	無		有	無
	養成施設	介護福祉士養成施設の卒業証明書の写し	－	○	・介護福祉士養成施設修了により，技能・日本語試験の免除を受ける場合には必要	有	無		有	無
	EPA	直近の介護福祉士国家試験の結果通知書の写し	－	○	・EPA介護福祉士候補者としての在留期間満了（4年間）として，技能・日本語試験の免除を受ける場合には必要 ・4年間にわたりEPA介護福祉士候補者として就労・研修に適切に従事したとして技能試験の合格等の免除の対象となる場合には，EPA介護福祉士候補者としての就労・研修を3年10か月以上修了した後，直近の介護福祉士国家試験の結果通知書を提出し，合格基準点の5割以上の得点であること及びすべての試験科目で得点があることについての確認が必要	有	無		有	無
	技能実習2号	介護技能実習評価試験（専門級）の実技試験の合格証明書の写し	－	○	・技能実習2号を良好に修了したとして技能試験の合格等の免除を受ける場合に必要	有	無		有	無
		技能実習生に関する評価調書	参考様式第1－2号	○	・介護技能実習評価試験（専門級）の実技試験に合格していない場合には，技能試験及び日本語試験を受験し合格するか，実習実施者が作成した技能等の修得等の状況を評価した文書の提出が必要	有	無		有	無
2		介護分野における特定技能外国人の受入れに関する誓約書	分野参考様式第1－1号	○	○特定技能所属機関のものが必要 ○次のいずれかの場合には協議会の構成員であることの証明書の提出も必要 ・初めて特定技能外国人を受け入れてから4か月以上経過している場合 ・介護分野における特定技能外国人の申請の際に，協議会の構成員となる旨の誓約書を提出した場合で，その外国人の在留期間更新許可申請を行う場合	有	無		有	無
3		介護分野における業務を行わせる事業所の概要書	分野参考様式第1－2号	△(注2)		有	無		有	無
		指定通知書等の写し	－	△(注2)	・介護保険法に基づく事務所の指定を証する書面 ・医療法に基づく病院等の開設許可を証する書面	有	無		有	無
1	試験	○ビルクリーニング分野特定技能1号評価試験の合格証明書の写し ○日本語能力を証するものとして次のいずれか ・国際交流基金日本語基礎テストの合格証明書（判定結果通知書）の写し ・日本語能力試験（N4以上）の合格証明書の写し	－	○		有	無		有	無
	技能実習2号	ビルクリーニング技能検定（3級）の実技試験の合格証明書の写し	－	○	・技能実習2号を良好に修了したとして技能試験の合格等の免除を受ける場合に必要	有	無		有	無
		技能実習生に関する評価調書	参考様式第1－2号	○	・ビルクリーニング技能検定（3級）の実技試験に合格していない場合には，技能試験及び日本語試験を受験し合格するか，実習実施者が作成した技能等の修得等の状況を評価した文書の提出が必要	有	無		有	無
2		ビルクリーニング分野における特定技能外国人の受入れに関する誓約書	分野参考様式第2－1号	○	○特定技能所属機関のものが必要 ○次のいずれかの場合には協議会の構成員であることの証明書の提出も必要 ・初めて特定技能外国人を受け入れてから4か月以上経過している場合 ・ビルクリーニング分野における特定技能外国人の申請の際に，協議会の構成員となる旨の誓約書を提出した場合で，その外国人の在留期間更新許可申請を行う場合	有	無		有	無
3		次のいずれかの資料 ・建築物清掃業登録証明書 ・建築物環境衛生総合管理業登録証明書	－	△(注2)	・1号特定技能外国人を受け入れる営業所のものが必要	有	無		有	無

介護分野（番号1〜3）

ビルクリーニング分野（番号1〜3）

番号			必要な書類	書式	提出の要否	留意事項	提出確認欄			官用欄	
							○をつける。	過去に提出した日又は申請番号		有	無
素形材産業分野	1	試験	○素形材産業分野におけるそれぞれの業務区分に応じた製造分野特定技能1号評価試験の合格証明書の写し ○日本語能力を証するものとして次のいずれか ・国際交流基金日本語基礎テストの合格証明書（判定結果通知書）の写し ・日本語能力試験（N4以上）の合格証明書の写し	—	○	・業務区分と各試験の詳しい対応表は，「特定の分野に係る特定技能外国人受入れに関する運用要領－素形材産業分野の基準について－」の別表を参照	有	無		有	無
		技能実習2号	技能検定3級又は技能実習評価試験（専門級）の実技試験の合格証明書の写し	—	○	・技能実習2号を良好に修了したとして技能試験の合格等の免除を受ける場合に必要 ・「特定の分野に係る特定技能外国人受入れに関する運用要領-素形材産業分野の基準について-」別表（素形材産業）に掲げる職種・作業に係るものに限る。	有	無		有	無
			技能実習生に関する評価調書	参考様式第1－2号	○	・所定の技能検定（3級）の実技試験に合格していない場合には，技能試験及び日本語試験を受験し合格するか，実習実施者が作成した技能等の修得等の状況を評価した文書の提出が必要	有	無		有	無
	2		素形材産業分野における特定技能外国人の受入れに関する誓約書	分野参考様式第3－1号	○	○特定技能所属機関のものが必要 ○次のいずれかの場合には協議会の構成員であることの証明書の提出も必要 ・初めて特定技能外国人を受け入れてから4か月以上経過している場合 ・素形材産業分野における特定技能外国人の申請の際に，協議会の構成員となる旨の誓約書を提出した場合で，その外国人の在留期間更新許可申請を行う場合	有	無		有	無
産業機械製造業分野	1	試験	○産業機械製造業分野におけるそれぞれの業務区分に応じた製造分野特定技能1号評価試験の合格証明書の写し ○日本語能力を証するものとして次のいずれか ・国際交流基金日本語基礎テストの合格証明書（判定結果通知書）の写し ・日本語能力試験（N4以上）の合格証明書の写し	—	○	・業務区分と各試験の詳しい対応表は，「特定の分野に係る特定技能外国人受入れに関する運用要領－産業機械製造業分野の基準について－」の別表を参照	有	無		有	無
		技能実習2号	技能検定3級又は技能実習評価試験（専門級）の実技試験の合格証明書の写し	—	○	・技能実習2号を良好に修了したとして技能試験の合格等の免除を受ける場合に必要 ・「特定の分野に係る特定技能外国人受入れに関する運用要領-産業機械製造業分野の基準について-」別表（産業機械製造）に掲げる職種・作業に係るものに限る。	有	無		有	無
			技能実習生に関する評価調書	参考様式第1－2号	○	・所定の技能検定（3級）の実技試験に合格していない場合には，技能試験及び日本語試験を受験し合格するか，実習実施者が作成した技能等の修得等の状況を評価した文書の提出が必要	有	無		有	無
	2		産業機械製造業分野における特定技能外国人の受入れに関する誓約書	分野参考様式第4－1号	○	○特定技能所属機関のものが必要 ○次のいずれかの場合には協議会の構成員であることの証明書の提出も必要 ・初めて特定技能外国人を受け入れてから4か月以上経過している場合 ・産業機械製造業分野における特定技能外国人の申請の際に，協議会の構成員となる旨の誓約書を提出した場合で，その外国人の在留期間更新許可申請を行う場合	有	無		有	無
電気・電子情報関連産業分野	1	試験	○電気・電子情報関連産業分野におけるそれぞれの業務区分に応じた製造分野特定技能1号評価試験の合格証明書の写し ○日本語水準に係る次のいずれかの資料 ・国際交流基金日本語基礎テストの合格証明書（判定結果通知書）の写し ・日本語能力試験（N4以上）の合格証明書の写し	—	○	・業務区分と各試験の詳しい対応表は，「特定の分野に係る特定技能外国人受入れに関する運用要領－電気・電子情報関連産業分野の基準について－」の別表を参照	有	無		有	無
		技能実習2号	技能検定3級又は技能実習評価試験（専門級）の実技試験の合格証明書の写し	—	○	・技能実習2号を良好に修了したとして技能試験の合格等の免除を受ける場合に必要 ・「特定の分野に係る特定技能外国人受入れに関する運用要領-電気・電子情報関連産業分野の基準について-」別表（電気・電子情報関連産業）に掲げる職種・作業に係るものに限る。	有	無		有	無
			技能実習生に関する評価調書	参考様式第1－2号	○	・所定の技能検定（3級）の実技試験に合格していない場合には，技能試験及び日本語試験を受験し合格するか，実習実施者が作成した技能等の修得等の状況を評価した文書の提出が必要	有	無		有	無
	2		電気・電子情報関連産業分野における特定技能外国人の受入れに関する誓約書	分野参考様式第5－1号	○	○特定技能所属機関のものが必要 ○次のいずれかの場合には協議会の構成員であることの証明書の提出も必要 ・初めて特定技能外国人を受け入れてから4か月以上経過している場合 ・電気・電子情報関連産業分野における特定技能外国人の申請の際に，協議会の構成員となる旨の誓約書を提出した場合で，その外国人の在留期間更新許可申請を行う場合	有	無		有	無

就労を希望する分野について必要な書類を確認の上，提出してください

番号		必要な書類	書式	提出の要否	留意事項	提出確認欄 ○をつける。	過去に提出した日又は申請番号	官用欄	
建設分野	1 試験	○技能水準についての次のいずれかの資料 ・それぞれの業務区分に応じた建設分野特定技能1号評価試験の合格証明書の写し ・それぞれの業務区分に応じた技能検定3級の合格証明書の写し ○日本語水準に係る次のいずれかの資料 ・国際交流基金日本語基礎テストの合格証明書（判定結果通知書）の写し ・日本語能力試験（N4以上）の合格証明書の写し	－	○	・申請人のものが必要 ・業務区分と各試験の詳しい対応表は，「特定の分野に係る特定技能外国人受入れに関する運用要領－建設分野の基準について－」の別表を参照	有　無		有　無
	技能実習2号	技能検定3級又は技能実習評価試験（専門級）の実技試験の合格証明書の写し	－	○	・技能実習2号を良好に修了したとして技能試験の合格等の免除を受ける場合に必要 ・「特定の分野に係る特定技能外国人受入れに関する運用要領-建設分野の基準について-」別表6－1に掲げる職種・作業に係るものに限る。	有　無		有　無
		技能実習生に関する評価調書	参考様式第1－2号	○	・技能実習2号修了時の所定の技能検定等に合格していない場合には，技能試験及び日本語試験を受験し合格するか，実習実施者が作成した技能等の修得等の状況を評価した文書の提出が必要	有　無		有　無
	2	建設分野における特定技能外国人の受入れに関する誓約書	分野参考様式第6－1号	○	○特定技能所属機関のものが必要 ○次のいずれかの場合には協議会の構成員であることの証明書の提出も必要 ・初めて特定技能外国人を受け入れてから4か月以上経過している場合 ・建設分野における特定技能外国人の申請の際に，協議会の構成員となる旨の誓約書を提出した場合で，その外国人の在留期間更新許可申請を行う場合	有　無		有　無
	3	建設特定技能受入計画の認定証の写し	（告示様式第3）	○	・国土交通省による計画認定前に在留資格変更許可申請を行うことは可能ですが，認定後に本書類の追加提出が必要	有　無		有　無
造船・舶用工業分野	1 試験	○技能水準を証するものとして次のいずれか ・造船・舶用工業分野特定技能1号試験の合格証明書の写し ・技能検定3級の合格証明書の写し ○日本語能力を証するものとして次のいずれか ・国際交流基金日本語基礎テストの合格証明書（判定結果通知書）の写し ・日本語能力試験（N4以上）の合格証明書の写し	－	○	・申請人のものが必要 ・次の区分のものが該当 　塗装 　鉄工 　仕上げ 　機械加工 　電気機械組立て ・造船・舶用工業分野特定技能1号試験（仮称）については，上記に加えて溶接も該当	有　無		有　無
	技能実習2号	技能検定3級又は技能実習評価試験（専門級）の実技試験の合格証明書の写し	－	○	・技能実習2号を良好に修了したとして技能試験の合格等の免除を受ける場合に必要 ・「特定の分野に係る特定技能外国人受入れに関する運用要領-造船・舶用工業分野の基準について-」別表（造船・舶用工業）に掲げる職種・作業に係るものに限る。	有　無		有　無
		技能実習生に関する評価調書	参考様式第1－2号	○	・技能実習2号修了時の所定の技能検定等に合格していない場合には，技能試験及び日本語試験を受験し合格するか，実習実施者が作成した技能等の修得等の状況を評価した文書の提出が必要	有　無		有　無
	2	造船・舶用工業事業者の確認通知書	－	△ (注2)	・特定技能所属機関のものが必要	有　無		有　無
	3	造船・舶用工業分野における特定技能外国人の受入れに関する誓約書（特定技能所属機関）	分野参考様式第7－1号	○	○特定技能所属機関のものが必要 ○次のいずれかの場合には協議会の構成員であることの証明書の提出も必要 ・初めて特定技能外国人を受け入れてから4か月以上経過している場合 ・造船・舶用工業分野における特定技能外国人の申請の際に，協議会の構成員となる旨の誓約書を提出した場合で，その外国人の在留期間更新許可申請を行う場合	有　無		有　無
	4	造船・舶用工業分野における特定技能外国人の受入れに関する誓約書（登録支援機関）	分野参考様式第7－2号	○	○登録支援機関のものが必要 ○特定技能所属機関が適合1号特定技能外国人支援計画を登録支援機関に全部委託する場合に必要 ○次のいずれかの場合には協議会の構成員であることの証明書の提出も必要 ・初めて特定技能外国人を受け入れてから4か月以上経過している場合 ・造船・舶用工業分野における特定技能外国人の申請の際に，協議会の構成員となる旨の誓約書を提出した場合で，その外国人の在留期間更新許可申請を行う場合	有　無		有　無

就労を希望する**分野**について必要な書類を確認の上，提出してください

番号			必要な書類	書式	提出の要否	留意事項	提出確認欄			官用欄	
							○をつける。	過去に提出した日又は申請番号			
自動車整備分野	1	試験	○技能水準を証するものとして次のいずれか ・自動車整備士技能検定３級の合格証明書の写し ・自動車整備特定技能評価試験の合格証明書の写し ○日本語能力を証するものとして次のいずれか ・国際交流基金日本語基礎テストの合格証明書（判定結果通知書）の写し ・日本語能力試験（Ｎ４以上）の合格証明書の写し	－	○	・申請人のものが必要	有	無		有	無
		技能実習２号	外国人自動車整備技能実習評価試験（専門級）の合格証明書又は実技試験の結果通知書の写し	－	○	・技能実習２号を良好に修了したとして技能試験の合格等の免除を受ける場合に必要	有	無		有	無
			技能実習生に関する評価調書	参考様式第１－２号	○	・外国人自動車整備技能実習評価試験（専門級）の実技試験に合格していない場合には，技能試験及び日本語試験を受験し合格するか，実習実施者が作成した技能等の修得等の状況を評価した文書の提出が必要	有	無		有	無
	2		自動車整備分野における特定技能外国人の受入れに関する誓約書（特定技能所属機関）	分野参考様式第８－１号	○	○特定技能所属機関のものが必要 ○次のいずれかの場合には協議会の構成員であることの証明書の提出も必要 ・初めて特定技能外国人を受け入れてから４か月以上経過している場合 ・自動車整備分野における特定技能外国人の申請の際に，協議会の構成員となる旨の誓約書を提出した場合で，その外国人の在留期間更新許可申請を行う場合	有	無		有	無
	3		自動車整備分野に係る特定技能外国人の受入れに関する協議会の構成員となることの証明書	－	△ (注6)	・特定技能所属機関のものが必要 ・協議会の構成員でない場合に提出が必要	有	無		有	無
	4		道路運送車両法第７８条第１項に基づく，地方運輸局長の認証を受けた事業場であることを証する資料	－	△ (注2)	・特定技能所属機関のものが必要	有	無		有	無
	5		自動車整備分野における特定技能外国人の受入れに関する誓約書（登録支援機関）	分野参考様式第８－２号	○	○登録支援機関のものが必要 ○特定技能所属機関が適合１号特定技能外国人支援計画を登録支援機関に全部委託する場合に必要 ○次のいずれかの場合には協議会の構成員であることの証明書の提出も必要 ・初めて特定技能外国人を受け入れてから４か月以上経過している場合 ・自動車整備分野における特定技能外国人の申請の際に，協議会の構成員となる旨の誓約書を提出した場合で，その外国人の在留期間更新許可申請を行う場合	有	無		有	無
			登録支援機関の支援責任者，支援担当者又はその他外国人の支援を行う者に係る次のいずれかの文書 ・自動車整備士技能検定１級又は２級の合格証の写し ・実務経験証明書	分野参考様式第８－３号 （実務経験証明書）	○	・特定技能所属機関が適合１号特定技能外国人支援計画を登録支援機関に全部委託する場合に必要 ・登録支援機関に在籍する者についてのものが必要	有	無		有	無
	6		自動車整備分野に係る特定技能外国人の受入れに関する協議会の構成員となることの証明書	－	△ (注6)	・登録支援機関のものが必要 ・特定技能所属機関が適合１号特定技能外国人支援計画を登録支援機関に全部委託する場合に必要 ・協議会の構成員でない場合に提出が必要	有	無		有	無

就労を希望する分野について必要な書類を確認の上，提出してください

番号		必要な書類	書式	提出の要否	留意事項	提出確認欄			官用欄	
						○をつける。	過去に提出した日又は申請番号			
航空分野	1 試験	○技能水準を証するものとして次のいずれか ・特定技能評価試験（航空分野：空港グランドハンドリング）の合格証明書の写し ・特定技能評価試験（航空分野：航空機整備）の合格証明書の写し ○日本語能力を証するものとして次のいずれか ・国際交流基金日本語基礎テストの合格証明書（判定結果通知書）の写し ・日本語能力試験（Ｎ４以上）の合格証明書の写し	－	○	・申請人のものが必要	有	無		有	無
	1 技能実習2号	空港グランドハンドリング技能実習評価試験（専門級）の合格証明書の写し	－	○	・技能実習2号を良好に修了したとして技能試験の合格等の免除を受ける場合に必要	有	無		有	無
		技能実習生に関する評価調書	参考様式第1－2号	○	・空港グランドハンドリング技能実習評価試験（専門級）に合格していない場合には，技能試験及び日本語試験を受験し合格するか，実習実施者が作成した技能等の修得等の状況を評価した文書の提出が必要	有	無		有	無
	2	航空分野における特定技能外国人の受入れに関する誓約書（特定技能所属機関）	分野参考様式第9－1号	○	○特定技能所属機関のものが必要 ○次のいずれかの場合には協議会の構成員であることの証明書の提出も必要 ・初めて特定技能外国人を受け入れてから4か月以上経過している場合 ・航空分野における特定技能外国人の申請の際に，協議会の構成員となる旨の誓約書を提出した場合で，その外国人の在留期間更新許可申請を行う場合	有	無		有	無
	3	【空港グランドハンドリングの業務区分の場合】 ○次のいずれかの資料 ・国管理空港における空港管理規則に基づく構内営業の承認書（写し），又は，会社管理・地方自治体管理空港における空港管理者による営業の承認，許可を証明する書類（写し） ・航空法に基づく航空運送事業の経営許可書（写し）	－	△ （注2）	・特定技能所属機関のものが必要	有	無		有	無
		【航空機整備の業務区分の場合】 ○次のいずれかの資料 ・航空機整備等に係る能力について国土交通大臣による認定を受けた者であることを証明するもの ・航空機整備等に係る能力について認定を受けた者から業務の委託を受けた者にあっては，委託元に係る上記の書類及び委託契約書（写し）	－	△ （注2）	・特定技能所属機関のものが必要 ・航空機整備の業務区分の特定技能外国人を受け入れる場合に必要 ・航空機整備等の能力については次の能力に限る。 　能力3：航空機の整備及び整備後の検査の能力 　能力4：航空機の整備又は改造の能力 　能力7：装備品の修理又は改造の能力	有	無		有	無
	4	航空分野における特定技能外国人の受入れに関する誓約書（登録支援機関）	分野参考様式第9－2号	○	○登録支援機関のものが必要 ○特定技能所属機関が適合1号特定技能外国人支援計画を登録支援機関に全部委託する場合に必要 ○次のいずれかの場合には協議会の構成員であることの証明書の提出も必要 ・初めて特定技能外国人を受け入れてから4か月以上経過している場合 ・航空分野における特定技能外国人の申請の際に，協議会の構成員となる旨の誓約書を提出した場合で，その外国人の在留期間更新許可申請を行う場合	有	無		有	無
宿泊分野	1	○宿泊業技能測定試験の合格証明書の写し ○日本語能力を証するものとして次のいずれか ・国際交流基金日本語基礎テストの合格証明書（判定結果通知書）の写し ・日本語能力試験（Ｎ４以上）の合格証明書の写し	－	○	・申請人のものが必要	有	無		有	無
	2	宿泊分野における特定技能外国人の受入れに関する誓約書（特定技能所属機関）	分野参考様式第10－1号	○	○特定技能所属機関のものが必要 ○次のいずれかの場合には協議会の構成員であることの証明書の提出も必要 ・初めて特定技能外国人を受け入れてから4か月以上経過している場合 ・宿泊分野における特定技能外国人の申請の際に，協議会の構成員となる旨の誓約書を提出した場合で，その外国人の在留期間更新許可申請を行う場合	有	無		有	無
	3	旅館業許可証（旅館・ホテル営業許可書）	－	△ （注2）	・特定技能所属機関のものが必要	有	無		有	無
	4	宿泊分野における特定技能外国人の受入れに関する誓約書（登録支援機関）	分野参考様式第10－2号	○	○登録支援機関のものが必要 ○特定技能所属機関が適合1号特定技能外国人支援計画を登録支援機関に全部委託する場合に必要 ○次のいずれかの場合には協議会の構成員であることの証明書の提出も必要 ・初めて特定技能外国人を受け入れてから4か月以上経過している場合 ・宿泊分野における特定技能外国人の申請の際に，協議会の構成員となる旨の誓約書を提出した場合で，その外国人の在留期間更新許可申請を行う場合	有	無		有	無

就労を希望する<u>分野</u>について必要な書類を確認の上，提出してください

番号		必要な書類	書式	提出の要否	留意事項	提出確認欄			官用欄	
						○をつける。	過去に提出した日又は申請番号			
農業分野	1	試験	○ 技能水準を証するものとして次のいずれか ・農業技能測定試験（耕種農業全般）の合格証明書の写し ・農業技能測定試験（畜産農業全般）の合格証明書の写し ○日本語能力を証するものとして次のいずれか ・国際交流基金日本語基礎テストの合格証明書（判定結果通知書）の写し ・日本語能力試験（Ｎ４以上）の合格証明書の写し	－	○	・申請人のものが必要	有	無		有	無
		技能実習2号	農業技能評価試験（専門級）の実技試験の合格証明書の写し	－	○	・技能実習2号を良好に修了したとして技能試験の合格等の免除を受ける場合に必要	有	無		有	無
			技能実習生に関する評価調書	<u>参考様式第１－２号</u>	○	・農業技能評価試験（専門級）の実技試験に合格していない場合には，技能試験及び日本語試験を受験し合格するか，実習実施者が作成した技能等の修得等の状況を評価した文書の提出が必要	有	無		有	無
	2		農業分野における特定技能外国人の受入れに関する誓約書（特定技能所属機関）	<u>分野参考様式第１１－１号</u>	○	○特定技能所属機関のものが必要 ○直接雇用の場合 ○次のいずれかの場合には協議会の構成員であることの証明書の提出も必要 ・初めて特定技能外国人を受け入れてから４か月以上経過している場合 ・農業分野における特定技能外国人の申請の際に，協議会の構成員となる旨の誓約書を提出した場合で，その外国人の在留期間更新許可申請を行う場合	有	無		有	無
	3		農業分野における特定技能外国人の受入れに関する誓約書（登録支援機関）	<u>分野参考様式第１１－４号</u>	○	○登録支援機関のものが必要 ○特定技能所属機関が適合１号特定技能外国人支援計画を登録支援機関に全部委託する場合に必要 ○次のいずれかの場合には協議会の構成員であることの証明書の提出も必要 ・初めて特定技能外国人を受け入れてから４か月以上経過している場合 ・農業分野における特定技能外国人の申請の際に，協議会の構成員となる旨の誓約書を提出した場合で，その外国人の在留期間更新許可申請を行う場合	有	無		有	無

<u>就労を希望する分野</u>について必要な書類を確認の上，提出してください

番号		必要な書類	書式	提出の要否	留意事項	提出確認欄 ○をつける。	過去に提出した日又は申請番号	官用欄	
漁業分野	1	試験	○ 技能水準を証するものとして次のいずれか ・漁業技能測定試験（漁業）の合格証明書の写し ・漁業技能測定試験（養殖業）の合格証明書の写し ○日本語能力を証するものとして次のいずれか ・国際交流基金日本語基礎テストの合格証明書（判定結果通知書）の写し ・日本語能力試験（Ｎ４以上）の合格証明書の写し	―	○	・申請人のものが必要	有　無		有　無
		技能実習2号	漁船漁業技能評価試験（専門級）又は養殖業技能評価試験（専門級）の実技試験の合格証明書の写し	―	○	・技能実習2号を良好に修了したとして技能試験の合格等の免除を受ける場合に必要	有　無		有　無
			技能実習生に関する評価調書	参考様式第1－2号	○	・技能実習評価試験（専門級）の実技試験に合格していない場合には，技能試験及び日本語試験を受験し合格するか，実習実施者が作成した技能等の修得等の状況を評価した文書の提出が必要	有　無		有　無
	2		漁業分野における特定技能外国人の受入れに関する誓約書（特定技能所属機関）	分野参考様式第12－1号	○	○特定技能所属機関のものが必要 ○次のいずれかの場合には協議会の構成員であることの証明書の提出も必要 ・初めて特定技能外国人を受け入れてから4か月以上経過している場合 ・漁業分野における特定技能外国人の申請の際に，協議会の構成員となる旨の誓約書を提出した場合で，その外国人の在留期間更新許可申請を行う場合	有　無		有　無
	3		【特定技能所属機関が農林水産大臣又は都道府県知事の許可又は免許を受けて漁業又は養殖業を営んでいる場合】 次のいずれかの書類 ・許可証の写し ・免許の指令書の写し ・その他許可または免許を受け漁業又は養殖業を営んでいることが確認できる公的な書類の写し	―	△ (注2)	・特定技能所属機関のものが必要	有　無		有　無
			【特定技能所属機関が漁業協同組合に所属して漁業又は養殖業を営んでいる場合】 次のいずれかの書類 ・当該組合の漁業権の内容たる漁業又は養殖業を営むことを確認できる当該組合が発行した書類の写し ・その他当該組合に所属して漁業又は養殖業を営んでいることが確認できる書類の写し	―	△ (注2)	・特定技能所属機関のものが必要	有　無		有　無
			【漁船を用いて漁業又は養殖業を営んでいる場合】 次のいずれかの書類 ・漁船原簿謄本の写し ・漁船登録票の写し	―	△ (注2)	・特定技能所属機関のものが必要	有　無		有　無
	4		漁業分野における特定技能外国人の受入れに関する誓約書（登録支援機関）	分野参考様式第12－2号	○	○登録支援機関のものが必要 ○特定技能所属機関が適合1号特定技能外国人支援計画を登録支援機関に全部委託する場合に必要 ○次のいずれかの場合には協議会の構成員であることの証明書の提出も必要 ・初めて特定技能外国人を受け入れてから4か月以上経過している場合 ・漁業分野における特定技能外国人の申請の際に，協議会の構成員となる旨の誓約書を提出した場合で，その外国人の在留期間更新許可申請を行う場合	有　無		有　無

183

就労を希望する<u>分野</u>について必要な書類を確認の上，提出してください

	番号		必要な書類	書式	提出の要否	留意事項	提出確認欄 ○をつける。	過去に提出した日又は申請番号	官用欄	
飲食料品製造業分野	1	試験	○飲食料品製造業特定技能1号技能測定試験の合格証明書の写し ○日本語能力を証するものとして次のいずれか ・国際交流基金日本語基礎テストの合格証明書（判定結果通知書）の写し ・日本語能力試験（N4以上）の合格証明書の写し	－	○	・申請人のものが必要	有　無		有	無
		技能実習2号	技能検定3級又は技能実習評価試験（専門級）の実技試験の合格証明書の写し	－	○	・技能実習2号を良好に修了したとして技能試験の合格等の免除を受ける場合に必要 ・「特定の分野に係る特定技能外国人受入れに関する運用要領-別表飲食料品製造業分野の基準について-」別表別表（飲食料品製造業）に掲げる職種・作業に係るものに限る。	有　無		有	無
			技能実習生に関する評価調書	参考様式第1-2号	○	・技能検定3級又はこれに相当する技能実習評価試験の実技試験に合格していない場合には、技能試験及び日本語試験を受験し合格するか、実習実施者が作成した技能等の修得等の状況を評価した文書の提出が必要	有　無		有	無
	2		飲食料品製造業分野における特定技能外国人の受入れに関する誓約書（特定技能所属機関）	分野参考様式第13-1号	○	○特定技能所属機関のものが必要 ○次のいずれかの場合には協議会の構成員であることの証明書の提出も必要 ・初めて特定技能外国人を受け入れてから4か月以上経過している場合 ・飲食料品製造業分野における特定技能外国人の申請の際に、協議会の構成員となる旨の誓約書を提出した場合で、その外国人の在留期間更新許可申請を行う場合	有　無		有	無
	3		飲食料品製造業分野における特定技能外国人の受入れに関する誓約書（登録支援機関）	分野参考様式第13-2号	○	○登録支援機関のものが必要 ○特定技能所属機関が適合1号特定技能外国人支援計画を登録支援機関に全部委託する場合に必要 ○次のいずれかの場合には協議会の構成員であることの証明書の提出も必要 ・初めて特定技能外国人を受け入れてから4か月以上経過している場合 ・飲食料品製造業分野における特定技能外国人の申請の際に、協議会の構成員となる旨の誓約書を提出した場合で、その外国人の在留期間更新許可申請を行う場合	有　無		有	無
外食業分野	1	試験	○外食業特定技能1号技能測定試験の合格証明書の写し ○日本語能力を証するものとして次のいずれか ・国際交流基金日本語基礎テストの合格証明書（判定結果通知書）の写し ・日本語能力試験（N4以上）の合格証明書の写し	－	○	・申請人のものが必要	有　無		有	無
		技能実習2号	医療・福祉施設給食製造技能実習評価試験（専門級）の実技試験の合格証明書の写し	－	○	・技能実習2号を良好に修了したとして技能試験の合格等の免除を受ける場合に必要 ・「特定の分野に係る特定技能外国人受入れに関する運用要領-別表飲食料品製造業分野の基準について-」別表別表（飲食料品製造業）に掲げる職種・作業に係るものに限る。	有　無		有	無
			技能実習生に関する評価調書	参考様式第1-2号	○	・医療・福祉施設給食製造技能実習評価試験（専門級）の実技試験に合格していない場合には、技能試験及び日本語試験を受験し合格するか、実習実施者が作成した技能等の修得等の状況を評価した文書の提出が必要	有　無		有	無
	2		外食業分野における特定技能外国人の受入れに関する誓約書（特定技能所属機関）	分野参考様式第14-1号	○	○特定技能所属機関のものが必要 ○次のいずれかの場合には協議会の構成員であることの証明書の提出も必要 ・初めて特定技能外国人を受け入れてから4か月以上経過している場合 ・外食業分野における特定技能外国人の申請の際に、協議会の構成員となる旨の誓約書を提出した場合で、その外国人の在留期間更新許可申請を行う場合	有　無		有	無
	3		保健所長の営業許可証の写し	－	△（注2）	・特定技能所属機関のものが必要	有　無		有	無
	4		外食業分野における特定技能外国人の受入れに関する誓約書（登録支援機関）	分野参考様式第14-2号	○	○登録支援機関のものが必要 ○特定技能所属機関が適合1号特定技能外国人支援計画を登録支援機関に全部委託する場合に必要 ○次のいずれかの場合には協議会の構成員であることの証明書の提出も必要 ・初めて特定技能外国人を受け入れてから4か月以上経過している場合 ・外食業分野における特定技能外国人の申請の際に、協議会の構成員となる旨の誓約書を提出した場合で、その外国人の在留期間更新許可申請を行う場合	有　無		有	無

〔参考〕1号特定技能外国人の受入れ手続の流れ

出入国在留管理庁
Immigration Services Agency of Japan

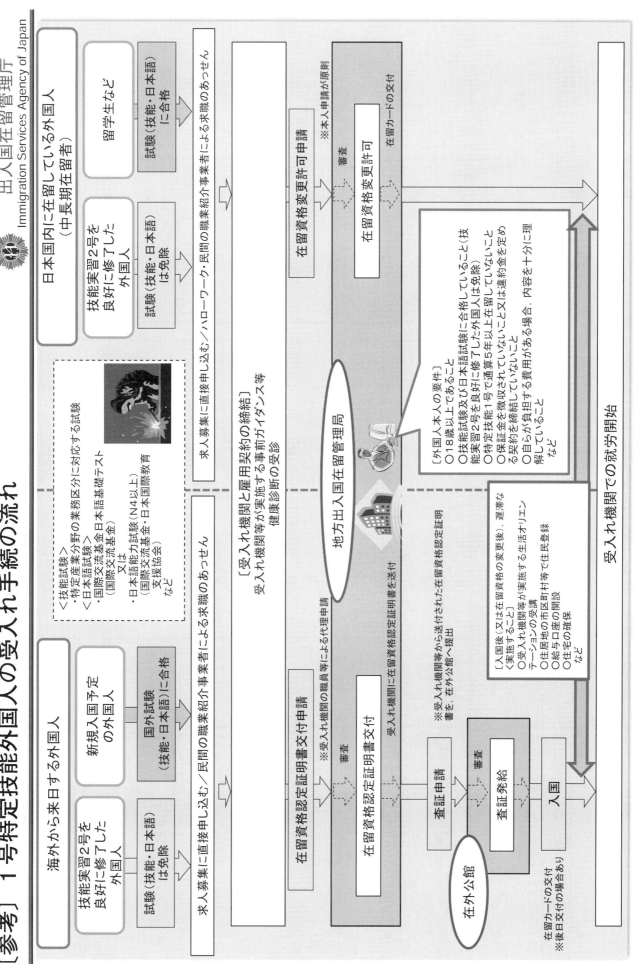

海外から来日する外国人

技能実習2号を良好に修了した外国人

試験（技能・日本語）は免除

新規入国予定の外国人

国外試験（技能・日本語）に合格

求人募集に直接申し込む／民間の職業紹介事業者による求職のあっせん

在留資格認定証明書交付申請

※受入れ機関の職員等による代理申請

審査

在留資格認定証明書交付

※受入れ機関に在留資格認定証明書を送付

査証申請

※受入れ機関等から送付された在留資格認定証明書を、在外公館へ提出

審査

査証発給

入国

在留カードの交付
※事後交付の場合あり

在外公館

日本国内に在留している外国人（中長期在留者）

技能実習2号を良好に修了した外国人

試験（技能・日本語）は免除

留学生など

試験（技能・日本語）に合格

求人募集に直接申し込む／ハローワーク・民間の職業紹介事業者による求職のあっせん

在留資格変更許可申請

※本人申請が原則

審査

在留資格変更許可

在留カードの交付

＜技能試験＞
・特定産業分野の業務区分に対応する試験
＜日本語試験＞
・国際交流基金日本語基礎テスト
（国際交流基金）
又は
・日本語能力試験（N4以上）
（国際交流基金・日本国際教育支援協会）
など

求人募集に直接申し込む／ハローワーク・民間の職業紹介事業者による求職のあっせん

〔受入れ機関と雇用契約の締結〕
受入れ機関等が実施する事前ガイダンス等
健康診断の受診

地方出入国在留管理局

〔外国人本人の要件〕
○18歳以上であること
○技能試験及び日本語試験に合格していること（技能実習2号を良好に修了した外国人は免除）
○特定技能1号で通算5年以上在留していないこと
○保証金を徴収されていないこと又は違約金を定める契約を締結していないこと
○自らが負担する費用がある場合、内容を十分に理解していること
など

〔入国後（又は在留資格の変更後）、遅滞なく実施すること〕
○受入れ機関等が実施する生活オリエンテーションの受講
○住居地の市区町村等での住民登録
○給与口座の開設
○住宅の確保
など

受入れ機関での就労開始

〔参考〕特定技能1号における分野と技能実習2号移行対象職種との関係について

1 介護

職種名	作業名
介護	介護

（注）平成29年11月1日から対象職種に追加

2 ビルクリーニング

職種名	作業名
ビルクリーニング	ビルクリーニング

3 素形材産業

職種名	作業名
鋳造	鋳鉄鋳物鋳造
	非鉄金属鋳物鋳造
鍛造	ハンマ型鍛造
	プレス型鍛造
ダイカスト	ホットチャンバダイカスト
	コールドチャンバダイカスト
機械加工	普通旋盤
	フライス盤
	数値制御旋盤
	マシニングセンタ
金属プレス加工	金属プレス
鉄工	構造物鉄工
工場板金	機械板金
めっき	電気めっき
	溶融亜鉛めっき
アルミニウム陽極酸化処理	アルミニウム陽極酸化処理
仕上げ	治工具仕上げ
	金型仕上げ
	機械組立仕上げ
機械検査	機械検査
機械保全	機械系保全
塗装	建築塗装
	金属塗装
	鋼橋塗装
	噴霧塗装
溶接	手溶接
	半自動溶接

4 産業機械製造業

職種名	作業名
鋳造	鋳鉄鋳物鋳造
	非鉄金属鋳物鋳造
鍛造	ハンマ型鍛造
	プレス型鍛造
ダイカスト	ホットチャンバダイカスト
	コールドチャンバダイカスト
機械加工	普通旋盤
	フライス盤
	数値制御旋盤
	マシニングセンタ
金属プレス加工	金属プレス
鉄工	構造物鉄工
工場板金	機械板金
めっき	電気めっき
	溶融亜鉛めっき
仕上げ	治工具仕上げ
	金型仕上げ
	機械組立仕上げ
機械検査	機械検査
機械保全	機械系保全
電子機器組立て	電子機器組立て
電気機器組立て	回転電機組立て
	変圧器組立て
	配電盤・制御盤組立て
	開閉制御器具組立て
	回転電機巻線製作
プリント配線板製造	プリント配線板設計
	プリント配線板製造
プラスチック成形	圧縮成形
	射出成形
	インフレーション成形
	ブロー成形
塗装	建築塗装
	金属塗装
	鋼橋塗装
	噴霧塗装
溶接	手溶接
	半自動溶接
工業包装	工業包装

5 電気・電子情報関連産業

職種名	作業名
機械加工	普通旋盤
	フライス盤
	数値制御旋盤
	マシニングセンタ
金属プレス加工	金属プレス
工場板金	機械板金
めっき	電気めっき
	溶融亜鉛めっき
仕上げ	治工具仕上げ
	金型仕上げ
機械保全	機械系保全
電子機器組立て	電子機器組立て
電気機器組立て	回転電機組立て
	変圧器組立て
	配電盤・制御盤組立て
	開閉制御器具組立て
	回転電機巻線製作
プリント配線板製造	プリント配線板設計
	プリント配線板製造
プラスチック成形	圧縮成形
	射出成形
	インフレーション成形
	ブロー成形
塗装	建築塗装
	金属塗装
溶接	手溶接
	半自動溶接
工業包装	工業包装

特定技能1号における分野と技能実習2号移行対象職種との関係について

6 建設

職種名	作業名
型枠施工	型枠工事作業
左官	左官作業
コンクリート圧送施工	コンクリート圧送工事作業
建設機械施工	押土・整地作業
	積込み作業
	掘削作業
	締固め作業
かわらぶき	かわらぶき作業
鉄筋施工	鉄筋組立て作業
内装仕上げ施工	プラスチック系床仕上げ工事作業
	カーペット系床仕上げ工事作業
	鋼製下地工事作業
	ボード仕上げ工事作業
	カーテン工事作業
表装	壁装作業
とび	とび作業
建築大工	大工工事作業
配管	建築配管作業
	プラント配管作業
建築板金	ダクト板金作業
	内外装板金作業
熱絶縁施工	保温保冷工事

7 造船・舶用工業

職種名	作業名
溶接	手溶接
	半自動溶接
塗装	金属塗装作業
	噴霧塗装作業
鉄工	構造物鉄工作業
仕上げ	治工具仕上げ作業
	金型仕上げ作業
	機械組立仕上げ作業
機械加工	普通旋盤作業
	数値制御旋盤作業
	フライス盤作業
	マシニングセンタ作業
電気機器組立て	回転電機組立て作業
	変圧器組立て作業
	配電盤・制御盤組立て作業
	開閉制御器具組立て作業
	回転電機巻線製作作業

8 自動車整備

職種名	作業名
自動車整備	自動車整備

9 航空

職種名	作業名
空港グランドハンドリング	航空機地上支援

10 宿泊

職種名	作業名

11 農業

職種名	作業名
耕種農業	施設園芸
	畑作・野菜
	果樹
畜産農業	養豚
	養鶏
	酪農

12 漁業

職種名	作業名
漁船漁業	かつお一本釣り漁業
	延縄漁業
	いか釣り漁業
	まき網漁業
	ひき網漁業
	刺し網漁業
	定置網漁業
	かに・えびかご漁業
養殖業	ほたてがい・まがき養殖

13 飲食料品製造業

職種名	作業名
缶詰巻締	缶詰巻締
食鳥処理加工業	食鳥処理加工
加熱性水産加工食品製造業	節類製造
	加熱乾製品製造
	調味加工品製造
	くん製品製造
非加熱性水産加工食品製造業	塩蔵品製造
	乾製品製造
	発酵食品製造
水産練り製品製造	かまぼこ製品製造
牛豚食肉処理加工業	牛豚部分肉製造
ハム・ソーセージ・ベーコン製造	ハム・ソーセージ・ベーコン製造
パン製造	パン製造
そう菜製造業	そう菜加工
農産物漬物製造業	農産物漬物製造

14 外食業

職種名	作業名
医療・福祉施設給食製造	医療・福祉施設給食製造

(注)平成30年11月16日から対象職種に追加

特定活動

【活動の範囲】　入管法第7条第1項第2号の規定に基づき、同法別表第一の五の表の下欄に掲げる活動

　　　　（注）　ここにおいては、「出入国管理及び難民認定法第7条第1項第2号の規定に基づき同法別表第一の五の表の下欄に掲げる活動を定める件」のうち第46号について解説します。

該当する外国人	ポイント
特定活動第46号「別表第11（注）に掲げる要件のいずれにも該当する者が、法務大臣が指定する本邦の公私の機関との契約に基づいて、当該機関の常勤の職員として行う当該機関の業務に従事する活動（**日本語を用いた円滑な意思疎通を要する業務に従事するもの**を含み、風俗営業活動及び法律上資格を有する者が行うこととされている業務に従事するものを除く。）」が該当します。 **（注）別表第11** 1　本邦の大学（短期大学を除く。以下同じ。）を卒業し又は大学院の課程を修了して学位を授与されたこと。 2　**日本人が従事する場合に受ける報酬と同等額以上の報酬を受けること。** 3　日常的な場面で使われる日本語に加え、論理的にやや複雑な日本語を含む幅広い場面で使われる日本語を理解することができる能力を有していることを試験その他の方法により証明されていること。 4　**本邦の大学又は大学院において修得した広い知識及び応用的能力等を活用するものと認められること。**	在留資格「特定活動」第46号に該当するこの活動については、以下の項目に留意してください。 1　この制度は、日本の大学卒業者が日本の公私の機関において、日本の大学等において修得した広い知識、応用的能力等のほか、留学生としての経験を通じて得た高い日本語能力を活用することを要件として、幅広い業務に従事する活動を認めるものです。 2　「技術・人文科学・国際業務」の在留資格では、一般的なサービス業務や製造業務等が主たる活動となる場合は認められませんが、この在留資格では上記1の要件が満たされれば、これらの活動が可能です。 3　ただし、法律上資格を有する者が行うこととされている業務（業務独占資格が必要な職業）及び風俗営業活動に従事することは認められません。 4　この制度の対象者は次のとおりです。 　　日本の大学を卒業又は大学院の課程を修了し、学位を授与された外国人で、高い日本語能力を有する者が対象となります。 （1）学歴について 　　日本の4年生大学の卒業及び大学院の修了に限られます。短期大学及び専修学校の卒業並びに外国の大学の卒業及び大学院の修了は対象にはなりません。 （2）日本語能力について 　①　日本語能力試験N1又はBJTビジネス日本語能力テストで480点以上を有する者 　②　大学又は大学院で「日本語」を専攻して大学を卒業又は修了した者は①を満たすものとして取り扱われます。また、外国の大学・大学院において「日本語」を専攻した者についても①を満たすものとして取り扱われますが、この場合でも日本の大学・大学院を卒業・修了していることが必要です。 5　「**日本語を用いた円滑な意思疎通を要する業務**」とは、単に雇用主等からの作業指示や日本語で記載された業務マニュアルを理解し、自らの作業を行うだけの受動的な業務では足りず、通訳を兼ねた外国人対応や日本語能力が低い他の外国人従業員に対する指導など、いわゆる「翻訳・通訳」の要素のある業務や、高い日本語能力を活用し、他者との双方向のコミュニケーションを要する業務であることが必要です。 6　「**本邦の大学又は大学院において修得した広い知識及び応用的能力等を活用するものと認められること**」とは、従事しようとする業務内容に、「技術・人文知識・国際業務」の在留資格の対象となる学術上の素養等を背景とする一定水準以上の業務が含まれていること、又は、今後当該業務に従事することが見込まれていることが必要です。「学術上の素養等を背景とする一定水準以上の業務」とは、一般的に大学において修得する知識が必要となる業務（商品企画、技術開発、営業、管理業務、企画業務（広報）、教育等）を意味します。

該当する外国人	ポイント
	7　具体的な活動内容 　本制度によって活動が認められ得る具体的な例は次のとおりです。 （1）飲食店に採用され、店舗管理業務や外国人客に対する通訳を兼ねた接客業務を行うもの（それに併せて、日本人に対する接客を行うことを含む。）。 　※厨房での皿洗いや清掃にのみ従事することは認められません。 （2）工場のラインにおいて、日本人従業員から受けた作業指示を技能実習生や他の外国人従業員に対し外国語で伝達・指導するとともに、自らもラインに入って業務を行うもの。 　※ラインで指示された作業にのみ従事することは認められません。 （3）小売店において、仕入れや商品企画等と併せ、通訳を兼ねた外国人客に対する接客販売業務を行うもの（それに併せて、日本人に対する接客販売業務を行うことを含む。）。 　※商品の陳列や店舗の清掃にのみ従事することは認められません。 （4）ホテルや旅館において、翻訳業務を兼ねた外国語によるホームページの開設、更新作業等の広報業務を行うものや、外国人客への通訳（案内）を兼ねたベルスタッフやドアマンとして接客を行うもの（それに併せて、日本人に対する接客を行うことを含む。）。 　※客室の清掃にのみ従事することは認められません。 （5）タクシー会社に採用され、観光客（集客）のための企画・立案を行う一方、自ら通訳を兼ねて観光案内を行うタクシードライバーとして活動するもの（それに併せて、通常のタクシードライバーとして乗務することを含む。）。 　※車両の整備や清掃にのみ従事することは認められません。 （6）介護施設において、外国人従業員や技能実習生への指導を行いながら、外国人利用者を含む利用者との間の意思疎通を図り、日本語を用いて介護業務に従事するもの。 　※施設内の清掃や衣服の洗濯のみに従事することは認められません。 （7）食品製造会社において、他の従業員との間で日本語を用いたコミュニケーションを取りながら商品の企画・開発を行いつつ、自らも商品製造ラインに入って作業を行うもの。 　※単に商品製造ラインに入り、日本語による指示を受け、指示された作業のみ従事することは認められません。 8　契約形態等 　「法務大臣が指定する日本の公私の機関との契約に基づいて、当該機関の常勤の職員として行う当該機関の業務に従事する活動」について （1）申請内容に基づき、「指定する活動」として活動先の機関が指定され、「指定書」が旅券に貼付されます。転職等で活動先の機関が変更となった場合は指定される活動が変わるため、在留資格変更許可申請が必要です。 （2）指定書に記載される機関名は、契約先の所属機関名であるため、例えば同一法人（法人番号が同一の機関）内の異動や配置換え等については、在留資格変更許可申請は不要です。 　　他方で、転職等により契約の相手方が変更となった場合は、新たな活動先となる機関を指定する必要があるため、在留資格変更許可申請が必要です。 （3）当該機関の常勤の職員として行う当該機関の業務に従事する活動で

該当する外国人	ポイント
	あることから、フルタイムの職員としての稼働に限られ、短時間のパートタイムやアルバイトは対象とはなりません。 （4）契約機関の業務に従事する活動のみが認められ、派遣社員として派遣先において就労活動を行うことはできません。 （5）契約機関が適切に雇用管理を行っている必要があることから、社会保険の加入状況等についても、確認が求められます。 9　日本人が従事する場合に受ける報酬と同等以上の報酬を受けること 　　一定の報酬額を基準として一律に判断するものではなく、地域や個々の企業の賃金体系を基礎に、同種の業務に従事する日本人と同等額以上であるか、また、他の企業の同種の業務に従事する者の賃金を参考にして日本人と同等額以上であるかについて判断されます。他の職員よりも語学に関する能力が高いことが採用の背景となっている場合、それが加味された報酬となっているかも確認されます。 　　また、本制度の場合、昇給面を含めて、日本人大卒・院卒者の賃金を参考とされます。 　　その他、元留学生が本国等において就職し、実務経験を積んでいる場合、その経験に応じた報酬が支払われることになっていることについても確認されます。 10　その他 　　在留資格の変更及び在留期間の更新許可申請においては、次の事項についても確認されます。 （1）素行が不良でないこと 　　素行が善良であることが前提となり、良好でない場合には消極的な要素として評価されます。例えば、資格外活動許可の条件に違反して、恒常的に1週について28時間を超えてアルバイトに従事していたような場合には、素行が善良であるとはみなされません。 （2）入管法に定める届出等の義務を履行していること 　　入管法第19条の7から第19条の13まで及び第19条の15に規定する在留カードの記載事項に係る届出、在留カードの有効期間更新申請、紛失等による在留カードの再交付申請、在留カードの返納等の義務を履行していることが必要です。

申請書類

在留資格認定証明書交付申請・在留資格変更許可申請の場合

1　申請書
2　申請人の活動内容等を明らかにする資料
　　労働基準法第15条第1項及び同法施行規則第5条に基づき、労働者に交付される労働条件を明示する文書（写し）
3　雇用理由書
　　雇用契約書の業務内容から、日本語を用いた業務等、本制度に該当する業務に従事することが明らかな場合は提出不要です。
　　所属機関が作成したものが必要です。様式は自由ですが、所属機関名及び代表者名の記名押印が必要です。
　　どのような業務で日本語を活用するのか、どのような業務が学術上の素養を背景とする一定水準以上の業務であるのかを明確にする必要があります。
4　申請人の学歴を証明する文書
　　卒業証書（写し）又は卒業証明書（学位の確認が可能なものに限ります。）

5　申請人の日本語能力を証明する文書

　　日本語能力試験N1又はBJTビジネス日本語能力テスト480点以上の成績証明書（写し）

　　なお、外国の大学において日本語を専攻した者については、当該大学の卒業証書（写し）又は卒業証明書（学部・学科、研究科等が記載されたものに限ります。）

6　事業内容を明らかにする次のいずれかの資料

　ア　勤務先等の沿革、役員、組織、事業内容（主要取引先と取引実績を含む。）等が記載された案内書

　イ　その他の勤務先等の作成した上記アに準ずる文書

　ウ　勤務先のホームページの写し（事業概要が確認できるトップページ等のみで可）

　エ　登記事項証明書

7　課税証明書及び納税証明書（証明書が取得できない期間については、源泉徴収票、当該期間の給与明細の写し又は賃金台帳の写し等）

　（注）他の就労資格からの又は転職による在留資格変更許可申請に限ります。

在留期間更新許可申請の場合

1　申請書

2　パスポート及び在留カード

　※提示のみで、提出していただく必要はありません。

3　課税証明書及び納税証明書（証明書が取得できない期間については、源泉徴収票及び当該期間の給与明細の写し、賃金台帳の写し等）

在留期間	運　　用
5年	次のいずれにも該当するもの。 ①　申請人が入管法上の届出義務（住居地の届出、住居地変更の届出、所属機関の変更の届出等）を履行しているもの（上陸時の在留期間決定の際には適用しない。） ②　別表第一の「教授」から「技能」までの在留資格又は「特定活動」（本邦大学卒業者）で、3年以上の在留期間が決定されている者で、かつ、本邦において引き続き当該活動に該当する活動を通算5年以上行っているもの ③　就労予定期間が3年を超えるもの ④　過去の申請内容から、適正な報酬を受けていることに特段の疑義がないもの
3年	次のいずれかに該当するもの。 ①　次のいずれにも該当するもの 　a　申請人が入管法上の届出義務（住居地の届出、住居地変更の届出、所属機関の変更の届出等）を履行しているもの（上陸時の在留期間決定の際には適用しない。） 　b　別表第一の「教授」から「技能」までの在留資格又は「特定活動」（本邦大学卒業者）で、引き続き2年以上当該在留資格に該当する活動を行っているもの 　c　過去の申請内容から、適正な報酬を受けていることに特段の疑義がないもの ②　5年の在留期間を決定されていた者で、在留期間更新の際に次のいずれにも該当すること 　a　申請人が入管法上の届出義務（住居地の届出、住居地変更の届出、所属機関の変更の届出等）を履行しているもの 　b　過去の申請内容から、適正な報酬を受けていることに特段の疑義がないもの 　c　就労予定期間が1年を超え3年以内であるもの ③　5年、1年、6月又は3月の項のいずれにも該当しないもの 　（注）ただし、1年の項の①を除く。
1年	次のいずれかに該当するもの。 ①　「特定活動」（本邦大学卒業者）を初めて決定されるもの及び初回の在留期間更新に係るもの 　（注）5年の項の②、3年の項①bを除く。

	②　3年の在留期間を決定されていた者で、在留期間更新の際に次のいずれかに該当しないこと 　　a　申請人が入管法上の届出義務（住居地の届出、住居地変更の届出、所属機関の変更の届出等）を履行しているもの 　　b　過去の申請内容から、適正な報酬を受けていることに特段の疑義がないもの ③　（申請人の）職務上の地位及び活動実績、所属機関の活動実績等から、在留状況を1年に1度確認する必要があるもの ④　就労予定期間が6月を超え1年以内であるもの
6月	就労予定期間が3月を超え6月以内であるもの
3月	就労予定期間が3月以下であるもの

第4章
外国人の入国・在留手続の流れ

日本に入国を希望する外国人又はその代理人（日本国内居住）は、最寄りの地方出入国在留管理局等へ申請書類を提出することにより、事前に在留資格の認定を受けることができます。

こうして在留資格の認定を受けた外国人には「在留資格認定証明書」が交付されることになりますが、この在留資格認定証明書により、査証の発給及び日本の空港等における上陸審査において審査が円滑に行われます。

1　在留資格認定証明書交付申請

日本において就労等を希望する外国人は、入国する前に「在留資格認定証明書交付申請」（以下「在留資格認定申請」という。）を行うことになります。

申請手続の流れは、以下のとおりです。

図4-1　在留資格認定証明書交付申請手続の流れ

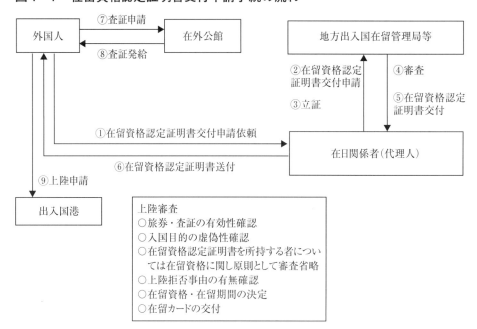

在留資格認定申請依頼

在留資格認定申請の手続対象者は、入国（就労等）を希望する外国人本人ですが、入国前に申請書を提出するため、本人が外国にいる場合が通例ですので、在日関係者の方（受入れ機関の職員等法務省令で定める代理人）に依頼することになります。

在留資格認定申請

申請依頼を受けた在日関係者の方は、入国（就労等）を希望する外国人が居住を予定している地域、又は受入れ機関の所在地を管轄する地方出入国在留管理官署の窓口へ、「在留資格認定証明書交付申請書」を提出します。申請取次者等に依頼すれば、申請書を代わりに提出してもらうこともできます。

立証

申請書提出の際には、日本での活動内容に応じた資料を提出し、入国の目的を立証することが必要です。

「日本での活動内容に応じた資料」は、在留資格それぞれについて決められています。詳細は、法務省ホーム

ページにおいて在留資格別の資料を掲載していますので、ご参照ください。

審査

　地方出入国在留管理官署において、提出された在留資格認定申請の審査が行われます。

　審査の観点は、「申請に係る本邦において行おうとする活動が虚偽のものでなく、入管法別表第一の下欄に掲げる活動（二の表の高度専門職の項の下欄第2号に掲げる活動を除き、五の表の下欄に掲げる活動については、法務大臣があらかじめ告示をもって定める活動に限る。）又は別表第二の下欄に掲げる身分若しくは地位（永住者の項の下欄に掲げる地位を除き、定住者の項の下欄に掲げる地位については法務大臣があらかじめ告示をもって定めるものに限る。）を有する者としての活動のいずれかに該当し、かつ、別表第一の二の表及び四の表の下欄に掲げる活動を行おうとする者については、上陸許可基準で定める基準に適合すること（特定技能の項の下欄第1号に掲げる活動を行おうとする外国人については、1号特定技能外国人支援計画が入管法の規定に適合するものであることを含む。）。」のほか、上陸拒否事由に該当しないことなどです。

　審査にかかる期間は、概ね1〜3か月を要しますので、入国以前に交付を受けるためには、余裕をもって提出するようご留意ください。

在留資格認定証明書の交付

　審査の結果、定められた要件に適合すると認められた場合には、在留資格認定証明書（以下「証明書」という。）が郵送によって交付されます。

在留資格認定証明書送付

　在日関係者の方は、入国（就労等）を希望する外国人へ証明書を送付します。

査証申請

　証明書を提示して、入国のための「査証申請」を在外公館へ提出します。

査証発給

　証明書を提示して査証申請した場合には、原則として査証が速やかに発給されます。

上陸申請

　査証を発給されると、いよいよ日本へ向け出発です。

　各出入国港にて上陸申請を行い、下記のとおり、「上陸審査」が行われます。

　在留資格認定証明書が交付されている場合には、上陸審査手続が円滑に行われることになっています。

○　旅券・査証の有効性確認
○　入国目的の虚偽性確認
○　在留資格認定証明書を所持する者については、在留資格に関し原則として審査省略
○　上陸拒否事由の有無確認
○　在留資格・在留期間の決定
○　在留カードの交付

　（注）一定の外国人の方に対し、在留資格・在留期間の決定とともに在留カードが交付されます。なお、在留カードが即時交付されるのは、当分の間、新千歳空港、成田空港、羽田空港、中部空港、関西空港、広島空港及び福岡空港です。その他の出入国港においては、後日交付されることになっています。

申請における留意点

【申請書】

1 在留資格認定証明書交付申請書（新様式）

法務省のホームページから片面1枚ずつ印刷してください（両面印刷はしないでください。）。

申請人等作成用1は、すべての在留資格に共通するもので、裏面にそれぞれの入国目的に応じて使用する申請書について記載されています。

申請人等作成用2〜4、所属機関等作成用1〜5は、入国目的に対応する用紙を使用してください。

なお、「申請人」とは、日本への入国・在留を希望している外国人のことです。

2 （1）身元保証書（日本語版）（2）身元保証書（英語版）

入管法別表第二に定める在留資格（例えば、（1）日本人の配偶者（夫又は妻）・日本人の実子、（2）永住者の配偶者（夫又は妻）、（3）日系人・日系人の配偶者（夫又は妻））の在留資格認定申請の際に提出していただく書類です。

3 質問書（平成29年6月6日に改訂された新様式。外国語版で作成した場合、その訳文（日本語）も必要です。）

（1）日本人の配偶者（夫又は妻）、（2）永住者の配偶者（夫又は妻）、（3）日系人の配偶者（夫又は妻）の在留資格認定申請の際に提出していただく書類です。

4 申立書（契約機関の経営者及び常勤の職員が入管法第7条第1項第2号の基準を定める省令の「興行」の項の下欄第1号ロ（3）又は第1号ハ（6）に掲げる者のいずれにも該当していないことを申し立てる文書）

演劇、演芸、歌謡、舞踊又は演奏の興行に係る活動を行おうとする場合に提出していただく書類です。

5 外国人患者に係る受入れ証明書

入院して医療を受けるため日本に相当期間滞在しようとする場合に提出していただく書類です。

【対象者】

我が国に入国を希望する外国人（短期滞在を目的とする方を除きます。）

【申請者】

1 申請人本人（日本への入国を希望する外国人本人。日本に滞在している場合に限られます。）

2 当該外国人を受け入れようとする機関の職員その他の法務省令で定める代理人

3 次の①〜④のいずれかに該当する申請等取次者（上記1又は2の方に代わって申請書を提出できる者）

（注1）①、②又は④の方は、上記1又は2の方から依頼を受けることが必要です。

（注2）代理人、法定代理人、申請等取次者が申請を提出する場合は、身分を証明する文書（会社の身分証明書、戸籍謄本、申請等取次者証明書等）の提示が求められます。

① 外国人の円滑な受入れを図ることを目的とする公益法人の職員で地方出入国在留管理局長が適当と認めるもの

② 所属する弁護士会又は行政書士会を経由して、地方出入国在留管理局長に届け出た弁護士又は行政書士

③ 申請人の法定代理人（未成年者に対する親権者、一般的には親などです。）

④ 特定技能所属機関から適合1号特定技能外国人支援計画の全部の実施を委託された登録支援機関の職員

【手数料】

手数料はかかりません。

【申請先】

居住予定地、又は受入れ機関の所在地を管轄する地方出入国在留管理官署（地方出入国在留管理官署又は外国人在留総合インフォメーションセンターにお問い合わせください。）

【写真】

　申請の際に、写真1葉（縦4cm×横3cm）を提出してください。なお、写真は申請前3か月以内に正面から撮影された、無帽、無背景で鮮明なものを用意してください。

　提出時には、写真の裏面に申請人の氏名を記載し、申請書の写真欄に貼付してください。

【注意点】（必ずご確認ください。）

1　「申請人」とは、日本への入国・在留を希望している外国人の方のことです。

2　様式用紙をコピーして使用する場合は、A4サイズとし、鮮明なものを使用してください。

3　記載事項に該当がない場合には、空欄にすることなく、「なし」と記載してください。

4　記載内容の訂正は、必ず申請書の作成者が行い、署名をしてください。

5　提出資料が外国語で作成されている場合には、日本語の訳文を添付してください。

6　申請の際に、交付時の郵送用に、返信用封筒（定形封筒に宛名を明記の上、404円切手〈簡易書留用〉を貼付したもの）1通を提出してください。

　　（注）証明書の枚数によっては、切手の料金が変わりますので、ご注意ください。

7　提出資料は、発行日から3か月以内のものを提出してください。

8　地方出入国在留管理官署における審査の過程において、法務省ホームページに列挙された必要書類や立証資料以外の資料の提出を求められる場合もあります。

9　原則として、提出された資料は返却されませんので、再度入手することが困難な資料の原本等の返却を希望する場合は、申請時に窓口で申し出てください。

10　登記事項証明書、決算書等招へい機関等の概要を明らかにする資料については、公刊物等で機関の概要が明らかになる場合は提出の必要はありません。その場合は、公刊物等の写しを提出してください。

11　住民税の納税証明書については、1年間の総所得及び納税状況（税金を納めているかどうか）が記載されたものを提出してください。納税証明書に、総所得又は納税状況の記載がない場合には、課税（又は非課税）証明書も一緒に提出してください。

　　（注1）1月1日現在お住まいの市区町村の区役所・市役所・役場から発行されます。

　　（注2）1年間の総所得及び納税状況の両方が記載されている証明書であれば、課税（非課税）証明書又は納税証明書のいずれか一方でかまいません。

　　（注3）入国後間もない場合や転居等により、お住まいの区役所・市役所・役場から発行されない場合は、最寄りの地方出入国在留管理官署にお問い合わせください。

12　代理人、申請等取次者又は法定代理人が申請書を提出する場合においては、申請書を提出することができる方かどうかを確認するために「身分を証明する文書（身分証明書等）」の提示が求められます。

2　在留資格変更許可申請

　日本に在留する外国人が、「在留資格」を変更する場合は、在留資格変更許可申請を行う必要があります。

　在留資格「留学」等で在留している外国人が、就職活動を行い、日本の企業に就職しようとする場合は、就職が決定した際に、在留資格変更許可申請を行います。

　申請手続の流れは、以下のとおりです。

図4-2　在留諸申請手続の流れ

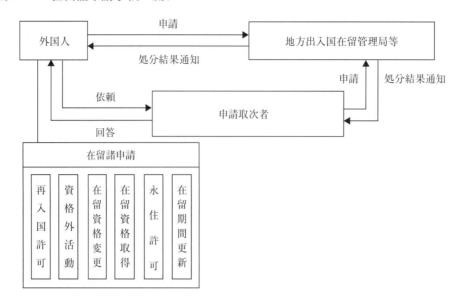

【申請者】

1　申請者本人（日本での滞在を希望する外国人本人）

2　代理人

　申請人の法定代理人

3　取次者

（1）地方出入国在留管理局長から申請取次ぎの承認を受けている次の者で、申請人（又は代理人）から依頼を受けたもの

　　1）申請人が経営している機関又は雇用されている機関の職員

　　2）申請人が研修又は教育を受けている機関の職員

　　3）外国人が行う技能、技術又は知識を修得する活動の監理を行う団体その他これらに準ずるものとして法務大臣が告示をもって定める機関の職員

　　4）特定技能所属機関から適合1号特定技能外国人支援計画の全部の実施を委託された登録支援機関の職員

　　5）外国人の円滑な受入れを図ることを目的とする公益法人の職員

（2）地方出入国在留管理局長に届け出た弁護士又は行政書士で、申請人又は代理人から依頼を受けたもの

（3）申請人本人が16歳未満の場合又は疾病その他の事由により自ら出頭することができない場合には、その親族又は同居者若しくはこれに準ずる者で地方出入国在留管理局長が適当と認めるもの

　（注1）「疾病」の場合、疎明資料として診断書等の提出等が求められます。また、「その他の事由」には人道的な理由が該当し、多忙で仕事が休めないなどの理由は入りませんので、ご留意願います。

　（注2）上記3の取次者が、在留資格変更許可申請を行う場合には、申請人本人は地方出入国在留管理官署への出頭は要しないものの（当該官署において直接お尋ねしたい点がある場合は出頭を求められる場合もあります。）、日本に滞在していることが必要です。

　（注3）代理人又は取次者が申請等を行う場合は、身分を証明する文書（戸籍謄本、申請等取次者証明書等）の提示が求められます。

提出時期等

　申請書の提出時期は、在留資格の変更の事由が生じた時から在留期間満了日までです。

　在留資格認定申請と同様に、「在留資格変更許可申請書」とともに、日本での活動内容に応じた資料を提出します。

　許可の場合は、手数料として、4,000円が必要です。

処分結果通知

　次のような観点から審査が行われ、その結果が通知されます。

○　申請に係る本邦において行おうとする活動が虚偽のものでなく、入管法別表第一の下欄に掲げる活動又は別表第二の下欄に掲げる身分若しくは地位（永住者の項の下欄に掲げる地位を除く。）を有する者としての活動のいずれかに該当し、かつ、在留資格の変更を適当と認めるに足りる相当の理由があること。

○　「短期滞在」の在留資格を有する者にあっては、上記に加えてやむを得ない特別の事情に基づくものであること。

　標準的な処理期間は、2週間～1か月です。

申請における留意点

【申請書】

1　在留資格変更許可申請書（新様式）

　　法務省のホームページから片面1枚ずつ印刷してください（両面印刷はしないでください。）。

　　申請人等作成用1は、すべての在留資格に共通するもので、裏面にそれぞれの入国目的に応じて使用する申請書について記載されています。

　　申請人等作成用2～4、所属機関等作成用1～5は、入国目的に対応する用紙を使用してください。

　　なお、「申請人」とは、日本での在留を希望している外国人のことです。

2　（1）身元保証書（日本語版）（2）身元保証書（英語版）

　　入管法別表第二に定める在留資格（例えば、（1）日本人の配偶者（夫又は妻）・日本人の実子、（2）永住者の配偶者（夫又は妻）、（3）日系人・日系人の配偶者（夫又は妻））の在留資格変更許可申請の際に提出していただく書類です。

3　質問書（平成29年6月6日に改訂された新様式。外国語版で作成した場合、その訳文（日本語）も必要です。）

　　（1）日本人の配偶者（夫又は妻）、（2）永住者の配偶者（夫又は妻）、（3）日系人の配偶者（夫又は妻）の方の在留資格変更許可申請の際に提出していただく書類です。

4　外国人患者に係る受入れ証明書

　　入院して医療を受けるため日本に相当期間滞在しようとする場合に提出していただく書類です。

【手数料】

　許可時には、4,000円の手数料を支払うことが必要です。

　（手数料納付書に収入印紙を添付して支払います。）

【申請先】

　申請人の住居地を管轄する地方出入国在留管理官署（地方出入国在留管理官署又は外国人在留総合インフォメーションセンターにお問い合わせください。）

【写真】

　申請の際に、写真1葉（縦4cm×横3cm）を提出してください。申請前3か月以内に正面から撮影された、無帽、無背景で鮮明なものでなければなりません。

　提出時には、写真の裏面に申請人の氏名を記載し、申請書の写真欄に添付してください。

（注）16歳未満の方は、写真の提出は不要です。また、中長期在留者とならない在留資格への変更を希望される場合も写真の提出は必要ありません。

【注意点】（必ずご確認ください。）

1　在留資格変更許可申請は、在留資格の変更の事由が生じたときから在留期間の満了日までに行います。
　　活動内容を変更し、他の在留資格に該当する活動を行おうとする場合は、速やかに申請してください。本来の在留資格に基づく活動を行っていない場合には、在留資格を取り消されることがあります。

2　「申請人」とは、在留資格の変更（永住者の在留資格への変更を除きます。）を希望している外国人の方のことです。

3　様式用紙をコピーして使用する場合は、A4サイズとし、鮮明なものを使用してください。

4　記載事項に該当がない場合には、空欄にすることなく、「なし」と記載してください。

5　記載内容の訂正は、必ず申請書の作成者が行い、署名をしてください。

6　提出資料が外国語で作成されている場合には、日本語の訳文を添付してください。

7　申請時には、次の文書を提示してください。

　1）　在留カード

　（注1）同カードの交付を受けている方に限ります。

　（注2）申請人以外の方が、当該申請人に係る在留資格変更許可申請を行う場合には、在留カードの写しを申請人に携帯させてください。

　2）　資格外活動許可書（同許可書の交付を受けている方に限ります。）

　3）　旅券又は在留資格証明書

　4）　旅券又は在留資格証明書を提示することができないときは、その理由を記載した理由書

8　提出資料は、発行日から3か月以内のものを提出してください。

9　地方出入国在留管理官署における審査の過程において、法務省ホームページに列挙された必要書類や立証資料以外の資料の提出を求められる場合もあります。

10　原則として、提出された資料は返却されませんので、再度入手することが困難な資料の原本等の返却を希望する場合は、申請時に窓口で申し出てください。

11　登記事項証明書、決算書等招へい機関等の概要を明らかにする資料については、公刊物等で機関の概要が明らかになる場合は提出の必要はありません。その場合は、公刊物等の写しを提出してください。

12　住民税の納税証明書については、1年間の総所得及び納税状況（税金を納めているかどうか）が記載されたものを提出してください。納税証明書に、総所得又は納税状況の記載がない場合には、課税（又は非課税）証明書も一緒に提出してください。

　（注1）1月1日現在お住まいの市区町村の区役所・市役所・役場から発行されます。

　（注2）1年間の総所得及び納税状況の両方が記載されている証明書であれば、課税（非課税）証明書又は納税証明書のいずれか一方でかまいません。

　（注3）入国後間もない場合や転居等により、お住まいの区役所・市役所・役場から発行されない場合は、最寄りの地方出入国在留管理官署にお問い合わせください。

13　代理人、申請等取次者又は法定代理人が申請書を提出する場合においては、申請書を提出することができる方かどうかを確認するため「身分を証明する文書（身分証明書等）」として、申請等取次者証明書、戸籍謄本等の提示が求められます。

3　在留期間更新許可申請

申請

　上陸申請の際に決定された「在留期間」が満了し、引き続き同じ活動を行う場合は、在留期間更新許可申請を行います。

　在留期間の満了する日以前（6月以上の在留期間を有する者にあっては在留期間の満了する3月前から）に、申請書及び申請に必要な書類を用意して、提出してください。許可の場合は、手数料として、4,000円が必要です。

　その他提出に当たっての手続の流れ及び留意事項は、（2）在留資格変更許可申請を参照してください。

申請における留意点

【申請書】

1　在留期間更新許可申請書（新様式）

　　法務省のホームページから片面1枚ずつ印刷してください（両面印刷はしないでください。）。

　　申請人等作成用1は、すべての在留資格に共通するもので、裏面にそれぞれの入国目的に応じて使用する申請書について記載されています。

　　申請人等作成用2～4、所属機関等作成用1～5は、入国目的に対応する用紙を使用してください。

　　なお、「申請人」とは、日本での在留を希望している外国人の方のことです。

2　（1）身元保証書（日本語版）（2）身元保証書（英語版）

　　入管法別表第二に定める在留資格（例えば、（1）日本人の配偶者（夫又は妻）・日本人の実子、（2）永住者の配偶者（夫又は妻）、（3）日系人・日系人の配偶者（夫又は妻））の在留期間更新許可申請の際に提出していただく書類です。

3　外国人患者に係る受入れ証明書

　　入院して医療を受けるため日本に相当期間滞在しようとする場合に提出していただく書類です。

【対象者】

　　現に有する在留資格の活動を継続しようとする外国人

【申請者】

1　申請者本人（日本での滞在を希望する外国人本人）

2　代理人

　　申請人の法定代理人

3　取次者

（1）地方出入国在留管理局長から申請取次ぎの承認を受けている次の者で、申請人（又は代理人）から依頼を受けたもの

　　1）申請人が経営している機関又は雇用されている機関の職員

　　2）申請人が研修又は教育を受けている機関の職員

　　3）外国人が行う技能、技術又は知識を修得する活動の監理を行う団体その他これらに準ずるものとして法務大臣が告示をもって定める機関の職員

　　4）特定技能所属機関から適合1号特定技能外国人支援計画の全部の実施を委託された登録支援機関の職員

　　5）外国人の円滑な受入れを図ることを目的とする公益法人の職員

（2）地方出入国在留管理局長に届け出た弁護士又は行政書士で、申請人又は代理人から依頼を受けたもの

（3）申請人本人が16歳未満の場合又は疾病その他の事由により自ら出頭することができない場合には、その

親族又は同居者若しくはこれに準ずる者で地方出入国在留管理局長が適当と認めるもの

（注1）「疾病」の場合、疎明資料として診断書等の提出等が求められます。また、「その他の事由」には人道的な理由が該当し、多忙で仕事が休めないなどの理由は入りませんので、ご留意願います。

（注2）上記3の取次者が、在留期間更新許可申請を行う場合には、申請人本人は地方出入国在留管理官署への出頭は要しないものの（当該官署において直接お尋ねしたい点がある場合は出頭を求められる場合もあります。）、日本に滞在していることが必要です。

（注3）代理人又は取次者が申請等を行う場合は、身分を証明する文書（戸籍謄本、申請等取次者証明書等）の提示が求められます。

【手数料】

許可時には、4,000円の手数料を支払うことが必要です。

（手数料納付書に収入印紙を添付して支払います。）

【申請先】

申請人の住居地を管轄する地方出入国在留管理官署（地方出入国在留管理官署又は外国人在留総合インフォメーションセンターにお問い合わせください。）

【写真】

申請の際に、写真1葉（縦4cm×横3cm）を提出してください。申請前3か月以内に正面から撮影された、無帽、無背景で鮮明なものを用意して下さい。

提出時には、写真の裏面に申請人の氏名を記載し、申請書の写真欄に添付してください。

（注）16歳未満の方は、写真の提出は不要です。また、中長期在留者でない方が申請される場合及び3月以下の在留期間の更新許可を希望される場合も写真は必要ありません。

【注意点】（必ずご確認ください。）

1　在留期間更新許可申請は、次の時から在留期間の満了する日まで行うことができますので、余裕を持って申請してください。

（1）6か月以上の在留期間を有する者にあっては、在留期間の満了するおおむね3か月前

（2）在留期間が3か月以内である場合は、在留期間のおおむね2分の1以上が経過したとき

2　「申請人」とは、在留期間の更新を希望している外国人の方のことです。

3　様式用紙をコピーして使用する場合は、A4サイズとし、鮮明なものを使用してください。

4　記載事項に該当がない場合には、空欄にすることなく、「なし」と記載してください。

5　記載内容の訂正は、必ず申請書の作成者が行い、署名をしてください。

6　提出資料が外国語で作成されている場合には、日本語の訳文を添付してください。

7　申請時には、次の文書を提示してください。

（1）在留カード

（注1）同カードの交付を受けている方に限ります。

（注2）申請人以外の方が、当該申請人に係る在留期間更新許可申請を行う場合には、在留カードの写しを申請人に携帯させてください。

（2）資格外活動許可書（同許可書の交付を受けている方に限ります。）

（3）旅券又は在留資格証明書

（4）旅券又は在留資格証明書を提示することができないときは、その理由を記載した理由書

8　提出資料は、発行日から3か月以内のものを提出してください。

9　地方出入国在留管理官署における審査の過程において、法務省ホームページに列挙された必要書類や立証資料以外の資料の提出を求められる場合もあります。

10　原則として、提出された資料は返却されませんので、再度入手することが困難な資料の原本等の返却を希望する場合は、申請時に窓口で申し出てください。

11　登記事項証明書、決算書等招へい機関等の概要を明らかにする資料については、公刊物等で機関の概要が明らかになる場合は提出の必要はありません。その場合は、公刊物等の写しを提出してください。

12　住民税の納税証明書については、1年間の総所得及び納税状況（税金を納めているかどうか）が記載されたものを提出してください。納税証明書に、総所得又は納税状況の記載がない場合には、課税（又は非課税）証明書も一緒に提出してください。

　　（注1）　1月1日現在お住まいの市区町村の区役所・市役所・役場から発行されます。

　　（注2）　1年間の総所得及び納税状況の両方が記載されている証明書であれば、課税（非課税）証明書又は納税証明書のいずれか一方でかまいません。

　　（注3）　入国後間もない場合や転居等により、お住まいの区役所・市役所・役場から発行されない場合は、最寄りの地方出入国在留管理官署にお問い合わせください。

13　代理人、申請等取次者又は法定代理人が申請書を提出する場合においては、申請書を提出することができる方かどうかを確認するため「身分を証明する文書（身分証明書等）」として、申請等取次者証明書、戸籍謄本等の提示が求められます。

4　就労資格証明書交付申請

対象者

　本邦に在留する外国人で、就労資格証明書の交付を受けようとする次の外国人が対象となります。

1　就労資格をもって在留する者

2　資格外活動の許可を受けている者

3　特定活動の在留資格をもって在留する者で、当該在留資格により収入を伴う事業を運営する活動又は報酬を受ける活動に従事することが認められている者

4　居住資格をもって在留する者

5　特別永住者

交付

　申請人が居住資格をもって在留する者又は特別永住者である場合のほか、次に掲げる要件のいずれかに該当する場合は、就労資格証明書が交付されます。

1　就労資格をもって在留する者で、当該就労資格に係る活動について交付申請があった場合

2　資格外活動の許可を受けている者で、当該許可に係る活動について交付申請があった場合

3　「特定活動」の在留資格をもって在留する者で、当該在留資格により従事することが認められている収入を伴う事業を運営する活動又は報酬を受ける活動について交付申請があった場合

不交付

　次に掲げる事由のいずれかに該当する場合は、就労資格証明書が不交付とされます。

1　申請に係る活動が現に有する在留資格の下で就労することが認められていない場合

2　申請に係る活動が資格外活動許可に係る範囲を超えている場合

3　申請人に対し収容令書が発付されている場合

その他

　就労資格又は就労を認められている特定活動（活動の内容に勤務先が指定されている場合を除く。）の在留資格をもって在留する外国人が、勤務先等を変えた場合等で、具体的活動が当該就労資格に対応する活動に含まれるか否かについて確認するため、就労資格証明書交付申請があったときは、次のとおり取り扱われます。なお、この取扱いは、在留期間の途中で生じる転職等の事実が次回の在留期間の更新許可申請の際に否定的に評価されて更新の許可が受けられなくなったりすることを危惧する外国人に対して、次回の在留期間の更新等今後の許可を念頭に置きつつ転職等の事実について次のような評価を明らかにするために行われるものです。

1　当該申請に係る活動が、現に有する在留資格（特定活動告示に掲げる活動を行うものである場合には、その告示）に該当するか否かについて

2　当該申請に係る活動が、基準省令への適合性を要する活動である場合には、その基準に適合するか否かについて

手数料

　交付の場合の手数料は1,200円となります。

第5章　資　料

1 特定技能運用要領（抜粋）

出 入 国 在 留 管 理 庁

（令和2年4月1日一部改正）

目次

第2章 制度の概要

第1節 基本方針等の策定

第1 基本方針

○ 政府は，出入国管理及び難民認定法（昭和26年政令第319号。以下「法」という。）第2条の3第1項に基づき，特定技能の在留資格に係る制度の適正な運用を図るため，「特定技能の在留資格に係る制度の運用に関する基本方針について」（平成30年12月25日閣議決定。以下「基本方針」という。）を策定しています。

○ 基本方針には，①特定技能の在留資格に係る制度の意義に関する事項，②人材を確保することが困難な状況にあるため外国人により不足する人材の確保を図るべき産業上の分野に関する基本的な事項，③当該産業上の分野において求められる人材に関する基本的な事項，④特定技能の在留資格に係る制度の運用に関する関係行政機関の事務の調整に関する基本的な事項，⑤特定技能の在留資格に係る制度の運用に関するその他の重要事項が定められています。

第2 分野別運用方針

○ 法務大臣は，法第2条の4第1項に基づき，特定技能の在留資格に係る制度の適正な運用を図るため，各分野を所管する行政機関（以下「分野所管行政機関」という。）の長並びに国家公安委員会，外務大臣及び厚生労働大臣と共同して，各分野における「特定技能の在留資格に係る制度の運用に関する方針について」（平成30年12月25日閣議決定。以下「分野別運用方針」という。）をそれぞれ策定しています。

○ 分野別運用方針には，①人材を確保することが困難な状況にあるため外国人により不足する人材の確保を図るべき産業上の分野（以下「特定産業分野」という。），②特定産業分野における人材の不足の状況（当該産業上の分野において人材が不足している地域の状況を含む。）に関する事項，③特定産業分野において求められる人材の基準に関する事項，④在留資格認定証明書の交付の停止の措置又は交付の再開の措置に関する事項，⑤その他特定技能の在留資格に係る制度の運用に関する重要事項が定められています。

○ 分野横断的な質問については，法務省でも受け付けていますが，質問の内容によっては，各分野を所管する省庁を案内させていただきます。また，各分野に関する個別的な質問については，各分野を所管する省庁にお尋ねください。

第3　分野別運用要領

　　○　法務省，警察庁，外務省，厚生労働省及び各分野を所管する行政機関は，各分野における分野別運用方針について細目を定めた運用要領（平成３０年１２月２５日策定。以下「分野別運用要領」という。）をそれぞれ策定しています。

　　○　分野横断的な質問については，法務省でも受け付けていますが，質問の内容によっては，各分野を所管する省庁を案内させていただきます。また，各分野に関する個別的な質問については，各分野を所管する省庁にお尋ねください。

第2節　受入れ分野等

第1　受入れ分野

【関係規定】
　　出入国管理及び難民認定法別表第１の２の表の特定技能の項の下欄に規定する産業上の分野等を定める省令
　　出入国管理及び難民認定法別表第１の２の表の特定技能の項の下欄に規定する法務省令で定める産業上の分野は，次に掲げる分野とし，同項の下欄第１号に規定する法務省令で定める相当程度の知識又は経験を必要とする技能及び同項の下欄第２号に規定する法務省令で定める熟練した技能は，基本方針にのっとりそれぞれ当該分野（同項の下欄第２号に規定する法務省令で定める熟練した技能にあっては，第６号及び第７号に掲げるものに限る。）に係る分野別運用方針及び運用要領（当該分野を所管する関係行政機関，法務省，警察庁，外務省及び厚生労働省が共同して定める運用要領をいう。）で定める水準を満たす技能とする。
　　一　介護分野
　　二　ビルクリーニング分野
　　三　素形材産業分野
　　四　産業機械製造業分野
　　五　電気・電子情報関連産業分野
　　六　建設分野
　　七　造船・舶用工業分野
　　八　自動車整備分野
　　九　航空分野
　　十　宿泊分野
　　十一　農業分野
　　十二　漁業分野
　　十三　飲食料品製造業分野
　　十四　外食業分野

　　○　基本方針において，本制度による外国人の受入れは，生産性向上や国内人材確

保のための取組（女性・高齢者のほか，各種の事情により就職に困難を来している者等の就業促進，人手不足を踏まえた処遇の改善等を含む。）を行った上で，なお，人材を確保することが困難な状況にあるため外国人により不足する人材の確保を図るべき産業上の分野に限って行うこととされています。

○ 特定産業分野は，出入国管理及び難民認定法別表第1の2の表の特定技能の項の下欄に規定する産業上の分野等を定める省令（平成31年法務省令第6号）（以下「分野省令」という。）において，次のものが定められています。なお，特定技能2号での受入れ対象は，建設分野及び造船・舶用工業分野に限られています。

1 介護分野
2 ビルクリーニング分野
3 素形材産業分野
4 産業機械製造業分野
5 電気・電子情報関連産業分野
6 建設分野
7 造船・舶用工業分野
8 自動車整備分野
9 航空分野
10 宿泊分野
11 農業分野
12 漁業分野
13 飲食料品製造業分野
14 外食業分野

第2 外国人材に求められる技能水準等

（1）特定技能1号

○ 「特定技能1号」で在留する外国人（以下「1号特定技能外国人」という。）に対しては，相当程度の知識又は経験を必要とする技能が求められます。これは，相当期間の実務経験等を要する技能をいい，特段の育成・訓練を受けることなく直ちに一定程度の業務を遂行できる水準のものをいうとされています。

○ 当該技能水準は，分野別運用方針において定める当該特定産業分野の業務区分に対応する試験等により確認することとされています。

○ また，1号特定技能外国人に対しては，ある程度日常会話ができ，生活に支障がない程度の能力を有することを基本としつつ，特定産業分野ごとに業務上必要な日本語能力水準が求められます。

○　当該日本語能力水準は，分野所管行政機関が定める試験等により確認すること
　　とされています。

（２）特定技能２号

○　「特定技能２号」で在留する外国人（以下「２号特定技能外国人」という。）に
　　対しては，熟練した技能が求められます。これは，長年の実務経験等により身に
　　つけた熟達した技能をいい，現行の専門的・技術的分野の在留資格を有する外国
　　人と同等又はそれ以上の高い専門性・技能を要する技能であって，例えば自らの
　　判断により高度に専門的・技術的な業務を遂行できる，又は監督者として業務を
　　統括しつつ，熟練した技能で業務を遂行できる水準のものをいうとされています。

○　当該技能水準は，分野別運用方針において定める当該特定産業分野の業務区分
　　に対応する試験等により確認することとされています。

第３　受入れ機関の責務

（１）関係法令の遵守

○　特定技能外国人の受入れ機関（以下「特定技能所属機関」という。）は，出入国
　　管理関係法令・労働関係法令・社会保険関係法令・租税関係法令等を遵守するこ
　　とはもとより，第１章の目的を理解し，本制度がその意義に沿って適正に運用さ
　　れることを確保し，また，本制度により受け入れる外国人の安定的かつ円滑な在
　　留活動を確保する責務があります。

○　そこで，特定技能所属機関と外国人との間の雇用に関する契約（法第２条の５
　　第１項に定める「特定技能雇用契約」をいう。以下同じ。）については，外国人の
　　報酬額が日本人と同等額以上であることを含め所要の基準に適合していることが
　　求められ，特定技能所属機関自身についても，特定技能雇用契約の適正な履行が
　　確保されるものとして所要の基準に適合していることが求められます。

○　また，特定技能所属機関は，特定技能外国人の受入れ後は，受入れ状況等につ
　　いて，地方出入国在留管理局に定期又は随時の届出を行わなければなりません。

（２）支援の実施

○　特定技能所属機関は，１号特定技能外国人が「特定技能」の在留資格に基づく
　　活動を安定的かつ円滑に行うことができるようにするための職業生活上，日常生
　　活上又は社会生活上の支援（以下「１号特定技能外国人支援」という。）を実施す

る義務があります。

○ そのため，特定技能所属機関は，１号特定技能外国人支援計画（法第２条の５第６項に規定する「１号特定技能外国人支援計画」をいう。以下同じ。）を作成しなければならず，１号特定技能外国人支援計画については，当該支援計画が所要の基準に適合していることが求められ，特定技能所属機関については，１号特定技能外国人支援計画の適正な実施が確保されているものとして所要の基準に適合していることが求められます。

○ 特定技能所属機関は，他の者に１号特定技能外国人支援計画の全部又は一部の実施を委託することができ，登録支援機関に１号特定技能外国人支援計画の全部の実施を委託した場合は，１号特定技能外国人支援計画の適正な実施の確保に係る基準に適合しているとみなされます。

第３節 特定技能外国人受入れ手続の流れ

○ 特定技能外国人の受入れの申請は，全国の地方出入国在留管理局（空港支局を除く。）で受け付けています。また，登録支援機関の登録申請についても同様です。

○ 特定技能所属機関が特定技能外国人を受け入れる際の手続の流れは，別紙１の１及び別紙１の２のとおりです。

○ 特定技能外国人の技能試験及び日本語試験の合格と，特定技能所属機関との特定技能雇用契約締結の先後関係については，基本的には，特定技能外国人が各試験に合格した後，特定技能所属機関との特定技能雇用契約を締結することが想定されます。もっとも，特定技能雇用契約を締結した上で，受験することもできますが，各試験に合格しなければ，受入れが認められないことに留意してください。

○ また，必要な各試験に合格した後に，特定技能所属機関との特定技能雇用契約を締結することが一般的であると思われますが，各試験の合格前に内定を出すことは禁止されていません。この場合であっても，必要な各試験に合格しなければ，受入れが認められないことに留意してください。

○ 在留諸申請に必要な書類の一覧は，別紙２のとおりです。なお，法務省ホームページに様式を掲載していますので，御活用ください。

○ 在留諸申請の方法は，在留資格認定書交付申請については，特定技能外国人と特定技能雇用契約を締結した機関の職員が代理人となり行うこととなります。また，在留資格変更許可申請及び在留期間更新許可申請については，本人又は申請取次者等が，地方出入国在留管理局に出頭して行わなければなりません。

○　在留資格認定証明書交付申請の手数料は無料ですが，在留資格変更許可申請又は在留期間更新許可申請については，許可時に４，０００円が必要です。

○　登録支援機関に必要な書類の一覧は，別紙３のとおりです。なお，法務省ホームページに様式を掲載していますので，御活用ください。

○　登録支援機関の登録申請の方法については，地方出入国在留管理局に申請書類を持参又は郵送により行うことができます。

第４節　特定技能外国人の受入れ後に特定技能所属機関等が行う手続

第１　特定技能所属機関

○　特定技能所属機関が特定技能外国人を受け入れた後に行わなければならない届出の概要は，別紙４のとおりです。

第２　登録支援機関

○　登録支援機関が支援業務を開始した後に行わなければならない届出の概要は，別紙５のとおりです。

第3章　在留資格「特定技能」

第1節　「特定技能1号」

【関係規定】
（法別表第1の2の表の特定技能の項の下欄第1号に掲げる活動）
一　法務大臣が指定する本邦の公私の機関との雇用に関する契約（第2条の5第1項から第4項までの規定に適合するものに限る。次号において同じ。）に基づいて行う特定産業分野（人材を確保することが困難な状況にあるため外国人により不足する人材の確保を図るべき産業上の分野として法務省令で定めるものをいう。同号において同じ。）であつて法務大臣が指定するものに属する法務省令で定める相当程度の知識又は経験を必要とする技能を要する業務に従事する活動

○　1号特定技能外国人が従事する活動は，本邦の公私の機関（特定技能所属機関）との間の雇用に関する契約（特定技能雇用契約。法第2条の5第1項から第4項までの規定に適合するものに限る。）に基づくものでなければなりません。

○　1号特定技能外国人が従事する活動は，特定産業分野に属する業務であって，相当程度の知識又は経験を必要とする技能を要する業務でなければなりません。

○　特定産業分野における相当程度の知識又は経験を要する技能とは，当該特定産業分野における相当期間の実務経験等を要する技能をいい，当該特定産業分野に係る分野別運用方針及び分野別運用要領で定める水準を満たすものをいいます。

○　1号特定技能外国人について，在留が許可される場合には，在留期間として，1年，6月又は4月が付与されます。

○　許可がされる場合には，在留カードとともに，次の内容が記載された指定書が交付されます。

【指定内容】
　出入国管理及び難民認定法別表第1の2の表の特定技能の項の下欄第1号の規定に基づき，同号に定める活動を行うことのできる本邦の公私の機関及び特定産業分野を次のとおり指定します。

・本邦の公私の機関
　　氏名又は名称　　○○○○株式会社
　　住　　　　所　　○○県○○市○○町1－1
・特定産業分野　　　○○

（複数の分野を指定する場合）主たる分野：〇〇，従たる分野：〇〇
（参考） 　従事する業務区分は，〇〇〇〇〇とする。

【留意事項】
○　特定技能雇用契約は，法第２条の５第１項から第４項までの基準に適合しているものでなければなりません。
○　特定技能外国人が，転職により指定書に記載された特定技能所属機関を変更する場合又は特定産業分野を変更する場合は，在留資格変更許可を受けなければなりません。

第２節　「特定技能２号」

【関係規定】
（法別表第１の２の表の特定技能の項の下欄第２号に掲げる活動）
二　法務大臣が指定する本邦の公私の機関との雇用に関する契約に基づいて行う特定産業分野であつて法務大臣が指定するものに属する法務省令で定める熟練した技能を要する業務に従事する活動

○　２号特定技能外国人が従事する活動は，本邦の公私の機関（特定技能所属機関）との間の雇用に関する契約（特定技能雇用契約。法第２条の５第１項から第４項までの規定に適合するものに限る。）に基づくものでなければなりません。

○　２号特定技能外国人が従事する活動は，特定産業分野に属する業務であって，熟練した技能を要する業務でなければなりません。

○　特定産業分野における熟練した技能とは，当該特定産業分野における長年の実務経験等により身に付けた熟達した技能をいい，当該特定産業分野に係る分野別運用方針及び分野別運用要領で定める水準を満たすものをいいます。
　　なお，平成３１年４月１日現在で，「特定技能２号」による外国人の受入れが可能となるのは，「建設分野」と「造船・舶用工業分野」の２分野となっています。

○　「特定技能２号」は，「特定技能１号」よりも高い技能水準を持つ者に対して付与される在留資格ですが，当該技能水準を有しているかの判断は，あくまで試験の合格等によって行われることとなります。よって，「特定技能１号」を経れば自動的に「特定技能２号」に移行できるものでもなく，他方，試験の合格等により「特定技能２号」で定める技能水準を有していると認められる者であれば，「特定技能１号」を経なくても「特定技能２号」の在留資格を取得することができます。

○　２号特定技能外国人について，在留が許可される場合には，在留期間として，３年，

１年又は６月の在留期間が付与されます。

○　許可がされる場合には，在留カードとともに，次の内容が記載された指定書が交付
　されます。

【指定内容】
　出入国管理及び難民認定法別表第１の２の表の特定技能の項の下欄第２号の規定
に基づき，同号に定める活動を行うことのできる本邦の公私の機関及び特定産業分野
を次のとおり指定します。

・本邦の公私の機関
　　氏名又は名称　　　○○○○株式会社
　　住　　　　　所　　　○○県○○市○○町１－１
・特定産業分野　　　　○○
（複数の分野を指定する場合）主たる分野：○○，従たる分野：○○

- -
（参考）
　従事する業務区分は，○○○○○とする。

【留意事項】
○　特定技能雇用契約は，法第２条の５第１項から第４項までの基準に適合しているものでなけ
　ればなりません。
○　特定技能外国人が，転職により指定書に記載された特定技能所属機関を変更する場合又は特
　定産業分野を変更する場合は，在留資格変更許可を受けなければなりません。
○　「特定技能２号」での受入れができる分野は，分野省令において，「建設分野」と「造船・舶
　用工業分野」のみとなっています（平成３１年４月１日現在）。

第３節　複数の特定産業分野の業務に従事する場合の取扱い

○　特定技能外国人が，複数の特定産業分野の技能水準及び日本語能力水準を満たした
　上で，特定技能所属機関において，対応する複数の特定産業分野の業務を行わせるた
　めの各基準に適合するときは，法務大臣が当該複数の特定産業分野の業務を指定する
　ことで，特定技能外国人は当該複数の特定産業分野の業務に従事する活動を行うこと
　が可能となります。

【留意事項】
○　在留諸申請における各申請書の所属機関作成用１の「２　特定技能雇用契約（２）従事すべ
　き業務の内容」欄を３つ設けていることから，複数の特定産業分野の業務に従事させることと
　する場合には，主に従事することとなる特定産業分野の業務について記載欄の最上段に「主た

る分野」と記載した上で当該特定産業分野名を記載し，それ以外の特定産業分野の活動を２段目以降に「従たる分野」と記載した上で当該特定産業分野名を記載してください。

第4章　特定技能外国人に関する基準

第1節　「特定技能1号」

（1）年齢に関するもの

【関係規定】
上陸基準省令（特定技能1号）
　申請人に係る特定技能雇用契約が法第2条の5第1項及び第2項の規定に適合すること及び特定技能雇用契約の相手方となる本邦の公私の機関が同条第3項及び第4項の規定に適合すること並びに申請人に係る1号特定技能外国人支援計画が同条第6項及び第7項の規定に適合することのほか，申請人が次のいずれにも該当していること。
　一　申請人が次のいずれにも該当していること。ただし，申請人が外国人の技能実習の適正な実施及び技能実習生の保護に関する法律（平成28年法律第89号）第2条第2項第2号に規定する第2号企業単独型技能実習又は同条第4項第2号に規定する第2号団体監理型技能実習のいずれかを良好に修了している者であり，かつ，当該修了している技能実習において修得した技能が，従事しようとする業務において要する技能と関連性が認められる場合にあっては，ハ及びニに該当することを要しない。
　　イ　18歳以上であること。

○　日本の労働法制上，18歳未満の労働者に関し，特別の保護規定を定めていることから，特定技能外国人についても18歳以上であることを求めるものです。

【留意事項】
○　外国人が18歳未満であっても，在留資格認定証明書交付申請を行うことは可能ですが，日本に上陸する時点においては，18歳以上でなければなりません。
○　なお，在留資格認定証明書の有効期間は，交付日から3か月以内であることから，外国人が18歳未満で在留資格認定証明書交付申請を行う場合は，在留資格認定証明書の有効期間を考慮して申請を行うよう留意してください。
○　学歴については，特に基準は設けられていません。

（2）健康状態に関するもの

【関係規定】
上陸基準省令（特定技能1号）
　一　申請人が次のいずれにも該当していること。ただし，申請人が外国人の技能実習の適正な実施及び技能実習生の保護に関する法律（平成28年法律第89号）第2条第2項第2号に規定する第2号企業単独型技能実習又は同条第4項第2号に規定する第2号団体監理型技能実習のいずれかを良好に修了している者であり，かつ，当該修了している技能実

習において修得した技能が，従事しようとする業務において要する技能と関連性が認められる場合にあっては，ハ及びニに該当することを要しない。
ロ　健康状態が良好であること。

○　特定技能外国人が，特定技能に係る活動を安定的かつ継続的に行うことを確保する観点等から，当該外国人の健康状態が良好であることを求めるものです。

【確認対象の書類】
・健康診断個人票（参考様式第１－３号）※10 か国語の翻訳様式を HP 掲載
・受診者の申告書（参考様式第１－３号（別紙））※10 か国語の翻訳様式を HP 掲載
【留意事項】
○　新たに日本に入国する場合（在留資格認定証明書交付申請を行う場合）には，申請の日から遡って３か月以内に，日本で行おうとする活動を支障なく行うことができる健康状態にあることについて，医師の診断を受けなければなりません。
○　他方，技能実習生や留学生などで在留中の者が，「特定技能」へ在留資格を変更しようとする場合（在留資格変更許可申請を行う場合）には，申請の日から遡って１年以内に，日本の医療機関で医師の診断を受けていれば，診断書を提出することとして差し支えありません。
○　また，提出する立証資料が健康診断個人票（参考様式第１－３号）と異なる形式でも構いませんが，検診項目としては，少なくとも，健康診断個人票（参考様式第１－３号）に記載した健康診断項目を検診し，「安定・継続的に就労活動を行うことについて」医師の署名があることが求められます。
○　特に，診断項目のうち，「胸部エックス線検査」に異常所見がある場合には，喀痰検査を実施し，活動性結核でないことを確認することが求められます。
○　健康診断個人票（参考様式第１－３号）は，申請人が十分に理解できる言語により作成し，その日本語訳も併せて提出してください。
○　受診者の申告書（参考様式第１－３号（別紙））は，健康診断を受診するに当たって，通院歴，入院歴，手術歴，投薬歴の全てを医師に申告したことの確認を求めるものであることから，健康診断受診後に作成することに留意してください。

（３）技能水準に関するもの

【関係規定】
上陸基準省令（特定技能１号）
一　申請人が次のいずれにも該当していること。ただし，申請人が外国人の技能実習の適正な実施及び技能実習生の保護に関する法律（平成２８年法律第８９号）第２条第２項第２号に規定する第２号企業単独型技能実習又は同条第４項第２号に規定する第２号団体監理型技能実習のいずれかを良好に修了している者であり，かつ，当該修了している技能実習において修得した技能が，従事しようとする業務において要する技能と関連性が認められる場合にあっては，ハ及びニに該当することを要しない。

> 　ハ　従事しようとする業務に必要な相当程度の知識又は経験を必要とする技能を有して
> 　　いることが試験その他の評価方法により証明されていること。

上陸基準省令附則第 8 条

　外国人の技能実習の適正な実施及び技能実習生の保護に関する法律附則第 1 2 条の規定に
よる改正前の出入国管理及び難民認定法別表第 1 の 2 の表の技能実習の在留資格をもって行
う同表の技能実習の項の下欄第 2 号イ又は同号ロに掲げる活動のいずれかを良好に修了し，か
つ，当該修了している活動において修得した技能が，従事しようとする業務において要する技
能と関連性が認められる者については，当分の間，この省令による改正後の出入国管理及び難
民認定法第 7 条第 1 項第 2 号の基準を定める省令の表の法別表第 1 の 2 の表の特定技能の項
の下欄第 1 号に掲げる活動の項の下欄第 1 号ただし書に該当するものとみなす。
2　出入国管理及び難民認定法及び日本国との平和条約に基づき日本の国籍を離脱した者等
　の出入国管理に関する特例法の一部を改正する等の法律第 1 条の規定による改正前の出入
　国管理及び難民認定法別表第 1 の 5 の表の特定活動の在留資格（同法別表第 1 の 4 の表の研
　修の在留資格の下で修得した技能等に習熟するため，本邦の公私の機関との雇用契約に基づ
　き，当該技能等に係る当該機関の業務に従事する活動を指定されたものに限る。）をもって
　在留した期間が 1 年を超える者であって，当該活動を良好に修了し，かつ，当該修了してい
　る活動において修得した技能が，従事しようとする業務において要する技能と関連性が認め
　られるものについても，前項と同様とする。

○　1 号特定技能外国人について，従事しようとする業務に必要な「相当程度の知識
　又は経験を必要とする技能」を有していることが試験その他の評価方法により証明
　されていることを求めるものです。

○　試験その他の評価方法は，特定産業分野に係る分野別運用方針及び分野別運用要
　領で定められています。

○　なお，技能実習 2 号を良好に修了しており，従事しようとする業務と技能実習 2
　号の職種・作業に関連性が認められる場合には，技能水準について試験その他の評
　価方法による証明は要しないこととされています。

○　技能実習 2 号を修了した者には，技能実習法施行前の技能実習 2 号を修了した技
　能実習生や，在留資格「技能実習」が創設される前の「特定活動」（技能実習）をも
　って在留していた技能実習生（「研修」及び「特定活動」で在留した期間が 2 年 1 0
　か月以上の者に限る。）も含まれます。

【確認対象の書類】
・特定技能外国人の履歴書（参考様式第 1 － 1 号）※10 か国語の翻訳様式を HP 掲載
＜試験その他の評価方法により技能水準を証明する場合＞
・分野別運用方針に定める技能試験の合格証明書の写し

＊詳細は本要領別冊（分野別）を参照してください。

・分野別運用方針に定めるその他の評価方法により技能水準を満たすことを証明する資料

　　＊分野別運用方針において，試験以外の評価方法を採用している場合

＜技能実習２号を良好に修了した者であること等を証明する場合＞

・技能検定３級又はこれに相当する技能実習評価試験（専門級）の実技試験の合格証明書の写し

　　＊技能検定等に合格している場合

　　＊提出を省略できる場合あり（【留意事項】を参照）

・技能実習生に関する評価調書（参考様式第１－２号）

　　＊技能検定等に合格していない場合

　　＊提出を省略できる場合あり（【留意事項】を参照）

【留意事項】

○　分野の特性に応じ，分野別運用方針において，技能試験によらない方法による技能水準の評価を認めているものもあります。

○　技能試験は，国外で実施することを原則としていますが，国内試験も実施されます。

○　国内試験を受験できるのは在留資格を有して本邦に在留中の外国人であり，「短期滞在」の在留資格を有する者も含まれますが，不法残留者などの在留資格を有しない者は含まれません。なお，「特定技能」の在留資格に関し，法務大臣が告示で定める退去強制令書の円滑な執行に協力する外国政府等以外の国の者（本節（５）を参照）については国内での受験資格は認められません。

○　試験に合格したとしても，そのことをもって「特定技能」の在留資格が付与されることを保証したものではなく，また，在留資格認定証明書の交付を受けたとしても査証申請については，別途外務省による審査が行われるところ，必ずしも査証の発給を受けられるものではありません。

○　「特定技能」に係る在留資格の変更については，その変更を適当と認めるに足りる相当の理由があるときに限り，許可がされますが，一般的な在留資格への変更の場合と同様に，申請人の行おうとする活動，在留の状況，在留の必要性等を総合的に勘案して判断されます。

　　なお，原則として相当の理由があるとは認められないと判断される具体的な例は次のとおりです。

・「退学・除籍留学生」（所属していた教育機関における在籍状況が良好でないことを理由とするものをいい，所定の課程を修了して卒業した者を含まない（在留資格「留学」に応じた活動を行わないで在留していたことにつき正当な理由がある場合を除く。）。）

・「失踪した技能実習生」（在留資格「技能実習」に応じた活動を行わないで在留していたことにつき正当な理由がある場合を除く。）

・「短期滞在」の在留資格を有する者

・在留資格の活動を行うに当たって計画（以下「活動計画」という。）の作成が求められるものであって，その活動計画の性格上，他の在留資格への変更が予定されていないもの（注１），又はその活動計画により，当該活動終了後に特定の在留資格への変更又は在留期間の更新が予定されているもの（注２）

　　（注１）その活動計画の性格上，他の在留資格への変更が予定されていないもの

・「技能実習」（計画の途中にあるものに限られ，当該計画を修了したものを除く。）

・「研修」（計画の途中にあるものに限られ，当該計画を修了したものを除く。）

・「特定活動（日本の食文化海外普及人材育成事業）」（計画の途中にあるものに限られ，当該計画を修了したものを除く。）

・「特定活動（特定伝統料理海外普及事業）」

・「特定活動（製造業外国従業員受入促進事業）」

・「特定活動（インターンシップ）」

（注２）その活動計画により，当該活動終了後に特定の在留資格への変更又は在留期間の更新が予定されているもの

・「特定活動（外国人起業活動促進事業）」（計画の途中にあるものに限られ，当該計画を修了したものを除く。）

・「経営・管理（外国人創業人材受入促進事業）」（計画の途中にあるものに限られ，当該計画を修了したものを除く。）

○　分野ごとの試験等の詳細については，本要領別冊（分野別）を参照してください。

○　「技能実習２号を良好に修了している」とは，技能実習を２年１０か月以上修了し，①第２号技能実習計画における目標である技能検定３級若しくはこれに相当する技能実習評価試験（専門級）の実技試験に合格していること，又は，②技能検定３級及びこれに相当する技能実習評価試験（専門級）の実技試験に合格していないものの，特定技能外国人が技能実習を行っていた実習実施者（旧技能実習制度における実習実施機関を含む。）が当該外国人の実習中の出勤状況や技能等の修得状況，生活態度等を記載した評価に関する書面により，技能実習２号を良好に修了したと認められることをいいます。ただし，特定技能外国人を受け入れようとする特定技能所属機関が，当該外国人を技能実習生として受け入れていた実習実施者である場合（当該外国人が技能実習２号を修了して帰国した後に，同一の実習実施者と特定技能雇用契約を締結する場合を含む。）には，過去１年以内に技能実習法の「改善命令」（技能実習法施行前の旧制度における「改善指導」を含む。）を受けていない場合には，技能検定３級又はこれに相当する技能実習評価試験（専門級）の実技試験の合格証明書の写し及び評価調書の提出を省略することができます。

○　「特定技能１号」の活動として従事する業務と技能実習２号との関連性については，分野別運用方針において定められています（詳細は本要領別紙６及び本要領別冊（分野別）を参照）。

○　技能実習２号修了者は，第２号技能実習計画において目標として定めた技能検定３級又はこれに相当する技能実習評価試験（専門級）の実技試験を受検しなければなりません。また，実習実施者においては，技能実習生が修得等した技能等の評価を技能検定等により行うこととされていること（技能実習法第９条第５号）に留意が必要です。

○　なお，技能実習法の適用がある技能実習生について，受検の申込みをしたものの，病気等のやむを得ない事情により受検ができなかったことにより，技能検定３級又はこれに相当する技能実習評価試験（専門級）の実技試験に合格していない場合には，技能実習生に関する評価調書（参考様式第１－２号）等においてその理由を説明いただくことになります。

○　当該外国人が過去に実習を行っていた実習実施者から評価調書（参考様式第１－２号）の提出を受けることができないなど，技能実習２号を良好に修了したことの証明ができない場合に

221

は，評価調書（参考様式第1－2号）を提出することができないことの経緯を説明する理由書（任意様式）のほか，評価調書（参考様式第1－2号）に代わる文書として，例えば，当時の技能実習指導員等の当該外国人の実習状況を知り得る立場にある者が作成した技能実習の実施状況を説明する文書（任意様式）を提出いただいた上で，出入国在留管理庁において，技能実習2号を良好に修了したか否かを総合的に評価することも可能ですので，まずは地方出入国在留管理局に相談してください。

（4）日本語能力に関するもの

【関係規定】
上陸基準省令（特定技能1号）
一　申請人が次のいずれにも該当していること。ただし，申請人が外国人の技能実習の適正な実施及び技能実習生の保護に関する法律（平成28年法律第89号）第2条第2項第2号に規定する第2号企業単独型技能実習又は同条第4項第2号に規定する第2号団体監理型技能実習のいずれかを良好に修了している者であり，かつ，当該修了している技能実習において修得した技能が，従事しようとする業務において要する技能と関連性が認められる場合にあっては，ハ及びニに該当することを要しない。
ニ　本邦での生活に必要な日本語能力及び従事しようとする業務に必要な日本語能力を有していることが試験その他の評価方法により証明されていること。

上陸基準省令附則第8条
　外国人の技能実習の適正な実施及び技能実習生の保護に関する法律附則第12条の規定による改正前の出入国管理及び難民認定法別表第1の2の表の技能実習の在留資格をもって行う同表の技能実習の項の下欄第2号イ又は同号ロに掲げる活動のいずれかを良好に修了し，かつ，当該修了している活動において修得した技能が，従事しようとする業務において要する技能と関連性が認められる者については，当分の間，この省令による改正後の出入国管理及び難民認定法第7条第1項第2号の基準を定める省令の表の法別表第1の2の表の特定技能の項の下欄第1号に掲げる活動の項の下欄第1号ただし書に該当するものとみなす。
2　出入国管理及び難民認定法及び日本国との平和条約に基づき日本の国籍を離脱した者等の出入国管理に関する特例法の一部を改正する等の法律第1条の規定による改正前の出入国管理及び難民認定法別表第1の5の表の特定活動の在留資格（同法別表第1の4の表の研修の在留資格の下で修得した技能等に習熟するため，本邦の公私の機関との雇用契約に基づき，当該技能等に係る当該機関の業務に従事する活動を指定されたものに限る。）をもって在留した期間が1年を超える者であって，当該活動を良好に修了し，かつ，当該修了している活動において修得した技能が，従事しようとする業務において要する技能と関連性が認められるものについても，前項と同様とする。

○　1号特定技能外国人について，「ある程度の日常会話ができ，生活に支障がない程度の能力を有することを基本としつつ，特定産業分野ごとに業務上必要な日本語能力水準」を有していることが試験その他の評価方法により証明されていることを求

めるものです。

○ 試験その他の評価方法は，特定産業分野に係る分野別運用方針及び分野別運用要領で定められています。

○ なお，技能実習２号を良好に修了している場合は，原則として，修了した技能実習の職種・作業の種類にかかわらず，日本語能力水準について試験その他の評価方法による証明は要しないこととされています（試験免除）。ただし，介護分野において証明を求めることとしている介護日本語評価試験の合格については，介護職種・介護作業の技能実習２号を良好に修了した者を除き，試験免除されないことに留意願います（詳細は本要領別冊−介護分野の基準について−を参照願います。）。

○ 技能実習２号を修了した者には，技能実習法施行前の技能実習２号を修了した技能実習生や在留資格「技能実習」が創設される前の「特定活動」（技能実習）をもって在留していた技能実習生（「研修」及び「特定活動」で在留した期間が２年１０か月を超えている者に限る。）も含まれます。

【確認対象の書類】
・特定技能外国人の履歴書（参考様式第１−１号）※10か国語の翻訳様式をHP掲載
＜試験その他の評価方法により日本語能力水準を証明する場合＞
・日本語試験の合格証明書の写し
・分野別運用方針に定めるその他の評価方法により日本語能力を有することを証明する資料
　　＊分野別運用方針において，試験以外の評価方法を採用している場合
＜技能実習２号を良好に修了した者であること等を証明する場合＞
・技能検定３級又はこれに相当する技能実習評価試験（専門級）の実技試験の合格証明書の写し
　　＊技能検定等に合格している場合
　　＊提出を省略できる場合あり（【留意事項】を参照）
・技能実習生に関する評価調書（参考様式第１−２号）
　　＊技能検定等に合格していない場合
　　＊提出を省略できる場合あり（【留意事項】を参照）
【留意事項】
○ 分野の特性に応じ，分野別運用方針において，複数の日本語試験の合格を求めているものもあります。
○ 試験実施国以外の国籍を有する者が近隣国で実施される試験を受験することを妨げるものではありません。
○ 分野ごとの試験等の詳細については，本要領別冊（分野別）を参照してください。
○ 「技能実習２号を良好に修了している」とは，技能実習を２年１０か月以上修了し，①第２号技能実習計画における目標である技能検定３級若しくはこれに相当する技能実習評価試験（専門級）の実技試験に合格していること，又は，②技能検定３級及びこれに相当する技能実

習評価試験（専門級）の実技試験に合格していないものの，特定技能外国人が技能実習を行っていた実習実施者（旧技能実習制度における実習実施機関を含む。）が当該外国人の実習中の出勤状況や技能等の修得状況，生活態度等を記載した評価に関する書面により，技能実習2号を良好に修了したと認められることをいいます。ただし，特定技能外国人を受け入れようとする特定技能所属機関が，当該外国人を技能実習生として受け入れていた実習実施者である場合（当該外国人が技能実習2号を修了して帰国した後に，同一の実習実施者と特定技能雇用契約を締結する場合を含む。）には，過去1年以内に技能実習法の「改善命令」（技能実習法施行前の旧制度における「改善指導」を含む。）を受けていない場合には，技能検定3級又はこれに相当する技能実習評価試験（専門級）の実技試験の合格証明書の写し及び評価調書の提出を省略することができます。

○ 「特定技能1号」の活動として従事する業務と技能実習2号との関連性については，分野別運用方針において定められています（詳細は，本要領別紙6及び本要領別冊（分野別）を参照）。

○ 技能実習2号修了者は，第2号技能実習計画において目標として定めた技能検定3級又はこれに相当する技能実習評価試験（専門級）の実技試験を受検しなければなりません。また，実習実施者においては，技能実習生が修得等した技能等の評価を技能検定等により行うこととされていること（技能実習法第9条第5号）に留意が必要です。

○ なお，技能実習法の適用がある技能実習生について，受検の申込みをしたものの，病気等のやむを得ない事情により受検ができなかったことにより，技能検定3級又はこれに相当する技能実習評価試験（専門級）の実技試験に合格していない場合には，技能実習生に関する評価調書（参考様式第1－2号）等においてその理由を説明いただくことになります。

○ 当該外国人が過去に実習を行っていた実習実施者から評価調書（参考様式第1－2号）の提出を受けることができないなど，技能実習2号を良好に修了したことの証明ができない場合には，評価調書（参考様式第1－2号）を提出することができないことの経緯を説明する理由書（任意様式）のほか，評価調書（参考様式第1－2号）に代わる文書として，例えば，当時の技能実習指導員等の当該外国人の実習状況を知り得る立場にある者が作成した技能実習の実施状況を説明する文書（任意様式）を提出いただいた上で，出入国在留管理庁において，技能実習2号を良好に修了したか否かを総合的に評価することも可能ですので，まずは地方出入国在留管理局に相談してください。

（5）退去強制令書の円滑な執行への協力に関するもの

【関係規定】
上陸基準省令（特定技能1号）
一 申請人が次のいずれにも該当していること。ただし，申請人が外国人の技能実習の適正な実施及び技能実習生の保護に関する法律（平成28年法律第89号）第2条第2項第2号に規定する第2号企業単独型技能実習又は同条第4項第2号に規定する第2号団体監理型技能実習のいずれかを良好に修了している者であり，かつ，当該修了している技能実習において修得した技能が，従事しようとする業務において要する技能と関連性が認められる場合にあっては，ハ及びニに該当することを要しない。

ホ　退去強制令書の円滑な執行に協力するとして法務大臣が告示で定める外国政府又は
地域（出入国管理及び難民認定法施行令（平成１０年政令第１７８号）第１条に定める
地域をいう。以下同じ。）の権限ある機関の発行した旅券を所持していること。

出入国管理及び難民認定法第７条第１項第２号の基準を定める省令の特定技能の在留資格
に係る基準の規定に基づき退去強制令書の円滑な執行に協力する外国政府又は出入国管理及
び難民認定法施行令第１条に定める地域の権限ある機関を定める件（平成３１年法務省告示第
８５号）

出入国管理及び難民認定法第７条第１項第２号の基準を定める省令（平成２年法務省令第１
６号）の表の法別表第１の２の表の特定技能の項の下欄第１号に掲げる活動の項の下欄第１号
ホ及び法別表第１の２の表の特定技能の項の下欄第２号に掲げる活動の項の下欄第１号ニの
法務大臣が告示で定める退去強制令書の円滑な執行に協力する外国政府又は出入国管理及び
難民認定法施行令（平成１０年政令第１７８号）第１条に定める地域の権限ある機関は，イラ
ン・イスラム共和国を除いた国の政府又は同条に定める地域の権限ある機関とする。

○　入管法における退去強制令書が発付されて送還されるべき外国人について，自国
民の引取り義務を履行しない等，退去強制令書の円滑な執行に協力しない国・地域
の外国人の受入れは認められません。

【留意事項】
○　退去強制令書の円滑な執行に協力しない国・地域とは，告示で定める次の国・地域をいいま
す（平成３１年４月１日時点）。
・　イラン・イスラム共和国

（６）通算在留期間に関するもの

【関係規定】
上陸基準省令（特定技能１号）
一　申請人が次のいずれにも該当していること。ただし，申請人が外国人の技能実習の適正
な実施及び技能実習生の保護に関する法律（平成２８年法律第８９号）第２条第２項第２
号に規定する第２号企業単独型技能実習又は同条第４項第２号に規定する第２号団体監
理型技能実習のいずれかを良好に修了している者であり，かつ，当該修了している技能実
習において修得した技能が，従事しようとする業務において要する技能と関連性が認めら
れる場合にあっては，ハ及びニに該当することを要しない。
ヘ　特定技能（法別表第１の２の表の特定技能の項の下欄第１号に係るものに限る。）の
在留資格をもって本邦に在留したことがある者にあっては，当該在留資格をもって在留
した期間が通算して５年に達していないこと。

上陸基準省令附則第１０条
　この省令による改正後の出入国管理及び難民認定法第７条第１項第２号の基準を定める省令の表の法別表第１の２の表の特定技能の項の下欄第１号に掲げる活動の項の下欄第１号への期間には，附則第６条第１項各号に掲げる活動のいずれかを指定されて特定活動の在留資格をもって在留した期間を含むものとする。

○　「特定技能１号」で在留できる期間が通算で５年以内であることを求めるものです。

【確認対象の書類】
・特定技能外国人の履歴書（参考様式第１－１号）※10 か国語の翻訳様式を HP 掲載
【留意事項】
○　「通算」とは，特定産業分野を問わず，在留資格「特定技能１号」で本邦に在留した期間をいい，過去に在留資格「特定技能１号」で在留していた期間も含まれます。
○　次の場合は通算在留期間に含まれます。
　・失業中や育児休暇及び産前産後休暇等による休暇期間
　・労災による休暇期間
　・再入国許可による出国（みなし再入国許可による出国を含む。）による出国期間
　・「特定技能１号」を有する者が行った在留期間更新許可申請又は在留資格変更許可申請中（転職を行うためのものに限る。）の特例期間
　・平成３１年４月の施行時の特例措置として「特定技能１号」への移行準備のために就労活動を認める「特定活動」で在留していた期間
○　残余の特定技能雇用契約期間や在留期限にかかわらず，「特定技能１号」での通算在留期間が５年に達した時点で，以後の在留は認められないことに留意してください。

（７）保証金の徴収・違約金契約等に関するもの

【関係規定】
上陸基準省令（特定技能１号）
　二　申請人又はその配偶者，直系若しくは同居の親族その他申請人と社会生活において密接な関係を有する者が，特定技能雇用契約に基づく申請人の本邦における活動に関連して，保証金の徴収その他名目のいかんを問わず，金銭その他の財産を管理されず，かつ，特定技能雇用契約の不履行について違約金を定める契約その他の不当に金銭その他の財産の移転を予定する契約が締結されておらず，かつ，締結されないことが見込まれること。

○　特定技能外国人又はその親族等が，保証金の徴収や財産の管理又は違約金契約を締結させられているなどの場合には，特定技能の適正な活動を阻害するものであることから，これら保証金の徴収等がないことを求めるものです。

○ 「保証金の徴収その他名目のいかんを問わず，金銭その他の財産を管理され」ないことについては，特定技能所属機関や登録支援機関のほか，職業紹介事業者などの特定技能雇用契約に基づく特定技能外国人の本邦における活動に関与する仲介事業者のみならず，本国及び日本の仲介事業者（ブローカー）等を含め，幅広く規制の対象とするものです（このため，本規定は特段主語を規定していません。）。

○ 「不当に金銭その他の財産の移転を予定する契約」とは，特定技能所属機関から失踪することなど労働契約の不履行に係る違約金を定める契約のほか，地方出入国在留管理局や労働基準監督署などの関係行政機関において法令違反に係る相談をすること，休日に許可を得ずに外出すること，若しくは作業時間中にトイレ等で離席すること等を禁じて，その違約金を定める契約，又は商品若しくはサービスの対価として不当に高額な料金の徴収を予定する契約などが該当します。

【確認対象の書類】

・事前ガイダンスの確認書（参考様式第１－７号）※10 か国語の翻訳様式を HP 掲載

・支払費用の同意書及び明細書（参考様式第１－８号）※10 か国語の翻訳様式を HP 掲載

・１号特定技能外国人支援計画書（参考様式第１－１７号）※10 か国語の翻訳様式を HP 掲載

【留意事項】

○ 特定技能外国人及びその親族等が，保証金の徴収や財産の管理をされ又は違約金契約を締結させられていることなどを認識して特定技能雇用契約を締結して特定技能外国人を受け入れた場合には，出入国又は労働に関する法令に関し不正又は著しく不当な行為を行ったものとして欠格事由に該当し５年間受入れができないこととなりますので雇用契約締結時に十分に確認を行ってください。

○ 特定技能所属機関は，１号特定技能外国人支援計画における事前ガイダンスにおいて，保証金・違約金契約は違法であり，禁止されていることについて説明するとともに保証金の徴収等がないことを確認してください。また，保証金の徴収等が行われていることを確認した場合には，速やかに地方出入国在留管理局に情報提供を行ってください。

○ 事前ガイダンスの確認書（参考様式第１－７号），支払費用の同意書及び明細書（参考様式第１－８号）及び１号特定技能外国人支援計画書（参考様式第１－１７号）は，申請人が十分に理解できる言語に翻訳し，申請人が内容を十分に理解した上で署名をすることが求められます。

○ 本制度では，悪質な仲介事業者の排除を目的として，外国政府との情報共有の枠組みの構築を目的とする二国間取決めを送出国政府との間で作成することとしています。二国間取決めが作成された場合には，順次，法務省ホームページで，必要な情報等を掲載していくこととしています。特定技能外国人との間で雇用契約を締結するに当たって，海外の取次機関が関与する場合には，保証金等を徴収する悪質な仲介事業者（ブローカー）が関与することがないよう当該情報を活用してください（なお，二国間取決めを作成した国以外の国籍を有する者であっても受け入れることは可能です。）。

○ また，技能実習制度では，本制度と同様に送出国政府との間で二国間取決めを作成し，送出

（8）費用負担の合意に関するもの

【関係規定】
上陸基準省令（特定技能1号）
三　申請人が特定技能雇用契約の申込みの取次ぎ又は外国における法別表第1の2の表の特定技能の項の下欄第1号に掲げる活動の準備に関して外国の機関に費用を支払っている場合にあっては，その額及び内訳を十分に理解して当該機関との間で合意していること。
五　食費，居住費その他名目のいかんを問わず申請人が定期に負担する費用について，当該申請人が，当該費用の対価として供与される食事，住居その他の利益の内容を十分に理解した上で合意しており，かつ，当該費用の額が実費に相当する額その他の適正な額であり，当該費用の明細書その他の書面が提示されること。

○　特定技能外国人が入国前及び在留中に負担する費用について，その意に反して徴収されることを防止するために，当該外国人が負担する費用の額及び内訳を十分に理解して合意していることを求めるものです。

○　「特定技能雇用契約の申込みの取次ぎ又は外国における法別表第1の2の表の特定技能の項の下欄第1号に掲げる活動の準備に関して外国の機関に費用を支払っている場合にあっては，その額及び内訳を十分に理解して当該機関との間で合意していること」については，特定技能外国人が不当に高額な費用を支払い，多額の借金を抱えて来日するといったことがないよう設けられたものです。

○　費用の徴収は，各国の法制に従って適法に行われることが前提となりますが，旅券の取得等に要した費用など社会通念上，特定技能外国人が負担することに合理的な理由が認められるものについては，このルールにのっとって，外国の機関が費用を徴収することが求められます。したがって，特定技能所属機関が，職業紹介事業者や外国の機関の関与を経て，特定技能外国人を雇用する場合にあっては，当該特定技能外国人が外国の機関から徴収された費用の額及びその内訳について，特定技能外国人が十分に理解し合意を得た上で，当該費用が徴収されていることを確認することが求められます。

○　特定技能外国人が定期に負担する費用のうち食費については，提供される食事，食材等の提供内容に応じて，次のとおり，合理的な費用でなければなりません。
・　食材，宅配弁当等の現物支給の場合：購入に要した額以内の額
・　社員食堂での食事提供の場合：従業員一般に提供する場合に特定技能外国人以

外の従業員から徴収する額以内の額
・　食事の調理・提供の場合：材料費，水道・光熱費，人件費等の費用の提供を受ける者（特定技能外国人のみに限られない。）の人数で除した額以内の額

○　特定技能外国人が定期に負担する費用のうち居住費については，自己所有物件の場合，借上物件の場合に応じて，次のとおりでなければなりません。
・　自己所有物件の場合
　　実際に建設・改築等に要した費用，物件の耐用年数，入居する特定技能外国人の人数等を勘案して算出した合理的な額
・　借上物件の場合
　　借上げに要する費用（管理費・共益費を含み，敷金・礼金・保証金・仲介手数料等は含まない。）を入居する特定技能外国人の人数で除した額以内の額

○　特定技能外国人が定期に負担する費用のうち水道・光熱費については，実際に要した費用を当該宿泊施設で特定技能外国人と同居している者（特定技能所属機関やその家族を含む。）の人数で除した額以内の額でなければなりません。

【確認対象の書類】
・雇用条件書の写し（参考様式第１－６号）※10か国語の翻訳様式をHP掲載
・事前ガイダンスの確認書（参考様式第１－７号）※10か国語の翻訳様式をHP掲載
・支払費用の同意書及び明細書（参考様式第１－８号）※10か国語の翻訳様式をHP掲載
・徴収費用の説明書（参考様式第１－９号）
・１号特定技能外国人支援計画書（参考様式第１－１７号）※10か国語の翻訳様式をHP掲載
【留意事項】
○　本邦に入国するに際して特定技能所属機関等に支払う費用について，特定技能外国人が，その額及び内訳を十分に理解した上で支払に合意していなければなりません。
○　特定技能所属機関は，入国後に当該外国人が定期的に負担する費用（住居費や食費等）について，その額及び内訳を十分に説明した上で，当該外国人から合意を得なければなりません。
○　特定技能外国人の給与から定期的に負担する費用を控除する場合は，雇用条件書の写し（参考様式第１－６号）に控除する費用の名目及び額を確実に明記し，特定技能外国人が控除される費用の名目及び額を十分に理解できるようにしなければなりません。
○　定期に負担する費用のうち徴収する居住費が高額である場合には，特定技能外国人が生活する上で支障を来すことも考えられるため，徴収する金額は，実費に相当する等適正な額でなければなりません。その費用額が高額である場合には，実費に相当する等適正な額であることについて疑義が生じることから，場合によっては追加的な立証をしていただくこととなります。
○　雇用条件書の写し（参考様式第１－６号），事前ガイダンスの確認書（参考様式第１－７号），支払費用の同意書及び明細書（参考様式第１－８号）及び１号特定技能外国人支援計画書（参考用紙第１－１７号）は，申請人が十分に理解できる言語により作成し，申請人が内容を十分に理解した上で署名することが求められます。

（9）本国において遵守すべき手続に関するもの

【関係規定】
上陸基準省令（特定技能1号）
　四　申請人が国籍又は住所を有する国又は地域において，申請人が本邦で行う活動に関連して当該国又は地域において遵守すべき手続が定められている場合にあっては，当該手続を経ていること。

　○　特定技能外国人が，特定技能に係る活動を行うに当たり，海外に渡航して労働を行う場合の当該本国での許可等，本国において必要な手続を遵守していることを求めるものです。

【留意事項】
　○　本制度では，悪質な仲介事業者の排除を目的として，外国政府との情報共有の枠組みの構築を目的とする二国間取決めを送出国政府との間で作成することとしているところ，二国間取決めにおいて，「遵守すべき手続」が定められた場合など必要な情報が示された場合には，法務省ホームページで，随時お知らせします（なお，二国間取決めを作成した国以外の国籍を有する者であっても受け入れることは可能です。）。

（10）分野に特有の事情に鑑みて定められた基準に関するもの

【関係規定】
上陸基準省令（特定技能1号）
　六　前各号に掲げるもののほか，法務大臣が告示で定める特定の産業上の分野に係るものにあっては，当該産業上の分野を所管する関係行政機関の長が，法務大臣と協議の上，当該産業上の分野に特有の事情に鑑みて告示で定める基準に適合すること。

　○　特定産業分野ごとの特有の事情に鑑みて個別に定める基準に適合していることを求めるものです。

【確認対象の書類】
・分野ごとに定める書類（本要領別冊（分野別）を参照）
【留意事項】
　○　分野によっては告示で基準を定めていない場合もあります。
　○　告示で基準が定められている場合であってもその内容は分野ごとに異なります。

第2節　「特定技能2号」

　（1）年齢に関するもの

【関係規定】
上陸基準省令（特定技能２号）
　申請人に係る特定技能雇用契約が法第２条の５第１項及び第２項の規定に適合すること及び特定技能雇用契約の相手方となる本邦の公私の機関が同条第３項（第２号を除く。）及び第４項の規定に適合することのほか，申請人が次のいずれにも該当していること。
　一　申請人が次のいずれにも該当していること。
　　イ　１８歳以上であること。

○　日本の労働法制上，法定時間外労働や休日労働等の規制なく就労が可能となる年齢は１８歳以上とされていることから，特定技能外国人についても１８歳以上であることを求めるものです。

【留意事項】
○　特定技能外国人が１８歳未満であっても，在留資格認定証明書交付申請を行うことは可能ですが，当該外国人が日本に上陸する時点において，１８歳以上でなければなりません。
○　なお，在留資格認定証明書の有効期間は，交付日から３か月以内であることから，特定技能外国人が１８歳未満で在留資格認定証明書交付申請を行う場合は，在留資格認定証明書の有効期間を考慮して申請を行うよう留意してください。

（２）健康状態に関するもの

【関係規定】
上陸基準省令（特定技能２号）
　一　申請人が次のいずれにも該当していること。
　　ロ　健康状態が良好であること。

○　特定技能外国人が，特定技能に係る活動を安定的かつ継続的に行うことを確保する観点等から，当該外国人の健康状態が良好であることを求めるものです。

【確認対象の書類】
・健康診断個人票（参考様式第１－３号）※10か国語の翻訳様式をHP掲載
・受診者の申告書（参考様式第１－３号（別紙））※10か国語の翻訳様式をHP掲載
【留意事項】
○　新たに日本に入国する場合（在留資格認定証明書交付申請を行う場合）には，申請の日から遡って３か月以内に，日本で行おうとする活動を支障なく行うことができる健康状態にあることについて，医師の診断を受けなければなりません。
○　他方，技能実習生や留学生などで在留中の者が，「特定技能」へ在留資格を変更しようとする場合（在留資格変更許可申請を行う場合）には，申請の日から遡って１年以内に，日本の医療

機関で医師の診断を受けていれば，当該診断書を提出することとして差し支えありません。

○　また，提出する立証資料が健康診断個人票（参考様式第１－３号）と異なる形式でも構いませんが，検診項目としては，少なくとも，健康診断個人票（参考様式第１－３号）に記載した健康診断項目を検診し，「安定・継続的に就労活動を行うことについて」医師の署名があることが求められます。

○　特に，診断項目のうち，「胸部エックス線検査」に異常所見がある場合には，喀痰検査を実施し，活動性結核でないことを確認することが求められます。

○　健康診断個人票（参考様式第１－３号）は，申請人が十分に理解できる言語により作成し，その日本語訳も併せて提出してください。

○　受診者の申告書（参考様式第１－３号（別紙））は，健康診断を受診するに当たって，通院歴，入院歴，手術歴，投薬歴の全てを医師に申告したことの確認を求めるものであることから，健康診断受診後に作成することに留意してください。

（３）技能水準に関するもの

【関係規定】
上陸基準省令（特定技能２号）
一　申請人が次のいずれにも該当していること。
　ハ　従事しようとする業務に必要な熟練した技能を有していることが試験その他の評価方法により証明されていること。

○　２号特定技能外国人について，従事しようとする業務に必要な「熟練した技能」を有していることが試験その他の評価方法により証明されていることを求めるものです。

○　試験その他の評価方法は，特定産業分野に係る分野別運用方針及び分野別運用要領で定められています。

【確認対象の書類】
・特定技能外国人の履歴書（参考様式第１－１号）※10か国語の翻訳様式をHP掲載
・分野別運用方針に定める技能試験の合格証明書の写し
　　＊詳細は本要領別冊（分野別）を参照してください。
・分野別運用方針に定めるその他の評価方法により技能水準を満たすことを証明する資料
　　＊試験その他の評価方法により技能水準を証明する場合
　　＊分野別運用方針において，付加的に実務経験等を求めている場合
【留意事項】
○　分野によっては，技能試験による評価方法に加えて，実務経験等の要件を付加的に求めているものもあります。

（４）退去強制令書の円滑な執行への協力に関するもの

【関係規定】
上陸基準省令（特定技能２号）
　一　申請人が次のいずれにも該当していること。
　　ニ　退去強制令書の円滑な執行に協力するとして法務大臣が告示で定める外国政府又は
　　　地域の権限ある機関の発行した旅券を所持していること。

　出入国管理及び難民認定法第７条第１項第２号の基準を定める省令の特定技能の在留資格
に係る基準の規定に基づき退去強制令書の円滑な執行に協力する外国政府又は出入国管理及
び難民認定法施行令第１条に定める地域の権限ある機関を定める件（平成３１年法務省告示第
８５号）
　　出入国管理及び難民認定法第７条第１項第２号の基準を定める省令（平成２年法務省令第
　　１６号）の表の法別表第１の２の表の特定技能の項の下欄第１号に掲げる活動の項の下
　　欄第１号ホ及び法別表第１の２の表の特定技能の項の下欄第２号に掲げる活動の項の
　　下欄第１号ニの法務大臣が告示で定める退去強制令書の円滑な執行に協力する外国政
　　府又は出入国管理及び難民認定法施行令（平成１０年政令第１７８号）第１条に定める
　　地域の権限ある機関は，イラン・イスラム共和国を除いた国の政府又は同条に定める地
　　域の権限ある機関とする。

　○　入管法における退去強制令書が発付されて送還されるべき外国人について，自国
　　民の引取り義務を履行しない等，退去強制令書の円滑な執行に協力しない国・地域
　　の外国人の受入れは認められません。

【留意事項】
　○　退去強制令書の円滑な執行に協力しない国・地域とは，告示で定める次の国・地域をいいま
　　す（平成３１年４月１日時点）。
　・　イラン・イスラム共和国

（５）保証金の徴収・違約金契約等に関するもの

【関係規定】
上陸基準省令（特定技能２号）
　ニ　申請人又はその配偶者，直系若しくは同居の親族その他申請人と社会生活において密接
　　な関係を有する者が，特定技能雇用契約に基づく申請人の本邦における活動に関連して，
　　保証金の徴収その他名目のいかんを問わず，金銭その他の財産を管理されず，かつ，特定
　　技能雇用契約の不履行について違約金を定める契約その他の不当に金銭その他の財産の
　　移転を予定する契約が締結されておらず，かつ，締結されないことが見込まれること。

　○　特定技能外国人又はその親族等が，保証金の徴収や財産の管理又は違約金契約を

締結させられているなどの場合には，特定技能の適正な活動を阻害するものであることから，これら保証金の徴収等がないことを求めるものです。

○　「保証金の徴収その他名目のいかんを問わず，金銭その他の財産を管理され」ないことについては，特定技能所属機関や登録支援機関のほか，職業紹介事業者などの特定技能雇用契約に基づく特定技能外国人の本邦における活動に関与する仲介事業者のみならず，本国及び日本の仲介事業者（ブローカー）等を含め，幅広く規制の対象とするものです（このため，本規定は特段主語を規定していません。）。

○　「不当に金銭その他の財産の移転を予定する契約」とは，特定技能所属機関から失踪することなど労働契約の不履行に係る違約金を定める契約のほか，地方出入国在留管理局や労働基準監督署などの関係行政機関において相談をすること，休日に許可を得ずに外出すること，若しくは作業時間中にトイレ等で離席すること等を禁じて，その違約金を定める契約，又は商品若しくはサービスの対価として不当に高額な料金の徴収を予定する契約などが該当します。

【確認対象の書類】

・支払費用の同意書及び明細書（参考様式第１－８号）※10 か国語の翻訳様式を HP 掲載

【留意事項】

○　特定技能外国人及びその親族等が，保証金の徴収や財産の管理をされ又は違約金契約を締結させられていることなどを認識して特定技能雇用契約を締結して特定技能外国人を受け入れた場合には，出入国又は労働に関する法令に関し不正又は著しく不当な行為を行ったものとして欠格事由に該当し５年間受入れができないこととなりますので，雇用契約締結時に十分に確認を行ってください。

○　本制度では，悪質な仲介事業者の排除を目的として，外国政府との情報共有の枠組みの構築を目的とする二国間取決めを送出国政府との間で作成することとしています。二国間取決めが作成された場合には，順次，法務省ホームページで，二国間取決め作成に係る情報等を掲載していくこととしています。特定技能外国人との間で雇用契約を締結するに当たって，海外の取次機関が関与する場合には，保証金等を徴収する悪質な仲介事業者（ブローカー）が関与することがないよう当該情報を活用してください（なお，二国間取決めを作成した国以外の国籍を有する者であっても受け入れることは可能です。）。

○　また，技能実習制度では，本制度と同様に送出国政府との間で二国間取決めを作成し，送出国政府が認定した送出機関について，外国人技能実習機構のホームページで公表しているほか，法務省ホームページでも公表することとしていますので，当該情報も御参照ください。

○　支払費用の同意書及び明細書（参考様式第１－８号）は，申請人が十分に理解できる言語により作成し，申請人がその内容を理解した上で署名していることが求められます。

　（６）費用負担の合意に関するもの

【関係規定】
上陸基準省令（特定技能2号）
　三　申請人が特定技能雇用契約の申込みの取次ぎ又は外国における法別表第1の2の表の特定技能の項の下欄第2号に掲げる活動の準備に関して外国の機関に費用を支払っている場合にあっては，その額及び内訳を十分に理解して当該機関との間で合意していること。
　五　食費，居住費その他名目のいかんを問わず申請人が定期に負担する費用について，当該申請人が，当該費用の対価として供与される食事，住居その他の利益の内容を十分に理解した上で合意しており，かつ，当該費用の額が実費に相当する額その他の適正な額であり，当該費用の明細書その他の書面が提示されること。

○　特定技能外国人が入国前及び在留中に負担する費用について，その意に反して徴収されることを防止するために，当該外国人が負担する費用の額及び内訳を十分に理解して合意していることを求めるものです。

○　「特定技能雇用契約の申込みの取次ぎ又は外国における法別表第1の2の表の特定技能の項の下欄第2号に掲げる活動の準備に関して外国の機関に費用を支払っている場合にあっては，その額及び内訳を十分に理解して当該機関との間で合意していること」については，特定技能外国人が不当に高額な費用を支払い，多額の借金を抱えて来日するといったことがないよう設けられたものです。

○　費用の徴収は，各国の法制に従って適法に行われることが前提となりますが，旅券の取得等に要した費用など社会通念上，特定技能外国人が負担することに合理的な理由が認められるものについては，このルールにのっとって，外国の機関が費用を徴収することが求められます。したがって，特定技能所属機関が，職業紹介事業者や外国の機関の関与を経て，特定技能外国人を雇用する場合にあっては，当該特定技能外国人が外国の機関から徴収された費用の額及びその内訳について，特定技能外国人が十分に理解し合意を得た上で，当該費用が徴収されていることを確認することが求められます。

○　特定技能外国人が定期に負担する費用のうち食費については，提供される食事，食材等の提供内容に応じて，次のとおり，合理的な費用でなければなりません。
　・　食材，宅配弁当等の現物支給の場合：購入に要した額以内の額
　・　社員食堂での食事提供の場合：従業員一般に提供する場合に特定技能外国人以外の従業員から徴収する額以内の額
　・　食事の調理・提供の場合：材料費，水道・光熱費，人件費等の費用の提供を受ける者（特定技能外国人のみに限られない。）の人数で除した額以内の額

○　特定技能外国人が定期に負担する費用のうち居住費については，自己所有物件の場合，借上物件の場合に応じて，次のとおりでなければなりません。

・　自己所有物件の場合

　　実際に建設・改築等に要した費用，物件の耐用年数，入居する特定技能外国人の人数等を勘案して算出した合理的な額

・　借上物件の場合

　　借上げに要する費用（管理費・共益費を含み，敷金・礼金・保証金・仲介手数料等は含まない。）を入居する特定技能外国人の人数で除した額以内の額

○　特定技能外国人が定期に負担する費用のうち水道・光熱費については，実際に要した費用を当該宿泊施設で特定技能外国人と同居している者（特定技能所属機関やその家族を含む。）の人数で除した額以内の額でなければなりません。

【確認対象の書類】

・雇用条件書の写し（参考様式第1－6号）※10か国語の翻訳様式をHP掲載

・支払費用の同意書及び明細書（参考様式第1－8号）※10か国語の翻訳様式をHP掲載

・徴収費用の説明書（参考様式第1－9号）

【留意事項】

○　本邦に入国するに際して特定技能所属機関等に支払う費用について，特定技能外国人が，その額及び内訳を十分に理解した上で支払に合意していなければなりません。

○　特定技能所属機関は，入国後に当該外国人が定期的に負担する費用（住居費や食費等）について，その額及び内訳を十分に説明し，当該外国人から合意を得なければなりません。

○　特定技能外国人の給与から定期的に負担する費用を控除する場合は，雇用条件書の写し（参考様式第1－6号）に控除する費用の名目及び額を確実に明記し，特定技能外国人が控除される費用の名目及び額を十分に理解できるようにしなければなりません。

○　定期に負担する費用のうち徴収する居住費が高額である場合には，特定技能外国人が生活する上で支障を来すことも考えられるため，徴収する金額は，実費に相当する等適正な額でなければなりません。その費用額が高額である場合には，実費に相当する等適正な額であることについて疑義が生じることから，場合によっては追加的な立証をしていただくこととなります。

○　雇用条件書の写し（参考様式第1－6号）及び支払費用の同意書及び明細書（参考様式第1－8号）は，申請人が十分に理解できる言語により作成し，申請人が内容を十分に理解した上で署名していることが求められます。

（7）本国において遵守すべき手続に関するもの

【関係規定】

上陸基準省令（特定技能2号）

　　四　申請人が国籍又は住所を有する国又は地域において，申請人が本邦で行う活動に関連して当該国又は地域において遵守すべき手続が定められている場合にあっては，当該手続を経ていること。

○ 特定技能外国人が，特定技能に係る活動を行うに当たり，海外に渡航して労働を行う場合の当該本国での許可等，本国において必要な手続を遵守していることを求めるものです。

【留意事項】
○ 本制度では，悪質な仲介事業者の排除を目的として，外国政府との情報共有の枠組みの構築を目的とする二国間取決めを送出国政府との間で作成することとしているところ，二国間取決めにおいて，「遵守すべき手続」が定められた場合など必要な情報が示された場合には，法務省ホームページで，随時お知らせします（なお，二国間取決めを作成した国以外の国籍を有する者であっても受け入れることは可能です。）。

(8) 技能実習により修得等した技能等の本国への移転に関するもの

【関係規定】
上陸基準省令（特定技能2号）
　六　技能実習の在留資格をもって本邦に在留していたことがある者にあっては，当該在留資格に基づく活動により本邦において修得，習熟又は熟達した技能等の本国への移転に努めるものと認められること。

上陸基準省令
附則第9条
　この省令による改正後の出入国管理及び難民認定法第7条第1項第2号の基準を定める省令の表の法別表第1の2の表の特定技能の項の下欄第2号に掲げる活動の項の下欄第6号の規定の適用については，前条第2項に規定する特定活動の在留資格で在留していた者も同様とする。
附則第8条
２　出入国管理及び難民認定法及び日本国との平和条約に基づき日本の国籍を離脱した者等の出入国管理に関する特例法の一部を改正する等の法律第1条の規定による改正前の出入国管理及び難民認定法別表第1の5の表の特定活動の在留資格（同法別表第1の4の表の研修の在留資格の下で修得した技能等に習熟するため，本邦の公私の機関との雇用契約に基づき，当該技能等に係る当該機関の業務に従事する活動を指定されたものに限る。）をもって在留した期間が1年を超える者であって，当該活動を良好に修了し，かつ，当該修了している活動において修得した技能が，従事しようとする業務において要する技能と関連性が認められるものについても，前項と同様とする。

○ 技能実習の活動に従事していた者が「特定技能2号」の許可を受けようとする場合には，技能実習において修得等した技能等を本国へ移転することに努めると認められることを求めるものです。

【確認対象の書類】

・技能移転に係る申告書（参考様式第１－１０号）※10か国語の翻訳様式を HP 掲載

【留意事項】

○ 「努めるものと認められること」とは，本邦で修得等した技能等の本国への移転に努めることが見込まれることをいい，実際に本国への移転を行い成果を挙げることまでを求めるものではありません。

○ 「技能実習の在留資格をもって本邦に在留していたことがある者」には，「技能実習」の在留資格が施行された平成２２年７月前の「特定活動」（技能実習）をもって在留していた者も含まれます。

○ 技能移転の申告書（参考様式第１－１０号）は，申請人が十分に理解できる言語により作成し，申請人が内容を十分に理解して署名していることが求められます。

（９）分野に特有の事情に鑑みて定められた基準に関するもの

【関係規定】

上陸基準省令（特定技能２号）

　七　前各号に掲げるもののほか，法務大臣が告示で定める特定の産業上の分野に係るものにあっては，当該産業上の分野を所管する関係行政機関の長が，法務大臣と協議の上，当該産業上の分野に特有の事情に鑑みて告示で定める基準に適合すること。

○ 特定産業分野ごとの特有の事情に鑑みて個別に定める基準に適合していることを求めるものです。

【確認対象の書類】

・分野ごとに定める書類（本要領別冊（分野別）を参照）

【留意事項】

○ 分野によっては告示で基準を定めていない場合もあります。

○ 告示で基準が定められている場合であってもその内容は分野ごとに異なります。

第３節　在留資格変更許可申請及び在留期間更新許可申請時の取扱い

○ 在留資格変更許可申請及び在留期間更新許可申請においては，法務大臣が変更や更新が適当と認めるに足りる相当の理由があるときに限り許可されることとなっており，この判断については法務大臣の自由な裁量に委ねられ，外国人が行おうとする活動，活動の状況，在留の必要性等を総合的に勘案して行われます。判断に当たっては，在留資格該当性（第３章を参照），上陸基準省令（本章第１節及び第２節を参照）のほか，次の事項についても考慮されることとなります。なお，これらの全てに該当する場合であっても，全ての事情を考慮した結果，変更や更新が許可されないこともあります。

（１）入管法に定める届出義務の履行に関するもの

○　法第１９条の７から第１９条の１３まで，第１９条の１５及び第１９条の１６に規定する在留カードの記載事項に関する届出，紛失等による在留カードの再交付申請，在留カードの返納，所属機関等に関する届出などの義務を履行していることが必要です。

○　特定技能所属機関においても，１号特定技能外国人支援計画の実施に当たっては，特定技能外国人にこれらの義務について十分に理解させることが求められます。

（２）納税義務のほか公的義務の履行に関するもの

○　納税義務がある場合には，当該義務を履行していることが求められ，納税義務を履行していない場合には消極的な要素として評価されることとなります。例えば，納税義務不履行により刑に処せられている場合のみならず，納税義務を履行していないことが判明し，納税義務を履行するよう助言・指導されたにもかかわらず，引き続き納税義務を履行していない場合（ただし，納税緩和措置（換価の猶予，納税の猶予又は納付受託）の適用を受けている場合を除く。）には消極的な要素として評価されることとなります。

○　社会保険についても，特定技能外国人（特定技能外国人になろうとする者を含む。この節において以下同じ。）が国民健康保険や国民年金に加入している又は加入していた場合は，国民健康保険や国民年金の保険料を納付していることが求められ，保険料を一定程度納付していない場合には消極的な要素として評価されることとなります。例えば，特定技能外国人が国民健康保険や国民年金の保険料を一定程度滞納していることが判明し，保険料を納付するよう助言・指導があったにもかかわらず，引き続き国民健康保険や国民年金の保険料を納付していない場合（ただし，国民健康保険料（税）の納付（税）緩和措置（換価の猶予，納付の猶予又は納付受託）又は国民年金保険料の免除制度の適用を受けている場合を除く。）には消極的な要素として評価されることとなります。

○　特定技能所属機関においても，雇入時の労働条件の明示や１号特定技能外国人支援計画の実施に当たっては，納税義務や社会保険料の納付義務の履行について，特定技能外国人に十分に理解させることが求められます。

（３）素行が不良でないこと

○　素行については，善良であることが前提となり，良好でない場合には消極的な要素として評価され，具体的には，退去強制事由に準ずるような刑事処分を受けた行為，不法就労をあっせんするなど出入国在留管理行政上看過することのできない行

為を行った場合は，素行が不良であると判断されることとなります。

（４）外国人のこれまでの在留活動の状況，在留の必要性等に関すること

○　分野別運用方針に定める技能試験又は日本語試験の国内試験に合格したとして
もそのことをもって「特定技能」への在留資格変更の許可を受けることが保証され
るものではなく，外国人のこれまでの在留活動の状況や在留の必要性等を考慮した
上，在留資格の変更を適当と認めるに足りる相当の理由があるときに限り，許可が
されます。
　なお，原則として，相当の理由があるとは認められないと判断される具体的な例
は次のとおりです。
・「退学・除籍留学生」（所属していた教育機関における在籍状況が良好でないこ
とを理由とするものをいい，所定の課程を修了して卒業した者を含まない（在留
資格「留学」に応じた活動を行わないで在留していたことにつき正当な理由があ
る場合を除く。）。）
・「失踪した技能実習生」（在留資格「技能実習」に応じた活動を行わないで在留
していたことにつき正当な理由がある場合を除く。）
・「短期滞在」の在留資格を有する者
・在留資格の活動を行うに当たって計画（以下「活動計画」という。）の作成が求
められるものであって，その活動計画の性格上，他の在留資格への変更が予定さ
れていないもの（注１），又はその活動計画により，当該活動終了後に特定の在
留資格への変更又は在留期間の更新が予定されているもの（注２）
　（注１）その活動計画の性格上，他の在留資格への変更が予定されていないもの
　　　・「技能実習」（計画の途中にあるものに限られ，当該計画を修了したも
のを除く。）
　　　・「研修」（計画の途中にあるものに限られ，当該計画を修了したものを
除く。）
　　　・「特定活動（日本の食文化海外普及人材育成事業）」（計画の途中にあ
るも
のに限られ，当該計画を修了したものを除く。）
　　　・「特定活動（特定伝統料理海外普及事業）」
　　　・「特定活動（製造業外国従業員受入促進事業）」
　　　・「特定活動（インターンシップ）」
　（注２）その活動計画により，当該活動終了後に特定の在留資格への変更又は在
留期間の更新が予定されているもの
　　　・「特定活動（外国人起業活動促進事業）」（計画の途中にあるものに限
られ，当該計画を修了したものを除く。）
　　　・「経営・管理（外国人創業人材受入促進事業）」（計画の途中にあるも
のに限られ，当該計画を修了したものを除く。）

【確認対象の書類】

○　国税

〈確定申告をしていない場合〉

　・直近１年分の個人住民税の課税証明書

　・住民税の課税証明書と同一年分の給与所得の源泉徴収票

〈確定申告をしている場合〉

　・源泉所得税及び復興特別所得税，申告所得税及び復興特別所得税，消費税及び地方消費税，
　　相続税，贈与税を税目とする納税証明書（その３）

　・上記税目のうち，未納がある税目に係る「未納税額のみ」の納税証明書（その１）で，備考
　　欄に換価の猶予，納税の猶予又は納付受託中である旨の記載があるもの

　　　　＊納税緩和措置（換価の猶予，納税の猶予又は納付受託）の適用を受けている場合

○　地方税

・直近１年分の個人住民税の課税証明書及び納税証明書

・納税緩和措置（換価の猶予，納税の猶予又は納付受託）に係る通知書の写し

　　　＊納税緩和措置（換価の猶予，納税の猶予又は納付受託）の適用を受けていることが納税証
　　　　明書に記載されていない場合

○　国民健康保険

・国民健康保険被保険者証の写し

・国民健康保険料（税）納付証明書

・納付（税）緩和措置（換価の猶予，納付の猶予又は納付受託）に係る通知書の写し

　　　＊納付（税）緩和措置（換価の猶予，納付の猶予又は納付受託）の適用を受けていることが
　　　　国民健康保険料（税）納付証明書に記載されていない場合

○　国民年金

・被保険者記録照会回答票

・国民年金保険料領収証書の写し（在留諸申請のあった日の属する月の前々月までの２４か月分
　全て）又は被保険者記録照会（納付Ⅱ）

　　　＊国民年金保険料領収証書の写し（在留諸申請のあった日の属する月の前々月までの２４か
　　　　月分全て）を提出する場合は，被保険者記録照会回答票の提出は不要です。

　　　＊国民年金保険料の納付から被保険者記録照会（納付Ⅱ）への納付記録の反映までに時間を
　　　　要することから，反映前に提出する場合は，被保険者記録照会（納付Ⅱ）に加え，該当す
　　　　る月の国民年金保険料領収証書の写しも提出してください。

【留意事項】

○　日本に在留する留学生等の外国人を特定技能外国人として雇用する場合には，納税義務や社
　会保険料納付義務が履行されていないと，在留資格変更許可申請の審査に時間を要するほか，
　許可がされないこととなりますので，採用予定者がこれらの公的義務を履行しているかをあら
　かじめ確認してください。

○　特定技能外国人から特別徴収をした個人住民税を，特定技能所属機関が納入していないこと
　に起因して，個人住民税の未納があることが判明した場合には，特定技能所属機関が，特定技
　能基準省令第２条第１項第１号の規定に基づき，労働，社会保険及び租税に関する法令の規定

を遵守している旨の基準に適合していないものとして取り扱うこととなり，特定技能外国人本人が納税義務を履行していないものとは評価しません。

○　国民健康保険料（税）納付証明書は，特定技能外国人が居住する市区町村（特別区を含む。）へ申請してください。

○　被保険者記録照会回答票及び被保険者記録照会（納付Ⅱ）は，日本年金機構の中央年金センター（郵送申請・交付）又は年金事務所（窓口申請・郵便交付）へ申請してください。交付を急ぐ場合は最寄りの年金事務所へ御相談ください。

2 在留資格の変更、在留期間の更新許可のガイドライン

出入国在留管理庁
(令和2年2月改定)

　在留資格の変更及び在留期間の更新は，出入国管理及び難民認定法（以下「入管法」という。）により，法務大臣が適当と認めるに足りる相当の理由があるときに限り許可することとされており，この相当の理由があるか否かの判断は，専ら法務大臣の自由な裁量に委ねられ，申請者の行おうとする活動，在留の状況，在留の必要性等を総合的に勘案して行っているところ，この判断に当たっては，以下のような事項を考慮します。

　ただし，以下の事項のうち，1の在留資格該当性については，許可する際に必要な要件となります。また，2の上陸許可基準については，原則として適合していることが求められます。3以下の事項については，適当と認める相当の理由があるか否かの判断に当たっての代表的な考慮要素であり，これらの事項にすべて該当する場合であっても，すべての事情を総合的に考慮した結果，変更又は更新を許可しないこともあります。

　なお，社会保険への加入の促進を図るため，平成22（2010）年4月1日から申請時に窓口において保険証の提示を求めています。

（注）保険証を提示できないことで在留資格の変更又は在留期間の更新を不許可とすることはありません。

1 行おうとする活動が申請に係る入管法別表に掲げる在留資格に該当すること

　申請人である外国人が行おうとする活動が，入管法別表第一に掲げる在留資格については同表の下欄に掲げる活動，入管法別表第二に掲げる在留資格については同表の下欄に掲げる身分又は地位を有する者としての活動であることが必要となります。

2 法務省令で定める上陸許可基準等に適合していること

　法務省令で定める上陸許可基準は，外国人が日本に入国する際の上陸審査の基準ですが，入管法別表第1の2の表又は4の表に掲げる在留資格の下欄に掲げる活動

を行おうとする者については，在留資格変更及び在留期間更新に当たっても，原則として上陸許可基準に適合していることが求められます。

　また，在留資格「特定活動」については「出入国管理及び難民認定法第七条第一項第二号の規定に基づき同法別表第一の五の表の下欄に掲げる活動を定める件」（特定活動告示）に該当するとして，在留資格「定住者」については「出入国管理及び難民認定法第七条第一項第二号の規定に基づき同法別表第二の定住者の項の下欄に掲げる地位を定める件」（定住者告示）に該当するとして，上陸を許可され在留している場合は，原則として引き続き同告示に定める要件に該当することを要します。

　ただし，申請人の年齢や扶養を受けていること等の要件については，年齢を重ねたり，扶養を受ける状況が消滅する等，我が国入国後の事情の変更により，適合しなくなることがありますが，このことにより直ちに在留期間更新が不許可となるものではありません。

3　現に有する在留資格に応じた活動を行っていたこと

　申請人である外国人が，現に有する在留資格に応じた活動を行っていたことが必要です。例えば，失踪した技能実習生や，除籍・退学後も在留を継続していた留学生については，現に有する在留資格に応じた活動を行わないで在留していたことについて正当な理由がある場合を除き，消極的な要素として評価されます。

4　素行が不良でないこと

　素行については，善良であることが前提となり，良好でない場合には消極的な要素として評価され，具体的には，退去強制事由に準ずるような刑事処分を受けた行為，不法就労をあっせんするなど出入国在留管理行政上看過することのできない行為を行った場合は，素行が不良であると判断されることとなります。

5　独立の生計を営むに足りる資産又は技能を有すること

　申請人の生活状況として，日常生活において公共の負担となっておらず，かつ，その有する資産又は技能等から見て将来において安定した生活が見込まれること（世帯単位で認められれば足ります。）が求められますが，仮に公共の負担となっている場合であっても，在留を認めるべき人道上の理由が認められる場合には，その理由を十分勘案して判断することとなります。

6　雇用・労働条件が適正であること

　我が国で就労している（しようとする）場合には，アルバイトを含めその雇用・労働条件が，労働関係法規に適合していることが必要です。

なお，労働関係法規違反により勧告等が行われたことが判明した場合は，通常，申請人である外国人に責はないため，この点を十分に勘案して判断することとなります。

7　納税義務を履行していること

納税の義務がある場合には，当該納税義務を履行していることが求められ，納税義務を履行していない場合には消極的な要素として評価されます。例えば，納税義務の不履行により刑を受けている場合は，納税義務を履行していないと判断されます。

なお，刑を受けていなくても，高額の未納や長期間の未納などが判明した場合も，悪質なものについては同様に取り扱います。

8　入管法に定める届出等の義務を履行していること

入管法上の在留資格をもって我が国に中長期間在留する外国人の方は，入管法第19条の7から第19条の13まで，第19条の15及び第19条の16に規定する在留カードの記載事項に係る届出，在留カードの有効期間更新申請，紛失等による在留カードの再交付申請，在留カードの返納，所属機関等に関する届出などの義務を履行していることが必要です。

〈中長期在留者の範囲〉

入管法上の在留資格をもって我が国に中長期間在留する外国人で，次の①〜⑤のいずれにも該当しない人

①「3月」以下の在留期間が決定された人

②「短期滞在」の在留資格が決定された人

③「外交」又は「公用」の在留資格が決定された人

④　①〜③の外国人に準じるものとして法務省令で定める人

⑤　特別永住者

3 出入国管理及び難民認定法別表第一の二の表の高度専門職の項の 下欄の基準を定める省令

平成二十六年法務省令第三十七号

出入国管理及び難民認定法別表第一の二の表の高度専門職の項の下欄の基準を定める省令

出入国管理及び難民認定法（昭和二十六年政令第三百十九号）別表第一の二の表の高度専門職の項の下欄の規定に基づき、出入国管理及び難民認定法別表第一の二の表の高度専門職の項の下欄の基準を定める省令を次のように定める。

第一条　出入国管理及び難民認定法（以下「法」という。）別表第一の二の表の高度専門職の項の下欄第一号の基準は、同号に掲げる活動を行う外国人が、法第三章第一節若しくは第二節の規定による上陸許可の証印若しくは許可（在留資格の決定を伴うものに限る。）、法第四章第二節の規定による許可又は法第五十条第一項若しくは第六十一条の二の二第二項の規定による許可（以下「第一号許可等」という。）を受ける時点において、次の各号のいずれかに該当することとする。

一　法別表第一の二の表の高度専門職の項の下欄第一号イに掲げる活動を行う外国人であって、次の表の上欄に掲げる項目に係る同表の中欄に掲げる基準（年収の項にあっては、当該時点における当該外国人の年齢が三十歳未満のときは同項のイからトまで、三十歳以上三十五歳未満のときは同項のイからヘまで、三十五歳以上四十歳未満のときは同項のイからホまで、四十歳以上のときは同項のイからハまでに掲げる基準）に応じ、同表の下欄に掲げる点数を合計したものが七十点以上であること。

項目	基　　　準	点数
学歴	イ　博士の学位を有していること。	三十
	ロ　修士の学位又は専門職学位（学位規則（昭和二十八年文部省令第九号）第五条の二に規定する専門職学位をいい、外国において授与されたこれに相当する学位を含む。以下同じ。）を有していること（イに該当する場合を除く。）。	二十
	ハ　大学を卒業し又はこれと同等以上の教育を受けたこと（イ又はロに該当する場合を除く。）。	十
	ニ　複数の分野において博士若しくは修士の学位又は専門職学位を有していること。	五
職歴	イ　従事する研究、研究の指導又は教育について七年以上の実務経験があること。	十五
	ロ　従事する研究、研究の指導又は教育について五年以上七年未満の実務経験があること。	十
	ハ　従事する研究、研究の指導又は教育について三年以上五年未満の実務経験があること。	五
年収	イ　契約機関（契約の相手方である本邦の公私の機関をいう。以下同じ。）及び外国所属機関（外国の公私の機関の職員が当該機関から転勤して契約機関に受け入れられる場合における当該外国の公私の機関をいう。以下この号、次号及び次条第一項第一号ロにおいて同じ。）から受ける報酬の年額の合計が千万円以上であること。	四十
	ロ　契約機関及び外国所属機関から受ける報酬の年額の合計が九百万円以上千万円未満であること。	三十五
	ハ　契約機関及び外国所属機関から受ける報酬の年額の合計が八百万円以上九百万円未満であること。	三十
	ニ　契約機関及び外国所属機関から受ける報酬の年額の合計が七百万円以上八百万円未満であること。	二十五

	ホ　契約機関及び外国所属機関から受ける報酬の年額の合計が六百万円以上七百万円未満であること。	二十
	ヘ　契約機関及び外国所属機関から受ける報酬の年額の合計が五百万円以上六百万円未満であること。	十五
	ト　契約機関及び外国所属機関から受ける報酬の年額の合計が四百万円以上五百万円未満であること。	十
年齢	イ　年齢が三十歳未満であること。	十五
	ロ　年齢が三十歳以上三十五歳未満であること。	十
	ハ　年齢が三十五歳以上四十歳未満であること。	五
研究実績	イ　次の（1）から（4）までのうち二以上に該当すること。 （1）　発明者として特許を受けた発明が一件以上あること。 （2）　外国政府から補助金、競争的資金その他の金銭の給付を受けた研究に三回以上従事したことがあること。 （3）　我が国の国の機関において利用されている学術論文データベース（学術上の論文に関する情報の集合物であって、それらの情報を電子計算機を用いて検索することができるように体系的に構成したものをいう。以下同じ。）に登録されている学術雑誌に掲載されている論文（当該外国人が責任を持って論文に関する問合せに対応可能な著者（以下「責任著者」という。）であるものに限る。）が三本以上あること。 （4）　（1）から（3）までに該当しない研究実績で当該外国人が申し出たものであって、これらと同等の研究実績として、関係行政機関の長の意見を聴いた上で法務大臣が認めるものがあること。	二十五
	ロ　イの（1）から（4）までのいずれかに該当すること（イに該当する場合を除く。）。	二十
特別加算	イ　契約機関が中小企業者（中小企業基本法（昭和三十八年法律第百五十四号）第二条第一項に規定する中小企業者をいう。以下同じ。）であって、かつ、イノベーションの創出（科学技術・イノベーション創出の活性化に関する法律（平成二十年法律第六十三号）第二条第五項に規定するイノベーションの創出をいう。以下同じ。）の促進に資するものとして法務大臣が告示をもって定める法律の規定に基づく認定等を受けていること又は補助金の交付その他の支援措置であってイノベーションの創出の促進に資するものとして法務大臣が告示をもって定めるものを受けていること。	二十
	ロ　契約機関が、イノベーションの創出の促進に資するものとして法務大臣が告示をもって定める法律の規定に基づく認定等を受けていること又は補助金の交付その他の支援措置であってイノベーションの創出の促進に資するものとして法務大臣が告示をもって定めるものを受けていること（イに該当する場合を除く。）。	十
	ハ　法第七条の二第一項、第二十条第二項、第二十一条第二項若しくは第二十二条の二第二項（法第二十二条の三において準用する場合を含む。）の規定による申請、法第十一条第三項若しくは第四十九条第三項の規定による裁決又は法第六十一条の二の二第二項の規定による許可の日（以下「申請等の日」という。）の属する事業年度の前事業年度（申請等の日が前事業年度経過後二月以内である場合は、前々事業年度。以下同じ。）において契約機関（中小企業者に限る。）に係る試験研究費等比率（一事業年度における試験研究費及び開発費（法人税法施行令（昭和四十年政令第九十七号）第十四条第一項第三号に規定する開発費及び新たな事業の開始のために特別に支出する費用をいう。）の合計額の収入金額（総収入金額から固定資産又は法人税法（昭和四十年法律第三十四号）第二条第二十一号に規定する有価証券の譲渡による収入金額を控除した金額をいう。）に対する割合をいう。以下同じ。）が百分の三を超えること。	五
	ニ　従事する業務に関連する外国の資格、表彰その他の高度な専門知識、能力又は経験を有していることを証明するものであって、イノベーションの創出の促進に資するものとして関係行政機関の長の意見を聴いた上で法務大臣が認めるもの（この表の研究実績の項に該当するものを除く。）があること。	五
	ホ　本邦の大学を卒業し又は大学院の課程を修了して学位を授与されたこと。	十
	ヘ　日本語を専攻して外国の大学を卒業し、又は日常的な場面で使われる日本語に加え、論理的にやや複雑な日本語を含む幅広い場面で使われる日本語を理解することができる能力を有していることを試験により証明されていること。	十五

項目		基　　準	点数
	ト	日常的な場面で使われる日本語を理解することができるほか、論理的にやや複雑な日本語を含む幅広い場面で使われる日本語をある程度理解することができる能力を有していることを試験により証明されていること（ホ又はへに該当する場合を除く。）。	十
	チ	将来において成長発展が期待される分野の先端的な事業として関係行政機関の長の意見を聴いた上で法務大臣が認める事業を担うものであること。	十
	リ	関係行政機関の長の意見を聴いた上で法務大臣が告示をもって定める大学を卒業し、又はその大学の大学院の課程を修了して学位を授与されたこと。	十
	ヌ	国又は国から委託を受けた機関が実施する研修であって、法務大臣が告示をもって定めるものを修了したこと（本邦の大学又は大学院の授業を利用して行われる研修にあっては、ホに該当する場合を除く。）。	五

二　法別表第一の二の表の高度専門職の項の下欄第一号ロに掲げる活動を行う外国人であって、次の表の上欄に掲げる項目に係る同表の中欄に掲げる基準（年収の項にあっては、当該時点における当該外国人の年齢が三十歳未満のときは同項のイからトまで、三十歳以上三十五歳未満のときは同項のイからヘまで、三十五歳以上四十歳未満のときは同項のイからホまで、四十歳以上のときは同項のイからハまでに掲げる基準）に応じ、同表の下欄に掲げる点数を合計したものが七十点以上であり、かつ、契約機関及び外国所属機関から受ける報酬の年額の合計が三百万円以上であること。

項目		基　　準	点数
学歴	イ	博士の学位を有していること。	三十
	ロ	経営管理に関する専門職学位を有していること（イに該当する場合を除く。）。	二十五
	ハ	修士の学位又は専門職学位を有していること（イ又はロに該当する場合を除く。）。	二十
	ニ	大学を卒業し又はこれと同等以上の教育を受けたこと（イからハまでに該当する場合を除く。）。	十
	ホ	複数の分野において博士若しくは修士の学位又は専門職学位を有していること。	五
職歴	イ	従事する業務について十年以上の実務経験があること。	二十
	ロ	従事する業務について七年以上十年未満の実務経験があること。	十五
	ハ	従事する業務について五年以上七年未満の実務経験があること。	十
	ニ	従事する業務について三年以上五年未満の実務経験があること。	五
年収	イ	契約機関及び外国所属機関から受ける報酬の年額の合計が千万円以上であること。	四十
	ロ	契約機関及び外国所属機関から受ける報酬の年額の合計が九百万円以上千万円未満であること。	三十五
	ハ	契約機関及び外国所属機関から受ける報酬の年額の合計が八百万円以上九百万円未満であること。	三十
	ニ	契約機関及び外国所属機関から受ける報酬の年額の合計が七百万円以上八百万円未満であること。	二十五
	ホ	契約機関及び外国所属機関から受ける報酬の年額の合計が六百万円以上七百万円未満であること。	二十
	ヘ	契約機関及び外国所属機関から受ける報酬の年額の合計が五百万円以上六百万円未満であること。	十五
	ト	契約機関及び外国所属機関から受ける報酬の年額の合計が四百万円以上五百万円未満であること。	十

年齢	イ　年齢が三十歳未満であること。	十五
	ロ　年齢が三十歳以上三十五歳未満であること。	十
	ハ　年齢が三十五歳以上四十歳未満であること。	五
研究実績	次のイからニまでのうち一以上に該当すること。 イ　発明者として特許を受けた発明が一件以上あること。 ロ　外国政府から補助金、競争的資金その他の金銭の給付を受けた研究に三回以上従事したことがあること。 ハ　我が国の国の機関において利用されている学術論文データベースに登録されている学術雑誌に掲載されている論文（当該外国人が責任著者であるものに限る。）が三本以上あること。 ニ　イからハまでに該当しない研究実績で当該外国人が申し出たものであって、これらと同等の研究実績として、関係行政機関の長の意見を聴いた上で法務大臣が認めるものがあること。	十五
資格	イ　次の（1）から（3）までのうち一以上に該当すること。 （1）　従事する業務に関連する二以上の我が国の国家資格（資格のうち、法令において当該資格を有しない者は当該資格に係る業務若しくは行為を行い、又は当該資格に係る名称を使用することができないこととされているものをいう。以下同じ。）を有していること。 （2）　出入国管理及び難民認定法第七条第一項第二号の基準を定める省令（平成二年法務省令第十六号。以下「基準省令」という。）の技術・人文知識・国際業務の項の下欄第一号ただし書の規定に基づき法務大臣が告示をもって定める情報処理技術に関する試験のうち、二以上に合格したこと。 （3）　基準省令の技術・人文知識・国際業務の項の下欄第一号ただし書の規定に基づき法務大臣が告示をもって定める情報処理技術に関する資格のうち、二以上を有していること。	十
	ロ　次の（1）から（3）までのうち二以上に該当すること（イに該当する場合を除く。）。 （1）　従事する業務に関連する我が国の国家資格を有していること。 （2）　基準省令の技術・人文知識・国際業務の項の下欄第一号ただし書の規定に基づき法務大臣が告示をもって定める情報処理技術に関する試験に合格したこと。 （3）　基準省令の技術・人文知識・国際業務の項の下欄第一号ただし書の規定に基づき法務大臣が告示をもって定める情報処理技術に関する資格を有していること。	十
	ハ　ロの（1）から（3）までのいずれかに該当すること（イ又はロに該当する場合を除く。）。	五
特別加算	イ　契約機関が中小企業者であって、かつ、イノベーションの創出の促進に資するものとして法務大臣が告示をもって定める法律の規定に基づく認定等を受けていること又は補助金の交付その他の支援措置であってイノベーションの創出の促進に資するものとして法務大臣が告示をもって定めるものを受けていること。	二十
	ロ　契約機関がイノベーションの創出の促進に資するものとして法務大臣が告示をもって定める法律の規定に基づく認定等を受けていること又は補助金の交付その他の支援措置であってイノベーションの創出の促進に資するものとして法務大臣が告示をもって定めるものを受けていること（イに該当する場合を除く。）。	十
	ハ　申請等の日の属する事業年度の前事業年度において契約機関（中小企業者に限る。）に係る試験研究費等比率が百分の三を超えること。	五
	ニ　従事する業務に関連する外国の資格、表彰その他の高度な専門知識、能力又は経験を有していることを証明するものであって、イノベーションの創出の促進に資するものとして関係行政機関の長の意見を聴いた上で法務大臣が認めるもの（この表の研究実績及び資格の項に該当するものを除く。）があること。	五
	ホ　本邦の大学を卒業し又は大学院の課程を修了して学位を授与されたこと。	十
	ヘ　日本語を専攻して外国の大学を卒業し、又は日常的な場面で使われる日本語に加え、論理的にやや複雑な日本語を含む幅広い場面で使われる日本語を理解することができる能力を有していることを試験により証明されていること。	十五

項目	基　　　準	点数
	ト　日常的な場面で使われる日本語を理解することができるほか、論理的にやや複雑な日本語を含む幅広い場面で使われる日本語をある程度理解することができる能力を有していることを試験により証明されていること（ホ又はへに該当する場合を除く。）。	十
	チ　将来において成長発展が期待される分野の先端的な事業として関係行政機関の長の意見を聴いた上で法務大臣が認める事業を担うものであること。	十
	リ　関係行政機関の長の意見を聴いた上で法務大臣が告示をもって定める大学を卒業し、又はその大学の大学院の課程を修了して学位を授与されたこと。	十
	ヌ　国又は国から委託を受けた機関が実施する研修であって、法務大臣が告示をもって定めるものを修了したこと（本邦の大学又は大学院の授業を利用して行われる研修にあっては、ホに該当する場合を除く。）。	五

三　法別表第一の二の表の高度専門職の項の下欄第一号ハに掲げる活動を行う外国人であって、次の表の上欄に掲げる項目に係る同表の中欄に掲げる基準に応じ、同表の下欄に掲げる点数を合計したものが七十点以上であり、かつ、活動機関（法別表第一の二の表の高度専門職の項の下欄第一号ハに掲げる活動を行う本邦の公私の機関をいう。以下同じ。）及び外国所属機関（外国の公私の機関の職員が当該機関から転勤して活動機関に受け入れられる場合における当該外国の公私の機関をいう。以下この号及び次条第一項第一号ハにおいて同じ。）から受ける報酬の年額の合計が三百万円以上であること。

項目	基　　　準	点数
学歴	イ　経営管理に関する専門職学位を有していること。	二十五
	ロ　博士若しくは修士の学位又は専門職学位を有していること（イに該当する場合を除く。）。	二十
	ハ　大学を卒業し又はこれと同等以上の教育を受けたこと（イ又はロに該当する場合を除く。）。	十
	ニ　複数の分野において博士若しくは修士の学位又は専門職学位を有していること。	五
職歴	イ　事業の経営又は管理について十年以上の実務経験があること。	二十五
	ロ　事業の経営又は管理について七年以上十年未満の実務経験があること。	二十
	ハ　事業の経営又は管理について五年以上七年未満の実務経験があること。	十五
	ニ　事業の経営又は管理について三年以上五年未満の実務経験があること。	十
年収	イ　活動機関及び外国所属機関から受ける報酬の年額の合計が三千万円以上であること。	五十
	ロ　活動機関及び外国所属機関から受ける報酬の年額の合計が二千五百万円以上三千万円未満であること。	四十
	ハ　活動機関及び外国所属機関から受ける報酬の年額の合計が二千万円以上二千五百万円未満であること。	三十
	ニ　活動機関及び外国所属機関から受ける報酬の年額の合計が千五百万円以上二千万円未満であること。	二十
	ホ　活動機関及び外国所属機関から受ける報酬の年額の合計が千万円以上千五百万円未満であること。	十
地位	イ　活動機関の代表取締役、代表執行役又は業務を執行する社員（代表権を有する者に限る。）として当該機関の事業の経営又は管理に従事すること。	十
	ロ　活動機関の取締役、執行役又は業務を執行する社員として当該機関の事業の経営又は管理に従事すること（イに該当する場合を除く。）。	五

特別加算	イ	活動機関が中小企業者であって、かつ、イノベーションの創出の促進に資するものとして法務大臣が告示をもって定める法律の規定に基づく認定等を受けていること又は補助金の交付その他の支援措置であってイノベーションの創出の促進に資するものとして法務大臣が告示をもって定めるものを受けていること。	二十
	ロ	活動機関がイノベーションの創出の促進に資するものとして法務大臣が告示をもって定める法律の規定に基づく認定等を受けていること又は補助金の交付その他の支援措置であってイノベーションの創出の促進に資するものとして法務大臣が告示をもって定めるものを受けていること（イに該当する場合を除く。）。	十
	ハ	申請等の日の属する事業年度の前事業年度において活動機関（中小企業者に限る。）に係る試験研究費等比率が百分の三を超えること。	五
	ニ	従事する業務に関連する外国の資格、表彰その他の高度な専門知識、能力又は経験を有していることを証明するものであって、イノベーションの創出の促進に資するものとして関係行政機関の長の意見を聴いた上で法務大臣が認めるものがあること。	五
	ホ	本邦の大学を卒業し又は大学院の課程を修了して学位を授与されたこと。	十
	ヘ	日本語を専攻して外国の大学を卒業し、又は日常的な場面で使われる日本語に加え、論理的にやや複雑な日本語を含む幅広い場面で使われる日本語を理解することができる能力を有していることを試験により証明されていること。	十五
	ト	日常的な場面で使われる日本語を理解することができるほか、論理的にやや複雑な日本語を含む幅広い場面で使われる日本語をある程度理解することができる能力を有していることを試験により証明されていること（ホ又はへに該当する場合を除く。）。	十
	チ	将来において成長発展が期待される分野の先端的な事業として関係行政機関の長の意見を聴いた上で法務大臣が認める事業を担うものであること。	十
	リ	関係行政機関の長の意見を聴いた上で法務大臣が告示をもって定める大学を卒業し、又はその大学の大学院の課程を修了して学位を授与されたこと。	十
	ヌ	国又は国から委託を受けた機関が実施する研修であって、法務大臣が告示をもって定めるものを修了したこと（本邦の大学又は大学院の授業を利用して行われる研修にあっては、ホに該当する場合を除く。）。	五
	ル	本邦の公私の機関において貿易その他の事業の経営を行う場合にあっては、当該事業に自ら一億円以上を投資していること。	五

2　法第六条第二項、第二十条第二項、第二十一条第二項若しくは第二十二条の二第二項（法第二十二条の三において準用する場合を含む。）の規定による申請又は法第四十九条第三項の規定による裁決の時点において前項各号のいずれかに該当する者は、当該申請又は当該裁決に係る第一号許可等を受ける時点において当該各号に該当するものとみなす。

第二条　法別表第一の二の表の高度専門職の項の下欄第二号の基準は、同号に掲げる活動を行う外国人が、法第十二条第一項又は法第四章第二節の規定による当該許可（以下「第二号許可」という。）を受ける時点において、次の各号のいずれにも該当することとする。

一　次のいずれかに該当すること。

イ　高度専門職の在留資格（法別表第一の二の表の高度専門職の項の下欄第一号イに係るものに限る。）をもって本邦に在留していた外国人にあっては、前条第一項第一号の表の上欄に掲げる項目に係る同表の中欄に掲げる基準（年収の項にあっては、当該時点における当該外国人の年齢が三十歳未満のときは同項のイからトまで、三十歳以上三十五歳未満のときは同項のイからヘまで、三十五歳以上四十歳未満のときは同項のイからホまで、四十歳以上のときは同項のイからハまでに掲げる基準）に応じ、同表の下欄に掲げる点数を合計したものが七十点以上であること。

ロ　高度専門職の在留資格（法別表第一の二の表の高度専門職の項の下欄第一号ロに係るものに限る。）を
　　もって本邦に在留していた外国人にあっては、前条第一項第二号の表の上欄に掲げる項目に係る同表の中
　　欄に掲げる基準（年収の項にあっては、当該時点における当該外国人の年齢が三十歳未満のときは同項の
　　イからトまで、三十歳以上三十五歳未満のときは同項のイからへまで、三十五歳以上四十歳未満のときは
　　同項のイからホまで、四十歳以上のときは同項のイからハまでに掲げる基準）に応じ、同表の下欄に掲げ
　　る点数を合計したものが七十点以上であり、かつ、契約機関及び外国所属機関から受ける報酬の年額の合
　　計が三百万円以上であること。
　　ハ　高度専門職の在留資格（法別表第一の二の表の高度専門職の項の下欄第一号ハに係るものに限る。）を
　　もって本邦に在留していた外国人にあっては、前条第一項第三号の表の上欄に掲げる項目に係る同表の中
　　欄に掲げる基準に応じ、同表の下欄に掲げる点数を合計したものが七十点以上であり、かつ、活動機関及
　　び外国所属機関から受ける報酬の年額の合計が三百万円以上であること。
　二　高度専門職の在留資格（法別表第一の二の表の高度専門職の項の下欄第一号イからハまでに係るものに限
　　る。）をもって本邦に三年以上在留して同号に掲げる活動を行っていたこと。
　三　素行が善良であること。
　四　当該外国人の在留が日本国の利益に合すると認められること。
2　法第六条第二項、第二十条第二項又は第二十二条の二第二項の規定による申請の時点において前項各号のい
　ずれにも該当する者は、当該申請に係る第二号許可を受ける時点において同項各号のいずれにも該当するもの
　とみなす。

　　　附　　則

（施行期日）
第一条　この省令は、平成二十七年四月一日から施行する。ただし、附則第四条の規定は、平成二十七年一月一
　日から施行する。
（経過措置）
第二条　この省令の施行の日前又はこの省令の施行の日以後に出入国管理及び難民認定法の一部を改正する法律
　（平成二十六年法律第七十四号。以下「改正法」という。）による改正前の出入国管理及び難民認定法（以下「旧
　法」という。）別表第一の五の表の下欄（ニに係る部分に限る。）に掲げる活動のうち次の各号に掲げるものを
　行う者としての同表の上欄の在留資格をもって本邦に在留していた外国人は、第二条第一項第一号の適用につ
　いては、それぞれ当該各号に掲げる者とみなす。
　一　改正法附則第三条第五項第一号に掲げる活動　高度専門職の在留資格（法別表第一の二の表の高度専門職
　　の項の下欄第一号イに係るものに限る。）をもって本邦に在留していた外国人
　二　改正法附則第三条第五項第二号に掲げる活動　高度専門職の在留資格（法別表第一の二の表の高度専門職
　　の項の下欄第一号ロに係るものに限る。）をもって本邦に在留していた外国人
　三　改正法附則第三条第五項第三号に掲げる活動　高度専門職の在留資格（法別表第一の二の表の高度専門職
　　の項の下欄第一号ハに係るものに限る。）をもって本邦に在留していた外国人
第三条　この省令の施行の日前又はこの省令の施行の日以後に旧法別表第一の五の表の下欄（ニに係る部分に限
　る。）に掲げる活動のうち改正法附則第三条第五項各号に掲げるものを行う者としての同表の上欄の在留資格
　をもって本邦に在留していた外国人に対する第二条第一項第二号の適用については、当該在留資格をもって本
　邦に在留して当該各号に掲げる活動を行っていた期間を算入するものとする。
第四条　改正法附則第四条の規定による在留資格認定証明書（法第七条の二に規定する証明書をいう。）の交付
　については、この省令の施行の日前においても、第一条の規定を適用する。

　　　附　　則（平成二九年四月二六日法務省令第二一号）

　この省令は、公布の日から施行する。

　　　附　　則　（平成二九年七月三一日法務省令第二九号）

　この省令は、公布の日から施行する。

　　　附　　則　（平成三一年一月一七日法務省令第一号）

　この省令は、研究開発システムの改革の推進等による研究開発能力の強化及び研究開発等の効率的推進等に関する法律の一部を改正する法律（平成三十年法律第九四号）の施行の日から施行する。

4　外国人ＩＴ人材の在留資格と高度人材ポイント制について

出　入　国　在　留　管　理　庁
経済産業省商務情報政策局
（令和２年１月２３日改訂）

　　出入国在留管理庁と経済産業省は、我が国における外国人ＩＴ人材の更なる活用を促進する観点から、入国が認められる外国人ＩＴ人材の在留資格と、一定の要件を満たすことにより出入国管理上の優遇措置を受けられる「高度人材ポイント制」についてお知らせします。これらの制度を通じて、海外の優秀な人材を呼び込み、我が国の活性化の実現を目指します。

　　平成２６年６月の出入国管理及び難民認定法の改正により、平成２７年４月に高度な能力や資質を有する外国人材の受入れの促進を図るために在留資格「高度専門職」が創設されるとともに、在留資格「技術」と「人文知識・国際業務」が「技術・人文知識・国際業務」に統合されました。

　　外国人ＩＴ人材の受入れについては、出入国在留管理制度における在留資格に係る理解が不可欠です。そこで、ＩＴ人材の在留資格について周知を図るとともに、「高度人材ポイント制」の周知を図ることによりＩＴ人材による同制度の利用の促進につなげたいと考えています。

1　外国人ＩＴ人材の在留資格と高度人材ポイント制
　　外国人ＩＴ人材は、一般的には<u>「技術・人文知識・国際業務」</u>の在留資格に該当すると考えられます。この在留資格には、自然科学又は人文科学の分野に属する技術又は知識を必要とする業務等が該当します。
　　さらに、学歴・職歴・年収等に基づく「高度人材ポイント制」による評価により高度人材と認められる場合には<u>「高度専門職１号ロ」</u>の在留資格により、出入国管理上の優遇措置を受けることができます（別添リーフレット参照）。「高度人材ポイント制」は、優秀な外国人ＩＴ人材を我が国に呼び込むための有効な制度ですので、積極的なご活用をお願いします。

（1）「技術・人文知識・国際業務」
　　ＩＴ人材として稼働する場合、次のいずれにも該当することが必要です。

① 次のいずれかを満たすこと
　・ 自然科学又は人文科学の分野に属する技術又は知識に関連する科目を専攻して大学を卒業し、又はこれと同等以上の教育を受けたこと
　・ 自然科学又は人文科学の分野に属する技術又は知識に関連する科目を専攻して本邦の専修学校の専門課程を修了したこと（「専門士」もしくは「高度専門士」の称号を付与された者に限る。）
　・ １０年以上の実務経験（大学等で関連科目を専攻した期間を含む。）があること
　・ 法務大臣が告示（※）で定める情報処理技術に関する試験に合格又は資格を有していること。
　　※ 「出入国管理及び難民認定法第七条第一項第二号の基準を定める省令の技術・人文知識・国際業務の在留資格に係る基準の特例を定める件」（平成二十五年法務省告示第四百三十七号）（以下、「ＩＴ告示」という。）

　　　ＩＴ告示は、独立行政法人情報処理推進機構（ＩＰＡ）がソフトウェア技術及び市場のグローバル化に伴い、国境を越えた質の高いＩＴ人材の確保や流動化を図り、特にアジア各国との連携を強化するために、相互認証を行っている諸外国の試験や資格の一部を対象として規定しているものです。現在、ＩＴ告示では国内の試験のほか、国内の試験と相互認証を受けている中国、フィリピン、ベトナム、ミャンマー、台湾、マレーシア、タイ、モンゴル、バングラデシュ、シンガポール、韓国において実施された試験等について規定しています。ＩＴ告示の詳細は下記リンク先をご参照ください。
　　（参考：法務省ＨＰ）
　　 http://www.moj.go.jp/nyuukokukanri/kouhou/nyukan_hourei_h09.html
② 日本人が従事する場合に受ける報酬と同等額以上の報酬を受けること

（２）「高度専門職１号ロ」

　上記（１）の要件に加えて、高度人材ポイント制により、学歴・職歴・年収等の評価項目ごとの点数の合計が７０点以上あることが必要です。「高度専門職」の在留資格を付与された場合、永住許可に係る在留歴の要件が緩和される等、出入国在留管理上の優遇措置を受けることができます（高度人材ポイント制の詳細や、「高度専門職」の在留資格を付与された者に対する出入国在留管理上の優遇措置については、別添リーフレット参照）。
　なお、平成２９年及び平成３１年に高度人材ポイント制の特別加算措置の

追加をしており、下記のような外国人もポイントが追加で加算されることとなりました。

　　○　成長分野（ＩＴ等）において所管省庁が関与する先端プロジェクトに従事する人材に対する加算（１０点）
　　○　トップ大学卒業者に対する加算（１０点）
　　○　外務省が実施する「イノベーティブ・アジア（Innovative Asia）」事業に基づく本邦での研修（研修期間１年以上）を修了した者に対する加算（５点）
　　○　複数の修士号又は博士号を取得した者に対する加算（５点）
　　○　一定の水準の日本語能力（日本語能力試験Ｎ２程度）を有する者への加算（日本語能力試験Ｎ１取得者は１５点、Ｎ２取得者は１０点）
　　※　そのほか、国家戦略特別区域において、「国家戦略特別区域高度人材外国人受入促進事業」に基づき、東京都において金融系外国企業拠点設立補助金等を利用している企業や広島県において広島県内投資促進要綱に定める一定の事業を利用している企業で就労する外国人を対象に、特別加算（１０点）が行われることとなっています。

２　典型的な事例
（１）「技術・人文知識・国際業務」の例
　　○　外国の大学の経済学部において経営学を専攻して卒業し、日本のＩＴ関連企業との契約に基づき月額２５万円の報酬を受けて、システムエンジニアとして売上管理システムの開発業務に従事する者
　　○　日本の大学の工学部において情報処理工学を専攻して卒業し、日本のソフトウェア会社との契約に基づき月額３０万円の報酬を受けて、プログラマーとしてソフトウェア開発業務に従事する者
　　○　外国の高校を卒業後、ＩＴ告示で定められている海外のＩＴに関する試験の一つに合格し、日本のＩＴ関連企業との契約に基づき月額２０万円の報酬を受けて、システムエンジニアとしてシステムの保守・改善等の業務に従事する者
　　○　外国の大学の工学部において工学を専攻して卒業し、日本のソフトウェア会社との契約に基づき月額３５万円の報酬を受けて、ソフトウェアエンジニアとしてコンピュータ関連サービス業務に従事する者

（２）「高度専門職１号ロ」の例（評価ポイントが７０点に達する例）
　　○　外国の大学で修士号（経営管理に関する専門職学位（MBA））を取得（２

５点）し、ＩＴ関連で７年の職歴（１５点）がある３０歳（１０点）の者が、年収６００万円（２０点）で、経営支援ソフトの開発業務に従事する場合

○　日本のトップ大学（１０点＋１０点）を卒業して学士を取得（１０点）し、日本語能力試験でＮ１を取得（１５点）している２３歳（１５点）の者が、年収４００万円（１０点）でＩＴ業務に従事する場合

○　ＩＴ告示で定められている試験の二つに合格（１０点）し、日本語能力試験でＮ２を取得（１０点）し、ＩＴ関連で１０年の職歴（２０点）がある３６歳（５点）の者が、年収７００万円（２５点）でＩＴシステムの運用管理に従事している場合

○　外国の大学を卒業して学士を取得（１０点）し、ＩＴ関連で１１年の職歴（２０点）がある３９歳（５点）の者が、年収９００万円（３５点）で情報処理技術部門のマネジメントに従事する場合

5 留学生の在留資格「技術・人文知識・国際業務」への変更許可のガイドライン

出入国在留管理庁
（令和2年4月改定）

　在留資格の変更については，「在留資格の変更，在留期間の更新許可のガイドライン（改正）」を策定・公表し，このうち，本邦の大学を卒業した留学生又は本邦の専修学校を卒業した留学生が，「技術・人文知識・国際業務」への在留資格変更許可申請を行った場合において，その許否の判断において考慮する事項，これまでの許可事例・不許可事例，提出資料について以下のとおり取りまとめました。

1　本邦の大学又は専門学校等（注）を卒業した留学生が在留資格「技術・人文知識・国際業務」に変更するために必要な要件

　「技術・人文知識・国際業務」の在留資格への変更許可に当たって，必要な要件は以下のとおりです。

　　（注）本邦の大学又は専門学校等には，別紙3に掲げるファッションデザイン教育機関が含まれます。

（1）行おうとする活動が申請に係る入管法別表に掲げる在留資格に該当すること

ア　本邦の公私の機関との契約に基づくものであること

　　「本邦の公私の機関」には，国，地方公共団体，独立行政法人，会社，公益法人等の法人のほか，任意団体（ただし，契約当事者としての権利能力はありません。）も含まれます。また，本邦に事務所，事業所等を有する外国の国，地方公共団体（地方政府を含む。），外国の法人等も含まれ，さらに個人であっても，本邦で事務所，事業所等を有する場合は含まれます。

　　「契約」には，雇用のほか，委任，委託，嘱託等が含まれますが，特定の機関との継続的なものでなければなりません。また，契約に基づく活動は，本邦において適法に行われるものであること，在留活動が継続して行われることが見込まれることが必要です。

イ　自然科学又は人文科学の分野に属する技術又は知識を要する業務に従事する活動であること

　　（ア）「技術・人文知識・国際業務」については，理学，工学その他の自然科

学の分野又は法律学，経済学，社会学その他の人文科学の分野に属する技術又は知識を必要とする業務に従事する活動であることが必要です。

　具体的にどのような業務が自然科学や人文科学の分野に属する知識を必要とするものに当てはまるのかは，別紙1の「許可事例」を参照してください。

　一般的に，求人の際の採用基準に「未経験可，すぐに慣れます。」と記載のあるような業務内容や，後述の上陸許可基準に規定される学歴又は実務経験に係る要件を満たしていない日本人従業員が一般的に従事している業務内容は，対象となりません。

（イ）行おうとする活動が，「技術・人文知識・国際業務」に該当するものであるか否かは，在留期間中の活動を全体として捉えて判断することとなります。したがって，例えば，「技術・人文知識・国際業務」に該当すると認められる活動は，活動全体として見ればごく一部であり，その余の部分は「技術・人文知識・国際業務」に該当するとは認められない，いわゆる単純な業務や，反復訓練によって従事可能な業務を行う場合には，「技術・人文知識・国際業務」に該当しないと判断されます。

　また，行おうとする活動に「技術・人文知識・国際業務」に該当しない業務が含まれる場合であっても，それが入社当初に行われる研修の一環であって，今後「技術・人文知識・国際業務」に該当する業務を行う上で必ず必要となるものであり，日本人についても入社当初は同様の研修に従事するといった場合には，「技術・人文知識・国際業務」に該当するものと取り扱っています。実務研修に係る取扱いの詳細は別紙4のとおりです。

（2）原則として法務省令で定める上陸許可基準に適合していること（注）

ア　従事しようとする業務に必要な技術又は知識に関連する科目を専攻して卒業していること

　従事しようとする業務に必要な技術又は知識に係る科目を専攻していることが必要であり，そのためには，大学・専修学校において専攻した科目と従事しようとする業務が関連していることが必要です。

　具体的にどのような場合に専攻した科目と従事しようとする業務が関連しているとされるかは，別紙1の「許可事例」を参照してください。

※　業務との関連性について
　大学は，学術の中心として，広く知識を授けるとともに，深く専門の学芸を教授研究し，知的，道徳的及び応用的能力を展開させることを目的とし，また，その目的を実現するための教育研究を行い，その成果を広く社会に提供することにより，社会の発展に寄与するとされており（学校教育法第83条第1項，第2項），このような教育機関としての大学の性格を踏まえ，大学における専攻科目と，従事しようとする業務

の関連性については，従来より柔軟に判断しています（海外の大学についてもこれに準じた判断をしています。）。また，高等専門学校は，一般科目と専門科目をバランスよく配置した教育課程により，技術者に必要な豊かな教養と体系的な専門知識を身につける機関であるとされており，大学と同様，その目的を実現するための教育を行い，その成果を広く社会に提供することにより，社会の発展に寄与するものとするものとされている（同法第１０５条第２項）ことから，大学に準じた判断をしています。

　他方，専修学校は，職業若しくは実際生活に必要な能力を育成し，又は教養の向上を図ることを目的とするとされている（同法第１２４条）ことから，専修学校における専攻科目と従事しようとする業務については，相当程度の関連性を必要とします。ただし，直接「専攻」したとは認められないような場合でも，履修内容全体を見て，従事しようとする業務に係る知識を習得したと認められるような場合においては，総合的に判断した上で許否の判断を行っています。なお，関連性が認められた業務に３年程度従事した者については，その後に従事しようとする業務との関連性については，柔軟に判断します。

※　専修学校の専門課程を修了した者については，修了していることのほか，①本邦において専修学校の専門課程の教育を受け，「専修学校の専門課程の修了者に対する専門士及び高度専門士の称号の付与に関する規程」（平成６年文部省告示第８４号）第２条の規定により専門士と称することができること，②同規程第３条の規定により高度専門士と称することができること，が必要です。

　なお，本邦の専門学校を卒業し，「専門士」の称号を付与された者が本国の大学も卒業しているときは，専門学校において修得した内容，又は本国の大学において修得した内容が従事しようとする業務と関連していれば，基準を満たすことになります。

（注）別紙３に掲げる教育機関の特定の専攻科・コースを卒業した対象者については，「本邦の専修学校の専門課程を修了（当該修了に関し法務大臣が告示をもって定める要件に該当する場合に限る。）」に係る上陸許可基準に適合しているものとして取り扱います。

イ　日本人が従事する場合に受ける報酬と同等額以上の報酬を受けること

　日本人が従事する場合に受ける報酬と同等額以上の報酬を受けることが必要です。また，報酬とは，「一定の役務の給付の対価として与えられる反対給付」をいい，通勤手当，扶養手当，住宅手当等の実費弁償の性格を有するもの（課税対象となるものを除きます。）は含みません。

（３）その他の要件
　ア　素行が不良でないこと

　　素行が善良であることが前提となり，良好でない場合には消極的な要素として評価されます。例えば，資格外活動許可の条件に違反して，恒常的に１週について２８時間を超えてアルバイトに従事しているような場合には，素行が善良であるとはみなされません。

　イ　入管法に定める届出等の義務を履行していること

　　入管法第１９条の７から第１９条の１３まで，第１９条の１５及び第１９条の１６に規定する在留カードの記載事項に係る届出，在留カードの有効期間更

新申請，紛失等による在留カードの再交付申請，在留カードの返納，所属機関
等に関する届出などの義務を履行していることが必要です。

2　事例

　本邦の大学を卒業した留学生又は本邦の専修学校の専門課程を修了し，「専門士」
の称号を付与された留学生からの「技術・人文知識・国際業務」への変更許可申請
について，許可事例，不許可事例，従事しようとする業務と，専攻科目との関連性
等に係る考え方は別紙1のとおりです。

3　提出資料

　「技術・人文知識・国際業務」の在留資格への変更許可申請に当たって，必要な
資料は別紙2のとおりです。
　このほか，参考となるべき資料の提出を求めることがあります。

大学を卒業した留学生に係る事例

○　許可事例

（1）工学部を卒業した者が，電機製品の製造を業務内容とする企業との契約に基づき，技術開発業務に従事するもの。

（2）経営学部を卒業した者が，コンピューター関連サービスを業務内容とする企業との契約に基づき，翻訳・通訳に関する業務に従事するもの。

（3）法学部を卒業した者が，法律事務所との契約に基づき，弁護士補助業務に従事するもの。

（4）教育学部を卒業した者が，語学指導を業務内容とする企業との契約に基づき，英会話講師業務に従事するもの。

（5）工学部を卒業した者が，食品会社との雇用契約に基づき，コンサルティング業務に従事するもの。

（6）経済学部を卒業した者が，ソフトフェア開発会社との契約に基づき，システムエンジニアとして稼働するもの。

（7）文学部を卒業し，総合食料品店の本社の総合職として期間の定めなく採用された者が，採用当初2年間実務研修としてスーパーマーケットの店舗において，商品の陳列，レジ打ち，接客及び現場における顧客のニーズ等を修得するものであり，同社のキャリアステッププランでは，日本人の大卒者と同様に2年の研修を修了した後に，本社の営業部門や管理部門，グループ内の貿易会社等において幹部候補者として営業や海外業務に従事することとなっているもの。

○　不許可事例

（1）経済学部を卒業した者から，会計事務所との契約に基づき，会計事務に従事するとして申請があったが，当該事務所の所在地には会計事務所ではなく料理店があったことから，そのことについて説明を求めたものの，明確な説明がなされなかったため，当該事務所が実態のあるものとは認められず，「技術・人文知識・国際業務」の在留資格に該当する活動を行うものとは認められないことから不許可となったもの。

（2）教育学部を卒業した者から，弁当の製造・販売業務を行っている企業との契約に

基づき現場作業員として採用され，弁当加工工場において弁当の箱詰め作業に従事するとして申請があったが，当該業務は人文科学の分野に属する知識を必要とするものとは認められず，「技術・人文知識・国際業務」の該当性が認められないため不許可となったもの。

（3）工学部を卒業した者から，コンピューター関連サービスを業務内容とする企業との契約に基づき，月額13万5千円の報酬を受けて，エンジニア業務に従事するとして申請があったが，申請人と同時に採用され，同種の業務に従事する新卒の日本人の報酬が月額18万円であることが判明したことから，報酬について日本人と同等額以上であると認められず不許可となったもの。

（4）商学部を卒業した者から，貿易業務・海外業務を行っている企業との契約に基づき，海外取引業務に従事するとして申請があったが，申請人は「留学」の在留資格で在留中，1年以上継続して月200時間以上アルバイトとして稼働していたことが今次申請において明らかとなり，資格外活動許可の範囲を大きく超えて稼働していたことから，その在留状況が良好であるとは認められず，不許可となったもの。

（5）経営学部を卒業した者から飲食チェーンを経営する企業の本社において管理者候補として採用されたとして申請があったが，あらかじめ「技術・人文知識・国際業務」に該当する業務に従事することが確約されているものではなく，数年間に及び期間未確定の飲食店店舗における接客や調理等の実務経験を経て，選抜された者のみが最終的に「技術・人文知識・国際業務」に該当する業務へ従事することとなるようなキャリアステッププランであったことから，「技術・人文知識・国際業務」に該当する業務に従事するものとして採用された者に一律に課される実務研修とは認められず，不許可となったもの。

本邦の専門学校を卒業し，専門士の称号を付与された留学生に係る事例　1

○　許可事例

（1）マンガ・アニメーション科において，ゲーム理論，ＣＧ，プログラミング等を履修した者が，本邦のコンピュータ関連サービスを業務内容とする企業との契約に基づき，ゲーム開発業務に従事するもの。

（2）電気工学科を卒業した者が，本邦のＴＶ・光ファイバー通信・コンピューターＬＡＮ等の電気通信設備工事等の電気工事の設計・施工を業務内容とする企業との契約に基づき，工事施工図の作成，現場職人の指揮・監督等に従事するもの。

（３）建築室内設計科を卒業した者が，本邦の建築設計・設計監理，建築積算を業務内容とする企業との契約に基づき，建築積算業務に従事するもの。

（４）自動車整備科を卒業した者が，本邦の自動車の点検整備・配送・保管を業務内容とする企業との契約に基づき，サービスエンジニアとしてエンジンやブレーキ等自動車の基幹部分の点検・整備・分解等の業務に従事するとともに，自動車検査員としての業務に従事することとなるもの。

（５）国際ＩＴ科においてプログラミング等を修得して卒業した者が，本邦の金属部品製造を業務内容とする企業との契約に基づき，ホームページの構築，プログラミングによるシステム構築等の業務に従事するもの。

（６）美容科を卒業した者が，化粧品販売会社において，ビューティーアドバイザーとしての活動を通じた美容製品に係る商品開発，マーケティング業務に従事するもの。

（７）ゲームクリエーター学科において，３ＤＣＧ，ゲーム研究，企画プレゼン，ゲームシナリオ，制作管理，クリエイター研究等を履修した者が，ＩＴコンサルタント企業において，ゲームプランナーとして，海外向けゲームの発信，ゲームアプリのカスタマーサポート業務に従事するもの。

（８）ロボット・機械学科においてＣＡＤ実習，工業数理，材料力学，電子回路，マイコン制御等を履修した者が，工作機械設計・製造を行う企業において，機械加工課に配属され，部品図面の確認，精度確認，加工設備のプログラム作成等の業務に従事し，将来的に部署の管理者となることが予定されているもの。

（９）情報システム開発学科においてＣ言語プログラミング，ビジネスアプリケーション，ネットワーク技術等を履修した者が，電気機械・器具製造を行う企業において，現場作業用システムのプログラム作成，ネットワーク構築を行うもの。

（10）国際コミュニケーション学科において，コミュニケーションスキル，接遇研修，異文化コミュニケーション，キャリアデザイン，観光サービス論等を履修した者が，人材派遣，人材育成，研修サービス事業を運営する企業において，外国人スタッフの接遇教育，管理等のマネジメント業務を行うもの。

（11）国際ビジネス学科において，観光概論，ホテル演習，料飲実習，フードサービス論，リテールマーケティング，簿記，ビジネスマナー等を履修した者が，飲食店経営会社の本社事業開発室において，アルバイトスタッフの採用，教育，入社説明資

料の作成を行うもの。

（12）観光・レジャーサービス学科において，観光地理，旅行業務，セールスマーケティング，プレゼンテーション，ホスピタリティ論等を履修した者が，大型リゾートホテルにおいて，総合職として採用され，フロント業務，レストラン業務，客室業務等についてもシフトにより担当するとして申請があったため，業務内容の詳細を求めたところ，一部にレストランにおける接客，客室備品オーダー対応等「技術・人文知識・国際業務」の在留資格に該当しない業務が含まれていたが，申請人は総合職として雇用されており，主としてフロントでの翻訳・通訳業務，予約管理，ロビーにおけるコンシェルジュ業務，顧客満足度分析等を行うものであり，また，他の総合職採用の日本人従業員と同様の業務であることが判明したもの。

（13）工業専門課程のロボット・機械学科において，基礎製図，ＣＡＤ実習，工業数理，材料力学，電子回路，プロダクトデザイン等を履修し，金属工作機械を製造する会社において，初年度研修の後，機械の精度調整，加工設備のプログラム作成，加工工具の選定，工作機械の組立作業等に従事するとして申請があり，同社において同様の業務に従事する他の日本人従業員の学歴，職歴，給与等について説明を求めたところ，同一の業務に従事するその他の日本人は，本邦の理工学部を卒業した者であり，また，同一業務の求人についても，大卒相当程度の学歴要件で募集しており，給与についても申請人と同額が支払われていることが判明したもの。

○ **不許可事例**
（専攻科目と従事する業務内容の関連性以外の判断）

（1）日中通訳翻訳学科を卒業した者から，輸出入業を営む企業との雇用契約に基づき，月額１７万円の報酬を受けて，海外企業との契約書類の翻訳業務及び商談時の通訳に従事するとして申請があったが，，申請人と同時に採用され，同種の業務に従事する新卒の日本人の報酬が月額２０万円であることが判明したため，日本人が従事する場合に受ける報酬と同等額以上の報酬を受けているとはいえないことから不許可となったもの。

（2）情報システム工学科を卒業した者から，本邦の料理店経営を業務内容とする企業との契約に基づき，月額２５万円の報酬を受けて，コンピューターによる会社の会計管理（売上，仕入，経費等），労務管理，顧客管理（予約の受付）に関する業務に従事するとして申請があったが，会計管理及び労務管理については，従業員が１２名という会社の規模から，それを主たる活動として行うのに十分な業務量があると

は認められないこと，顧客管理の具体的な内容は電話での予約の受付及び帳簿への書き込みであり，当該業務は自然科学又は人文科学の分野に属する技術又は知識を必要とするものとは認められず，「技術・人文知識・国際業務」のいずれにも当たらないことから不許可となったもの。

（3）ベンチャービジネス学科を卒業した者から，本邦のバイクの修理・改造，バイク関連の輸出入を業務内容とする企業との契約に基づき，月額１９万円の報酬を受けて，バイクの修理・改造に関する業務に従事するとして申請があったが，その具体的な内容は，フレームの修理やパンクしたタイヤの付け替え等であり，当該業務は自然科学又は人文科学の分野に属する技術又は知識を必要とするものとは認められず，「技術・人文知識・国際業務」のいずれにも当たらないため不許可となったもの。

（4）国際情報ビジネス科を卒業した者から，本邦の中古電子製品の輸出・販売等を業務内容とする企業との契約に基づき，月額１８万円の報酬を受けて，電子製品のチェックと修理に関する業務に従事するとして申請があったが，その具体的な内容は，パソコン等のデータ保存，バックアップの作成，ハードウェアの部品交換等であり，当該業務は自然科学又は人文科学の分野に属する技術又は知識を必要とするもとのは認められず，「技術・人文知識・国際業務」に該当しないため不許可となったもの。

（5）専門学校における出席率が７０％である者について，出席率の低さについて理由を求めたところ，病気による欠席であるとの説明がなされたが，学校の欠席期間に資格外活動に従事していたことが判明し，不許可となったもの。

（6）ビルメンテナンス会社において，将来受け入れる予定の外国人従業員への対応として，通訳業務，技術指導業務に従事するとして申請があったが，将来の受入れ予定について何ら具体化しておらず，受入れ開始までの間については，研修を兼ねた清掃業務に従事するとして申請があり，当該業務が「技術・人文知識・国際業務」のいずれにも当たらないため不許可となったもの。

（7）ホテルにおいて，予約管理，通訳業務を行うフロントスタッフとして採用され，入社当初は，研修の一環として，１年間は，レストランでの配膳業務，客室清掃業務にも従事するとして申請があったが，当該ホテルにおいて過去に同様の理由で採用された外国人が，当初の研修予定を大幅に超え，引き続き在留資格該当性のない，レストランでの配膳業務，客室清掃等に従事していることが判明し不許可となったもの。

（8）人材派遣会社に雇用され，派遣先において，翻訳・通訳業務に従事するとして申

請があったが，労働者派遣契約書の職務内容には，「店舗スタッフ」として記載され
ており，派遣先に業務内容を確認したところ，派遣先は小売店であり，接客販売に
従事してもらうとの説明がなされ，当該業務が「技術・人文知識・国際業務」のい
ずれにも当たらないため不許可となったもの。

（9）　電気部品の加工を行う会社の工場において，部品の加工，組み立て，検査，梱包
　　　業務を行うとして申請があったが，当該工場には技能実習生が在籍しているところ，
　　　当該申請人と技能実習生が行う業務のほとんどが同一のものであり，申請人の行う
　　　業務が高度な知識を要する業務であるとは認められず，不許可となったもの。

（10）　栄養専門学校において，食品化学，衛生教育，臨床栄養学，調理実習などを履修
　　　した者が，菓子工場において，当該知識を活用して，洋菓子の製造を行うとして申
　　　請があったところ，当該業務は，反復訓練によって従事可能な業務であるとして，
　　　不許可となったもの。

（専攻した科目との関連性が認められず，不許可となったもの）
　※コース名，学科名から修得内容が明確なものは専攻科目を記載していない。

（1）声優学科を卒業した者が，外国人客が多く訪れる本邦のホテルとの契約に基づき，
　　　ロビースタッフとして翻訳・通訳業務に従事するとして申請があったが，専攻した科
　　　目との関連性が認められず不許可となったもの。

（2）イラストレーション学科を卒業した者から，人材派遣及び有料職業紹介を業務内
　　　容とする企業との契約に基づき，外国人客が多く訪れる店舗において，翻訳・通訳
　　　を伴う衣類の販売業務に従事するとして申請があったが，その業務内容は母国語を
　　　生かした接客業務であり，色彩，デザイン，イラスト画法等の専攻内容と職務内容
　　　との間に関連性があるとは認められず，また翻訳・通訳に係る実務経験もないため
　　　不許可となったもの。

（3）ジュエリーデザイン科を卒業した者が，本邦のコンピュータ関連サービスを業務
　　　内容とする企業との契約に基づき，外国人客からの相談対応，通訳や翻訳に関する
　　　業務に従事するとして申請があったが，専攻した科目との関連性が認められず不許
　　　可となったもの。

（4）国際ビジネス学科において，英語科目を中心に，パソコン演習，簿記，通関業務，
　　　貿易実務，国際物流，経営基礎等を履修した者が，不動産業（アパート賃貸等）を
　　　営む企業において，営業部に配属され，販売営業業務に従事するとして申請があっ

たが，専攻した中心科目は英語であり，不動産及び販売営業の知識に係る履修はごくわずかであり，専攻した科目との関連性が認められず不許可となったもの。

（5）国際ビジネス学科において，経営戦略，貿易実務，政治経済，国際関係論等を履修した者が，同国人アルバイトが多数勤務する運送会社において，同国人アルバイト指導のための翻訳・通訳業務及び労務管理を行うとして申請があったが，教育及び翻訳・通訳業務と専攻した科目との関連性が認められず不許可となったもの。

（6）国際コミュニケーション学科において，接遇，外国語学習，異文化コミュニケーション，観光サービス論等を履修した者が，飲食店を運営する企業において，店舗管理，商品開発，店舗開発，販促企画，フランチャイズ開発等を行うとして申請があったが，当該業務は経営理論，マーケティング等の知識を要するものであるとして，専攻した科目との関連性が認められず不許可となったもの。

（7）接遇学科において，ホテル概論，フロント宿泊，飲料衛生学，レストランサービス，接遇概論，日本文化等を履修した者が，エンジニアの労働者派遣会社において，外国人従業員の管理・監督，マニュアル指導・教育，労務管理を行うとして申請があったが，専攻した科目と当該業務内容との関連性が認められず不許可となったもの。

本邦の専門学校を卒業し，専門士の称号を付与された留学生に係る事例　2

　「技術・人文知識・国際業務」への変更許可申請のうち，特に「翻訳・通訳」業務に従事するとして申請を行うケースが多いところ，当該業務についての，専修学校における専攻との関連性等について示すこととします。

　なお，専修学校における専攻との関連性のみならず，当然のことながら，実際に翻訳・通訳業務に従事することができるだけの能力を有していること，就職先に翻訳・通訳を必要とする十分な業務量があることが必要です。そのため，能力を有することの証明のほか，何語と何語間についての翻訳・通訳を行うのか，どういった業務があるのか，必要に応じ説明を求めることがあります。

　専修学校における専攻との関連性としては，履修科目に「日本語」に関連する科目が相当数含まれている場合であっても，留学生が専門分野の科目を履修するために必要な専門用語を修得するための履修である場合や，日本語の会話，読解，聴解，漢字等，日本語の基礎能力を向上させるレベルに留まるもの，同一の専門課程において，日本人学生については免除されている（日本人が履修の対象となっていない）ような「日本語」の授業の履修については，翻訳・通訳業務に必要な科目を専攻して卒業したものとは認められません。事例については以下のとおりです。

○　許可事例
（1）翻訳・通訳学科において，通訳概論，言語学，通訳演習，通訳実務，翻訳技法等を専攻科目として履修した者が，出版社において出版物の翻訳を行うとして申請があったもの。

（2）国際ビジネス学科において，貿易論，マーティング等の経営学に係る科目を中心に履修しているが，ビジネス通訳実務，ビジネス翻訳実務，通訳技巧などの翻訳・通訳に特化した科目を専門科目において履修した者が，商社の海外事業部において，商談の通訳及び契約資料の翻訳を行うとして申請があったもの。

（3）国際教養学科において，卒業単位が７０単位であるところ，経営学，経済学，会計学等のほか，日本語，英語，ビジネス文書，ビジネスコミュニケーション等文章表現等の取得単位が合計３０単位認定されており，日本語能力試験Ｎ１に合格している者が，渉外調整の際の通訳を行うとして申請があったもの。

○　不許可事例
（1）ＣＡＤ・ＩＴ学科において，専門科目としてＣＡＤ，コンピュータ言語，情報処理概論等を履修し，一般科目において日本語を履修したが，日本語の取得単位が，卒業単位の約２割程度しかなく，当該一般科目における日本語の授業については，

留学生を対象とした日本語の基礎能力の向上を図るものであるとして，不許可となったもの。

（２）国際ビジネス専門学科において，日本語，英語を中心とし，経営学，経済学を履修したが，当該学科における日本語は，日本語の会話，読解，聴解，漢字等，日本語の基礎能力を向上させるレベルに留まるものであり，通訳・翻訳業務に必要な高度な日本語について専攻したものとは言えず不許可となったもの。

（３）国際コミュニケーション学科において，日本語の文法，通訳技法等を履修した者が，新規開拓を計画中であるとする海外事業分野において，日本語が堪能である申請人を通訳人として必要とする旨の雇用理由書が提出されたが，申請人の成績証明書及び日本語能力を示す資料を求めたところ，日本語科目全般についての成績は，すべてＣ判定（ＡＢＣの３段階評価の最低）であり，その他日本語能力検定等，日本語能力を示す資料の提出もないことから，適切に翻訳・通訳を目的とした業務を行うものとは認められず不許可となったもの。

（４）通訳・翻訳専門学校において，日英通訳実務を履修した者が，ビル清掃会社において，留学生アルバイトに対する通訳及びマニュアルの翻訳に従事するとして申請があったが，留学生アルバイトは通常一定以上の日本語能力を有しているものであり，通訳の必要性が認められず，また，マニュアルの翻訳については常時発生する業務ではなく，翻訳についても業務量が認められず不許可となったもの。

（５）翻訳・通訳専門学校において，日英通訳実務を履修した者が，翻訳・通訳業務に従事するとして申請があったが，稼働先が飲食店の店舗であり，通訳と称する業務内容は，英語で注文を取るといった内容であり，接客の一部として簡易な通訳をするにとどまり，また，翻訳と称する業務が，メニューの翻訳のみであるとして業務量が認められず不許可となったもの

（６）日本語・日本文化学科を卒業した者が，人材派遣及び物流を業務内容とする企業との契約に基づき，商品仕分けを行う留学生のアルバイトが作業する場所を巡回しながら通訳業務に従事するとして申請があったが，その具体的な内容は，自らも商品仕分けのシフトに入り，アルバイトに対して指示や注意喚起を通訳するというものであり，商品仕分けを行うアルバイトに対する通訳の業務量が認められず不許可となったもの。

○提出資料

　「技術・人文知識・国際業務」の在留資格を取得するに当たって，必要とされる提出資料は以下のとおりです。なお，カテゴリー1及び2に分類される機関に雇用される場合は（1）から（6）まで，カテゴリー3に分類される機関に雇用される場合は（1）から（11）まで，カテゴリー4に分類される機関に雇用される場合は（1）から（12）までの資料が必要です。

※　カテゴリー1には，①日本の証券取引所に上場している企業，②保険業を営む相互会社，③日本又は外国の国・地方公共団体，④独立行政法人，⑤特殊法人・認可法人，⑥日本の国・地方公共団体認可の公益法人，⑦法人税法別表第1に掲げる公共法人，⑧高度専門職省令第1条第1項各号の表の特別加算の項の中欄イ又はロの対象企業（イノベーション創出企業），⑨一定の条件を満たす企業等（別紙2－2）が，カテゴリー2には，前年分の給与所得の源泉徴収票等の法定調書合計表中，給与所得の源泉徴収合計表の源泉徴収税額が1，000万円以上ある団体・個人が，カテゴリー3には，前年分の職員の給与所得の源泉徴収票等の法定調書合計表が提出された団体・個人（カテゴリー2を除く）が，カテゴリー4には，カテゴリー1から3のいずれにも該当しない団体・個人が当てはまります。

（1）在留資格変更許可申請書
　　※　地方出入国在留管理官署において，用紙を用意しています。また，法務省のホームページから取得することもできます。

（2）写真（縦4 cm ×横3 cm）
　　※　申請前3か月以内に正面から撮影された無帽，無背景で鮮明なもの。
　　※　写真の裏面に申請人の氏名を記載し，申請書の写真欄に貼付して下さい。

（3）パスポート及び在留カード
　　※　提示のみで，提出していただく必要はありません。

（4）上記カテゴリーのいずれかに該当することを証明する文書
　　カテゴリー1：四季報の写し又は日本の証券取引所に上場していることを証明する文書（写し）
　　　　　　　　主務官庁から設立の許可を受けたことを証明する文書（写し）
　　　　　　　　「一定の条件を満たす中小企業等」については，所管省庁等からの認定通知書等（写し）
　　カテゴリー2及びカテゴリー3：　前年分の職員の給与所得の源泉徴収票等の法定調書合計表（受付印のあるものの写し）

（5）専門学校を卒業し専門士又は高度専門士の称号を取得した者については，専門士又は高度専門士の称号を付与されたことを証明する文書
　　※　専門学校のコース（学科）名から専攻内容が不明である場合，成績証明書の提出も併せてお願いしています。

（６）別紙３に掲げる教育機関の専攻科・コースを卒業した者については，当該教育機関の卒業証明書及び経済産業省からファッションデザイン教育機関に対し交付された通知書の写し

（７）申請人の活動内容等を明らかにする次のいずれかの資料
　　ア　労働契約を締結する場合
　　　　労働基準法第 15 条第１項及び同法施行規則第５条に基づき，労働者に交付される労働条件を明示する文書
　　　　※　雇用契約書に「○○業務全般　その他関連業務」とある場合，主たる業務が何か，また，その他関連業務について具体的に説明する文書の提出をお願いしています。また，必要に応じ，専門学校で修得した知識が，どのように業務に生かせるのか，説明を求めることがあります。
　　イ　日本法人である会社の役員に就任する場合
　　　　役員報酬を定める定款の写し又は役員報酬を決議した株主総会の議事録（報酬委員会が設置されている会社にあっては同委員会の議事録）の写し
　　ウ　外国法人内の日本支店に転勤する場合及び会社以外の団体の役員に就任する場合
　　　　地位（担当業務），期間及び支払われる報酬額を明らかにする所属団体の文書

（８）申請人の学歴及び職歴その他経歴等を証明する文書
　　ア　申請に係る技術又は知識を要する職務に従事した機関及び内容並びに期間を明示した履歴書
　　イ　学歴又は職歴等を証明する次のいずれかの文書
　　（ア）大学等の卒業証明書又はこれと同等以上の教育を受けたことを証明する文書。なお，DOEACC 制度の資格保有者の場合は，DOEACC 資格の認定証（レベル「A」，「B」又は「C」に限る。）
　　（イ）在職証明書等で，関連する業務に従事した期間を証明する文書（大学，高等専門学校，高等学校，中等教育学校の後期課程又は専修学校の専門課程において当該技術又は知識に関連する科目を専攻した期間の記載された当該学校からの証明書を含む。）
　　（ウ）ＩＴ技術者については，法務大臣が特例告示をもって定める「情報処理技術」に関する試験又は資格の合格証書又は資格証書
　　　　※　（５）の資料を提出している場合は不要
　　（エ）外国の文化に基盤を有する思考又は感受性を必要とする業務に従事する場合（大学を卒業した者が翻訳・通訳又は語学の指導に従事する場合を除く。）は，関連する業務について３年以上の実務経験を証明する文書

（9）登記事項証明書

（10）事業内容を明らかにする次のいずれかの資料
　　ア　勤務先等の沿革，役員，組織，事業内容（主要取引先と取引実績を含む。）等が
　　　詳細に記載された案内書
　　イ　その他の勤務先等の作成した上記アに準ずる文書

（11）直近の年度の決算文書の写し

（12）上記（4）のカテゴリー1に該当しない場合で，前年分の職員の給与所得の源泉
　　徴収票等の法定調書合計表を提出できないときは，その理由を明らかにする資料

一定の条件を満たす企業等について（別紙２の提出資料　カテゴリー１⑨関係）

1　次のいずれかに該当する企業等を対象とします。
（１）厚生労働省が所管する「ユースエール認定制度」において，都道府県労働局長から「ユースエール認定企業」として認定を受けているもの。
（２）厚生労働省が所管する「くるみん認定制度」，「プラチナくるみん認定制度」において，都道府県労働局長から「くるみん認定企業」，「プラチナくるみん認定企業」として認定を受けているもの。
（３）厚生労働省が所管する「えるぼし認定制度」，「プラチナえるぼし認定制度令和２年６月施行）」において，都道府県労働局長から「えるぼし認定企業」，「プラチナえるぼし認定企業」として認定を受けているもの。
（４）厚生労働省が所管する「安全衛生優良企業公表制度」において，都道府県労働局長から「安全衛生優良企業」として認定を受けているもの。
（５）厚生労働省が所管する「職業紹介優良事業者認定制度」において，指定審査認定機関から「職業紹介優良事業者」として認定を受けているもの。
（６）厚生労働省が所管する「製造請負優良適正事業者認定制度（ＧＪ認定）」において，指定審査機関から「製造請負優良適正事業者」として認定を受けているもの。
（７）厚生労働省が所管する「優良派遣事業者認定制度」において，指定審査認定機関から「優良派遣事業者」として認定を受けているもの。
（８）経済産業省が所管する「健康経営優良法人認定制度」において，日本健康会議から「健康経営優良法人」として認定を受けているもの。
（９）経済産業省が所管する「地域未来牽引企業制度」において，経済産業大臣から「地域未来牽引企業」として選定を受けているもの。
（10）国土交通省が所管する「空港における構内の営業承認制度」において，地方航空局長又は空港事務所長から「空港管理規則上の第一類構内営業者又は第二類構内営業者」として承認を受けているもの。
（11）消費者庁が所管する「内部通報制度認証（自己適合宣言登録制度）」において，内部通報制度認証事務局（※）から「内部通報制度認証（自己適合宣言登録制度）登録事業者」として登録を受けているもの。
　　　※　消費者庁指定登録機関（公益財団法人商事法務研究会）内におかれるもの

2　立証資料について
　　上記認定を受けていることを証明する認定証等の写しを提出してください。

教育機関	専攻科・コース	対象者
エスモード・ジャポン東京校	ファッションクリエイティブ学部総合学科	平成３０年３月卒業生から
	ファッションクリエイティブ学部留学学科	平成３０年３月卒業生から
	ファッションクリエイティブ学部 インターナショナルクリエイティブ学科	平成３０年３月卒業生から
	ファッションクリエイティブ学部 ファッションテクノロジー学科	平成３０年３月卒業生から
エスモード・ジャポン京都校	ファッションクリエイティブ学部総合学科	平成３０年３月卒業生から
	ファッションクリエイティブ学部留学学科	平成３０年３月卒業生から
	ファッションクリエイティブ学部 ファッションテクノロジー学科	平成３０年３月卒業生から
バンタンデザイン研究所	ファッション学部 ファッションデザイン学科	平成３０年３月卒業生から
	ファッション学部 ２年制ファッションデザイン学科	平成３２年３月卒業生から
	ファッション学部ファッションプロデュース学科	平成３２年３月卒業生から
	ファッション学部スタイリスト学科	平成３２年３月卒業生から
総合学園ヒューマンアカデミー 東京校	ファッションプロデュースコース	平成３２年３月卒業生から
	ヘアメイクアーティストコース	平成３２年３月卒業生から

「技術・人文知識・国際業務」の在留資格で許容される実務研修について

　「技術・人文知識・国際業務」の在留資格により在留する外国人が採用当初に行う実務研修に係る在留審査上の取扱は下記のとおりです。

1　実務研修の取扱

　外国人が「技術・人文知識・国際業務」の在留資格で在留するためには，当該在留資格に該当する活動，すなわち，学術上の素養を背景とする一定水準以上の業務に従事することが必要です。

　他方で，企業においては，採用当初等に一定の実務研修期間が設けられていることがあるところ，当該実務研修期間に行う活動のみを捉えれば「技術・人文知識・国際業務」の在留資格に該当しない活動（例えば，飲食店での接客や小売店の店頭における販売業務，工場のライン業務等）であっても，それが日本人の大卒社員等に対しても同様に行われる実務研修の一環であって，在留期間中の活動を全体として捉えて，在留期間の大半を占めるようなものではないようなときは，その相当性を判断した上で当該活動を「技術・人文知識・国際業務」の在留資格内で認めています。

2　「在留期間中」の考え方

　この研修期間を含めた在留資格該当性の判断は，「在留期間中の活動を全体として捉えて判断する」ところ，ここでいう「在留期間中」とは，一回の許可毎に決定される「在留期間」を意味するものではなく，雇用契約書や研修計画に係る企業側の説明資料等の記載から，<u>申請人が今後本邦で活動することが想定される「技術・人文知識・国際業務」の在留資格をもって在留する期間全体を意味します。</u>

　そのため，例えば，今後相当期間本邦において「技術・人文知識・国際業務」に該当する活動に従事することが予定されている方（雇用期間の定めなく常勤の職員として雇用された方など）が，在留期間「1年」を決定された場合，決定された1年間全て実務研修に従事することも想定されます。

　他方で，雇用契約期間が3年間のみで，契約更新も予定されていないような場合，採用から2年間実務研修を行う，といったような申請は認められないこととなります。

　なお，採用から1年間を超えて実務研修に従事するような申請については，下記3に規定する研修計画の提出を求め，実務研修期間の合理性を審査します。

3　研修計画等

　研修期間として部分的に捉えれば「技術・人文知識・国際業務」の在留資格に該当しない活動を行う必要がある場合，必要に応じ，受入機関に対し日本人社員を含めた入社後のキャリアステップ及び各段階における具体的職務内容を示す資料の提出をお願いすることがあります。

　当該実務研修に従事することについての相当性を判断するに当たっては，当該実務研修が外国人社員だけに設定されている場合や，日本人社員との差異が設けられているようなものは，合理的な理由（日本語研修を目的としたようなもの等）がある場合を除き，当該実務研修に従事することについての相当性があるとは認められません。

　なお，採用当初に行われる実務研修の他，キャリアステップの一環として，契約期間の途中で実施されるような実務研修についても，同様に取り扱っています。

4　在留期間の決定について

　これら実務研修期間が設けられている場合，実務研修を修了した後，「技術・人文知識・国際業務」に該当する活動に移行していることを確認する必要があるため，在留資格決定時等には，原則として在留期間「１年」を決定することとなります。

　なお，在留期間更新時に当初の予定を超えて実務研修に従事する場合，その事情を説明していただくことになりますが，合理的な理由がない場合，在留期間の更新が認められないこととなります。

編著者プロフィール

佐藤 修 ：公益財団法人　入管協会　会長
　　　　　略歴　法務省入国管理局審査指導官
　　　　　法務省大阪入国管理局長
　　　　　2020年1月から　現職。

全改訂

最新「入管法」に基づく

就労を目指す外国人の入国手続の解説

　　　　　―特定技能のポイントを列挙―

令和3年5月8日　　初版発行
　　　　　　　　　編　著　　佐藤　修
　　　　　　　　　監　修　　公益財団法人　入管協会
　　　　　　　　　発行者　　上條　章雄

発行所　厚有出版株式会社

〒106-0041　東京都港区麻布台1－11－10　日総第22ビル7階

TEL.03-6441-0389　FAX.03-6441-0388　http://koyu-shuppan.com/